高等院校"十三五"应用型规划教材

U0653192

财务管理

主 编 姚江红 张荣斌

南京大学出版社

前　言

　　本书自 2015 年首版以来,得到了广大读者的认可和厚爱,成为不少高等院校经济、管理类本科专业财务管理课程的选用教材。四年来,一方面财政部陆续发布新增或修订了多项企业会计准则,调整了财务报表格式,财政部、国家税务总局调整了增值税税率,另一方面我们也收到了来自全国多所高校读者的意见和建议,这些意见多数是对本书章节结构、内容选择、体例形式等的肯定,当然也有对教材存在缺点加以改进的中肯建议。为了及时反映国家在会计准则、财务报表和增值税税率等方面的变化,充分吸收广大读者的意见和建议,我们对教材首版进行了修订,对全书内容进行了系统地更新和完善。

　　本次教材修订进一步强化了首版的优点和特色,结合我国财会税收法规的变化,重点进行了数据更新和文字表述的完善,调整了部分章节的公式标识,并吸收了最新的相关研究成果以及国家在企业会计准则、税收等方面的变化的内容,力求做到基本理论阐述深入浅出,基本方法讲解清晰明了,达到易教易学的目的。

　　修订后的本书特点主要有:

　　1. 结构合理,内容新颖。财务管理按内容可以分为基本原理、常用业务和特殊业务。本书第 1~3 章属基本原理部分,力求把基础知识讲解清楚;第 4~7 章属常用业务部分,为全书重点内容,力求将常用业务讲深讲透;第 8~9 章属特殊业务部分,只是概要介绍相关内容。这种安排既全面介绍了财务管理的内容,又突出了重点。

　　2. 形式灵活,引人思考。在每一章的正文前,都提供了本章内容提要;各章撰写精炼,注重内容的实用性、规范性和可操作性,并且对要点性内容运用图表进行了归纳;每一章的后面附有本章小结和关键术语,使读者对各章的要点内容有更深的理解和记忆。

　　3. 深入浅出,便于自学。本书引用了大量的实例,各章后面附有难度适宜的课后复习思考题,使学生在全面掌握所学知识的基础上,注重理论联系实际,强化学以致用,同时侧重于培养学生的应用能力和专业技能,以及分析问题和解决问题的能力。这些都便于读者自学,更好地理解和掌握财务管理的理论和方法。

本书对企业财务管理活动进行了系统、全面的阐述,内容丰富、通俗易懂,可以作为高等院校经济、管理类专业学生学习财务管理的教材,也可作为财务会计人员和经济管理人员在职培训用书,还可供财务管理工作者阅读参阅。

本书由姚江红、张荣斌担任主编,内容结构及编写大纲由两人共同研究决定。姚江红、张荣斌负责全书的编写组织工作及总纂、定稿,杨微、田亚平等参加了本书编写和修订。各章执笔者(按章节顺序)分别为:杨微(第1章);张荣斌(第2、3章);姚江红(第4、5、6、7章);田亚平(第8、9章)。

本书在编写和修订过程中,得到了南京大学出版社编辑的大力支持,并对全书做了专业细致的编辑工作,得到了西安财经大学张建昌教授和王柏林教授的指导和帮助,在此一并表示由衷的感谢。

本书在构思、撰写和修订过程中,融入了编者多年的教学积累,同时也学习、借鉴和引用了国内外的文献资料,在此向这些作者表示诚挚的敬意。本书在修订过程中,吸收了广大读者的意见和建议,在此向他们表示感谢。由于编者水平有限,书中难免存在疏漏及不当之处,敬请读者批评指正。

编　者

2019 年 5 月

目　录

第1章

总　论

本章内容提要

企业财务管理也称为企业理财或公司理财,是一门研究资本配置规律和概念的学科,是组织企业财务活动、处理财务关系的一项经济管理活动。通过本章的学习,要求学生了解财务管理的产生与发展过程;掌握财务管理的内容及特点;理解财务管理的假设、原则及职能;掌握财务管理的目标及环境。

1.1　财务管理概述

在市场经济下,企业作为市场的主体,其经营过程实际上是企业将筹集到的资金在生产经营的各环节进行分配和转化,并最终实现增值的过程。为了更好地进行生产经营,企业要对资金及其运动进行管理,以使资金配置达到最理想的效果。在企业的生产经营过程中,实物商品不断地运动,其价值形态也不断地发生变化,由一种形态转变为另一种形态,周而复始,从而形成了资金运动。资金运动不仅以资金循环的形式存在,而且伴随着生产过程的不断进行,也表现为周而复始的周转过程。企业的资金运动构成企业生产经营过程中的一个相对独立的方面,具有自己的运动规律,这就是企业的财务活动。企业的资金运动,从表面上看,是反映了资金和实物商品的增减变化;而从本质上说,是反映了人与人之间的经济关系。

从上述分析可以看出,财务管理是基于企业生产经营过程中客观存在的财务活动和财务关系而产生的,利用价值形式对企业生产经营过程进行管理,是企业组织财务活动、处理财务关系的一项经济管理活动。

1.1.1　财务管理的产生和发展

20世纪以前,公司理财学一直被认为是微观经济理论的一门应用科学,是经济学的一个分支。20世纪是财务管理大发展的一个世纪,在这100多年的时间里,财务管理经历了5次飞跃性的变化。

1. **筹资管理阶段**

筹资管理阶段认为财务管理的主要职能是预测并筹集企业所需要的资金。20世纪初,由于西方国家经济的持续繁荣和股份制公司的迅速发展,各类企业都面临着如何筹集扩大生产经营所需资金的问题。然而当时的资金市场还不够成熟,金融市场也还不是十分发达,所以理财所要研究的主要问题是:企业有哪些资金来源;企业应采取什么方式筹集资金。

2. 资金管理阶段

第一次世界大战至20世纪50年代,资本主义世界发生了经济危机,经济萧条,企业资金周转困难,支付能力下降。西方企业的财务管理人员逐渐认识到,在残酷的竞争中要维持企业的生存和发展,财务管理的主要问题不仅在于筹集资金,更在于有效的内部控制。只有重视资金的使用效率,保持合理的资本结构,严格控制财务收支,企业才能立于不败之地。此时,财务管理由为企业扩展服务转变成为企业生存服务。在这一阶段,资产负债表中的资产项目受到财务管理人员的高度重视;公司内部的财务决策被认为是财务管理的主要问题。在财务管理中出现了对存货的再订货点、现金的最佳持有量、应付账款筹资、应收账款的信用政策等营运资产的管理,大大提高了营运资产的经济效益。此外,财务分析、财务控制、财务预算等财务活动也得到了广泛的应用和发展。

3. 投资管理阶段

第二次世界大战后,企业的生产技术水平得到迅速提高,产品更新换代的速度加快,市场竞争更加激烈,公司面临的投资环境更加复杂,投资风险加大,为了规避和减少投资风险,公司财务管理转而开始重视投资管理,公司财务管理进入投资管理阶段。在这个阶段,出现了投资组合理论、资本资产定价模型、套利模型等诸多投资管理方面的理论,加之数量计量的发展,大量定量分析技术也被引入财务管理领域。

4. 通货膨胀理财阶段

20世纪70年代末期至80年代早期,西方国家出现了严重的通货膨胀。持续的通货膨胀给财务管理带来了许多问题,在通货膨胀条件下如何有效地进行财务管理便成为主要问题。大规模的通货膨胀使企业资金需求不断膨胀,货币资金不断贬值,资金成本不断提高,成本虚降,利润虚增,资金周转困难。为此,西方财务管理提出了许多对付通货膨胀的方法,企业的筹资决策、投资决策、资金日常调度决策、股利分配决策都根据通货膨胀的状况,进行了相应的调整。

5. 国际经营理财阶段

20世纪80年代中后期,由于运输和通信技术的发展,市场竞争的加剧,企业跨国经营快速发展,国际企业的财务管理越来越重要。由于国际企业涉及多个国家,需要在不同制度、不同环境下做出决策,出现了一些特殊问题需要解决,如外汇风险的管理、多国融资、跨国资本预算、国际投资环境的评价、内部转移价格等问题,都和单独一国的财务管理不同。

从财务管理的发展过程可以看出,财务管理的目标、内容和方法的变化,都是财务管理环境综合作用的结果。所以,有怎样的财务管理环境,就会产生相应的理财模式。

1.1.2 财务管理的内容

企业的基本活动是从资本市场上筹集资金,投资用于生产性经营资产,并运用这些资产进行生产经营活动,取得利润后用于偿还债务或分配给股东。因此,企业的财务管理内容分为筹资管理、投资管理、营运资金管理和利润分配管理。

1. 筹资管理

筹资管理解决的是企业资本的来源问题,决定企业的债务资本与权益资本的构成比例。它包括三个问题,即:向谁筹资、在什么时间筹资和筹集多少资本,其实质是对权益资本和债务资本的选择。对企业来说,这两种资本的性质不同,其成本和风险也不同。

1) 权益资本

企业可以通过发行股票、吸收直接投资和企业留存收益来获取权益资本,权益资本是企业所有者对企业的永久投资,投资者是企业净资产的所有者,权益资本不需偿还。对企业来说,这种筹资方式风险较低,但成本较高。

2) 债务资本

企业可以通过向银行借款或发行债券等方式取得债务资本,债务资本是企业债权人对企业的投入,形成债权债务关系,企业须按照债务合同按时还本付息。若企业不能按时还本付息,将面临被强制破产清算的可能。对企业来说,这种筹资方式风险较高,但成本较低。

在进行筹资活动时,财务人员要根据企业实际情况预测企业需要的资金量,并分析权益资本和债务资本的比重为多少,并且决定取得这些资本的方式。企业一方面要保证所筹集的资金能满足企业经营与投资的需要;另一方面,要使筹资风险可控,一旦外部环境发生变化,不至于因无法偿还债务而破产。

2. 投资管理

企业筹集资金的目的是进行生产经营以取得利润。企业把筹集到的资金用于购置经营所需的固定资产、无形资产,叫做企业的对内投资;企业把筹集到的资金用于购买股票、债券等,叫做企业的对外投资。由于企业的资金是有限的,而且筹集到这些资金也是有成本的,因此,在投资过程中,企业必须考虑投资规模、投资方向和投资方式,应尽可能地将资金运用在投资回报率高的项目上,并注意投资风险的控制。

3. 营运资金管理

企业在生产经营过程中,会发生一系列的资金收付活动。以生产性企业为例,企业要采购原材料用于生产,同时需支付工资和其他相关费用;当企业完成生产之后,将商品销售,取得销售收入。另外,若企业现有资金不能满足经营需要时,可采取赊销或短期借款的方式筹集资金。这些方面都会产生资金的收付,由于是经营活动引起的,因此也称为营运资金。

营运资金管理分为营运资本投资和营运资本筹集两部分。营运资本投资管理主要是决定营运资本投资策略,也就是决定分配多少资金用于应收账款和存货,保留多少现金用于支付需要,以及对这些资金进行日常管理,营运资本是周转使用的,因此要尽可能地加速其周转,提高资金的利用效率。营运资本筹资管理主要是制定营运资本筹集政策,决定向谁借入多少短期资金,以及需不需要采用赊购融资等。

4. 利润分配管理

通过资金的投放和使用后,企业会产生利润,企业的利润应按照规定的程序进行分配。首先要依法纳税,其次用来弥补亏损,提取盈余公积,最后向投资人分配股利。企业要决定将多大比例的税后利润用来支付给投资人。过高的支付比率,会使大量资金流出企业,影响企业的再投资;而过低的支付比率,可能引起投资人的不满,甚至导致股价的下跌,因此财务部门要根据企业自身的状况制定最佳的分配策略。

上述四个方面相互联系、相互依存,共同构成了企业的财务活动,是财务管理的基本内容。

1.1.3 企业的财务关系

企业的财务关系是指企业在组织财务活动过程中与各利益相关者发生的经济利益关系。企业的筹资活动、投资活动、经营活动、利润分配活动与企业的利益相关者有着广泛的联系,企业的财务关系可概括为以下几个方面。

1. 企业与其投资人之间的财务关系

这是指企业的投资人向企业投入资金,企业向投资人支付投资报酬所形成的经济关系。企业的投资人要按照投资合同、协议、章程的约定履行出资义务,以便及时形成企业的资本金,拥有企业所有权,享受企业收益的分配权和对剩余资产的支配权;企业利用资本金进行经营,企业对投资者承担资产增值保值的责任,实现利润后,应按出资比例或合同、章程的规定,向投资者分配利润。

2. 企业与其债权人之间的财务关系

这主要是指企业向债权人借入资金,并按借款合同的规定按时支付利息和归还本金所形成的经济关系。企业除利用资本金进行经营活动外,还要借入一定数量的资金,以便降低企业资金成本,扩大企业经营规模。企业的债权人主要有:① 债券持有人;② 贷款机构;③ 商业信用提供者;④ 其他出借资金给企业的单位或个人。企业利用债权人的资金后,要按约定的利息率,及时向债权人支付利息。债务到期时,要合理调度资金,按时向债权人归还本金。企业与其债权人的关系体现的是债务与债权的关系。

3. 企业与被投资单位的财务关系

这主要是指企业将其闲置资金以购买股票或直接投资的形式向其他企业投资所形成的经济关系。随着经济体制改革的深化和横向经济联合的开展,这种关系将会越来越广泛。企业向其他单位投资,应按约定履行出资义务,参与被投资单位的利润分配。企业与被投资单位的关系体现的是所有权性质的投资与受资的关系。

4. 企业与债务人的财务关系

这主要是指企业将其资金以购买债券、提供借款或商业信用等形式出借给其他单位所形成的经济关系。企业将资金借出后,有权要求其债务人按约定的条件支付利息和归还本金。企业与其债务人的关系体现的是债权与债务的关系。

5. 企业内部各单位的财务关系

这主要是指企业内部各单位之间在生产经营各环节中相互提供产品或劳务所形成的经济关系。企业在实行内部经济核算制的条件下,供、产、销各部门以及各生产单位之间相互提供产品或劳务要进行计价结算。这种在企业内部形成的资金结算关系,体现了企业内部各单位之间的利益关系。

6. 企业与职工之间的财务关系

这主要是指企业在向职工支付劳动报酬的过程中所形成的经济关系。企业要用自身的产品销售收入,向职工支付工资、津贴、奖金等,按照提供的劳动数量和质量支付职工的劳动报酬。这种企业与职工之间的财务关系体现了企业和职工在劳动成果上的分配关系。

7. 企业与税务机关之间的财务关系

这主要是指企业要按税法的规定依法纳税而与国家税务机关所形成的经济关系。任何企业都要按照国家税法的规定缴纳各种税款,以保证国家财政收入的实现,满足社会各方面的需要。及时、足额地纳税是企业对国家的贡献，也是对社会应尽的义务。因此，企业与税务机关的关系反映的是依法纳税和依法征税的权利义务关系。

1.1.4 财务管理的特点

财务管理利用资金、成本、收入等价值指标组织企业中价值的形成、实现和分配，并处理这种价值运动中的经济关系。因此，财务管理和其他管理的区别主要在于，它是一种价值管理，是对企业再生产过程中的价值运动所进行的管理。财务管理的特点具体表现在以下几个方面。

1. 涉及面广

财务管理与企业的各个方面具有广泛的联系。企业的购、产、销活动以及技术、设备、人事、行政等各部门的业务活动无不伴随着企业资金的收支，因此，财务管理的触角必然要伸向企业生产经营的各个角落。每个部门都会通过资金的收付与财务管理部门发生联系。每个部门也都要在合理使用资金和组织收入方面接受财务管理部门的领导，受到财务制度的约束。

2. 灵敏度高

财务管理能迅速提供反映生产经营状况的财务信息。企业的财务状况是经常变动着的，具有很强的敏感性。各种经济业务的发生，特别是经营决策的得失、经营行为的成败会及时在财务状况中表现出来。成品资金居高不下，往往反映产品不适销对路；资金周转不灵，往往反映销售货款未及时收取，并会带来不能按期支付材料价款、偿还到期债务的后果。财务管理部门通过向企业经理人员提供财务状况信息，可以协助企业管理当局适时控制和调整各项生产经营活动。

3. 综合性强

财务管理能综合反映企业生产经营各方面的工作质量。以价值形式表现出来的财务状况和经营成果具有很强的综合性。资金、成本、利润等价值指标，能全面系统地反映各种财产物资的数额、结构和周转情况，反映企业各种人力消耗和物资消耗，反映各种营业收入和非营业收入。通过财务信息把企业生产经营的各种因素及其相互影响综合全面地反映出来，并有效地反作用于企业各方面的活动，是财务管理的又一个突出特点。

综上所述，从企业管理所包括的内容来看，财务管理只是企业管理的组成内容之一，但从它的特点及在企业所处的地位来看，财务管理则是企业管理的核心。它对促使企业不断改善经营管理、提高管理水平、提高经济效益等起到十分重要的作用。

1.2 财务管理假设

财务管理假设是人们根据财务活动的内在规律和理财环境的要求所提出的具有一定事实依据的假定或设想，是研究财务管理理论和实践问题的基本前提。财务管理假设包括理财主体假设、持续经营假设、有效市场假设、资金增值假设、理性理财假设等。

1.2.1 理财主体假设

理财主体是指财务管理为之服务的特定单位,通常是指具有独立或相对独立的物质利益的经济实体。企业的财务管理工作不是漫无边际的,而应限制在每一个经济上和经营上具有独立性的组织之内。理财主体假设明确了财务管理工作的空间范围,将一个主体的理财活动同另外一个主体的理财活动相区分。在现代的公司制企业中,客观上要求将公司的财务活动与股东的财务活动划分清楚。如果将成千上万的股东和企业混在一起,就无法判断企业的经营业绩和财务状况。使用理财主体假设,将公司与股东、债权人、企业职工等主体分开,无疑是十分必要的。

财务主体能够在不受外界直接干扰的情况下,自主地从事财务活动。这主要体现在两个方面,第一,财务主体有自己所能控制的资金,这种控制虽然不一定是法律上的所有权,但它可以保证主体活动对象的存在,并且主体对其财务活动的结果承担责任。第二,财务主体能够自主地进行融资、投资、分配等一系列财务活动,财务主体的决策始终立足于自身的实际情况,满足于自身的需要。独立性是财务主体最主要的特征,财务主体若缺乏独立性,不仅会使财务决策过程混乱,而且会使财务活动结果的责任无法明确,从而导致财务主体管理秩序混乱、责权不明,最终使财务主体解体。

理财主体假设为正确建立财务管理目标、科学划分权责关系奠定了理论基础。

1.2.2 持续经营假设

持续经营假设是指理财主体持续存在且能够执行预计的经济活动,即每一个理财主体在可以预见的未来都会无限期地经营下去。持续经营假设明确了财务管理工作的时间范围。

在设定企业作为理财主体以后,就面临着一个问题:这个企业能存在多久? 企业可能是持续经营的,也可能会因为某种原因发生变更甚至终止营业。在不同条件下,财务管理原则和财务管理方法也是不一样的。由于绝大多数企业都能持续经营下去,破产、清算的毕竟是少数,即使可能发生破产,也难以预计发生的时间。在财务管理上,除非有证据表明企业将破产、关闭,否则,都假定企业在可以预见的将来持续经营下去。

持续经营虽然是一种假设,但在正常情况下,却是财务管理人员唯一的选择。该假设为财务管理人员广泛接受,成为一项公认的假设。因为在任何一个时点上,企业的前景只有两种可能,即持续经营和停业清算,非此即彼,没有第三种可能。在正常情况下,当企业进行筹资、投资和分配时,假定企业持续经营是完全合理的,推测企业破产反而有悖情理。因为只有在持续经营的情况下,企业的投资在未来产生效益才有意义,企业才会根据其财务状况、对未来现金流量的预测和业务发展的要求安排其借款的期限。如果没有持续经营假设,这一切都无从谈起。

事实上,不论一家企业规模大小如何,它总是一个"有限生命"的经济组织。由于客观和主观的原因,一个企业往往不能永远经营下去。因此,持续经营假设并不是永远不变的。在持续经营这一前提下,一旦有迹象表明企业经营欠佳,财务状况恶化,不能偿还到期债务,持续经营假设就失去了支持其存在的事实基础。进而,以这项假设为基础的财务管理原则和方法也就失去了其应有的效用。这时,财务管理中必须放弃此项假设,而改为在清算假设下进行工作。例如,在企业破产清算中,1 年期的债务和 3 年期的债务、未到期的债务和已到期的债务是没有区别的,而在持续经营的条件下,它们却有实质性的差异。

持续经营假设可以派生出理财分期假设。按理财分期假设,可以把企业持续不断的经营活动过程人为地划分为数个期间,以便分阶段考核企业的财务状况和经营成果。根据持续经营假设,企业自创立之日起到解散停业时止,其生产经营活动和财务活动一直持续不断。企业在其存续期内的财务状况是不断变化的,一直到停业之日才停止变动。为了分阶段地考核企业经营成果和财务状况,必须将持续经营的企业活动过程人为地划分为若干期间,这就是理财分期假设的现实基础。

持续经营假设是财务管理的基础前提。在日常的财务管理活动中,在确定筹资方式时,要注意合理安排短期资金和长期资金的关系;在进行投资时,要合理确定短期投资和长期投资的关系;在进行收益分配时,要正确处理各个利益集团短期利益和长期利益的关系。这些财务活动都是建立在此项假设基础之上的。

1.2.3 有效市场假设

有效市场假设是指财务管理所依据的资金市场是健全和有效的。只有在有效市场上,财务管理才能正常进行,财务管理理论体系才能建立。最初提出有效市场假设的是美国财务管理学者法马。法马在 1965 年和 1970 年各发表了一篇文章,将有效市场划分为三类,一是弱式有效市场,即当前的证券价格完全反映了已蕴含在证券历史价格中的全部信息。其含义是,任何投资者仅仅根据历史的信息进行交易,均不会获得额外盈利。二是次强式有效市场,即证券价格完全反映了所有公开的可用信息。这样,根据一切公开的信息如公司的年度报告、投资咨询报告、董事会公告等,都不能获得额外的盈利。三是强式有效市场,即证券价格完全反映了一切公开的和非公开的信息。投资者即使掌握内幕信息也无法获得额外盈利。实证研究表明,美国等发达国家的证券市场均已达到次强式有效市场。我国有些学者认为,中国股票市场已达到弱式有效,但尚未实现次强式有效。事实上,即使是发达国家的股票市场,也不是在所有的时间和所有的情况下都是有效的,个别情况会出现例外,所以称为假设。

法马的有效市场假设是建立在美国高度发达的证券市场和股份制占主导地位的美国理财环境的基础之上的,并不完全符合中国的国情。从中国理财环境和中国企业的特点来看,有效市场应具备以下特点:当企业需要资金时,能以合理的价格在资金市场上筹集到所需资金;当企业有闲置的资金时,能在市场上找到有效的投资方式;企业理财上的任何成功和失误,都能在资金市场上得到反映。

有效市场假设的派生假设是市场公平假设。它是指理财主体在资金市场筹资和投资时完全处于市场经济条件下的公平交易状态。市场不会抹杀某一理财主体的优点,也不会无视某一理财主体的缺点。理财主体的成功和失败,都会公平地在资金市场上得到反映。因此,每一个理财主体都会自觉地规范其理财行为,以便在资金市场上受到好评,以利于今后的财务管理工作。市场公平假设还暗含着另外一个假设,即市场是由众多的理财主体在公平竞争中形成的,单一理财主体,无论其实力多强,都无法控制市场。

有效市场假设是确立财务管理原则,决定筹资方式、投资方式,安排资金结构,确定筹资组合的理论基础。如果市场无效,很多理财方法和财务管理理论都无法建立。

1.2.4 资金增值假设

资金增值假设是指通过财务管理人员的合理营运,企业资金的价值可以不断增加。这一假设实际上指明了财务管理存在的现实意义。因为财务管理是对企业的资金进行规划和控制的一项管理活动,如果在资金运筹过程中不能实现资金的增值,财务管理也就没有存在的必要了。

企业财务管理人员在运筹资金的过程中,可能会出现以下三种情况:一是取得了资金的增值(有了盈余);二是出现了资金的减值(有了亏损);三是资金价值不变(不盈不亏)。财务管理存在的意义绝不是后两种情况,而应是第一种情况。当然,资金的增值是在其不断地运动中产生的,即只有通过资金的合理运筹才能产生价值的增值。在商品经济条件下,从整个社会来看,资金的增值是一种规律,而且这种增值只能来源于生产过程。但从个别企业来考察,资金的增值并不是一种规律,资金的增值也不一定来源于生产过程。例如,一家企业将其资金投资于股票,一年以后卖出,可能会实现资金的增值,也可能会出现亏损。因此,对某一家企业来说,资金增值只能是一种假设,而不是一项规律。因为在财务管理中,在做出某种投资决策时,一定假定这笔投资是增值的;如果假定出现亏损,这笔投资就不会发生了。

资金增值假设的派生假设是风险与报酬同增假设。此项假设是指风险越高,获得的报酬也越高。资金的运筹方式不同,获得的报酬就不一样。例如,国库券基本是无风险投资,而股票是风险很大的投资,那么,为什么还有人将巨额资金投向股市呢?这是因为他们假设股票投资取得的报酬要远远高于购买国库券所得到的报酬。风险与报酬同增假设实际上暗含着另外一项假设,即风险可计量。因为如果风险无法计量,财务管理人员不知道哪项投资风险大、哪项投资风险小,风险与报酬同增假设也就无从谈起。

1.2.5 理性理财假设

理性理财假设是指从事财务管理工作的人员都是理性的理财人员,他们的理财行为是理性的,他们会在众多的理财方案中选择最有利的方案。在实际工作中,财务管理人员分为两类,即理性的和盲目的。但不管是理性的还是盲目的理财人员,他们都认为自己是理性的,都认为自己做出的决策是正确的,否则他们就不会做出这样的决策。尽管我们承认存在一部分盲目的理财人员,但从财务管理研究的角度来看,只能假设所有的理财行为都是理性的,因为盲目的理财行为是没有规律的,而没有规律的东西无法上升到理论的高度。

财务主体假设是财务管理假设体系存在的重要前提。若没有财务主体的存在,就没有接收和输出资金与信息的主体,就无法有效地组织财务活动、形成健全的财务关系。同时,财务主体假设也是财务管理假设体系的核心,因为所有财务管理活动都是围绕着财务主体展开的,假设体系中的所有具体假设也都是以财务主体假设为核心的。

持续经营假设是在财务主体假设的基础上,进一步提出的关于主体经营方面的假设,它也是财务活动得以顺利进行的基础,只有持续经营的财务主体才能顺利开展理财活动。

财务分期假设是在持续经营假设上更进一步提出的关于财务主体的假设,以便于财务主体分析、控制财务活动,并分期向外部传递和接收财务信息。

有效市场假设是财务活动得以顺利进行的保证,资金市场接收财务主体的资金并提供资金增值的环境,最后增值的资金又返回至财务主体,如此循环,从而实现财务管理目标。而有效资金市场假设包含的资金流通假设和资金增值假设也是相互制约、互为前提的。只有资金流通了,才能实现增值;只有资金实现了增值,才能促使资金流通。

有效市场假设为财务主体提供了在做出决策时所需要信息的可靠性保障。

理性理财假设是在前述所有假设都成立的基础上所提出的对财务管理活动的总体假设,是框架中最上层的假设。

1.3 财务管理的原则

财务管理原则是企业组织财务活动、处理财务关系所必须遵循的基本原则,是人们对财务活动的共同的、理性的认识,是为实践所证明了的并且为多数理财人员所接受的理财行为的准则,是财务理论和财务决策的基础。对于财务管理原则,人们的认识不完全相同,道格拉斯·R. 爱默瑞和约翰·D. 芬尼特的观点具有代表性,他们将财务管理原则概括为三类,共 12 条。

1.3.1 有关竞争环境的原则

1. 自利行为原则

自利行为原则是指人们在进行决策时按照自己的财务利益行事,在其他条件相同的情况下,人们会选择对自己经济利益最大的行动。

自利行为原则的依据是理性经济人假设,人们对每项交易都会衡量其代价和利益,并且会选择对自己最有利的方案来行动。自利行为原则假设企业决策人对企业目标具有合理的认识程度,并且对如何达到目标具有合理的解释。在这种假设下,企业会采取对自己最有利的行动。

自利行为原则的一个重要应用是委托—代理理论。根据该理论,应该把企业看成是各种自利人的集合。企业和各种利益关系人之间的关系,大部分属于委托代理关系。这种相互依赖又相互冲突的利益关系,需要通过制度来协调,最后会形成企业的内部控制制度、财务制度、行政管理制度等。因此,委托—代理理论是以自利行为原则为基础的。

自利行为原则的另一个重要应用是机会成本的概念。当某人采取了一种行动时,这种行动就取消了其他可能的行动,因此,他必须要将这种行动和其他行动相比,看该行动是否对自己有利。一种行动的价值和最佳选择的价值之间的差异就构成了机会成本。采用一个方案而放弃另一个方案时,被放弃方案的收益是被采用方案的机会成本,也称择机代价。尽管人们对机会成本或择机代价的概念有分歧,它们的计算也经常会遇到困难,但是人们都不否认机会成本是决策时不能不考虑的重要问题之一。

2. 双方交易原则

双方交易原则是指每一项交易都至少存在两方,在一方根据自己的经济利益进行决策时,另一方也会按照自己的经济利益决策行动,并且双方是一样的聪明、勤奋和富有创造力。因此,一方在决策时要正确预见对方的反应。

双方交易原则的建立依据是,商业交易至少有两方、交易是"零和博弈",以及各方都是自利的。每一项交易都有一个买方和一个卖方,这是不争的事实。在已经成为事实的交易中,买入的总量与卖出的总量永远一样多,那么,一方的获利只能以另一方的付出为基础,从总体上看,双方收益之和等于零,故称为"零和搏弈"。在"零和搏弈"中,双方都是按自利行为原则行事,谁都想获利而不是吃亏。那么,为什么交易还会成交? 这与事实上人们所获取的信息不对称有关。买卖双方由于信息不对称,因而对交易有不同的预期,不同的预期导致了买卖,在双方都认为某交易价格对自己是有利的情况下,交易就实现了。

双方交易原则要求在理解财务交易时不能"以我为中心",在谋求自身利益的同时要注意对方的存在,以及对方也在遵循自利行为原则行事。因此,一方在决策时不仅要考虑自利行为原则,还要使对方有利,否则交易就无法实现。

双方交易原则还要求在理解财务交易时要注意税收的影响。由于税收的存在,使得一些交易表现为"非零和搏弈"。政府是不请自来的交易第三方,凡是交易政府都要从中收取税金。而在交易中合理避税可以使交易双方都受益。因此,有人主张应把"税收影响决策"单独作为一条理财原则,因为税收会影响所有的交易。

3. 信号传递原则

信号传递原则是指行动可以传递信息,并且比公司的声明更有说服力。

信号传递原则是自利行为原则的延伸。由于人们或公司是遵循自利行为原则的,所以一项资产的买进能暗示出该资产"物有所值",买进的行为提供了有关决策者对未来的预期或计划的信息。例如,一个公司决定进入一个新领域,反映出该公司的管理者对自己公司的实力以及新领域的未来前景充满信心。

信号传递原则要求根据公司的行为判断它未来的收益状况。例如,一个经常用配股的办法筹资的公司,很可能自身产生现金的能力较差;一个大量购买国债的公司,很可能缺少净现值为正数的投资机会;内部持股人出售股份,常常是公司盈利能力恶化的重要信号。

信号传递原则还要求公司在决策时不仅要考虑行动方案本身,还要考虑该项行动可能给人们传达的信息。在资本市场中,每个人都在利用他人交易的信息,同时,自己交易的信息也会被别人所利用。例如,一件商品的价格降至难以置信的程度时,人们就会认为它的质量不好;一家咨询公司从简陋的办公室迁入豪华的写字楼,会向客户传递收费高、服务质量高、值得信赖的信息。

4. 引导原则

引导原则是指当所有的办法都失败时,寻找一个可以信赖的榜样作为自己的引导。所有办法都失败指的是我们的理解力存在局限性,不知道如何做对自己有利;或者寻找最准确答案的成本过高,以至于不值得把问题完全搞清楚。在这种情况下,直接模仿成功榜样或者大多数人的做法。不要把引导原则混同于"盲目模仿",它只在上述两种情况下使用。引导原则不会帮人们找到最好的方案,却常常可以避免采取最差的行动。它是一个次优化准则,其最好的结果是得出近似最优的结论,最差的结果是模仿了别人的错误。这一原则虽然有潜在的问题,但是人们经常会遇到理解力、成本或信息受到限制的情况,无法找到最优方案,因而需要采取引导原则来解决问题。

引导原则的一个重要应用是行业标准概念。例如,资本结构的选择问题,理论不能提供企业的最优资本结构的实用化模型。观察本行业成功企业的资本结构,或者多数企业的资本结构,不要与它们的水平偏离太远,就成了资本结构决策的一个简便、有效的办法。

1.3.2 有关创造价值的原则

1. 有价值的创意原则

有价值的创意原则是指新创意能获得额外报酬。

竞争理论认为，企业的竞争优势主要来源于产品（或服务）差异化和成本领先两个方面。产品差异化是指产品本身、销售交货、营销渠道等客户广泛重视的方面在产业内独树一帜，任何独树一帜都来自新的创意。创造和保持产品差异化的企业，如果其产品溢价超过了为产品的独特性而附加的成本，它就能获得高于平均水平的利润。正是许多新产品的发明，使得发明人和生产企业变得非常富有。

有价值的创意原则主要应用于直接投资项目。一个项目必须是有创意的投资项目才能取得正的净现值，重复过去的投资项目或者别人的已有想法，最多只能获得平均报酬率，维持而不是增加股东财富。新的创意迟早要被别人效仿，失去原有的优势，因此，只有不断创新才能维持产品的差异化，不断增加股东财富。

2. 比较优势原则

比较优势原则是指专长能创造价值。在市场中要想赚钱，必须发挥出专长，也就是必须在某一方面比别人强，并依靠自己的强项来赚钱。没有比较优势的人，很难取得超出平均水平的收入；没有比较优势的企业，很难增加股东财富。

比较优势原则的依据是分工理论，让每一个人去做最适合他做的工作，让每一个企业生产最适合它生产的产品，社会的经济效率才会提高。

比较优势原则的一个应用是"人尽其才，物尽其用"。在有效市场中，不必要求自己什么都能做得最好，但要知道谁能做得最好。对于某一件事情，如果有人比自己做得更好就支付报酬让他代自己去做。同时，自己去做比别人做得更好的事情，让别人给自己支付报酬。如果每个人都能去做能够做得最好的事情，每项工作就找到了最称职的人，就会产生经济效率。

比较优势的另一个应用就是优势互补。合资、合并、收购等，都是出于优势互补原则。一方有某种优势，如独特的生产技术；另一方有其他优势，如杰出的销售网络，两者结合可以使各自的优势快速融合，并形成新的优势。

比较优势原则要求企业把主要精力放在自己的比较优势上，而不是日常的运行上。建立和维持自己的比较优势，是企业长期获利的根本。

3. 期权原则

期权是指不附带义务的权利，它是有经济价值的。期权原则是指在估价时要考虑期权的价值。

期权的概念最初产生于金融期权交易，它是指所有者（期权购买人）能够要求出票人（期权出售者）履行期权合同上载明的交易，而出票人不能要求所有者去做任何事。在财务上，一个明确的期权合约经常是指按照预先约定的价格购买一项资产的权利。

广义的期权不限于金融期权合约，任何不附带义务的权利都属于期权，许多资产都存在隐含的期权。例如，一个企业可以决定某项资产出售或者不出售，如果价格令人不满意就不出售，如果价格令人满意就出售。这种选择权是广泛存在的。一个投资项目本来预期有正的净现值，因此被采纳并实施了，实施以后发现它并没有原来设想的那么好，此时，决策人不会让该项目按原计划一直实施下去,而会决定终止方案或者修改方案,使损失减少到最低程度。这种后续的选择权是有价值的,它增加了项目的净现值。在评价项目时,就应考虑到后续选择权是否存在以及它的价值有多大。有时一项资产附带的期权比该资产本身更有价值。

4. 净增效益原则

净增效益原则是指财务决策建立在净增效益的基础上,一项决策的价值取决于它和替代方案相比所增加的净收益。

一项决策的优劣是与其他可替代方案(包括维持现状而不采取行动)相比较而言的。如果一个方案的净收益大于替代方案,我们就认为它是一个比替代方案好的决策。在财务决策分析中,净收益通常用现金流量计量,一个方案的净收益是指该方案现金流入减去现金流出的差额,也称为现金流量净额。一个方案的现金流入是指该方案引起的现金流入量的增加额;一个方案的现金流出是指该方案引起的现金流出量的增加额。方案引起的增加额是指这些现金流量依存于特定方案,如果不采纳该方案就不会发生这些现金流入和流出。

净增效益原则的一个重要应用是差额分析法,也就是在分析投资方案时,只分析它们有区别的部分,而省略其相同的部分。净增效益原则初看似乎很容易理解,但实际贯彻起来需要非常清醒的头脑,需要周密地考察方案对企业现金流量总额的直接和间接影响。例如,一项新产品投产的决策引起的现金流量不仅包括新设备投资,还包括动用企业现有非货币资源对现金流量的影响;不仅包括固定资产投资,还包括需要追加的营运资金;不仅包括新产品的销售收入,还包括对现有产品销售积极或消极的影响;不仅包括产品直接引起的现金流入和流出,还包括对公司税务负担的影响等。

净增效益原则的另一个应用是沉没成本概念。沉没成本是指已经发生、不会被以后的决策改变的成本。沉没成本与将要采纳的决策无关。因此,在分析决策方案时应将其排除。

1.3.3 有关财务交易的原则

1. 风险—报酬权衡原则

风险和报酬之间存在一个权衡关系,投资人必须对报酬和风险做出权衡,为追求较高报酬而承担较大风险,或者为减少风险而接受较低的报酬。所谓权衡关系,是指高收益的投资机会必然伴随巨大风险,风险小的投资机会必然只有较低的收益。

在财务交易中,当其他一切条件相同时,人们倾向于高报酬和低风险。如果两个投资机会除了报酬不同以外,其他条件(包括风险)都相同,人们会选择报酬较高的投资机会,这是自利行为原则所决定的。如果两个投资机会除了风险不同以外,其他条件(包括报酬)都相同,人们会选择风险小的投资机会,这是风险反感决定的。所谓风险反感,是指人们普遍对风险有反感,认为风险是不利的事情。

如果人们都倾向于高报酬和低风险,而且都按照他们自己的经济利益行事,那么竞争的结果就会产生风险和报酬之间的权衡,现实的市场中将只有高风险同时高报酬或低风险同时低报酬的投资机会。如果要想有一个获得巨大收益的机会,就必须得冒可能遭受巨大损失的风险,每一个市场参与者都要在他的风险和报酬之间作权衡。有的人偏好高风险、高报酬,有的人偏好低风险、低报酬,但是每个人都要求风险与报酬对等,而不会去冒没有价值的风险。

2. 投资分散化原则

投资分散化原则是指不要把全部财富投资于一个项目,而要分散投资。

投资分散化原则的理论依据是投资组合理论。马克维茨的投资组合理论认为,若干种股票组成的投资组合,其收益是这些股票收益的加权平均数,但其风险要小于这些股票的加权平均风险,所以投资组合能降低风险。

投资组合理论的核心思想是"不要把所有的鸡蛋放在一个篮子里"。如果一个人把他的全部财富投资于一个公司,这个公司一旦破产,他将失去全部财富;如果他投资于 10 个公司,则只有 10 个公司全部破产,他才会失去全部财富。显然,10 个公司全部破产的概率,比一个公司破产的概率要小得多,所以投资组合能降低风险。

分散化原则具有普遍意义,不仅仅适用于证券投资,公司的各项决策都应注意分散化原则。不应当把公司的全部投资集中于个别项目、个别产品;不应当把销售集中于少数客户;重要的事情不要依赖一个人完成;重要的决策不要由一个人做出。凡是有风险的事项,都要贯彻分散化原则,以降低风险。

3. 资本市场有效原则

资本市场是指证券买卖的市场。资本市场有效原则是指资本市场上频繁交易的金融资产的市场价格反映了所有可获得的信息,而且面对新信息完全能迅速地做出调整。

资本市场有效原则要求理财时应重视市场对企业的估计。资本市场是企业的一面镜子,又是企业行为的校正器。股价可以综合反映企业的业绩,弄虚作假、人为地改变会计方法对于企业价值的提高毫无用处。一些公司把巨大的精力和智慧放在报告信息的操纵上,通过"创造性会计处理"来提高财务报告利润,企图利用财务报告给其使用人制造幻觉,这在有效市场中是无济于事的。用资产置换、关联交易操纵利润,只能得逞一时,最终会付出代价,甚至导致公司破产。市场对公司的评价降低时,应分析公司行为是否出现了问题并设法改进,而不是设法欺骗市场。妄图欺骗市场的人,最终会被市场所淘汰。

资本市场有效原则要求理财时应慎重使用金融工具。如果资本市场是完全有效的,则购买或出售金融工具的交易的净现值就为 0。公司作为从资本市场上取得资金的一方,很难通过筹资获取正的净现值(增加股东财富)。公司的生产经营性投资带来的竞争,是在少数公司之间展开的,竞争不充分。一个公司,因为它有专利权、专有技术、良好的商誉、较大的市场份额等比较优势,可以在某些直接投资中取得正的净现值。资本市场与商品市场不同,其竞争程度高、交易规模大、交易费用低、资产具有同质性,使得其有效性比商品市场要高得多。所有需要资本的公司都在寻找资本成本低的资金来源,大家都机会均等。机会均等的竞争,使得财务交易基本上是公平交易。在有效资本市场上,企业均获得与投资风险相称的报酬,也就是与资本成本相同的报酬,很难增加股东财富。

4. 货币时间价值原则

货币时间价值原则是指在进行财务计量时要考虑货币时间价值因素。货币的时间价值是指货币经过一定时间的投资和再投资后所增加的价值。

货币具有时间价值的依据是货币投入市场后其数额会随着时间的延续而不断增加。这是一种普遍的客观经济现象,要想让投资人把钱拿出来,市场必须给他们一定的报酬。

货币时间价值原则的首要应用是现值的概念。由于现在的 1 元货币比将来的 1 元货币经济价值大,不同时间的货币价值不能直接加减运算,需要进行折算。通常,要把不同时间的货币价值折算到"现在"时点,然后进行运算和比较。把不同时点的货币折算为"现在"时点的过程,称为折现;折现所使用的百分率称为折现率;折现以后的价值称为现值。财务估计中,广泛使用现值计量资产的价值。

货币时间价值原则的另一个重要应用是"早收晚付"观念。对于不附带利息的货币收支,与其晚收不如早收,与其早付不如晚付。货币在自己手上,可以立即用于消费而不必等待将来消费,可以投资获利而无损于原来的价值,可以用于预料不到的支付,因此"早收晚付"在经济上是有利的。

1.4 财务管理的职能

财务管理职能是指财务管理工作所具有的功能,它随着经济的发展和经营管理的需要而不断发展和完善。一般认为财务管理的职能主要包括财务预测、财务决策、财务计划、财务控制和财务分析。

1. 财务预测

财务预测是通过调查研究所掌握的资料,考虑现实的要求和条件,根据企业整体战略目标和规划,结合对未来宏观、微观形势的预测,来建立企业财务的战略目标和规划。企业财务人员要根据企业财务活动的历史资料,并且在现状的基础上,发现财务活动的客观规律,对企业未来的财务活动做出较为具体的预计和测算。测算各项生产经营方案的经济效益,为决策提供可靠的依据;预计财务收支的发展变化,以确定经营目标;测定各项定额和标准,为编制计划,分解计划指标服务。

2. 财务决策

财务决策是企业财务管理人员按照财务目标的总体要求,对若干个备选的财务活动方案进行比较分析,从中选择一个最优方案的过程。财务决策包括筹资决策、投资决策、资本运营决策和收益分配决策等。财务决策是财务管理的核心,财务预测是为财务决策服务的,财务计划是财务决策的具体化。

3. 财务计划

企业以货币形式预计计划期内资金的取得与运用和各项经营收支及财务成果。它是企业经营计划的重要组成部分,是进行财务控制、财务监督的主要依据。财务计划是在生产、销售、物资供应、劳动工资、设备维修、技术组织等计划的基础上编制的,其目的是为了确立财务管理上的奋斗目标。在企业内部实行经济责任制,使生产经营活动按计划协调进行,挖掘增产节约潜力,提高经济效益。企业财务计划主要包括资金筹集计划、固定资产投资和折旧计划、流动资产占用和周转计划、对外投资计划、利润和利润分配计划等。

为了保证实现既定的财务目标,企业的财务活动应该按照一定的财务计划组织实施。如果完成了财务计划,也就是实现了财务目标。因此,当通过财务决策选定了财务活动方案之后,就应该编制财务计划。正确的财务计划可以提高财务管理的预见性,也可以为企业及各部门、各层次提出具体的财务目标。

4. 财务控制

财务控制就是按照财务制度和财务计划的要求进行严格的监督工作,将生产经营活动限制在制度和计划的规定范围之内。如果发现差异,应根据其具体原因及时采取措施,以保证财务活动按计划进行。

良好的控制虽然能够达到上述目标,但无论控制的设计和运行多么完善,它都无法消除其本身固有的局限,为此必须对这些局限性加以研究和预防。该局限性主要有三个方面,一是受成本效益原则的局限;二是财务控制人员由于判断错误、忽略控制程序或人为作假等原因,导致它失灵;三是管理人员的行政干预,致使建立的控制制度形同虚设。

5. 财务分析

财务分析是以会计核算和报表资料及其他相关资料为依据,采用一系列专门的分析技术和方法,对企业等经济组织过去和现在的有关筹资活动、投资活动、经营活动、分配活动的盈利能力、营运能力、偿债能力和增长能力状况等进行分析与评价的经济管理活动。它是为企业的投资者、债权人、经营者及其他利益相关者了解企业过去、评价企业现状、预测企业未来并做出正确决策提供准确的信息或依据。财务分析是以核算资料为主要依据,对企业财务活动的过程和结果进行评价和剖析的一项工作。财务分析的基本目的是为了说明财务活动实际结果与财务计划或历史实绩等比较基础之间的差异及其产生原因,从而为编制下期财务计划和以后的财务管理提供一定的参考依据。

1.5 财务管理的目标

财务管理目标又称理财目标,是指企业进行财务活动所要达到的根本目的,它决定着企业财务管理的基本方向。财务管理目标是一切财务活动的出发点和归宿,是评价企业理财活动是否合理的基本标准。财务管理目标也是企业经营目标在财务上的集中和概括,是企业一切理财活动的出发点和归宿。制定财务管理目标是现代企业财务管理成功的前提,只有有了明确合理的财务管理目标,财务管理工作才有明确的方向。因此,企业应根据自身的实际情况和市场经济体制对企业财务管理的要求,科学合理地选择、确定财务管理目标。

1.5.1 企业财务管理的总目标

企业财务管理是企业管理的一个方面,因此财务管理目标取决于企业的目标,应与企业目标相一致。由于财务管理的本质是价值管理,因此,财务管理目标不是对企业目标的简单重复,而是企业目标在财务管理上的具体体现。

创立企业的目的是盈利,已经创立起来的企业,虽然有改善职工待遇、扩大市场份额、提高产品质量、减少环境污染等目标,但是,盈利是最基本、最重要的目标,并有助于其他目标的实现。在财务理论与实践中,财务目标有利润最大化、每股收益最大化、股东财富最大化、利益相关者利益最大化和企业价值最大化等不同的观点。

1. 利润最大化

利润最大化就是假定在企业投资预期收益确定的情况下,财务管理行为将朝着有利于企业利润最大的方向发展。这种观点认为,利润代表了企业新创造的财富,利润越多说明企业的财富增加得越多。

这种观点的优点是,利润不仅可以反映一家企业创造剩余产品的多少,也从一定程度上反映出企业经济效益的高低和对社会的贡献程度。企业要想追求利润最大化,就必须加强管理,改进技术,提高劳动效率,降低产品成本,这些措施都有利于资源的合理配置,有利于提高经济效益。

这种观点的缺点是:① 利润最大化是一个绝对指标,没有考虑企业所获利润和投入资本数额之间的关系。例如,同样是获得100万元的利润,一家企业投入资本400万元,另一家企业投入资本500万元,哪一个更符合企业的目标? 若不与投入的资本额联系起来,就难以做出正确的判断。② 没有考虑利润取得的时间以及资金的时间价值。例如,今年取得利润100万元和明年取得利润100万元,哪一个更符合企业的目标? 若不考虑货币的时间价值,就难以做出正确的判断。③ 没有考虑风险问题。这可能会导致财务人员不顾风险而盲目地去追求最大的利润。例如,同样是投入资本500万元,本年获利100万元,其中一个企业的获利已全部转化为现金,另一个企业的获利则全部是应收款项,哪一个更符合企业的目标? 若不考虑风险大小,就难以做出正确的判断。

假设投入资本相同、利润取得的时间相同、相关的风险情况也相同,利润最大化是一个可以接受的观点。事实上,许多管理层都把提高利润作为企业的短期目标。

2. 每股收益最大化

所有者作为企业的投资者,其投资的目标是取得收益,具体表现为净利润与出资额或股份数的对比关系,这种关系可以用每股收益来反映。

这种观点的优点是,克服了利润最大化目标没有考虑投入与产出比例关系的不足,考虑了所获利润与投入资本额或股本数之间的关系,使不同资本规模的企业或同一企业不同期间的利润具有可比性。

这种观点的缺点是:① 没有考虑资金的时间价值,没有考虑取得每股收益的时间;② 没有考虑获得收益的风险。

假设风险相同、每股收益时间相同,每股收益最大化也是一个可以接受的观念。许多投资人都把每股收益作为评价公司业绩的最重要的指标。

3. 股东财富最大化

股东财富最大化认为股东承担了企业全部剩余风险,也应享受因经营发展带来的全部剩余收益,因此,企业经营以增加股东财富为目标。在股份制公司中,股东财富由其所拥有的股票数量和股票市场价格两方面来决定。在股票数量一定时,当股票价格达到最高时,股东财富也达到最大。所以,股东财富最大化又演变为股票价格最大化。

股东财富最大化与每股收益最大化目标的区别是:① 股东财富最大化以财富增值为目标,考虑了利润与投入资本之间的关系;② 股东财富最大化体现了公司财务的基本价值原理,考虑了时间价值与风险因素;③ 股东财富最大化目标更适合上市公司,可以通过股票市价反映股东财富的价值。

股东财富最大化目标也存在一些缺点:① 它只适用于上市公司,而对于非上市公司则很难适用;② 它只强调股东的利益,而对企业其他关系人的利益重视不够;③ 股票价格受多种因素影响,并非都是公司所能控制的,把不可控因素引入理财目标是不合理的。尽管股东财富最大化存在上述缺点,但如果一个国家的证券市场高度发达,市场效率极高,上市公司就可以把股东财富最大化作为财务管理的目标。

4. 利益相关者利益最大化

以利益相关者利益最大化作为企业财务目标试图克服单纯地以股东财富最大化而忽略了其他利益相关者的利益的缺陷。利益相关者的理论研究认为,利益相关者参与了企业决策并承担了相应的风险,企业不能仅以股东财富最大化作为企业财务目标,而应当兼顾企业各个利益相关者的利益。

以利益相关者利益最大化作为财务目标,把非股东利益相关者的利益纳入了公司财务目标,似乎比传统的股东财富最大化目标更为合理,但是这也存在着诸多问题。① 利益相关者的利益均最大化将导致公司财务目标的多元化,不同的利益相关者的利益要求存在差异性或矛盾性;② 企业资源的有限性也决定了不可能完全满足所有利益相关者的利益要求;③ 在诸多利益主体中,各利益相关者的利益如何界定,各利益相关者的利益的重要性程度如何确定,这些问题可能导致经理人只关心和负责自身的利益;④ 过多的财务目标使得公司管理层的决策更困难。

5. 企业价值最大化

企业价值是指企业的未来现金净流量按照企业的必要报酬率计算的总现值,也是企业的市场价值,反映了企业预期的获利能力。对企业评价时,不仅要看企业已取得的利润水平,还要评价企业潜在的获利能力。

企业价值最大化是指企业通过生产经营,采用最优的经营和财务政策,充分考虑资金的时间价值、风险与报酬的关系,在实现持续成长过程中实现企业总价值的最大化,优化业务服务,不断增加企业财富,使企业价值最大化。

企业价值最大化作为财务管理目标,其特点是:① 考虑了货币的时间价值;② 考虑了投资风险问题;③ 对于非上市企业,只有对企业进行专门的评估才能真正确定其价值,而在评估企业的资产时,由于受评估标准和评估方式的影响,这种估价不易做到客观和准确,这也导致企业价值确定的困难;④ 能克服企业追求利润的短期行为,要求管理层对企业长期发展进行规划和预测,权衡当前与未来利润以及投资项目的报酬与风险情况。

企业价值最大化有利于体现企业管理的目标,更能揭示企业的价值,也考虑了资金的时间价值和风险情况。因此,通常认为企业价值最大化是一个较为合理的财务管理目标。

1.5.2 企业财务管理的具体目标

企业价值最大化作为企业财务管理的总体目标,对企业财务决策起到了指导性的作用。为了便于将企业价值最大化的总体目标体现于具体的财务管理活动中,财务管理的目标可以体现为收入增长目标、资产营运效率目标、投资收益目标和风险控制目标等具体目标。

1. 收入增长目标

收入增长目标主要体现在营业收入的增长能力上。营业收入是企业获得现金流入的主要源泉,是实现营业利润和投资回报的基础,是股东和潜在投资者重点关注的目标。企业与客户、供应商、银行等各方面的日常营运资金管理在很大程度上都是围绕着营业收入进行的。因此,能否实现营业收入的持续增长和市场份额的增加,不仅是评价管理层业绩的重要指标,也是判断企业发展潜力和投资价值的主要依据。

2. 资产营运效率目标

资产营运效率反映了企业投资的总资产和各项单项资产对创造营业收入的贡献程度。资产营运效率是以资产质量为基础的,可以通过总资产周转率、部分资产周转率和单项资产周转率来测定。企业财务管理的融资、投资、分配等活动均会在一定程度上影响资产存量的规模、结构和质量,资产营运效率的管理不仅是企业日常财务活动的重要内容,也是评价企业成长性的主要依据。

3. 投资收益目标

投资收益是以企业营业利润水平和对外投资的收益能力为基础的,可以通过资产报酬率、每股收益和净资产收益率来测定。投资收益反映了企业总资产投资和股东权益投资对创造利润的贡献程度,也是资产与资本增值能力的重要标志。

4. 风险控制目标

风险控制目标主要体现在企业是否有支付包括短期借款、应付账款、租金、利息等到期义务的能力上。财务风险控制反映了企业为预防因无法支付到期义务而出现财务困境、危机甚至导致破产的管理过程,也是保持现金流量的创造能力、维系良好的资信状况、吸引潜在投资者的重要标志。风险控制是以企业平衡现金流入和现金流出为基础的,可以用资产负债率、财务结构、财务杠杆系数、营业现金流量、负债比率等来测定。

在上述财务目标中,收入增长是企业实现收益的源泉,提高资产营运效率是实现收入并转化为盈利的基础,投资收益是提升企业价值的体现,风险控制是持续价值创造的保障。

1.5.3 财务管理目标的协调

在将企业财务管理目标定位于追求企业价值最大化的情况下,企业财务活动所涉及的不同利益主体如何进行协调是实现财务管理目标过程中必须解决的问题。其中,较为突出和重要的矛盾及其协调表现在以下几个方面:

1. 所有者与经营者的矛盾与协调

现代企业的显著特征是经营权与所有权相分离,所有者为企业提供了财务资源,但是他们处在企业之外,而经营者即管理当局直接从事管理工作。企业是所有者的企业,财务管理的目标也是股东的目标,股东委托经营者代表他们管理企业,为实现他们的目标而努力,但经营者与股东的目标并不完全一致。

经营者的目标和所有者不完全一致,经营者可能会为了自身的利益而背离所有者的利益,主要体现在:

1) 道德风险

经营者为了自己的目标,不会尽最大努力去实现企业目标。他们没必要为提高股价而冒险,股价上涨的好处将归于股东,如果失败他们的"身价"将下跌。他们不做什么错事,只是不十分卖力,以增加自己的闲暇时间。这样做不构成法律和行政责任问题,只是道德问题,所有者很难追究他们的责任。

2) 逆向选择

经营者为了自己的目标而背离股东目标。例如,购置高档汽车、装修豪华办公室供自己使用;或者蓄意压低股票价格,自己买回,导致股东财富受损。

为了防止经营者背离所有者的目标,一般有以下两种方式:

1）监督

经营者背离股东目标的条件是双方信息的不对称，经营者了解企业的信息比股东多。避免道德风险和逆向选择的出路之一是股东获取更多的信息，对经营者进行监督，在经营者背离股东的目标时，减少其各种形式的报酬，甚至解雇他们。

但是，全面监督实际上是行不通的。股东是分散的或者远离经营者，得不到充分的信息；经营者比股东有更大的信息优势，比股东更清楚什么是对企业更有利的行动方案；全面监督的代价是高昂的，很可能超过它所带来的收益。因此，股东支付审计费聘请注册会计师，往往限于审计财务报表，而不是全面审查所有管理行为。股东对企业情况的了解和对经营者的监督是必要的，但受到监督成本的限制，不可能事事都监督。监督可以减少经营者背离股东意愿的行为，但不能解决全部问题。

2）激励

防止经营者背离股东利益的另一种途径是采取激励计划，使经营者分享企业增加的财富，鼓励他们采取符合股东利益最大化的行动。例如，企业盈利率或股票价格提高后，给经营者以现金、股票期权奖励。支付报酬的方式和数量大小，有多种选择。报酬过低，不足以激励经营者，股东不能获得最大利益；报酬过高，股东付出的激励成本过大，也不能实现自己的最大利益。因此，激励可以减少经营者违背股东意愿的行为，但也不能解决全部问题。

通常，股东同时采取监督和激励两种方式来协调自己和经营者的目标，而不可能使经营者完全按其意愿行动，经营者仍然可能采取一些对自己有利而不符合股东利益最大化的决策，并由此给股东带来一定的损失。监督成本、激励成本和偏离股东目标的损失之间，此消彼长、相互制约，股东要权衡轻重，力求找出能使这三项之和最小的解决办法。

2. 所有者与债权人的矛盾与协调

当企业向债权人借入资金后，两者形成债务债权关系。债权人把资金借给企业，其目标是到期收回本金，并获得约定的利息；企业借款的目的是扩大经营，投入有风险的生产经营项目，两者的目标并不一致。

债权人实际上知道借出资金是有风险的，并把这种风险纳入利率。但是，借款合同一旦成为事实，资金划到企业，债权人就失去了控制权，股东可以通过经营者为了自身的利益而损害债权人的利益。一种情况是所有者不经债权人的同意，投资于比债权人预期风险更高的新项目。如果高风险的计划侥幸成功，超额的利润归股东独享；一旦计划不幸失败，公司无力偿债，债权人与股东将共同承担损失。虽然法律规定破产时债权优先于股权，但多数情况下，公司破产时资不抵债。因此，对债权人来说，超额利润肯定拿不到，而发生的损失则有可能要分担。第二种情况是股东为了提高公司利润，未征得现有债权人同意，而要求经营者发行新债券或借新债，致使原债务价值降低（因为相应的偿债风险增加）。发行新债后，企业负债比率加大，公司破产的可能性增加。如果企业破产，旧债权人和新债权人要共同分配破产后的财产，使旧债的风险增加，价值下降。

债权人为了防止其利益受到损害，除了寻求立法保护，如破产时优先接管、优先于股东分配剩余财产等外，上述矛盾可通过以下方式协调解决：

（1）限制性借债。这是指通过对借债的用途、借债的担保条款和借款的信用条件进行限制来防止和迫使股东不能利用上述两种方法削弱债权人的债权价值。

（2）收回借款，不再借款。这是指当债权人发现企业有侵蚀其债权价值的意图时，采取收回债权或不对企业重新发放贷款等措施来保护自身的权益。

3. 企业财务目标与社会责任

企业总是存在于一定的社会关系中，必然会与其他相关利益者（如员工、政府、社区、消费者、供应者、竞争对手等）发生各种相互关系，这必然会产生企业是否需要承担社会责任和如何承担社会责任的问题。从某种意义上讲，企业所需承担的社会责任与企业价值最大化目标具有一致的方面。但是，社会责任与企业价值最大化的目标又有相矛盾的一面。这种矛盾可以通过以下方式来解决：

（1）立法。政府需颁布并实施一系列保护公众利益的法律，如《公司法》《反暴利法》《反不正当竞争法》《环境保护法》《合同法》《保护消费者权益法》，以及有关产品质量的法规等。通过这些法律、法规来调节股东和社会公众的利益。

（2）监督。法律不可能解决所有问题，特别是在法制不健全的情况下，企业可能在合法的情况下从事不利于社会的事情。因此，企业除了要在遵守法律的前提下追求股东利益最大化，还必须受到商业道德的约束，接受政府有关部门的行政监督和社会公众的舆论监督，进一步协调企业和社会的矛盾。

1.6 财务管理的环境

财务管理环境也称理财环境，是指对财务活动和财务管理产生影响和作用的外部条件的统称。它也是财务管理中难以改变的约束条件，企业财务决策更多的是适应它的要求和变化，而不是设法改变它。

1.6.1 经济环境

经济环境是指对企业财务管理活动有影响的各种经济因素，包含经济周期、社会经济发展水平、通货膨胀状况、政府的经济政策等。

1. 经济周期

在市场经济条件下，经济发展通常带有一定的波动性，大体上经历复苏、繁荣、衰退、萧条几个阶段的循环，这种循环称为经济周期。处于不同的经济周期，企业的生产规模、销售量、竞争程度有很大的差异。财务学者探讨了企业在经济周期中的经营理财策略。

在经济复苏期，社会购买力逐步提高，企业应当及时确定合适的投资机会，开发新产品，增加存货，采取相对宽松的应收账款管理策略，为企业今后的发展奠定基础；在经济繁荣期，市场需求旺盛，企业应采取扩张的策略，财务工作中应安排好足够的资金用于扩大生产规模，增加投资，增添机器设备、存货，增加劳动力；在经济衰退期，企业应收缩规模，减少风险投资，停止扩张，出售多余设备，停产不利产品，停止长期采购，削减存货，停止扩招雇员；在经济萧条期，企业应当建立投资标准，保持市场份额，缩减管理费用，放弃次要部门，削减存货，裁减雇员。面对周期性的经济活动，财务人员必须预测经济变化的情况，适当调整财务政策。

2. 社会经济发展水平

社会经济发展水平对企业财务管理有着重大影响。在社会经济发展水平高的国家，对企业财务管理的重视程度高,财务发展水平也高,对各种财务管理理论、技术方法运用得也多;相反,在社会经济欠发达国家,对财务管理的重视程度不够,财务管理发展也相对缓慢。

3. 经济政策

一个国家的经济政策,如经济的发展计划、国家的产业政策、财税政策、金融政策、外汇政策、外贸政策、货币政策等,对企业的理财活动都有重大影响。比如,政府采取宽松的财政政策和货币政策时,企业的融资渠道就更加通畅,融资成本较低,有利于公司筹集资金;相反,如果政府采取紧缩的财政政策和货币政策,企业的融资成本就会增加,公司较难筹集到资金。总之,经济政策会影响企业的融资渠道、融资成本以及资本结构和投资收益等。

1.6.2 法律环境

财务管理的法律环境是指企业财务活动必须遵守的各项法律制度,包括法律、法规和部门规章等。企业的理财活动无论是筹资、投资还是利润分配,都必须遵守有关的法律、法规来进行。影响企业财务管理活动的法律环境主要有企业组织规范、财务会计法规以及税法等。

1. 企业组织法规

企业组织法规是指国家对企业成立及企业成立以后的经营活动、理财活动做出的规定,主要有《中华人民共和国公司法》《中华人民共和国个人独资企业法》《中华人民共和国合伙企业法》《中华人民共和国中外合资经营企业法》《中华人民共和国中外合作经营企业法》《中华人民共和国外资企业法》等。这些法规详细规定了不同类型企业的设立条件、设立程序、组织机构、组织变更和终止的条件和程序,企业的财务活动不能违反相关的法律规定。

2. 财务会计法规

财务会计法规是指财务管理工作必须遵守的行为准则。我国的财务法规主要有《企业财务通则》《企业会计准则》《企业会计制度》。《企业财务通则》是各类企业进行财务活动、实施财务管理的基本规范。我国第一部《企业财务通则》于 1994 年 7 月 1 日起施行,2005 年起我国重新修订了财务通则,新的《企业财务通则》于 2007 年 1 月 1 日开始实施。新通则围绕企业财务管理环节,明确了资金筹集、资金营运、成本控制、收益分配、信息管理、财务监督这六大财务管理要素,对财务管理方法和政策要求做出了规范。

3. 税收法规

税收法规是指规定企业纳税义务与责任的法律文件,主要有所得税的法规、流转税的法规以及其他地方税的法规。

企业税收法规对企业的融资渠道和投资决策有重大影响。税收法规规定了企业哪些成本和支出可以在税前扣除,哪些不能在税前扣除。例如,银行贷款的利息可以在税前扣除,但股息不能在税前扣除,这就会影响企业对融资渠道的选择。同时,国家利用税收法规来控制产业布局,对于一些鼓励发展的产业给予税收优惠,对于限制发展的产业,则加大税率,这些将影响企业的投资决策。另外,国家的税收法规还影响股利分配,现金股利和股票股利的税率是不等的,将影响公司的股利分配政策。财务管理中要依据税法规定,依靠对筹资活动、投资活动和分配活动的精确策划来合理纳税,这就要求财务人员必须精通税法。

1.6.3　金融市场环境

　　金融市场是资金的融通场所,是资金的供应者和资金需求者双方通过金融工具,在金融交易场所进行交易而融通资金的市场。资金的取得与投放都与金融市场密不可分,熟悉金融市场的类型和管理规则,可以让财务人员有效地组织资金的筹集和资本的投资活动。

　　金融市场的种类有很多,可以分为以下几类:

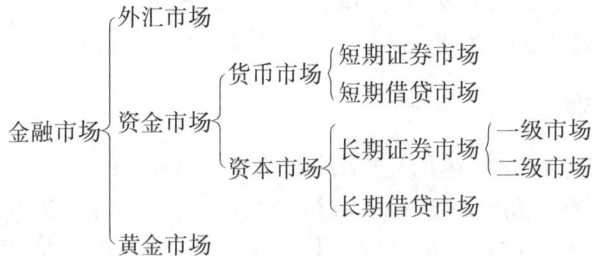

$$
\text{金融市场}
\begin{cases}
\text{外汇市场}\\
\text{资金市场}
\begin{cases}
\text{货币市场}
\begin{cases}
\text{短期证券市场}\\
\text{短期借贷市场}
\end{cases}\\
\text{资本市场}
\begin{cases}
\text{长期证券市场}
\begin{cases}
\text{一级市场}\\
\text{二级市场}
\end{cases}\\
\text{长期借贷市场}
\end{cases}
\end{cases}\\
\text{黄金市场}
\end{cases}
$$

图 1-1　金融市场的基本类型

　　1. 金融市场与企业财务活动

　　金融市场对企业理财的影响主要体现在以下几个方面。

　　(1) 为企业筹资和投资提供场所。金融市场的基本功能是融通资金。它提供一个场所,将资金提供者手中的富余资金转移到那些资金需求者手中。金融市场上存在着各种筹资方式,企业需要资金时,可以到金融市场上选择合适的筹资方式筹集资金;当企业有多余的资金时,可以到金融市场选择灵活多样的投资方式。

　　(2) 企业可以通过金融市场实现长、短期资金的转化。长期债券、远期汇票、股票等可以在金融市场中出售或贴现变为现金;同样,短期资金也可以在金融市场中变为股票或长期债券等长期资产。

　　(3) 金融市场为企业财务活动节约信息成本。如果没有金融市场,每一个资金需求者寻找合适的资金供应者,或者每一个资金提供者寻找合适的资金需要者,其信息成本是非常高的。完善的金融市场中的利率变动、金融资产价格的变动等,都反映了资金的供求状况、发行股票及债券公司的经营状况和盈利水平,节约了寻找资金投资对象的成本和评估金融资产投资价值的成本。

　　2. 金融机构

　　金融机构主要包括银行金融机构和非银行金融机构。

　　银行是指经营存款、放款、汇兑、储蓄等金融业务,承担信用中介的金融机构。我国银行除中央银行(即中国人民银行)外,还有工商银行、农业银行、中国银行、建设银行、交通银行、招商银行、光大银行、上海银行、浦东发展银行、广东发展银行等。非银行金融机构主要有保险公司、基金公司、金融公司、证券机构等。

　　3. 金融工具

　　金融工具是资金供应者将资金转移给资金需求者的凭证和证明。金融工具按发行和流通的场所,划分为货币市场证券和资本市场证券。

　　(1) 货币市场证券。它主要包括商业本票、银行承兑汇票、国库券、银行同业拆借、短期债券等。货币市场证券属于短期金融工具,具有期限短、流动性强和风险小等特征。

(2)资本市场证券。它主要包括普通股、优先股、长期公司债券、国债、衍生金融工具等。与货币市场证券相比,资本市场证券的期限长(大于 1 年),利率或要求的报酬率较高,其风险也较大,主要功能是进行长期资金的融通。

4. 利率构成

利率是衡量资本增值量的基本单位,即资金的增值同投入资金的价值之比。从资金的借贷关系来看,利率是资金的价格,它取决于资金的供求关系。

在金融市场的运作过程中,资金流动的内在机制就是利率,对于资本供应者来说,利率是收益;对于资本需求者来说,利率属于成本。利率在资金分配和企业或个人做出财务决策的过程中起着重要的作用。例如,一家企业拥有投资利润率很高的投资机会,可以发行较高利率的证券吸引资金,投资者发现有较高利率的证券,可以把手中所持有的较低利率的证券卖掉,购买较高利率的证券,资金将从低利率投资项目不断向高利率投资项目转移。

在金融市场中,利率主要由以下五个方面构成:

1)纯利率

纯利率是指没有通货膨胀、没有风险条件下的均衡利率。纯利率的大小取决于资金的供求情况。

2)通货膨胀贴补率

通货膨胀贴补率也叫通货膨胀贴水。持续的通货膨胀会不断降低货币的实际购买力,对投资项目的投资报酬率也会产生影响。资金的提供者在通货膨胀的情况下,必然要求提高利率水平以补偿购买力下降造成的损失。

3)违约风险贴补率

违约风险是指借款人无法按时支付利息或偿还本金而给投资人带来的风险。违约风险贴补率是指债权人为了弥补违约风险所要求提高的利率。违约风险贴补率的大小取决于债务人的信用程度。信用程度高,违约的可能性就小,债权人要求的违约风险贴补率就低;反之,信用程度低,违约的可能性就大,债权人要求的违约风险贴补率就高。国库券等政府发行的债券可以视为没有违约风险,其利率一般较低。企业债券的违约风险要根据企业的信用程度来定。

4)变现风险贴补率

变现风险贴补率是指为了弥补所持有的金融资产变现能力不足所要求提高的利率。金融资产的变现能力取决于发行人的资产流动能力、营运能力、信誉等。政府债券、大公司的股票与债券,由于信用好、变现能力强,因此流动性风险小,而一些不知名的中小企业发行的证券,则流动性风险较大。

5)到期风险贴补率

到期风险贴补率是指资金提供者在让渡资金使用权期间,期限越长,资金使用者承受的不确定因素越多,面临利率变动的风险也越大,资金的提供者为了补偿这种风险所要求的补偿利率。

因此,利率的构成可以用以下公式概括:

$$利率=纯利率+\frac{通货膨胀}{贴补率}+\frac{违约风险}{贴补率}+\frac{变现风险}{贴补率}+\frac{到期风险}{贴补率}$$

1.6.4 社会文化环境

社会文化环境包括教育、科学、文学、艺术、新闻出版、广播电视、卫生体育、世界观、理想、信念、道德、风俗,以及同社会制度相适应的权利义务观念、道德观念、组织纪律观念、价值观念、劳动态度等。企业的财务活动不可避免地要受到社会文化的影响。

本章小结

企业财务管理也称为企业理财或公司理财,是一门研究资本配置规律和概念的学科,是组织企业财务活动、处理财务关系的一项经济管理活动。

财务管理的发展过程可以划分为筹资管理阶段、资金管理阶段、投资管理阶段、通货膨胀理财阶段、国际经营理财阶段五个阶段。

企业财务活动包括筹资管理、投资管理、营运资金管理和利润分配管理。企业财务关系包括企业同其投资人之间的财务关系、企业同其债权人之间的财务关系、企业同被投资单位的财务关系、企业同债务人的财务关系、企业内部各单位的财务关系、企业与职工之间的财务关系、企业与税务机关之间的财务关系等。

财务管理假设的内容主要包括理财主体假设、持续经营假设、有效市场假设、资金增值假设、理性理财假设等。财务管理原则是企业组织财务活动、处理财务关系所必须遵循的基本原则,是人们对财务活动共同的、理性的认识。道格拉斯·R.爱默瑞和约翰·D.芬尼特的观点具有代表性,他们将财务管理原则概括为3类,共12条,包括有关竞争环境的原则、有关创造价值的原则、有关财务交易的原则。

财务管理的职能主要包括财务预测、财务决策、财务计划、财务控制和财务分析。在财务理论与实践中,财务目标有利润最大化、每股收益最大化、股东财富最大化、利益相关者利益最大化和企业价值最大化等不同的观点。

财务管理环境也称为理财环境,是指对财务活动和财务管理产生影响和作用的外部条件的统称,主要包括经济环境、法律环境和金融市场环境等。它也是财务管理中难以改变的约束条件,企业财务决策更多的是适应它的要求和变化,而不是设法改变它。

关键术语

财务管理 财务管理假设 财务管理原则 财务管理目标 理财主体假设 持续经营假设 有效市场假设 资金增值假设 理性理财假设 利润最大化 每股收益最大化 股东财富最大化 企业价值最大化

思考与练习题

1. 思考题

(1) 财务管理的基本内容有哪些?
(2) 什么是企业财务关系?企业财务关系包括哪些方面?
(3) 什么是财务管理假设?财务管理假设包括哪些?
(4) 企业财务管理的目标包括哪些?

(5) 为什么说企业价值最大化是较为合理的财务管理目标？

2. 练习题

1) 单项选择题

(1) 公司财务管理是指( )。

    A. 组织企业财务活动、处理财务关系的一项经济管理活动

    B. 针对公司职员薪酬、福利政策所进行的一种价值管理

    C. 筹集资金活动的管理

    D. 全公司员工共同开展的一种价值管理

(2) 以下不属于财务管理内容的是( )。

    A. 投资管理   B. 筹资管理   C. 账务处理   D. 资金营运管理

(3) 下列经济活动中，能够体现企业与投资者之间财务关系的是( )。

    A. 企业向职工支付工资

    B. 企业向其他企业支付货款

    C. 企业向国家税务机关缴纳税款

    D. 国有企业向国有资产投资公司支付股利

(4) 在下列各项中，从甲公司的角度来看，能够形成"本企业与债务人之间财务关系"的业务是( )。

    A. 甲公司购买乙公司发行的债券

    B. 甲公司归还所欠丙公司的货款

    C. 甲公司从丁公司赊购产品

    D. 甲公司向戊公司支付利息

(5) 企业财务关系中最为重要的关系是( )。

    A. 企业同其投资人之间的财务关系

    B. 企业同其债权人之间的财务关系

    C. 企业同其债务人之间的财务关系

    D. 企业与税务机关之间的财务关系

(6) 下列关于引导原则的叙述中，错误的是( )。

    A. 可以避免采取最差的行动

    B. 引导原则可以帮人们找到最好的方案

    C. 当遇到理解力受到限制的情况，无法找到最优方案时，可采取引导原则解决问题

    D. 当信息成本过高时，可采取引导原则解决问题

(7) 下列属于引导原则应用的是( )。

    A. 沉没成本   B. 机会成本   C. 行业标准   D. 优势互补

(8) 自利行为原则的理论依据是( )。

    A. 投资组合理论   B. 分工理论

    C. 理性经纪人假设   D. 资本市场有效理论

(9) 相对于每股收益最大化目标而言，企业价值最大化目标的不足之处是( )。

    A. 没有考虑资金的时间价值

    B. 没有考虑投资的风险价值

C. 不能反映企业潜在的获利能力

D. 某些情况下确定比较困难

(10) 在下列各项中,能够反映上市公司价值最大化目标实现程度的最佳指标是（   ）。

A. 总资产报酬率　　B. 净资产收益率　　C. 每股市价　　　　D. 每股利润

(11) 下列关于企业财务管理目标的叙述中,最正确的是（   ）。

A. 资产总额最大化　　　　　　　B. 企业利润最大化

C. 每股收益最大化　　　　　　　D. 企业价值最大化

(12) 以每股收益最大化作为财务管理的目标,其优点是（   ）。

A. 反映了投入资本与收益的对比　　B. 考虑了资金的风险价值

C. 有利于企业克服短期行为　　　　D. 考虑了投资的风险

(13) 在经济周期的繁荣时期,企业通常应当（   ）。

A. 研制新产品　　B. 开展营销规划　　C. 削减存货　　D. 缩减管理费用

(14) 下列指标中,资金提供者让渡资金期限越长,其数值越大的是（   ）。

A. 通货膨胀贴补率　　　　　　　B. 违约风险贴补率

C. 变现风险贴补率　　　　　　　D. 到期风险贴补率

(15) 在没有通货膨胀的条件下,纯利率是指（   ）。

A. 投资期望收益率　　　　　　　B. 银行贷款基准利率

C. 社会实际平均收益率　　　　　　D. 没有风险的社会平均资金利润率

2) 多项选择题

(1) 下列属于财务管理发展阶段的有（   ）。

A. 筹资管理阶段　　B. 资金管理阶段　　C. 投资管理阶段

D. 通货膨胀理财阶段　　E. 国际经营理财阶段

(2) 公司财务管理的内容包括（   ）。

A. 筹资管理　　　　B. 投资管理　　　　C. 营运资金管理

D. 人员薪酬管理　　E. 利润分配管理

(3) 下列各项中,属于企业资金营运活动的有（   ）。

A. 采购原材料　　B. 销售商品　　C. 购买国库券　　D. 购买设备

(4) 财务管理假设包括（   ）。

A. 理财主体假设　　B. 持续经营假设　　C. 有效市场假设

D. 资金增值假设　　E. 理性理财假设

(5) 下列属于比较优势原则应用的是（   ）。

A. 沉没成本　　　　B. 机会成本　　　　C. 行业标准

D. 优势互补　　　　E. 分工理论

(6) 利润最大化目标和每股收益最大化目标存在的共同缺陷是（   ）。

A. 不能反映资本的获利水平　　　　B. 不能用于不同资本规模的企业间比较

C. 可能会导致企业的短期行为　　　　D. 没有考虑风险因素和时间价值

(7) 下列（   ）属于企业购销商品或接受、提供劳务形成的财务关系。

A. 企业与供货商之间的财务关系　　B. 企业与债务人之间的财务关系

C. 企业与客户之间的财务关系　　　　D. 企业与受资者之间的财务关系

（8）关于经济周期中的企业经营理财策略，下列说法中正确的是（　　）。

A. 在经济复苏期，企业应当增加厂房设备

B. 在经济繁荣期，企业应减少劳动力，以实现更多利润

C. 在经济衰退期，企业应减少存货

D. 在经济萧条期，企业应裁减雇员

（9）下列各项中，属于财务管理经济环境构成要素的有（　　）。

A. 经济周期　　　　B. 经济发展水平　　C. 宏观经济政策　　D. 公司治理结构

（10）下列属于利率的构成因素的有（　　）。

A. 纯利率　　　　　B. 通货膨胀贴补偿　C. 违约风险贴补率

D. 变现风险贴补率　E. 到期风险贴补率

3）判断题

（1）在确定企业财务管理目标时，只需要考虑所有者或股东的利益，企业价值最大化实际上意味着所有者或股东利益最大化。　　　　　　　　　　　　　　　　　（　　）

（2）民营企业与政府之间的财务关系体现为一种投资与受资关系。　　　（　　）

（3）如果资金不能满足企业经营需要，还要采取短期借款方式来筹集所需资金，这属于筹资活动。　　　　　　　　　　　　　　　　　　　　　　　　　　　　（　　）

（4）利润最大化目标有利于激发企业管理层从长远战略进行决策。　　　（　　）

（5）影响财务管理经济环境的因素主要包括经济周期、经济发展水平和经济政策等。
　　　　　　　　　　　　　　　　　　　　　　　　　　　　　　　　　（　　）

（6）从资金的借贷关系来看，利率是资金的价格，它取决于资金的供求关系。（　　）

（7）根据风险报酬权衡原则，高风险的投资项目必然获得高收益。　　　（　　）

（8）若干种股票组成的投资组合，其收益是这些股票收益的加权平均数，但其风险要小于这些股票的加权平均风险。　　　　　　　　　　　　　　　　　　　　（　　）

（9）股东委托经营者代表他们管理企业，为实现他们的目标而努力，所以经营者与股东的目标完全一致。　　　　　　　　　　　　　　　　　　　　　　　　　（　　）

（10）经济复苏期，社会购买力逐步提高，企业应当及时确定合适的投资机会，开发新产品，增加存货，采取相对宽松的应收账款管理策略。　　　　　　　　　　（　　）

第2章

财务管理的价值观念

本章内容提要

资金的时间价值和投资的风险价值,是财务活动中客观存在的经济现象,也是现代企业财务管理的两个基础价值观念。资金时间价值和投资风险价值对于筹资管理、投资管理、成本管理以及收益管理等都有着重要的影响。通过本章的学习,要求学生识记时间价值的相关概念,复利终值与复利现值、年金终值与年金现值的概念,风险与风险价值(报酬)的概念;了解资金时间价值的实质,资本资产定价模型;掌握资金时间价值计算的方法,复利终值与复利现值、年金终值与年金现值的计算,名义利率、实际利率、贴现率的计算,风险的估量,以及投资报酬率的估量。

2.1 资金时间价值

资金的时间价值是现代财务管理的价值观念之一,因此非常重要并且涉及所有理财活动,有人称之为理财的"第一原则"。

2.1.1 资金时间价值的本质及含义

资金经过一定时间的生产经营周转使用而增加的价值称为资金时间价值,也称为货币时间价值。马克思主义的劳动价值论揭示了资金时间价值的本质,即资金时间价值的真正来源是劳动者创造的剩余价值,是劳动者新创造价值的一部分。由于竞争,市场经济中各部门投资的利润率趋于平均化,资金时间价值是没有风险和没有通货膨胀条件下的社会平均资金利润率。财务管理中对资金时间价值的研究,主要是对资金的筹集、投放、使用和收回等从量上进行分析,以便找出适用于分析方案的数学模型,改善财务决策的质量。

资金时间价值的产生必须同时具备两个前提条件,一是资金必须投入生产经营的周转使用中;二是有一定的时间间隔。由于资金时间价值产生的根本原因是企业将资金投入使用而创造出了新的价值,因此,只有周转使用中的资金才具有时间价值。资金的循环和周转以及因此实现的资金增值需要或多或少的时间,每完成一次循环,资金就增加一定的数额;资金循环和周转的次数越多,其增值额也就越大。因此,资金随着时间的推移,其增值额不断增加,资金时间价值也就表现为资金周转使用后的增值额。

决定资金时间价值大小的因素主要有两个方面,一是时间的长短;二是收益率(贴现率、利息率)的高低。期限越长,利息率越高,其终值越高而现值越低;反之,期限越短,利息率越低,其终值越低而现值越高。

我们在日常生活中所接触到的利息,如银行存、贷款利息,除了包含时间价值因素之外,还包括通货膨胀等因素。在分析资金时间价值时,一般是以社会平均的资金利润为基础,而不考虑通货膨胀和风险因素。资金的时间价值有两种表现形式,即相对数和绝对数。相对数即资金时间价值率,是指没有风险和通货膨胀的平均资金利润率或平均报酬率;绝对数即资金时间价值额,是指资金在运用过程中所增加的价值数额,即一定数额的资金与资金时间价值率的乘积。国债利率,银行存、贷款利率,各种公司债券利率,都可以看作是投资报酬率,然而它们并非资金时间价值率,只有在没有风险和通货膨胀的情况下,这些报酬才与资金时间价值率相同。由于国债的信誉度最高、风险最小,所以如果通货膨胀率很低就可以将国债利率视同资金时间价值率。为了便于说明问题,在研究、分析资金时间价值时,一般以没有风险和通货膨胀的利息率作为资金的时间价值,资金的时间价值是资金利润率的最低限度。

在财务管理中,不同时点的资金不宜直接进行比较,而需要把它们换算到相同的时间基础上,然后才能进行大小的比较和比率的计算。由于资金随着时间的增长过程与利息的增值过程在数学上相似,因此,在换算时广泛使用计算利息的各种方法。

计算资金的时间价值,其实质就是不同时点上资金价值的换算。它具体包括以下两个方面的内容:① 计算现在拥有一定数额的资金,在未来某个时点将是多少数额,这是计算终值的问题;② 计算未来某个时点上一定数额的资金,相当于现在时点的数额,这是计算现值的问题。

资金时间价值有以下两种计算方法:① 单利法。按照这种方法,每期都按初始本金计算利息,当期利息不计入下期本金,计算基础不变。这里所说的初始本金,是指贷款给别人以收取利息的原本金额。利息是指借款人付给贷款人超过本金部分的余额。我国商业银行储蓄存款计息用的是单利法。② 复利法。复利法是以当期期末本利和为计息基础计算下期利息的一种计算利息的方法。按照这种方法,每经过一个计息期,要将所生利息加入本金再计利息,利上生利,逐期滚算,俗称“利滚利”。这里所说的计息期,是指相邻两次计息的时间间隔,如年、月、日等。除非特别说明,计息期为 1 年。相比较而言,复利法更能确切地反映本金及其增值部分的时间价值。计算资金时间价值量,需引入现值和终值两个概念,表示不同时期的资金时间价值。现值又称本金,是指资金现在的价值。终值又称本利和、未来值,是指资金经过若干时期后包括本金和时间价值在内的未来价值。通常有单利终值与现值、复利终值与现值、年金终值与现值。

2.1.2　单项收付款的终值和现值

在某一时点上一次性支付(或收取),经过一段时间后再相应地一次性收取(或支付)的款项,即为单项收付款项。这种性质的款项在日常生活中十分常见。比如,存入银行现金100 元,年利率为复利 3%,经过 3 年后一次性取出的本利和为 109.3 元。这里所涉及的收付款项就属于单项收付款项。

1. 单利终值与现值的计算

在单利计算中,经常使用以下符号:P 为现值,又称本金;i 为利率,通常指每年利息与本金之比;F 为本金与利息之和,又称本利和或终值;n 为计算利息的期数。

按照单利法,利息 I 的计算公式如下:

$$I = P \times i \times n$$

【例2-1】 某人将 10 000 元存入银行,利率为 3%,求 5 年后得到的利息。

解: $I = P \times i \times n = 10\ 000 \times 3\% \times 5 = 1\ 500$(元)

在计算利息时,除非特别指明,给出的利率是指年利率。对于不足一年的利息率,以一年等于 360 天来折算。

1) 单利终值

单利终值的计算公式如下:

$$F = P + P \times i \times n = P(1 + i \times n)$$

【例2-2】 某人将 10 000 元存入银行,利率为 3%,求 5 年后能取出的金额。

解: $F = P \times (1 + i \times n) = 10\ 000 \times (1 + 3\% \times 5) = 11\ 500$(元)

2) 单利现值

单利现值与单利终值互为逆运算,由终值计算现值的过程称为贴现。其计算公式如下:

$$P = \frac{F}{1 + i \times n}$$

【例2-3】 某人为了 5 年后能从银行取出 10 000 元,在年利率为 3% 的情况下,目前应存入银行的金额是多少?

解: $P = \dfrac{F}{1 + i \times n} = 10\ 000 \div (1 + 3\% \times 5) \approx 8\ 695.65$(元)

2. 复利终值与现值的计算

1) 复利终值

复利终值是指一定量的本金按复利法计算若干期后的本利和。复利终值是资金将来的价值,复利终值计算是指已知 P、i、n,求 F。由复利的定义知:

1 年期复利终值 $\qquad F_1 = P + P \times i = P(1 + i)$

2 年期复利终值 $\qquad F_2 = F_1 + F_1 \times i = F_1(1 + i) = P(1 + i)^2$

3 年期复利终值 $\qquad F_3 = F_2 + F_2 \times i = F_2(1 + i) = P(1 + i)^3$

......

n 年的复利终值 $\qquad F_n = P(1 + i)^n$

上式中的 $(1 + i)^n$ 通常称为复利终值系数,用符号 $(F/P, i, n)$ 表示。如 $(F/P, 6\%, 3)$ 表示利率为 6%、期数为 3 期复利终值的系数。式中的计息期 n 可以以年计算,也可以以月或季计算,只要式中的 i 是同期利率即可。在实际应用中,复利终值系数可通过直接查阅事先编制好的"复利终值系数表"(见附表1)获得。该表的第 1 行是利率 i,第 1 列是计息期数 n,相应的 $(1 + i)^n$ 值在其纵横相交处。通过该表可查出,$(F/P, 6\%, 3) = 1.191$。在时间价值为 6% 的情况下,现在的 1 元和 3 年以后的 1.191 元在经济上是等效的,根据这个系数可以把现值换算成终值。该表的作用不仅是在已知利率 i 和计息期 n 的情况下,查找 1 元的复利终值,也可以在已知利率 i 和 1 元复利终值 F 时,查找计息期 n,或在已知 n 和 F 时,查找利率 i。

【例2-4】 某人将10 000元存入银行,年利率为3%,按复利计算5年后的终值。

解:$F=P\times(1+i)^5=10\,000\times(1+3\%)^5=10\,000\times1.159\,3\approx11\,592.7(元)$

或:

$F=P\times(F/P,i,n)=10\,000\times(F/P,3\%,5)=10\,000\times1.159\,3\approx11\,593(元)$

2) 复利现值

复利现值相当于本金,它是指今后某一特定时间收到或付出的一笔款项,按折现率(i)所计算的现在时点价值。可见,复利现值计算实际上是复利终值计算的逆运算,所以:

$$P=F\times(1+i)^{-n}=F\times(P/F,i,n)$$

上式中的$(1+i)^{-n}$是把终值折算为现值的系数,称为复利现值系数,或称为1元的复利现值,用符号$(P/F,i,n)$表示。在实际应用中,复利现值系数可在"复利现值系数表"(见附表2)中直接查得。该表的使用方法与"复利终值系数表"相同。

【例2-5】 某人为了5年后能从银行取出10 000元,在年利率为3%的情况下,以复利计算,目前应存入银行的金额是多少?

解:$P=F\cdot(1+i)^{-n}=10\,000\times(1+3\%)^{-5}=10\,000\times0.862\,6=8\,626(元)$

或:

$P=F\times(P/F,i,n)=10\,000\times(P/F,3\%,5)=10\,000\times0.862\,6=8\,626(元)$

结论:

(1) 复利终值与复利现值互为逆运算;

(2) 复利终值系数与复利现值系数互为倒数。

2.1.3 年金终值与现值的计算

年金(annuity)是指一定时期内每次等额收付的系列款项。年金不是一次性的收付款项,而是连续的等额收付款项。年金应当同时满足两个条件,即在规定的期间内,每隔一段相等的时间,必须发生一次收付款业务,中间不得中断;各期发生的款项必须在总额上相等。以上两条可归纳为年金的连续性和等额性。折旧、利息、租金、保险费均表现为年金的形式。年金按其每次收付发生的时点不同,可分为普通年金、即付年金、递延年金和永续年金。

1. 普通年金

普通年金又称后付年金,是指从第1期起,在一定时期内每期期末等额收付的系列款项。普通年金的收付形式如图2-1所示。图中的横线代表时间的延续,用数字标出各期的顺序号;竖线的位置表示收付的时刻,各时点收付用A表示的金额即为普通年金。

图2-1 普通年金

1) 普通年金终值的计算(已知年金A,求终值F)

普通年金终值是指最后一期(第n期)期末的本利和。它是一定时期内各个时点收付款项复利终值之和,如图2-2所示。

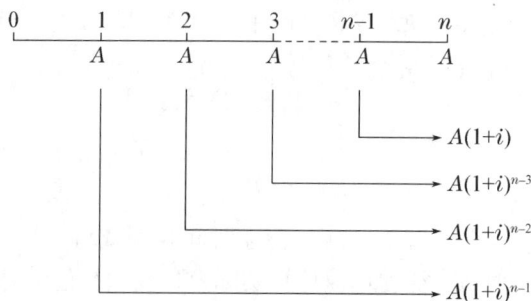

图 2-2 普通年金终值的计算

上图 2-2 列示的是一个 n 期的普通年金在 n 期位置下的复利终值之和。

根据复利终值的计算方法计算年金终值的公式如下:

$$F=A+A(1+i)+A(1+i)^2+A(1+i)^3+\cdots+A(1+i)^{n-1} \qquad ①$$

将等式两边同时乘以 $(1+i)$,得:

$$F(1+i)=A(1+i)+A(1+i)^2+A(1+i)^3+\cdots+A(1+i)^n \qquad ②$$

②－①得:

$$F\times i=A(1+i)^n-A=A\times[(1+i)^n-1]$$

$$F=A\times\frac{(1+i)^n-1}{i}=A\times(F/A,i,n)$$

式中,$\frac{(1+i)^n-1}{i}$ 称为年金终值系数,记作 $(F/A,i,n)$,其含义为每期期末收付的普通年金 1 元,当利率为 i 时,经过 n 期后的最终价值。为了便于计算,其值可通过查阅"年金终值系数表"(见附表 3)取得。利用该表,便可在已知利率 i、复利期 n 和年金 A 的情况下,计算年金的终值。

【例 2-6】 某人拟在今后 5 年中,每年年末存入银行 10 000 元,银行存款利率为 3%,5 年后的本利和是多少?

解:$F=A\times(F/A,i,n)=10\,000\times(F/A,3\%,5)=10\,000\times5.309\,1=53\,091(元)$

2) 偿债基金的计算(已知年金终值 F,求年金 A)

偿债基金是指为了在约定的未来某一时点清偿某种债务或积聚既定数额的资金而必须分次等额形成的存款准备金,也就是为使年金终值达到既定金额的年金数额。在普通年金终值计算公式中解出 A,这个 A 就是偿债基金。

$$A=F\times\frac{i}{(1+i)^n-1}=F\times(A/F,i,n)=F/(F/A,i,n)$$

式中,$\frac{i}{(1+i)^n-1}$ 称为偿债基金系数,记作 $(A/F,i,n)$。

【例 2-7】 某公司有一笔 4 年后到期的债务 1 000 万元,为此设置偿债基金,年复利率为 10%,为还清到期债务,每年年末应存入的金额是多少?

解:$A=F/(F/A,i,n)=1\,000/(F/A,10\%,4)=1\,000\div4.641\,0=215.47(万元)$

3) 普通年金现值的计算(已知年金 A,求现值 P)

普通年金现值是一定时期内每期期末收付款项的复利现值之和,如图 2-3 所示。

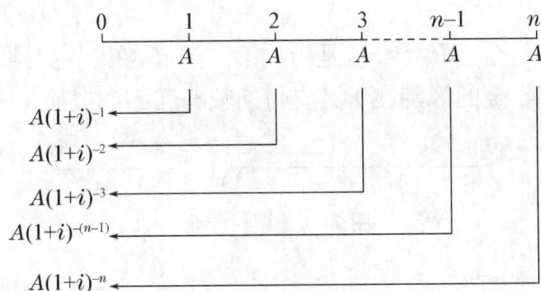

图 2 - 3 普通年金现值的计算

根据复利现值的计算方法计算年金现值的公式如下：

$$P=A(1+i)^{-1}+A(1+i)^{-2}+A(1+i)^{-3}+\cdots+A(1+i)^{-n} \qquad ①$$

将等式两边同时乘以 $(1+i)$，得：

$$P(1+i)=A+A(1+i)^{-1}+A(1+i)^{-2}+\cdots+A(1+i)^{-(n-1)} \qquad ②$$

②－①得：

$$P\times i=A-A(1+i)^{-n}=A\times[1-(1+i)^{-n}]$$

$$P=A\times\frac{1-(1+i)^{-n}}{i}=A\times(P/A,i,n)$$

式中，$\frac{1-(1+i)^{-n}}{i}$ 称为年金现值系数，记作 $(P/A,i,n)$。为了便于计算，其值可通过查阅"年金现值系数表"(见附表 4)取得。

【例 2 - 8】 某公司租入一台机器设备，每年年末需支付租金 1 000 元，年复利率为 10%，5 年内应支付租金总额的现值是多少？

解：$P=A\times(P/A,i,n)=1\,000\times(P/A,10\%,5)=1\,000\times3.790\,8=3\,790.8$(元)

4) 年资本回收额的计算(已知年金现值 P，求年金 A)

年资本回收额是指在约定年限内等额回收初始投入资本或清偿所欠债务的金额。年资本回收额的计算实际上是在普通年金现值公式中解出 A，这个 A 就是年资本回收额。

$$A=P\times\frac{i}{1-(1+i)^{-n}}=P\times(A/P,i,n)=P\div(P/A,i,n)$$

式中，$\frac{i}{1-(1+i)^{-n}}$ 称为资本回收系数，记作 $(A/P,i,n)$。

【例 2 - 9】 某公司投资 1 000 万元建设一个预计寿命期为 10 年的更新改造项目，若企业期望的资金报酬率为 10%，则该企业每年年末至少要从这个项目获得多少报酬才是合算的？

解：$A=P\div(P/A,i,n)=1\,000\div(P/A,10\%,10)=1\,000\div6.144\,6=162.74$(万元)

结论：

(1) 偿债基金和普通年金终值互为逆运算；

(2) 偿债基金系数和普通年金终值系数互为倒数；

(3) 资本回收额和普通年金现值互为逆运算；

(4) 资本回收系数和普通年金现值系数互为倒数。

2. 即付年金

即付年金又称先付年金、预付年金,是指从第 1 期起,在一定时期内每期期初等额收付的系列款项。它与普通年金的区别在于其支付期较普通年金提前了一期,如图 2-4 所示。

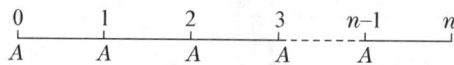

图 2-4　即付年金

1) 即付年金终值的计算

即付年金的终值是将每期期初的等额年金 A 都换算成第 n 期期末的数值,然后求和,如图 2-5 所示。

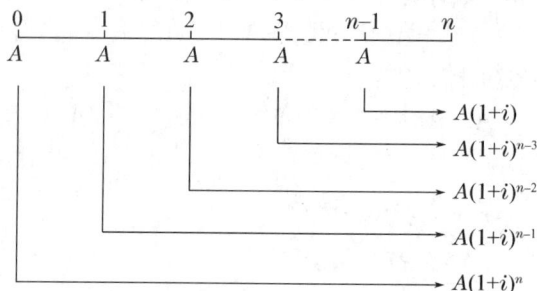

图 2-5　即付年金终值的计算

即付年金的计算公式如下:

$$F = A(1+i) + A(1+i)^2 + A(1+i)^3 + \cdots + A(1+i)^{n-1} + A(1+i)^n$$

$$= [A + A(1+i) + A(1+i)^2 + A(1+i)^3 + \cdots + A(1+i)^{n-1} + A(1+i)^n] - A$$

$$= A \times \frac{(1+i)^{n+1} - 1}{i} - A$$

$$= A \times \left[\frac{(1+i)^{n+1} - 1}{i} - 1 \right]$$

其中,$\dfrac{(1+i)^{n+1} - 1}{i}$ 是普通年金 $n+1$ 期的年金终值系数,上式可简化为:

$$F = A \times (F/A, i, n+1) - A = A \times [(F/A, i, n+1) - 1]$$

式中,$\left[\dfrac{(1+i)^{n+1} - 1}{i} - 1 \right]$ 称为即付年金终值系数,与普通年金终值系数相比,期数加 1,系数减 1,利用"普通年金终值系数表"先查得 $n+1$ 期的值,然后再减 1,就可得到即付年金的终值系数。

【例 2-10】 若现在以零存整取方式于每年年初存入银行 10 000 元,年复利率为 3%,第 4 年年末能一次取出本利和多少钱?

解:$F = A \times [(F/A, i, n+1) - 1]$

$\qquad = 10\,000 \times [(F/A, 3\%, 4+1) - 1]$

$\qquad = 10\,000 \times [(F/A, 3\%, 5) - 1]$

$\qquad = 10\,000 \times (5.3091 - 1)$

$\qquad = 43\,091(元)$

2）即付年金现值的计算

即付年金的现值是将每期期初的等额年金 A 都换算成第 1 期期初的数值,然后求和,如图 2-6 所示。

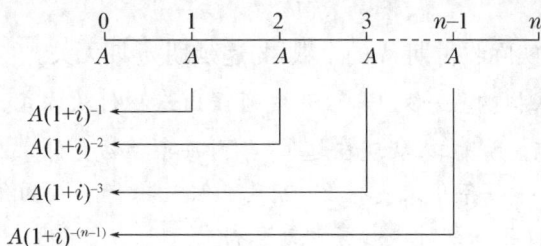

图 2-6　即付年金现值的计算

即付年金现值的计算公式为:

$$P = A + A(1+i)^{-1} + A(1+i)^{-2} + A(1+i)^{-3} + \cdots + A(1+i)^{-(n-1)}$$
$$= [A(1+i)^{-1} + A(1+i)^{-2} + A(1+i)^{-3} + \cdots + A(1+i)^{-(n-1)}] + A$$
$$= A \times \frac{1 - (1+i)^{-(n-1)}}{i} + A$$
$$= A \times \left[\frac{1 - (1+i)^{-(n-1)}}{i} + 1 \right]$$

其中,$\dfrac{1 - (1+i)^{-(n-1)}}{i}$ 是普通年金 $n-1$ 期的年金现值系数,上式可简化为:

$$P = A \times (P/A, i, n-1) + A = A \times [(P/A, i, n-1) + 1]$$

式中,$\left[\dfrac{1 - (1+i)^{-(n-1)}}{i} + 1 \right]$ 称为即付年金现值系数,与普通年金现值系数相比,期数减 1,系数加 1,利用"普通年金现值系数表"先查得 $n-1$ 期的值,然后再加 1,就可得到即付年金的现值系数。

【例 2-11】　某人以分期付款方式购入商品房一套,每年年初付款 10 000 元,分 16 年还清。若银行利率为 6%,该项分期付款相当于一次性现金支付的购买价是多少?

解:$P = A \times [(P/A, i, n-1) + 1]$
　　$= 10\,000 \times [(P/A, 6\%, 16-1) + 1]$
　　$= 10\,000 \times [(P/A, 6\%, 15) + 1]$
　　$= 10\,000 \times (9.712\,2 + 1)$
　　$= 107\,122$（元）

3. 递延年金

递延年金是首付款发生的时间与第 1 期无关,而是若干期(假设为 m 期,$m \geqslant 1$)后才开始发生的系列等额收付款项。它是普通年金的特殊形式,凡不是从第 1 期开始的年金都是递延年金,如图 2-7 所示。

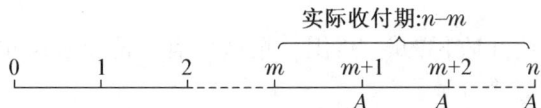

图 2-7　递延年金

1）递延年金终值的计算

递延年金终值的计算与普通年金终值的计算方法相同，只要按其实际收付期计算即可，即：

$$F=A\times(F/A,i,n-m)$$

式中，$(n-m)$表示实际收付期A的个数，与递延期m期无关。

【例2-12】 某人拟购置一处房产，开发商提出三种付款方式。方案一，从现在起15年内每年末支付10万元；方案二，从现在起15年内每年年初支付9万元；方案三，前6年内不支付，第7年到第15年每年年末支付20万元。假设银行贷款的年利率为10％，若采用终值方式比较，哪一个付款方案对该购房者更有利？

解：方案一：$F=10\times(F/A,10\%,15)=10\times31.772=317.72$（万元）

方案二：$F=9\times[(F/A,10\%,16)-1]=9\times(35.950-1)=314.55$（万元）

方案三：$F=20\times(F/A,10\%,9)=20\times13.580=271.6$（万元）

通过计算，显然第三个付款方案是该购房者明智的选择。

2）递延年金现值的计算

第一种方法：假设递延期也有年金收支，先计算n期的普通年金现值，然后扣除实际未收支的递延期m期的普通年金现值。

$$P=A\times[(P/A,i,n)-(P/A,i,m)]$$

第二种方法：现将递延年金视为$n-m$期普通年金，求出其终值，然后再将其折算成第1期期初的现值。

$$P=A\times(F/A,i,n-m)\times(P/F,i,n)$$

第三种方法：现将递延年金视为$n-m$期普通年金，求出其现值，然后再将其折算成第1期期初的现值。

$$P=A\times(P/A,i,n-m)\times(P/F,i,m)$$

【例2-13】 接上例，若采用现值方法比较，哪一个付款方案会有利呢？

解：方案一：$P=10\times(P/A,10\%,15)=10\times7.6061=76.061$（万元）

方案二：$P=9\times[(P/A,10\%,14)+1]=9\times(7.3667+1)=75.3003$（万元）

方案三：$P=20\times[(P/A,10\%,15)-(P/A,10\%,6)]=20\times(7.6061-4.3553)=65.016$（万元）

通过计算，该购房者应该仍然选择第三个付款方案。

4. 永续年金

永续年金是指无限期每期期末等额收付的特种年金，可视为普通年金的特殊形式，即期限趋于无穷的普通年金，如图2-8所示。

图2-8 永续年金

由于永续年金没有终止收付的时点，因此也就没有终值。永续年金的现值可通过普通年金现值的计算公式求导来计算。

$$P = A \times \frac{1-(1+i)^{-n}}{i}$$

当 $n \to +\infty$ 时，$(1+i)^{-n} \to 0$，因此可得：

$$P = \frac{A}{i}$$

【例 2-14】　某企业拟建立永久性的奖励基金，希望未来每年年末颁发 100 000 元奖励给有贡献的员工，若年复利率为 10%，则现在应一次性投资多少？

解：$P = \dfrac{A}{i} = 100\,000 \div 10\% = 1\,000\,000$（元）

2.1.4　不等额系列款项的终值和现值

不等额系列收付款终值即多个单项收付款终值之和；不等额系列收付款现值即多个单项收付款现值之和。因此，不等额系列收付款终值或现值应在计算各个单项收付款终值或现值的基础上加总求得。

利用前面所描述的各种计算资金时间价值的方法，就可以将不同时点的资金统一在同一个时点上进行比较，排除了由于时间的不同而导致的不可比因素。这些方法在投资决策中都有着广泛的应用。

2.1.5　资金时间价值的特殊计算

1. 利率与资金时间价值的区别

通常情况下，资金的时间价值相当于没有风险和没有通货膨胀下的社会平均利润率。这是利润平均化规律作用的结果。由于竞争，市场经济中各部门投资的利润率趋于平均化。企业在投资某些项目时，至少要取得社会平均利润率，否则不如投资于其他的项目或其他的行业。因此，资金的时间价值成为评估价值的最基本的原则。

出于资金的时间价值的计算方法与利息的计算方法相同，因此资金的时间价值与利率容易被混为一谈。实际上，财务管理活动总是或多或少地存在风险，而通货膨胀也是市场经济中客观存在的经济现象。因此，利率不仅包含时间价值，也包含风险价值和通货膨胀的因素。一般来说，只有在购买国库券等政府债券时几乎没有风险。如果通货膨胀率也很低，此时可以用政府债券利率来表示资金的时间价值。

利率的一般计算公式可表示如下：

利率＝纯利率＋通货膨胀补偿率＋风险收益率

纯利率（资金的时间价值）是指没有风险和通货膨胀情况下的均衡利率。纯利率的高低，受平均利润率、资金供求关系和国家宏观经济调控的影响。

通货膨胀补偿率是指由于持续的通货膨胀会不断降低货币的实际购买力，为补偿其购买力损失而要求提高的利率。

风险收益率包括违约风险收益率、流动性风险收益率和期限风险收益率。其中，违约风险收益率是指为了弥补因债务人无法按时还本付息而带来的风险，由债权人要求提高的利率；流动性风险收益率是指为了弥补因债务人资产流动不好而带来的风险，由债权人要求提高的利率；期限风险收益率是指为了弥补因偿债期长而带来的风险，由债权人要求提高的利

率。因此,利率的一般计算公式也可表示为:

$$利率=纯利率+\frac{通货膨胀}{补偿率}+\frac{违约风险}{收益率}+\frac{流动性风险}{收益率}+\frac{期限风险}{收益率}$$

2. 名义利率与实际利率

上面有关的计算均假定利率为年利率,每年复利一次,但实际上复利的计息期不一定总是一年,有可能是半年、季度、月份或日。比如,某些债券半年计息一次;有的抵押贷款每月计息一次;银行之间拆借资金均为每天计息一次。当每年计息次数超过 1 次时,给出的年利率称作名义利率(nominal interest rate);每年只复利一次的年利率才是实际利率(effective interest rate)。

对于一年内多次复利的情况,可采用两种方法计算资金的时间价值。

第一种方法是按如下公式将名义利率调整为实际利率,然后按实际利率计算资金的时间价值:

$$i=(1+r/m)^m-1$$

式中:i 为实际利率;r 为名义利率;m 为每年复利的次数。

【例 2-15】 某企业从银行借入 100 万元,期限为 3 年,年利率为 6%,每半年复利一次,该企业到期应该归还多少钱?

解:(1)计算借款的实际利率

$i=(1+r/m)^m-1=(1+6\%\div2)^2-1=6.09\%$

(2)按照实际利率计算借款到期值

$F=100\times(1+6.09\%)^3=119.41(万元)$

第二种方法是不计算实际利率,而相应调整有关指标,将名义利率 r 调整为复利周期一次时的利率 r/m,复利期数为 n 年内总的复利次数相应变为 $m\times n$。

利用例 2-15 中的相关数据,使用第二种方法计算本利和。

$F=P\times(1+r/m)^{m\times n}=100\times(1+6\%\div2)^{2\times3}=119.41(万元)$

【例 2-16】 某人拟购买面值为 10 000 元、票面利率为 10%、4 年期、半年复利并支付一次的债券,市场利率为 8%,则该债券的发行价格为多少?

解: $P=[(10\,000\times10\%)\div2]\times(P/A,4\%,8)+10\,000\times(P/F,4\%,8)$
$=500\times6.732\,7+10\,000\times0.730\,7\approx10\,673.35(元)$

3. 复利计息方式下的利率计算

根据其复利终值或现值的计算公式可得贴现率的计算公式如下:

$$i=\left(\frac{F}{P}\right)^{\frac{1}{n}}-1$$

因此,若已知 F、P、n,不用查表便可直接计算出一次性收付款项的贴现率(利率)i。

永续年金贴现率(利率)i 的计算也很方便。若 P、A 已知,则根据公式 $P=\frac{A}{i}$,即得 i 的计算公式为:

$$i=\frac{A}{P}$$

普通年金贴现率(利率)的推算比较复杂,无法直接套用公式,而必须利用有关的系数表,有时还会牵涉到内插法的应用。

根据普通年金终值 F、年金现值 P 的计算公式可推算出年金终值系数$(F/A,i,n)$和年金现值系数$(P/A,i,n)$的计算式如下:

$$(F/A,i,n)=F/A$$
$$(P/A,i,n)=P/A$$

根据已知的 F、A 和 n,可求出 F/A 的值。通过查"年金终值系数表",有可能在表中找到等于 F/A 的系数值,只要找出该系数所在列的 i 值,即为所求的 i。

同理,根据已知的 P、A 和 n,可求出 P/A 的值。通过查"年金现值系数表",有可能在表中找到等于 P/A 的系数值,只要找出该系数所在列的 i 值,即为所求的 i。

必要时可用内插法求得普通年金贴现率(利率)。内插法在财务管理中有着广泛的应用,基本应用可概括为,求利率时,利率差之比等于系数差之比;求年限时,年限差之比等于系数差之比;求内含报酬率时,报酬率差之比等于净现值差之比。

下面详细介绍利用"年金现值系数表"计算 i 的步骤。

(1) 计算出 P/A 的值,设 $P/A=\alpha$;

(2) 查"年金现值系数表",沿着已知 n 所在的行横向查找,若恰好能找到某一系数值等于 α,则该系数值所在的列相对应的利率便为所求的 i 值;

(3) 若无法找到恰好等于 α 的系数值,就应在表中 n 行中找与 α 最接近的两个左、右临界系数值,设为 β_1、β_2($\beta_1>\alpha>\beta_2$),或 $\beta_1<\alpha<\beta_2$),找出 β_1、β_2 所对应的临界利率 i_1、i_2,然后进一步运用内插法,其公式为:

$$i=i_1+\frac{\beta_1-\alpha}{\beta_1-\beta_2}(i_2-i_1)$$

【例 2-17】 某公司于第 1 年年初借款 10 000 元,每年年末还本付息额均为 2 000 元,连续 9 年还清。问借款利率为多少?

解:根据题意,已知 $P=10\,000$,$A=2\,000$,$n=9$,则:$P\div A=10\,000\div2\,000=5$,查年金现值系数表得:

12%	5.328 2
i	5
14%	4.946 4

$$\frac{12\%-i}{12\%-14\%}=\frac{5.328\,2-5}{5.328\,2-4.946\,4}$$

解得 $i\approx13.72\%$

期间 n 的计算,其原理和步骤同利率 i 的计算相类似,在此不再赘述。

2.2 投资风险价值

风险与报酬是贯穿于财务管理的整个过程的,是影响企业价值的基本因素。妥善处理风险与报酬之间的关系,是增加企业价值的需要,也是企业理财工作的重要内容之一,有人称之为理财的"第二原则"。

2.2.1 风险与报酬的基本原理

1. 风险的含义与类型

1) 风险的含义

"风险"一词在近代生活中使用得越来越频繁。人们在不同意义上使用"风险"一词。《现代汉语词典》对风险进行了解释,认为风险是"可能发生的危险",似乎风险是危险的一种,是"危险"中"可能发生"的部分。这种解释的准确性和可靠性,似乎值得商榷。首先,既然风险是危险的一种,那么"不可能"发生的危险又指什么? 其次,该词典把"危险"本身解释为一种"可能性",即"遭遇损失或失败的可能性",而"可能发生的遭遇损失或失败的可能性"很难让人理解。不过,有一点却是符合实际的,人们在日常生活中讲的"风险",实际上是指危险,意味着损失或失败,是一种不好的事情。

一般来说,讨论专业概念时可以不必考虑日常用语的含义。由于许多人在讨论财务问题时,常常把"风险"一词作为日常用语来使用,并由此引起许多误解,因此有必要强调区分日常用语和财务管理中风险的不同含义。爱因斯坦说:"科学必须创造自己的语言和自己的概念,供它自己使用。科学的概念最初是日常生活中所使用的普通概念,但它经过发展就完全不同。它们已经变换过了,失去了普通语言所带有的含糊性质,从而获得了严格的定义,这样它们就能适用于科学的思维。"① 风险是指在一定条件下和一定时期内可能发生的各种结果的变动程度。例如,我们在预计一个投资项目的报酬时,不可能十分精确,也没有百分之百的把握。有些事情的未来发展我们事先不能确知,如价格、销量、成本等都可能发生我们预想不到并且无法控制的变化。风险是事件本身的不确定性,具有客观性。例如,无论企业还是个人,投资于国库券,其收益的不确定性较小;如果是投资于股票,则其收益的不确定性就大得多。这种风险是"一定条件下"的风险,在什么时间、买哪一种或哪几种股票、各买多少,风险是不一样的。这些问题一旦确定下来,风险大小就无法改变了。这就是说,特定投资的风险大小是客观的,是否去冒风险及冒多大的风险是可以选择的,是可以主观决定的。

风险和其他科学概念一样,是反映客观事物本质属性的思维形态,是科学研究的成果。科学概念的形成要靠研究人员对经验材料进行科学的抽象,抽象出一般的、共同的属性,并通过词语把它表达出来。科学概念的形成离不开基本的逻辑思维方法,包括比较、分析、综合等。另外,科学概念的形成还要以有关的科学理论为框架。科学概念不能孤立存在,而只能置于一定的理论系统中才能形成。科学概念一旦形成,就不会终止它的变化和发展。因为客观事物是一个无限变化和发展的过程,反映这个过程的科学概念也会随之变化,不会停滞在一个水平上。

最简单的定义是"风险是发生财务损失的可能性"。发生损失的可能性越大,风险越大。它可以用不同结果出现的概率来描述。结果可能是好的,也可能是坏的,坏结果出现的概率大,就认为风险越大。这个定义非常接近日常生活中使用的普通概念,主要强调风险可能带来的损失,与危险的含义类似。

对风险进行深入研究以后,人们发现,风险不仅可以带来超出预期的损失,也可能带来

---

① L.爱因斯坦,L.英费尔德.物理学的进化.上海:上海科学技术出版社,1962.9

超出预期的收益。于是,出现了一个更正式的定义:"风险是预期结果的不确定性。"风险不仅包括负面效应的不确定性,还包括正面效应的不确定性。新的定义要求区分风险和危险。危险专指负面效应,是损失发生及其程度的不确定性。人们对于危险,需要识别、衡量、防范和控制,即对危险进行管理。保险活动就是针对危险的,是集合同类危险的聚集资金,对特定危险的后果提供经济保障的一种财务转移机制。风险的概念比危险广泛,包括了危险,危险只是风险的一部分。风险的另一部分是正效应,可以称之为机会。人们对于机会,需要识别、衡量、选择和获取。理财活动不仅要管理危险,还要识别、衡量、选择和获取增加企业价值的机会。风险的新概念反映了人们对财务现象更深刻的认识,也就是危险与机会并存。

在投资组合理论出现之后,人们认识到投资多样化可以降低风险。当增加投资组合中资产的种类时,组合后的投资风险将不断降低,而其受益仍然是个别资产的加权平均值。当投资组合中的资产多样化达到一定程度后,特殊风险可以被忽略,而只关心系统风险。系统风险是没有有效方法可以消除的,影响所有资产的风险来自整个经济系统影响公司经营的普遍因素。投资者必须承担系统风险并可以获得相应的投资回报。在资产充分组合的情况下,单个资产的风险对于决策是没有用的,投资者关注的只是投资组合的风险;特殊风险与决策是不相关的,相关的只是系统风险。在投资组合理论出现以后,风险是指投资组合的系统风险,既不是指单个资产的风险,也不是指投资组合的全部风险。

在资本资产定价理论出现之后,单项资产的系统风险计量问题得到了解决。如果投资者选择一项资产并把它加入已有的投资组合中,那么该资产的风险完全取决于它如何影响投资组合收益的波动性。因此,一项资产最佳的风险度量,是其收益率变化对市场投资组合收益率变化的敏感程度,或者说是一项资产对投资组合风险的贡献。在这以后,投资风险被定义为资产对投资组合风险的贡献,或者说是该资产收益率与市场组合收益率之间的相关性。衡量这种相关性的指标,被称为贝塔系数。

风险的大小随着时间的延续而变化,是"一定时期内"的风险。例如,我们事先对一个投资项目成本的预计可能不很准确,但越接近完工则预计越准确。随时间的延续,事件的不确定性在缩小,事件完成后,其结果也就完全肯定了。因此,风险总是"一定时期内"的风险。

严格来说,风险和不确定性有区别。风险是指事前可以知道所有可能的后果,以及每种后果的概率。不确定性是指事前不知道所有可能的后果,或者虽然知道可能的后果,但不知道它们出现的概率。例如,在一个新区找矿,事前知道只有找到和找不到两种后果,但不知道两种后果的可能性各占多少,属于"不确定"问题而非风险问题。但是,在面对实际问题时,两者很难区分,风险问题的概率往往不能准确知道,而不确定性问题也只可以估计出一个概率。因此,在实务领域对风险和不确定性不做区分,都视为"风险"问题对待,把风险理解为可测定概率的不确定性。

风险可能给投资人带来超出预期的报酬,也可能带来超出预期的损失。一般来说,投资人对意外损失的关注,比对意外的收益要强烈很多。因此,人们研究风险时往往侧重于减少损失,主要从不利的方面考察风险,经常把风险看成是不利事件发生的可能性。从财务的角度来说,风险主要指无法达到预期报酬的可能性。

2)风险的分类

(1)从市场投资主体来看,风险分为系统风险和非系统风险。

系统风险又称市场风险,是指对整个市场上各类公司都产生影响的因素所引起的风险,如战争、经济衰退、通货膨胀、利率变动等。市场风险源于公司之外,涉及所有的投资对象。它对所有的企业都会产生影响,表现为整个市场平均报酬率的变动,无论投资哪个企业都无法避免,不能通过多元化投资来分散,因此又称之为不可分散风险。比如,在经济衰退时,无论投资哪种股票,都要承担价格下跌的风险。但这种风险对不同公司的影响程度也不同。比如,一个人投资于股票,不论买哪一种股票,他都将承担市场风险。当经济衰退时,所有股票的价格都会下跌,但不同公司的股票下跌程度可能有所不同。

非系统风险又称公司特有风险,是指只对某个行业或个别公司产生影响的因素所引起的风险。公司特有风险为某一行业或某一企业所特有,通常由某一特殊因素引起,如罢工、新产品开发失败、没有争取到重要合同、某项目投资决策失误、诉讼失败等,这是由于行业或企业自身因素改变而带来的某个投资报酬变化,它只对个别少数投资的报酬产生影响,而与整个市场的投资报酬没有系统、全面的联系。这种风险可以通过分散投资来抵消,即发生于一家公司的不利事件可被其他公司的有利事件所抵消,因此这类风险又称为可分散风险、非系统风险、可回避风险。比如,一个人投资股票时,购买几种不同股票的风险要比只购买一种股票的风险小。

(2)从公司本身来看,按风险形成的原因可将企业特有风险分为经营风险(商业风险)和财务风险(筹资风险)两大类。

经营风险是指生产经营的不确定性带来的风险。它是任何商业活动都有的,也叫商业风险。企业生产经营过程中,受到来自企业内部和外部诸多因素的影响,具有很大的不确定性。比如,由于市场需求、市场价格、企业可能生产的数量等不确定,尤其是竞争使供产销不稳定,加大了风险;由于原料的供应和价格、工人和机器的生产率、工人的工资和奖金都是不确定因素,因而产生风险;由于设备事故、产品发生质量问题、新技术的出现等不好预见,产生风险;由于出现了新的竞争对手、消费者爱好发生变化、销售决策失误等而产生风险。所有这些生产经营方面的不确定性,都会引起企业的利润或利润率的高低变化。

财务风险是指由于举债而给企业财务成果带来的不确定性,也叫筹资风险。目前,绝大部分企业都要采用负债经营的形式,企业的全部资金中,除自有资金外,就是借入资金。借入资金的多少,对企业自有资金的盈利能力有一定的影响,当企业息税前(扣除利息和所得税之前)资金利润率高于借入资金利息率时,使用借入资金获得的利润除了补偿本身负担的利息外还有剩余,因而使自有资金利润率提高。但是,如果企业息税前资金利润率低于借入资金利息率,使用借入资金获得的利润还不够支付利息,就要用自有资金的一部分利润来支付利息,使自有资金利润率降低。如果企业息税前利润还不够支付利息,就要用自有资金来支付,使企业发生亏损。如果企业的亏损情况得不到有效的控制,财务状况进一步恶化,丧失支付能力,就会出现无法还本付息甚至招致破产的危险。总之,基于诸多因素的影响,企业息税前资金利润率和借入资金利息率差额具有不确定性,从而引起自有资金利润率的高低变化,这种风险即为筹资风险,或称为财务杠杆风险。财务风险程度的大小受借入资金与自有资金比例的影响,借入资金比例越大,风险程度随之增大;反之,借入资金比例越小,风险程度也随之减少。

对财务风险的管理,关键是要保证有一个合理的资金结构,维持适当的负债水平。既要充分利用举债经营这一手段获得财务杠杆收益,提高自有资金盈利能力,同时要防止过度举债引起较大的财务风险,避免陷入财务困境。

2. 报酬的含义与类型

资产的报酬是指资产的价值在一定时期内的增值。一般情况下,有两种表述资产报酬的方式,一是以绝对数表示的资产价值的增值量,称为资产的报酬额;二是以相对数表示的资产价值的增值率,称为资产的报酬率或收益率。

资产的报酬额通常来源于两个部分,一是一定期限内资产带来的现金净收入;二是期末资产的价值(或市场价格)相对于期初价值(或市场价格)的升值。前者多为利息、红利或股息收益;后者则称为资本利得。

资产的报酬率通常是以百分比表示的,是资产增值量与期初资产价值(或价格)的比值,该报酬率包括两个部分,一是利(股)息的报酬率;二是资本利得的报酬率。

在实际财务工作中,由于工作角度和出发点不同,报酬率可以有以下几种类型。

(1) 实际报酬率表示已经实现的或者确定可以实现的资产报酬率,是已实现的或确定可以实现的利(股)息率与资本利得报酬率之和。实际报酬率是在特定时期实际获得的报酬率,是已经发生的,不可能通过这一次决策就能改变的报酬率。由于存在着风险,实际报酬率很少与预期报酬率相同,这两者之间的差异越大,风险就越大;反之亦然。同样原因,实际报酬率与必要报酬率之间也没有必然的联系。

(2) 名义报酬率仅指在资产合约上标明的报酬率,如借款协议上的借款利率。

(3) 预期报酬率也称为期望报酬率,是指在不确定的条件下,预测的某资产未来可能实现的报酬率。对预期报酬率的直接估算,可参考以下三种方法:① 通过描述影响报酬率的各种可能情况,然后预测各种可能情况发生的概率,以及在各种可能情况下报酬率的大小,那么预期报酬率就是各种情况下报酬率的加权平均,权数是各种可能情况发生的概率;② 通过收集事后报酬率,将这些历史数据按照不同的经济状况分类,并计算发生在各类经济情况下的报酬率观测值的百分比,将所得百分比作为各种经济情况可能出现的概率,然后将计算出的各类经济情况下所有报酬率观测值的平均值作为该类情况下的报酬率,最后计算各类情况下报酬率的加权平均,就得到预期报酬率;③ 首先收集能够代表预期报酬率分布的历史报酬率的样本,假定所有历史报酬率的观测值出现的概率相等,那么预期报酬率就是所有数据的简单算术平均值。

(4) 必要报酬率也称最低报酬率或最低要求的报酬率,表示投资者对某资产合理要求的最低报酬率。必要报酬率与认识到的风险有关,人们对投资的安全性有不同的看法,如果某公司陷入财务困难的可能性很大,也就是说,投资该公司股票产生损失的可能性很大,那么投资于该公司的股票将会要求一个较高的报酬率,所以该股票的必要报酬率就会较高;相反,如果某项资产的风险较小,那么对这项资产要求的必要报酬率也较小。

(5) 无风险报酬率是指确定可知的无风险资产的报酬率。它的大小由纯粹利率(资金的时间价值)和通货膨胀补贴两部分组成,通常用短期国库券的利率近似代替。

(6) 风险报酬率是指某资产持有者因承担该资产的风险而要求的超过无风险利率的额外报酬。它等于必要报酬率与无风险报酬率之差。风险报酬率衡量了投资者将资金从无风险资产转移到风险资产而要求得到的额外补偿。它的大小取决于两个因素,即风险的大小以及投资者对风险的偏好。

3. 风险与报酬的关系

风险和报酬是一种对称关系,它要求等量风险带来等量报酬,即风险报酬均衡。简单来说,就是高风险要求高报酬,低风险则只能获得低报酬。根据风险报酬均衡原则进行财务管理运作的一般目标是,在一定的风险水平下,使报酬达到较高的水平,或在报酬一定的情况下,将风险维持在较低的水平。

2.2.2 单项资产的风险与报酬

资产的风险是指资产报酬率的不确定性,其大小可用资产报酬率的离散程度来衡量。资产报酬率的离散程度是指资产报酬率的各种可能结果与预期报酬率的偏差。

衡量风险的指标主要有资产报酬率的方差、标准差和标准离差率等。

1. 期望报酬率

期望报酬率是各种可能的报酬率按其概率进行加权平均得到的报酬率。它是反映集中趋势的一种量度。其计算公式为:

$$\bar{r} = \sum_{i=1}^{n} P_i \times r_i$$

式中,$\bar{r}$ 表示期望报酬率;P_i 表示第 i 种可能情况发生的概率;r_i 表示在第 i 种可能情况下资产的报酬率。

【例 2-18】 有 A、B 两个项目,两个项目的报酬率及其概率分布情况如表 2-1 所示,试计算两个项目的期望报酬率。

表 2-1 项目 A 和项目 B 投资报酬率的概率分布

经营状况	概 率	A 方案报酬率/%	B 方案报酬率/%
良好	0.25	60	40
一般	0.50	20	20
差	0.25	−20	0

解:根据公式计算项目 A 和项目 B 的期望报酬率分别为:

$$\bar{r_A} = \sum_{i=1}^{3} r_i P_i = 0.25 \times 60\% + 0.5 \times 20\% + 0.25 \times (-20\%) = 20\%$$

$$\bar{r_B} = \sum_{i=1}^{3} r_i P_i = 0.25 \times 40\% + 0.5 \times 20\% + 0.25 \times 0 = 20\%$$

从以上计算结果可以看出,两个项目的期望报酬率都是 20%。但不能就此认为两个项目是等同的,我们还需要了解概率分布偏离均值的离散情况,即计算标准离差和标准离差率。

2. 方差

方差用来表示资产报酬率的各种可能值与其期望值之间的偏离程度。其计算公式为:

$$\sigma^2 = \sum_{i=1}^{n} (r_i - \bar{r})^2 \times P_i$$

将例 2-18 中项目 A 和项目 B 的资料代入,可以得到两个项目的方差如下:

$$\sigma_A^2 = \sum_{i=1}^{3} (r_i - \bar{r_A})^2 \times P_i = (60\% - 20\%)^2 \times 0.25 + (20\% - 20\%)^2 \times 0.5 +$$
$$(-20\% - 20\%)^2 \times 0.25 = 8\%$$

$$\sigma_B^2 = \sum_{i=1}^{3} (r_i - \overline{r_B})^2 \times P_i = (40\% - 20\%)^2 \times 0.25 + (20\% - 20\%)^2 \times 0.5 + (0 - 20\%)^2 \times$$

$0.25 = 2\%$

3. 标准差

标准差也是反映资产报酬率的各种可能值与其期望值之间的偏离程度的指标,它等于方差的开方。其计算公式为:

$$\sigma = \sqrt{\sum_{i=1}^{n} (r_i - \overline{r})^2 \times P_i}$$

将例 2 - 18 中项目 A 和项目 B 的资料代入,可以得到两个项目的标准差如下:

$$\sigma_A = \sqrt{\sum_{i=1}^{n} (r_i - \overline{r_A})^2 \times P_i} = \sqrt{8\%} = 28.28\%$$

$$\sigma_B = \sqrt{\sum_{i=1}^{n} (r_i - \overline{r_B})^2 \times P_i} = \sqrt{2\%} = 14.14\%$$

标准差和方差都是以绝对数衡量资产的全部风险,在期望报酬率相同的情况下,标准差或方差越大,则风险越大;标准差或方差越小,则风险也越小。由于标准差或方差指标衡量的是风险的绝对大小,因而不适用于比较具有不同期望报酬率的资产的风险。

4. 标准离差率

标准离差率是资产报酬率的标准差与期望值之比,也可称为变异系数。其计算公式为:

$$V = \frac{\sigma}{r}$$

标准离差率以相对数衡量资产的全部风险的大小,表示某资产每单位期望报酬中所包含的风险,即每 1 元预期收益所承担的风险的大小。一般情况下,标准离差率越大,资产的相对风险越大;相反,标准离差率越小,资产的相对风险越小。标准离差率指标可以用来比较期望报酬率不同的资产之间的风险大小。

将例 2 - 18 中项目 A 和项目 B 的资料代入,可以得到两个项目的标准离差率如下:

$$V_A = \frac{\sigma}{r_A} = \frac{28.28\%}{20\%} = 1.41$$

$$V_B = \frac{\sigma}{r_B} = \frac{14.14\%}{20\%} = 0.71$$

值得注意的是,此处是题目要求计算标准离差率。如果题目没有要求计算标准离差率,在两个方案的期望值相同的情况下,仅计算两个方案的标准离差就可以评价其各自的风险程度。

在投资项目风险程度的衡量中,一般用标准离差率来比较相对投资风险的大小,标准离差率越大,则相对投资风险越高;标准离差率越小,则相对投资风险越低,并由此确定必要报酬率的高低。在例 2 - 18 中,A 方案投资风险较大,B 方案投资风险较小。因此,A 方案的必要报酬率一般要高于 B 方案。

5. 风险报酬率

标准离差率虽然能正确评价投资风险程度的大小,但这还不是风险报酬率。要计算风险报酬率,还必须借助一个系数——风险报酬系数。风险报酬率、风险报酬系数和标准离差

率之间的关系,可用公式表示如下:

$$r_r = bV$$

式中,r_r 为风险报酬率;b 为风险报酬系数;V 为标准离差率。

投资报酬率可表示为:

$$r = r_f + r_r = r_f + bV$$

式中,r 为投资报酬;r_f 为无风险报酬率。

风险报酬系数是将标准离差率转化为风险报酬的一种系数。

例 2-18 中,假设风险报酬系数为 5%,则两个项目的风险报酬率分别为:

$r_{rA} = bV = 5\% \times 1.41 = 7.05\%$

$r_{rB} = bV = 5\% \times 0.71 = 3.55\%$

如果无风险报酬率为 10%,则两个项目的投资报酬率分别为:

$r_A = r_f + r_r = 10\% + 7.05\% = 17.05\%$

$r_B = r_f + r_r = 10\% + 3.55\% = 13.55\%$

风险报酬系数可由企业领导,如总经理、财务副总经理、总会计师、财务主任等根据经验加以确定,也可由企业组织有关专家确定。实际上,风险报酬系数的确定,在很大程度上取决于各公司对风险的态度。比较敢于承担风险的企业,往往把 b 值定得低些;反之,比较稳健的企业,常常把 b 值定得高些。

2.2.3 投资组合的风险与报酬

1. 投资组合的报酬率

投资组合的期望报酬率不仅取决于各投资项目的期望报酬率,还取决于其投资的比重。它是组成投资组合的各种投资项目期望报酬率的加权平均数,其权数是各种投资项目在整个投资组合总额中所占的比例。其计算公式如下:

$$\overline{r_p} = \sum_{i=1}^{n} W_i \times \overline{r_i}$$

式中,$\overline{r_p}$ 表示投资组合的期望报酬率;W_i 表示资产 i 占投资总额的比重;$\overline{r_i}$ 表示资产 i 的期望报酬率;n 表示投资组合中资产的种类。

【例 2-19】 某投资组合由两种证券组成,A 证券的投资比例为 70%,期望报酬率为 20%,B 证券的投资比例为 30%,期望报酬率为 10%,这两种证券投资组合的期望报酬率为多少?

解: $\overline{r_p} = \sum_{i=1}^{n} W_i \times \overline{r_i} = 20\% \times 70\% + 10\% \times 30\% = 17\%$

2. 投资组合的风险

投资组合的风险并非像计算报酬率那样简单,它不仅受到各投资项目风险的影响,还受到构成组合的投资对象之间关系的影响。在一个投资组合中,某一投资项目的报酬率呈上升的趋势时,其他投资项目的报酬率有可能上升,也有可能下降,或者不变。在统计学中,测算投资组合中任意两个投资项目报酬率之间的变动关系的指标是协方差和相关系数。

1) 协方差和相关系数

(1) 协方差。协方差是一个测量投资组合中一个投资项目相对于其他投资项目风险的

统计量。从本质上讲,组合内的各投资组合相互变化的方式影响着投资组合的整体方差,从而影响其风险。协方差的计算公式如下:

$$\sigma_{12} = \text{cov}(r_1, r_2) = \sum_{t=1}^{n} (\overline{r_1} - r_{1t})(\overline{r_2} - r_{2t})P_t$$

下面我们以两个投资项目组成的投资组合来说明协方差的计算。

【例 2-20】 某投资组合由项目 1 和项目 2 组成,两个项目各自的报酬率如表 2-2 所示。计算这两个项目的协方差。

表 2-2 两个项目投资报酬率的数据

客观状态	概率(P)	项目 1 的报酬率(r_1)/%	项目 2 的报酬率(r_2)/%
经济高涨	0.5	0.6	-0.1
经济一般	0.3	0.2	0.2
经济萧条	0.2	-0.3	0.4

解:第一步,计算两个项目的期望报酬率。

项目 1 的期望报酬率$\overline{r_1}$ = 0.5×0.6+0.3×0.2+0.2×(−0.3) = 0.3

项目 2 的期望报酬率$\overline{r_2}$ = 0.5×(−0.1)+0.3×0.2+0.2×0.4 = 0.09

第二步,计算两个项目的协方差。

σ_{12} = (0.3−0.6)×[0.09−(−0.1)]×0.5+(0.3−0.2)×(0.09−0.2)×0.3+[0.3−(−0.3)]×(0.09−0.4)×0.2 = −0.069

协方差的正负显示了两个投资项目之间报酬率变动的方向。协方差为正值,表示两种资产的报酬率呈同方向变动;协方差为负值,表示两种资产报酬率呈反方向变动。上例中,项目 1 和项目 2 的报酬率就是呈反方向变动。协方差绝对值越大,表示这两种资产报酬率的关系越密切;协方差的绝对值越小,则表示这两种资产报酬率的关系也就越疏远。

(2) 相关系数。为了便于运用和理解,可以将协方差标准化,将协方差除以两个投资方案投资报酬率的标准差之积,就是两个投资项目的相关系数,它介于−1 到+1 之间。相关系数的计算公式如下:

$$\rho_{12} = \frac{\sigma_{12}}{\sigma_1 \sigma_2}$$

【例 2-21】 利用上例中的数据计算两个项目的相关系数。

解:第一步,计算两个项目的标准离差。

$\sigma_1 = \sqrt{(0.6-0.3)^2 \times 0.5 + (0.2-0.3)^2 \times 0.3 + (-0.3-0.3)^2 \times 0.2} = 0.346\ 4$

$\sigma_2 = \sqrt{(-0.1-0.09)^2 \times 0.5 + (0.2-0.09)^2 \times 0.3 + (0.4-0.09)^2 \times 0.2} = 0.202\ 2$

第二步,计算项目 1 和项目 2 的相关系数。

$\rho_{12} = \dfrac{\sigma_{12}}{\sigma_1 \sigma_2} = \dfrac{-0.069}{0.346\ 4 \times 0.202\ 2} = -0.985\ 7 \approx -1$

相关系数的正负与协方差的正负相同。所以相关系数为正值时,表示两种资产的报酬率呈同方向变化,为负值则意味着呈反方向变化。就其绝对值而言,相关系数的大小,与协方差大小呈同方向变化。相关系数总是在−1.0 到+1.0 之间的范围内变动,−1.0 代表完全负相关，+1.0 代表完全正相关，0 则表示不相关。此例中两个项目是负相关。

2) 投资组合的方差

投资组合的总风险由投资组合报酬率的方差和标准差来衡量。若考虑只有两种资产的组合，投资组合方差的计算公式如下：

$$\sigma_P^2 = W_1^2\sigma_1^2 + W_2^2\sigma_2^2 + 2W_1W_2\sigma_{12}$$

推而广之，由 n 种资产组合而成的投资组合的方差可以表示如下：

$$\sigma_P^2 = \sum_{i=1}^{n}\sum_{j=1}^{n}W_iW_j\sigma_{ij}$$

投资组合的标准离差的计算公式如下：

$$\sigma_P = \sqrt{\sum_{i=1}^{n}\sum_{j=1}^{n}W_iW_j\sigma_{ij}}$$

式中，σ_P 表示投资组合的标准离差；W_i 表示资产 i 在总投资额中所占的比重；W_j 表示资产 j 在总投资额中所占的比重；σ_{ij} 表示资产 i 和资产 j 的协方差。

【例 2-22】 利用上例计算的结果，若项目 1 的投资比重为 40%，项目 2 的投资比例为 60% 时，计算投资组合的期望报酬率和标准离差。

解：$\overline{r_P} = 40\% \times 0.3 + 60\% \times 0.09 = 17.4\%$

$\sigma_P^2 = (40\% \times 0.346\ 4)^2 + (60\% \times 0.202\ 2)^2 + 2 \times 40\% \times 60\% \times (-0.069) = 0.000\ 8$

$\sigma_P = \sqrt{0.000\ 8} = 0.028\ 3 = 2.83\%$

可见，投资组合的风险比把资金全部投入到项目 1 或项目 2 上的风险要小。

2.2.4 风险、报酬和分散化效应

1. 风险分散原理

在投资界有一句经典名言："不要把所有鸡蛋放在一个篮子里。"这句话的意思是鼓励人们通过资产的分散化来分散风险。风险分散原理认为，若干种证券组成的投资组合，其报酬率是组合内各种证券报酬率的加权平均数，但其风险却不是这些证券的加权平均风险，它不会高于组合内风险程度最高的单一证券所具有的风险，故投资组合能够产生风险分散效应。这种分散风险的办法似乎意味着，资产组合所包含的资产种类越多，总风险就越小，即如果把一定资本投资于 10 种不同证券，则比把相同资金投资于 4 种不同的证券更能分散风险。但是，在分散风险时，我们需要注意证券收益之间的相互关系。如果投资组合包括的 10 种证券都是来自同一行业的 10 种股票，那么，它们的收益就有很高的相关性，则风险分散就不明显；而如果另一组合的 4 种股票来自不同行业，则它们投资收益的相关性就低，风险分散效应会比较明显。

【例 2-23】 假设某投资组合由 A、B 两种证券组成，投资总额为 100 万元，两种证券各占一半。若两种证券完全负相关，每种证券及其投资组合与其报酬率和标准差如表 2-3 所示。

表 2-3 两种负相关证券及其投资组合的报酬率和标准差 万元

年度 \ 证券	证券 A		证券 B		投资组合	
	报酬	报酬率/%	报酬	报酬率/%	报酬	报酬率/%
2014	20	40	−5	−10	15	15
2015	−5	−10	20	40	15	15
2016	17.5	35	−2.5	−5	15	15
2017	−2.5	−5	17.5	35	15	15
2018	7.5	15	7.5	15	15	15
平均值	7.5	15	7.5	15	15	15
标准差	22.6%		22.6%		0	

若两种证券完全正相关,每种证券及其投资组合与其报酬率和标准差如表 2-4 所示。

表 2-4 两种正相关证券及其投资组合的报酬率和标准差 万元

年度 \ 证券	证券 A		证券 B		投资组合	
	报酬	报酬率/%	报酬	报酬率/%	报酬	报酬率/%
2014	20	40	20	40	40	40
2015	−5	−10	−5	−10	−10	−10
2016	17.5	35	17.5	35	35	35
2017	−2.5	−5	−2.5	−5	−5	−5
2018	7.5	15	7.5	15	15	15
平均值	7.5	15	7.5	15	15	15
标准差	22.6%		22.6%		22.6%	

在上例中,由于两种证券投资的比重一样,两种证券完全负相关时,投资组合的报酬率不变,但是风险完全被分散,标准差为 0;而两种证券完全正相关时,投资组合的报酬率不变,风险没有被分散,标准差为 22.6%。从此例中我们可以得到这样的结论:在各种投资组合中,当相关系数为 −1 时,投资组合的方差最小,风险分散效应最大;当相关系数为 +1 时,投资组合的方差最大,风险分散效应最弱。如果相关系数变小,投资组合中各资产预期收益率之间的相关程度降低,投资组合的方差也会变小。在现实中,证券组合之间不可能完全正相关,也不可能完全负相关,相关系数是介于完全正相关和完全负相关之间的,因而可以通过正确的资产组合来分散部分风险,但不能消除全部风险。所以,投资组合的风险总是不大于其组合内风险程度最高的单项投资的风险,这说明投资组合确实起到降低风险的作用。

投资组合使非系统风险通过分散化消减,从而降低投资组合的总风险水平。这种分散效应一方面取决于投资组合中包含的资产数目及单项资产报酬率的方差,另一方面则取决于投资组合中各资产预期收益之间的相关程度。随着资产组合中资产数目的增加,单个资产的方差对投资组合的影响越来越小,当资产组合中包含的资产数目非常大时,单个资产的方差对投资组合方差的影响几乎可以忽略不计。因此,一个充分的投资组合几乎没有非系统风险。也就是说,通过多种资产的组合,可以使隐含在单个资产中的风险得以分散,从而降低投资组合总体的风险水平。

综上所述,根据风险分散化原则,随着投资组合中资产种类的不断增加,组合的非系统风险将不断降低,整体风险如图 2-9 所示。

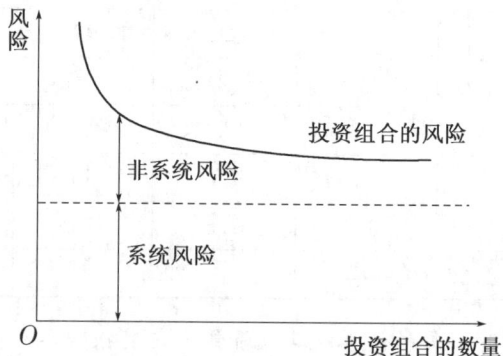

图 2-9　投资组合与风险的关系

2. 报酬与系统风险原则

由于报酬由风险报酬和无风险报酬组成,而风险可以分为系统风险和非系统风险,资产的风险报酬主要是对承担系统风险和非系统风险的补偿,因此,实际资产报酬率可以表达为:

实际资产报酬率＝无风险报酬率＋系统风险报酬率＋非系统风险报酬率

由于非系统风险可以通过多元化投资的方式进行分散,也就是个别资产的非系统风险会因为投资者的分散投资而消失,只要资产个数多一点,构成投资组合,特有事项——包括正面的和负面的——倾向于相互抵消,随机的非系统风险趋于消失,而系统风险却无法分散。按照风险—报酬权衡,承担风险会从市场上得到回报,非系统风险通过投资多样化可以分散掉,所以,市场不会给非系统风险以报酬。因此,单项资产的期望风险报酬率只包括系统风险报酬。资产期望报酬率可表达为:

资产期望报酬率＝无风险报酬率＋系统风险报酬率

可见,一项资产的期望报酬率的高低取决于该资产的系统风险,这就是系统风险原则。这个原则所依据的道理非常直观,即在一个充分的投资组合中,几乎没有非系统风险。在有效的资本市场中,投资人是理智的,会选择充分的投资组合,非系统风险与资本市场无关。由于分散化消除非系统风险几乎没有市场承认的成本,因此承担此项风险没有回报。换句话来说,市场不会给那些不必要的风险以回报。因此,资产回报的大小仅仅取决于系统风险。根据系统风险原则可以得出一个明显的推论,即不管一项资产的整体风险有多大,在确定该资产的期望报酬率时,只需要考虑系统风险部分。

2.2.5　资本资产定价模型

资本市场均衡模型属于实证经济学的范畴,研究所有投资者的集体行为,揭示在均衡状态下投资收益率与风险之间关系的经济本质。

资本资产定价模型(CAPM)的研究对象,是充分组合情况下风险与要求的收益率之间的均衡关系。资本资产定价模型可用于回答如下不容回避的问题：为了补偿某一特定程度的风险，投资者应该获得多大的收益率？在前面的讨论中，我们将风险定义为预期报酬率的不确定性，然后根据投资理论将风险区分为系统风险和非系统风险，知道了在高度分散了的资本市场里只有系统风险，并且会得到相应的回报。下面讨论如何衡量系统风险以及如何给风险定价。

1. β 系数

β 系数是用来计量风险的指标系数。由于非系统风险可以通过投资多样化分散掉，因而 β 系数实质上只用于计量系统风险。

1) 单项资产的 β 系数

β 系数被定义为某个资产的收益率与市场组合之间的相关性。其计算公式如下：

$$\beta = \frac{\text{某种资产的风险报酬率}}{\text{市场组合的风险报酬率}}$$

β 系数的经济意义在于，它告诉我们相对于市场组合而言，特定资产的系统风险是多少。例如，当 $\beta=1$ 时，表示某项资产的收益率与市场平均收益率呈相同比例在变化，其风险情况与市场组合的风险情况一致，即市场平均收益上升 10%，则该项资产的收益也上升 10%；市场平均收益下降 10%，该项资产的收益也下降 10%。如果 $\beta=0.5$，说明该项资产的收益变动幅度只有市场平均收益变动幅度的一半；如果 $\beta=2$，说明该项资产的收益变动幅度为市场平均收益变动幅度的两倍。

系数的实际计算过程非常复杂，并需要大量的参考数据，一般只有证券资产（如上市公司的股票）才能计算出 β 系数。因此，在实际工作中一般不会由投资者自己计算 β 系数，而是由咨询机构定期计算并公布。因此，本书假定单项资产的 β 系数为已知数据。

2) 投资组合的 β 系数

投资组合的 β 系数等于被组合各单项资产 β 系数的加权平均数。其计算公式如下：

$$\beta_p = \sum_{i=1}^{n} w_i \beta_i$$

式中，β_p 表示投资组合的 β 系数；w_i 表示第 i 种资产在投资组合中所占的比重；β_i 表示第 i 种投资的 β 系数。

从上式可以看出，投资组合的 β 系数受到单项资产的 β 系数和各种资产在投资组合中所占比重两个因素的影响。

【例 2-24】 某公司原持有 A、B、C 3 种股票组成的投资组合，权重分别为 20%、30% 和 50%，3 种股票的系数分别为 2、1.2、0.5。现在该公司准备出售 A 股票，以其资金买进 β 系数为 1.5 的 D 股，求原投资组合和改变后组合的 β 系数。

解： 原投资组合的 β 系数 $\beta_p = \sum_{i=1}^{3} w_i \beta_i = 20\% \times 2 + 30\% \times 1.2 + 50\% \times 0.5 = 1.01$

改变后组合的 β 系数 $\beta_p = \sum_{i=1}^{3} w_i \beta_i = 20\% \times 1.5 + 30\% \times 1.2 + 50\% \times 0.5 = 0.91$

2. 资本资产定价模型

1) 资本资产定价模型的意义

资本资产定价模型（capital asset pricing model，CAPM）是由经济学家 Harry

Markowitz 和 William F. Sharpe 于 1964 年提出的,他们由于在此方面做出的贡献而获得了 1990 年度的诺贝尔经济学奖。所谓资本资产,主要指的是股票,而定价则试图解释资本市场如何决定股票报酬率,进而决定股票价格。

根据风险与报酬的一般关系,某资产的预期报酬率是由无风险报酬率和该资产的风险报酬率决定的,即:

$$预期报酬率＝无风险报酬率＋风险报酬率$$

资本资产定价模型的一个主要贡献就是解释了风险报酬率的决定因素和度量方法,并且给出了下面的一个简单易用的表达形式:

$$E(r_i)=r_f+\beta_i(r_m-r_f)$$

式中,$E(r_i)$ 为第 i 种资产或第 i 种资产组合的预期报酬率;r_f 为无风险报酬率,通常以短期国债的利率近似替代;β_i 点为第 i 种资产或第 i 种资产组合的系统风险系数;r_m 为市场组合的平均报酬率。(r_m-r_f) 称为市场风险报酬率,是附加在无风险报酬率之上的。由于它承担了市场平均风险所要求获得的补偿,反映的是市场作为整体对风险的平均"容忍"程度,也就是市场整体对风险的厌恶程度,对风险越是厌恶和回避,要求的补偿就越高,因此,市场风险报酬率的数值就越大;反之,如果市场的抗风险能力强,则对风险的厌恶和回避就不是很强烈,因此,要求的补偿就越低,所以市场风险报酬率的数值就越小。不难看出,某项资产的风险报酬率是市场风险报酬率与资产系统风险系数的乘积,即 $\beta_i(r_m-r_f)$ 为风险报酬率。在其他因素不变的情况下,风险报酬率与 β 系数成正比,β 系数越大,风险报酬率就越大;反之,则越小。

【例 2-25】 甲股票的 β 系数为 0.5,乙股票的 β 系数为 1.0,丙股票的 β 系数为 1.5,丁股票的 β 系数为 2.0,无风险利率为 7%,假定同期市场上所有股票的平均报酬率为 12%。计算上述 4 种股票的预期报酬率,并判断当这些股票的报酬率分别达到多少时,投资者才愿意投资购买。

解:$E(r_甲)=7\%+0.5\times(12\%-7\%)=9.5\%$
$E(r_乙)=7\%+1.0\times(12\%-7\%)=12\%$
$E(r_丙)=7\%+1.5\times(12\%-7\%)=14.5\%$
$E(r_丁)=7\%+2.0\times(12\%-7\%)=17\%$

只有当甲股票的报酬率达到或超过 9.5%,乙股票的报酬率达到或超过 12%,丙股票的报酬率达到或超过 14.5%,丁股票的报酬率达到或超过 17% 时,投资者才会愿意投资购买,否则,投资者就不会去投资。

2) 资本资产定价模型的假设

资本资产定价模型有许多假设前提,主要包括对市场完善性和环境的无摩擦性等。这些假设条件主要如下:

(1) 市场处于完善的竞争状态。与整个市场相比,每位投资者的财富份额都很小,所以投资者都是价格的接受者,不具备操纵市场的力量。

(2) 所有投资者都追求近期财富最大化,只计划持有资产一个相同的周期,只关心投资计划期内的情况,不考虑计划期以后的事情。在决策时以备选组合的期望与标准差为基础进行组合选择。

(3) 假设投资者可以不受限制地以固定的无风险利率借贷。

（4）市场环境是无摩擦的，即资产可以被完全细分，拥有充分的流动性，并且交易无税收和交易成本。

（5）所有的投资者都是理性的，并且其获得的信息是充分的。

（6）所有投资者都以相同的观点和分析方法对待各种投资工具，他们对所交易的金融工具未来收益现金流的概率分布、预期值和方差等都有相同的估计。

资本资产定价模型只有在这些假设条件成立的前提下才成立。虽然在现实投资实务中这些假设条件大部分是无法成立的，投资交易一般都要缴纳税金，要支付交易费用，并且证券市场的信息也是不完全的，但资本资产定价模型是分析风险资产定价的一种简单明了、贴近现实的框架，解析了风险和为补偿风险所需要的风险报酬之间的关系，对于如何对投资组合的风险报酬率进行评价提供了一个很好的工具。

3）资本资产定价模型的有效性和局限性

资本资产定价模型最大的贡献在于，它提供了一种对风险与收益之间的实质性的表述，CAPM 首次将"高收益伴随着高风险"这样一种直观认识，用简单的关系式表达出来。到目前为止，CAPM 是对现实中风险与收益关系最为贴切的表述，因此长期以来，被财务人员、金融从业者以及经济学家作为处理风险问题的主要工具。

然而，将复杂的现实简化了的这一模型，必定会遗漏许多有关因素，也必定会限制在许多假设条件之下，因此也受到了一些质疑。直到现在，关于 CAPM 有效性的争论还在继续，拥护者和批驳者的辩论相当激烈。人们也一直在寻找更好的理论或方法，但尚未取得突破性进展。

尽管 CAPM 已得到了广泛的认可，但在实际运用中，仍存在着一些明显的局限，主要表现在：① 某些资产或企业的 β 值难以估计，特别是对一些缺乏历史数据的新兴行业；② 经济环境的不确定性和不断变化，使得依据历史数据估算出的 β 值对未来的指导作用必然要打折扣；③ CAPM 是建立在一系列假设之上的，其中一些假设与实际情况有较大的偏差，使得 CAPM 的有效性受到质疑。这些假设包括市场是均衡的、市场不存在摩擦、市场参与者都是理性的、不存在交易费用、税收不影响资产的选择和交易等。

由于以上局限，资本资产定价模型只能大体描述出证券市场运动的基本状况，而不能完全确切地揭示证券市场的一切。因此，在运用这一模型时，应该更注重它所揭示的规律，而不是它所给出的具体数字。

4）证券市场线

如果把资本资产定价模型公式中的 β 系数看作自变量（横坐标），预期报酬率 $E(r_i)$ 作为因变量（纵坐标），无风险利率（r_f）和市场风险溢价（$r_m - r_f$）作为已知系数，那么这个关系式在数学上就是一个直线方程，叫作证券市场线，简称 SML。

证券市场线对任何公司、任何资产都是适用的。只要将该公司或资产的 β 系数代入上述直线方程中，就能得到该公司或资产的预期报酬率。

证券市场线上每个点的横、纵坐标值分别代表每一项资产（或资产组合）的系统风险系数和预期报酬率。因此，证券市场上任意一项资产或资产组合的系统风险系数和预期报酬率都可以在证券市场线上找到对应的一个点。

在证券市场线中，β 系数是对该资产或资产组合所含系统风险的度量，因此，证券市场线一个重要的说明就是"只有系统风险才有资格要求补偿"。该式没有引入非系统风险即企业特有风险,也就是说,投资者要求的补偿只是因为他们"忍受"了市场风险即系统风险的缘故,而不包括企业特有风险,因为企业特有风险可以通过资产组合被消除掉。

根据例 2-25 的计算结果绘制的证券市场线如图 2-10 所示。

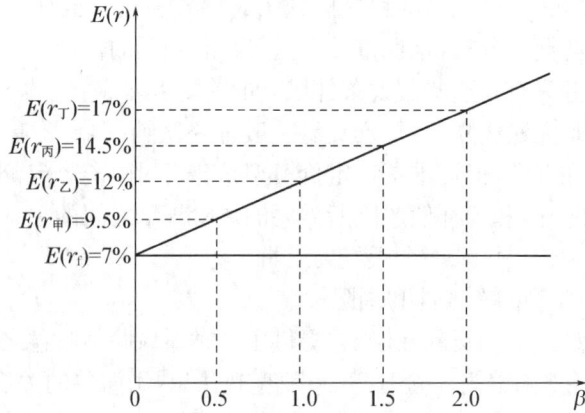

图 2-10 证券市场线

从上图 2-10 可以看出风险高低与收益水平高低之间的关系,从中可以得出以下几点结论:

(1) β 系数为 0,表明此时的个别资产(或资产组合)预期报酬率为无风险报酬率。

(2) β 系数小于 1,表明此时的个别资产(或资产组合)预期报酬率小于市场组合的平均报酬率。

(3) β 系数为 1,表明此时的个别资产(或资产组合)预期报酬率与市场组合的平均报酬率相同。

(4) β 系数大于 1,表明此时的个别资产(或资产组合)预期报酬率大于市场组合的平均报酬率。

特定资产组合的 β 系数等于该组合风险报酬率与市场组合的平均报酬率超过无风险报酬率部分的比。

本章小结

资金时间价值是现代管理的基本观念之一,涉及所有的理财活动。有关资金时间价值的指标有很多种,本章重点介绍了单利、复利和年金的计算。复利终值是指若干期后包括本金和利息在内的未来价值,又称本利和。复利现值是把将来的资金按一定利率折算到现在的价值,或者说,为取得将来一定本利和现在所需要的本金。实际上,企业的现金流量每年都产生,形成等额、定期的系列收支,称为年金。年金按收付款时间可分为普通年金、即付年金、递延年金和永续年金。

企业的财务活动在获得收益的同时总是伴随着风险。风险是在一定条件下和一定时期内实际状况偏离预期目标的可能性。投资者在进行投资时,由于承担风险而获得的超过资金时间价值的额外收益,称为投资的风险报酬。在投资项目风险程度的衡量中,一般用标准离差率来比较相对投资风险的大小,标准离差率越大,则相对投资风险越高;标准离差率越小,则相对投资风险越低。资本资产定价模型表明,任何一只证券的预期报酬率都等于无风险报酬率加上风险报酬率,即风险补偿。在风险资产收益和风险数量的研究中,资本资产定价模型在量化市场风险程度和对风险定价具有里程碑式的意义和作用。

关键术语

资金时间价值　复利　年金　普通年金　即付年金　递延年金　永续年金　投资风险价值

思考与练习题

1. 思考题

(1) 什么是资金时间价值? 资金时间价值的实质是什么?

(2) 利率与复利期数相同时,复利终值与复利现值是什么关系?

(3) 什么是年金? 年金有哪些种类? 它们有什么区别?

(4) 名义利率与实际利率有什么区别?

(5) 什么叫风险和风险价值? 风险与报酬有什么关系?

2. 练习题

1) 单项选择题

(1) A 方案在 3 年中每年年初付款 5 000 元,B 方案在 3 年中每年年末付款 5 000 元,若利率为 10%,则两个方案第 3 年年末时的终值相差(　　)元。

A. 1 050　　　　　B. 1 655　　　　　C. 6 655　　　　　D. 5 050

(2) 在下列各项资金时间价值系数中,与资本回收系数互为倒数关系的是(　　)。

A. $(P/F,i,n)$　　B. $(P/A,i,n)$　　C. $(F/P,i,n)$　　D. $(F/A,i,n)$

(3) 某公司从本年度起每年年末存入银行一笔固定金额的款项,若采用复利制,用最简便的算法计算第 n 年年末可以从银行取出的本利和,则应选用的时间价值系数是(　　)。

A. 复利终值数　　　　　　　　B. 复利现值系数

C. 普通年金终值系数　　　　　D. 普通年金现值系数

(4) 在下列各项中,无法计算出确切结果的是(　　)。

A. 后付年金终值　　　　　　　B. 即付年金终值

C. 递延年金终值　　　　　　　D. 永续年金终值

(5) 在 10%时,1～5 年期的复利现值系数分别为 0.909 1、0.826 4、0.751 3、0.683 0、0.620 9,则 5 年期的普通年金现值系数为(　　)。

A. 2.599 8　　　　B. 3.790 7　　　　C. 5.229 8　　　　D. 4.169 4

(6) 有甲、乙两个付款方案,甲方案在 5 年中每年年初付款 6 000 元,乙方案在 5 年中每年年末付款 6 000 元,若利率相同,则两者在第 5 年末的终值(　　)。

A. 相等

B. 前者大于后者

C. 前者小于后者

D. 可能会出现上述三种情况中的任何一种

(7) 某房地产开发商在某市开发的商品房现价为 2 000 元/平方米,某购房者拟购买一套 100 平方米的住房,但由于资金问题,向开发商提出分期付款。开发商要求首期支付 10 万元,然后分 6 年每年年末支付 3 万元。如果目前利率为 6%,则下列各项中错误的是( )。

    A. 6 年中每年年末付款 3 万元,其现值为 24.751 9 万元

    B. 6 年中每年年末付款 3 万元,其现值为 14.751 9 万元

    C. 采用一次付款方式,应支付的金额为 20 万元

    D. 一次付款优于分期付款

(8) 某项年金前 4 年没有流入,后 6 年每年年初流入 1 000 元,利率为 10%,则该项年金的现值为( )元。

    A. 2 974.7   B. 3 500.01   C. 3 020.21   D. 3 272.13

(9) 从财务角度来看,风险主要是指( )。

    A. 无法达到预期报酬的可能性   B. 生产经营风险

    C. 筹资带来的风险   D. 不可分散的市场风险

(10) 某公司股票的 β 系数为 2,无风险利率为 4%,市场上所有股票的平均报酬率为 12%,则该公司股票的必要报酬率为( )。

    A. 8%   B. 15%   C. 11%   D. 20%

(11) 下列因素引起的风险中,投资者可以通过资产组合予以消减的是( )。

    A. 宏观经济状况变化   B. 世界能源状况变化

    C. 发生经济危机   D. 被投资企业出现经营失误

(12) 已知无风险利率为 5%,市场组合的风险收益率为 10%,某项资产的 β 系数为 2,则下列说法中正确的是( )。

    A. 该资产的风险小于市场风险

    B. 该资产的风险等于市场风险

    C. 该资产的必要收益率为 15%

    D. 该资产所包含的系统风险大于市场组合的风险

(13) 在投资收益率不确定的情况下,按估计的各种可能收益率水平及其发生概率计算的加权平均数是( )。

    A. 实际投资收益率   B. 期望投资收益率

    C. 必要投资收益率   D. 无风险收益率

(14) 某企业拟进行一项存在一定风险的完整工业项目投资,有甲、乙两个方案可供选择。已知甲方案净现值的期望值为 1 000 万元,标准离差为 300 万元;乙方案净现值的期望值为 1 200 万元,标准离差为 330 万元。下列结论中正确的是( )。

    A. 甲方案优于乙方案   B. 甲方案的风险大于乙方案

    C. 甲方案的风险小于乙方案   D. 无法评价甲、乙方案的风险大小

(15) 如果某单项资产的系统风险大于整个市场组合的风险,则可以判定该项资产的 β 值( )。

    A. 等于 1   B. 小于 1   C. 大于 1   D. 等于 0

2) 多项选择题

(1) 递延年金具有的特点有( )。

A. 年金的第一次收付发生在若干期以后　B. 没有终值

C. 年金的现值与递延期无关　　　　　　D. 年金的终值与递延期无关

(2) 与长期持有、股利固定增长的股票价值呈同方向变化的因素有(　　)。

A. 预期第 1 年的股利　　　　　　　　B. 股利年增长率

C. 投资人要求的收益率　　　　　　　D. β 系数

(3) 下列各项中,属于年金形式的有(　　)。

A. 在租赁期内每期支付的等额租金

B. 在设备折旧期内每期按照直线法计提的折旧额

C. 等额分期付款

D. 零存整取的整取额

(4) 付款期为 n 期,总期数为 $(n+m)$ 期的递延年金现值计算式,以下正确的是(　　)。

A. $P=A\times(P/A,i,n)\times(P/F,i,m)$

B. $P=A\times(F/A,i,n)\times(P/F,i,m)$

C. $P=A\times[(P/A,i,m+n)-(P/A,i,m)]$

D. $P=A\times(F/A,i,n)\times(P/F,i,n+m)$

(5) 下列表述中正确的是(　　)。

A. 复利终值系数与复利现值系数互为倒数

B. 偿债基金系数是普通年金现值系数的倒数

C. 递延年金的终值与递延期无关

D. 永续年金无终值

(6) 关于投资者要求的收益率,下列说法中正确的有(　　)。

A. 风险程度越高,要求的收益率越低

B. 无风险收益率越高,要求的收益率越高

C. 无风险收益率越低,要求的收益率越高

D. 风险程度越高,要求的收益率越高

(7) 以下关于收益率的标准离差率的说法中正确的有(　　)。

A. 收益率的标准离差率是收益率的标准差与期望值之比

B. 收益率的标准离差率以绝对数衡量资产全部风险的大小

C. 收益率的标准离差率表示每单位预期收益所包含的风险

D. 收益率的标准离差率越大,资产的相对风险越大

(8) 下列公式中正确的是(　　)。

A. 风险收益率=风险价值系数×收益率的标准离差率

B. 风险收益率=风险价值系数×收益率的标准离差

C. 必要收益率=无风险收益率+风险收益率

D. 必要收益率=无风险收益率+风险价值系数×收益率的标准离差率

(9) 下列指标中,可以用来衡量投资风险的是(　　)。

A. 收益率的期望值　　　　　　　　　B. 收益率的方差

C. 收益率的标准差　　　　　　　　　D. 收益率的标准离差率

(10) 影响系统风险的因素包括(　　)。

A. 国家经济政策的变化 　　　　　B. 税制改革

C. 企业会计准则改革 　　　　　D. 政治因素

3）判断题

（1）在通货膨胀率很低的情况下，公司债券的利率可视同为资金时间价值。　（　　）

（2）在年金终值和计息期一定的条件下，折现率越高，则年金现值越大。　（　　）

（3）普通年金是指从第1期起，在一定时期内每期等额发生的系列收付款项。　（　　）

（4）一项1 000万元的借款，借款期为5年，年利率为8％，若每半年复利一次，则年实际利率会高出年名义利率0.16％。　（　　）

（5）对于多个投资方案而言，无论各方案的期望值是否相同，收益率的标准离差率最大的方案一定是风险最大的方案。　（　　）

（6）根据财务管理的理论，必要投资收益率等于期望投资收益率、无风险收益率和风险收益率之和。　（　　）

（7）证券市场线反映股票的必要收益率与β值（系统风险）之间的线性关系；而且证券市场线无论对单个证券还是投资组合都是成立的。　（　　）

（8）经营风险是指因生产经营方面的原因给企业目标带来的不利影响。　（　　）

（9）投资者对于风险的厌恶程度越高，风险价值系数越大。　（　　）

（10）当资产风险所造成的损失不能由该项目可能获得的收益予以抵消时，应当放弃该项目，以减少风险。　（　　）

4）业务题

习题一

【资料】某公司拟购置一处房产，房主提出以下3种付款方案：

（1）从现在起，每年年初支付20万元，连续支付10次，共200万元；

（2）从第5年开始，每年年末支付25万元，连续支付10次，共250万元；

（3）从第5年开始，每年年初支付24万元，连续支付10次，共240万元。

【要求】假设该公司的资金成本率（即最低报酬率）为10％，你认为该公司应选择哪个方案？

习题二

【资料】K公司原持有甲、乙、丙3种股票构成证券组合，它们的β系数分别为2.0、1.5、1.0，它们在证券组合中所占比重分别为60％、30％和10％。市场上所有股票的平均收益率为12％，无风险收益率为10％。该公司为降低风险，售出部分甲股票，买入部分丙股票，甲、乙、丙3种股票在证券组合中所占比重变为20％、30％和50％，其他因素不变。

【要求】

（1）计算原证券组合的β系数；

（2）判断原证券组合的预期收益率达到多少时，投资者才会愿意投资；

（3）判断新证券组合的预期收益率达到多少时，投资者才会愿意投资。

第3章

财务预算

本章内容提要

企业为了保证投资决策确定的最优方案在实际中得到贯彻、执行,就需要编制财务预算。首先要编制与现金预算相关的日常业务预算,如销售预算、生产预算、直接材料预算、直接人工预算、制造费用预算、产品生产成本预算和销售与管理费用预算。在编制日常业务、预算的基础上,再进一步编制现金预算、预计利润表和预计资产负债表。通过本章的学习,要求学生了解财务预算的概念、功能和编制原则;熟悉财务预算的各种编制方法;掌握财务预算的编制。

3.1 财务预算概述

3.1.1 财务预算的概念

财务预算是一系列专门反映企业未来一定预算期内预计财务状况和经营成果,以及现金收支等价值指标的各种预算的总称,具体包括现金预算、财务费用预算、预计利润表、预计利润分配表和预计资产负债表等内容①。财务预算是一系列预算构成的体系,各项预算之间相互联系,关系比较复杂,很难用一个简单的办法准确描述。下图 3-1 是一个简化了的

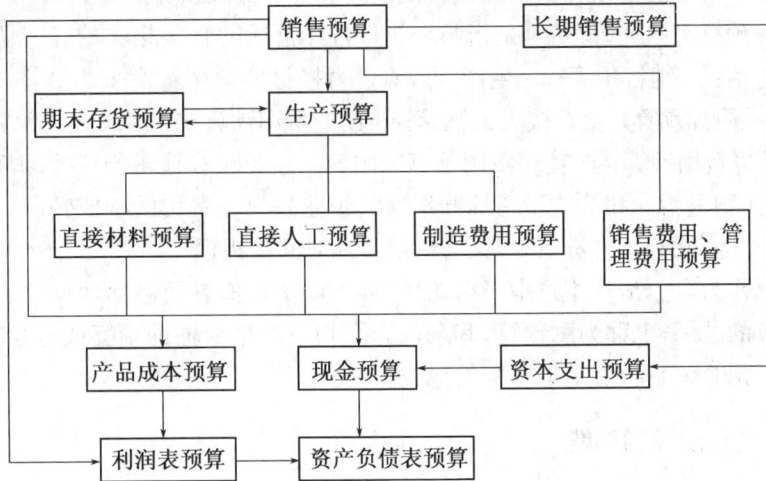

图 3-1 全面预算

---

① 财政部会计资格评价中心.财务管理.北京:中国财政经济出版社,2005

例子,反映了各预算之间的主要联系。

企业应根据长期市场预测和生产能力编制长期销售预算,以此为基础,确定本年度的销售预算,并根据企业财力确定资本支出预算。销售预算是年度预算的编制起点,根据"以销定产"的原则确定生产预算,同时确定所需要的销售费用。生产预算的编制除了要考虑计划销售量外,还要考虑现有存货和年末存货。根据生产预算来确定直接材料、直接人工和制造费用预算。产品成本预算和现金预算是有关预算的汇总。利润表预算和资产负债表预算是全部预算的综合。

全面预算是根据企业目标所编制的经营、资本、财务等年度收支计划,即以货币及其他数量形式反映的有关企业未来一段期间内全部经营活动各项目标的行动计划与相应措施的数量说明。它具体包括特种决策预算、日常业务预算与财务预算三大类内容,如图3-2所示。

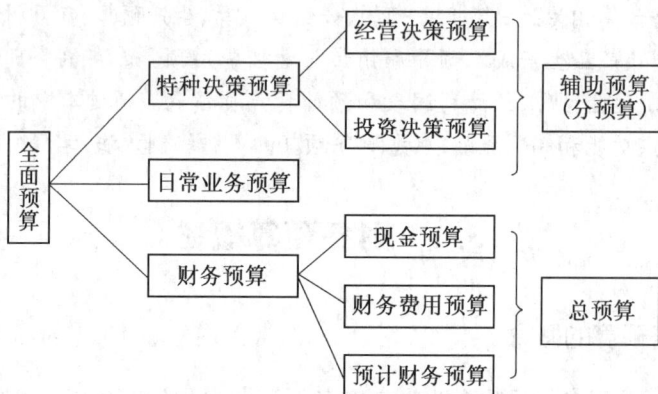

图3-2 全面预算的内容

特种决策预算又称专门决策预算,是指企业不经常发生的、需要根据特定决策临时编制的一次性预算。特种决策预算包括经营决策预算和投资决策预算两种类型。

日常业务预算又叫经营预算,是指与企业日常经营活动直接相关的经营业务的各种预算。它主要包括:① 销售预算;② 生产预算;③ 直接材料耗用量及采购预算;④ 应交增值税、销售税金及附加预算;⑤ 直接人工预算;⑥ 制造费用预算;⑦ 产品成本预算;⑧ 期末存货预算;⑨ 销售费用预算;⑩ 管理费用预算等内容。这类预算通常与企业利润表的计算相关,大多数以实物量指标和价值量指标分别反映企业收入与费用的构成情况。这些预算前后衔接,相互勾稽,既有实物量指标,又有价值量和时间量指标。

财务预算作为全面预算体系中最后的环节,可以从价值方面总括地反映经营期决策预算与业务预算的结果,也称为总预算,其余预算则相应地称为辅助预算或分预算。显然,财务预算在全面预算体系中占举足轻重的地位。

3.1.2 全面预算的功能

预算是各部门工作的目标、协调的工具、控制的标准、考核的依据。全面预算的作用表现为以下五个方面。

1) 明确目标

企业目标具有层次性和多元性,为此,必须通过预算将其分解成各级、各部门的具体目标。通过编制全面预算,使企业内部各部门和各环节都参与进来,达到经营目标的及时层层下达,经营责任的层层分解,使各级、各部门的工作目标与企业总目标协调一致。

2) 保证企业内部的协调与配合

预算运用货币度量来表达,具有高度的综合性。通过综合平衡,促进了企业内部各级、各部门之间的合作与交流,减少了相互间的冲突与矛盾。由于目标及责任的明确,避免了责任不清,造成相互推诿事件的发生,保证了内部各级、各部门之间的协调与配合。

3) 控制日常经济活动

预算的基础是计划。计划一经确定,就进入了实施阶段,管理的重心也随之转入控制过程。全面预算能促使企业的各级、各部门经理提前编制计划,当实际状况与预算指标有较大差异时,可让管理者及时查明原因并采取措施。

4) 实现资源的有效配置

以战略目标为导向,通过预算编制过程中的综合平衡,使各级、各部门之间相互协调,从而实现企业资源的最优配置。

5) 有利于绩效评估

由于全面预算是企业多方面计划的数量化和货币化的表现,因此,预算为业绩评估提供了标准,便于各部门实现量化的业绩考核和奖惩制度,也方便了对员工的激励与控制。由于经营活动有目标可循,有制度可依,从而克服了指令朝令夕改、活动随意变化的现象。

3.1.3 全面预算的编制原则

1) 过程控制原则

要求从全面系统的观点出发,全员共同参与,强调全过程控制。

2) 效率优先原则

全面预算管理应注重效率,讲求实效。

3) 量入为出原则

以收入为起点,以收定支,平衡不同需求。

4) 权责明晰原则

权责要层层分解,分级负责,落实责任,严格考核。

3.1.4 全面预算的编制程序

企业预算的编制涉及经营管理各个部门,只有执行人参与预算的编制,才能使预算成为他们自愿努力完成的目标,而不是外界强加于他们的枷锁。

企业预算的编制程序如下:

(1) 企业决策机构根据长期规划,利用某些分析工具,提出企业一定时期的总目标,并下达规划指标;

(2) 最基层成本控制人员自行草编预算,使预算能较为可靠并符合实际;

(3) 各部门汇总部门预算,并初步协调本部门预算,编制出销售、生产、财务等预算;

(4) 预算委员会审查、平衡各预算,汇总出公司的总预算;

(5) 经过总经理批准,审议机构通过或者驳回修改预算;

(6) 主要预算指标报告给董事会或上级主管单位,讨论通过或驳回修改;

(7) 批准后的预算下达给部门执行。

3.2 全面预算的编制方法

编制全面预算由不同的编制依据形成不同的编制方法,企业采用什么方法编制预算,对预算目标的实现有着至关重要的影响,从而直接影响到预算管理的效果。

3.2.1 固定预算和弹性预算

预算的编制方法按其业务量基础的数量特征不同,可分为固定预算和弹性预算两大类。

1. 固定预算

固定预算(static/fixde budget)又称静态预算,是指企业依据未来可实现的某一固定业务(如生产量、销售量)水平来编制的预算。它是一种最基本的也是在企业中应用最广泛的一种预算编制方法。

由于预算编制后相对稳定,无特殊情况一般无须修订,所以它只适用于业务量较为稳定的企业或非营利组织。

固定预算的优点是编制较为简单。其缺点表现为,一是适应性差,无论预算期内业务量水平是否发生变动,都只按事先预定的某一业务量水平作为编制预算的基础;二是可比性差,当实际业务量与编制预算所依据的某一业务量发生较大差异时,实际数与预算数之间就会因业务量基础不同而失去可比性,不利于正确地控制、考核和评价企业预算的执行情况。

【例3-1】 ABC公司预计业务量为销售100 000件产品,按此业务量给销售部门的预算费用为6 000元。如果该销售部门实际销售量达到120 000件,超出了预算业务量,固定预算下的预算费用仍为6 000元。

2. 弹性预算

1) 弹性预算的含义及优缺点

弹性预算(flexible budget)又称变动预算或滑动预算,是指在成本性态分析的基础上,依据业务量、成本和利润之间的依存关系,以预算期可预见的各种业务量水平为基础,编制能够适应多种情况的一种预算方法。因该方法的数据不是只适应一个业务量水平,而是能随业务量的变动做相应调整的一种预算,具有伸缩性,故又称之为变动预算。

与固定预算相比,弹性预算的优点明显,一是预算范围宽,能反映预算期内多种业务量水平相对应的不同预算额,预算的适应范围增大,便于预算指标的调整;二是可比性强,如预算期实际业务量与计划业务量不一致,可将实际指标与实际业务量相应的预算额进行对比,使得预算执行情况的评价与考核更加现实和可比,更好地发挥预算的控制作用。

2) 弹性预算的编制步骤

(1) 确定业务量。选择和确定与预算内容相关的业务量单位。例如,生产单一产品的部门,可选择商品实物量;生产多种产品的部门,可选择人工工时、机器工时等;修理部门可选用修理工时等;以手工操作为主的企业宜选用人工工时;机器化程度较高的企业以选用机器工时为佳。

（2）确定业务量范围。业务量变动范围是指弹性预算所适用的业务量区间，选择时应根据企业具体情况而定。一般来讲，可定在正常生产能力的 70%～110% 之间，或以历史最高业务量或最低业务量为其上、下限。业务量的间隔可定为 5%～10%。

（3）计算和确定各经济变量。弹性预算的预计内容可以是相关范围内可能达到的各种经营活动的业务量。例如，企业的成本可分为固定成本和变动成本两大类，业务量变动后，只有变动成本随之变动，而固定成本始终不变。这样，在编制弹性预算时，只要将全部成本中的变动成本部分按业务量的变动加以调整即可。

（4）编制弹性预算。计算各种业务量的财务预算数额。

3）弹性预算的编制方法

弹性预算的编制方法通常采用列表法和公式法。

（1）公式法。公式法是指通过确定成本公式 $y=a+bx$ 来近似地表示，只要在预算中列出 a（固定成本）和 b（变动成本），便可随时利用公式计算任意业务量（x）的预算成本（y）。

【例 3-2】 ABC 公司按公式法编制的制造费用弹性预算如表 3-1 所示。其中较大的混合成本项目已经被分解。

表 3-1 ABC 公司预算期制造费用弹性预算（公式法）

直接人工工时变动范围：70 000～120 000 小时　　　　　　　　　　　　　　元

项目	a	b
管理人员工资	20 000	—
保险费	4 000	—
设备租金	9 000	—
维修费	5 000	0.3
水电费	600	0.2
辅助材料	3 000	0.4
辅助工工资	—	0.45
检验员工资	—	0.35
合　计	41 600	1.7

根据表 3-1，可利用 $y=41\,600+1.7x$ 计算出人工工时在 70 000～120 000 小时的范围内，任一业务量基础上的制造费用预算总额；也可以计算出在该人工工时变动范围内，任一业务量的制造费用中某一费用的预算额。例如，水电费 $y=600+0.2x$，辅助工工资 $y=0.45x$。

这种方法的优点是在一定范围内不受业务量波动影响，编制预算的工作量较小；其缺点是在进行预算控制和考核时，不能直接查出特定业务量下的总成本预算额，而且按细目分解成本比较麻烦，同时又有一定误差。

实际工作中可以将公式法与列表法结合起来应用。

（2）列表法。列表法是指在确定的业务量范围内，划分出若干个不同的水平，分别计算各项预算数额,然后汇总到一个预算表格中的方法。以下是列表法编制弹性预算的应用。

【例3-3】 ABC公司按列表法编制的制造费用弹性预算如表3-2所示。

表3-2 ABC公司预算期制造费用弹性预算(列表法)　　　　　　元

项　目	变动范围					
直接人工工时	70 000	80 000	90 000	100 000	110 000	120 000
生产能力利用	70%	80%	90%	100%	110%	120%
1. 变动成本项目	56 000	64 000	72 000	80 000	88 000	96 000
辅助工人工资	31 500	36 000	40 500	45 000	49 500	54 000
检验员工资	24 500	28 000	31 500	35 000	38 500	42 000
2. 混合成本项目	71 600	80 600	89 600	98 600	107 600	116 600
维修费	26 000	29 000	32 000	35 000	38 000	41 000
水电费	14 600	16 600	18 600	20 600	22 600	24 600
辅助材料	31 000	35 000	39 000	43 000	47 000	51 000
3. 固定成本项目	33 000	33 000	33 000	33 000	33 000	33 000
管理人员工资	20 000	20 000	20 000	20 000	20 000	20 000
保险费	4 000	4 000	4 000	4 000	4 000	4 000
设备租金	9 000	9 000	9 000	9 000	9 000	9 000
制造费用预算	160 600	177 600	194 600	211 600	228 600	245 600

上表3-2中的业务量间距为10%,在实际工作中可选择更小的间距(如5%,读者可以自行计算)。显然业务量间距越小,实际业务量水平出现在预算表中的可能性就越大,但工作量也就越大。

4)弹性利润预算的编制

弹性利润预算是根据成本、业务量和利润之间的依存关系,为适应多种业务量变化而编制的利润预算。弹性利润预算是以弹性成本预算为基础编制的,其主要内容包括销售量、价格、单位变动成本、边际贡献和固定成本。

编制弹性利润预算,可以选择因素法和百分比法两种方法。

(1)因素法。该法是指根据受业务量变动影响的有关收入、成本等因素与利润的关系,列表反映在不同业务量条件下的利润水平的预算方法。

【例3-4】 预计ABC公司预算年度某产品的销售量在7 000～12 000件之间变动;销售单价为100元;单位变动成本为86元;固定成本总额为70 000元。

要求:根据上述资料以1 000件为销售量的间隔单位编制该产品的弹性利润预算。

解:依题意编制的弹性利润预算如表3-3所示。

表 3-3 ABC 公司弹性利润预算 元

项目	变动范围					
销售量/件	7 000	8 000	9 000	10 000	11 000	12 000
单 价	100	100	100	100	100	100
单位变动成本	86	86	86	86	86	86
销售收入	700 000	800 000	900 000	1 000 000	1 100 000	1 200 000
减:变动成本	602 000	688 000	774 000	860 000	946 000	1 032 000
边际贡献	98 000	112 000	126 000	140 000	154 000	168 000
减:固定成本	70 000	70 000	70 000	70 000	70 000	70 000
营业利润	28 000	42 000	56 000	70 000	84 000	98 000

如果销售价格、单位变动成本、固定成本发生变动,也可参照此方法,分别编制在不同销售价格、不同单位变动成本、不同固定成本水平下的弹性利润预算,从而形成一个完整的弹性利润体系。这种方法适用于单一品种经营或采用分算法处理固定成本的多品种经营的企业。

(2) 百分比法。该法又称销售额百分比法,是指按不同销售额的百分比来编制弹性利润预算的方法。一般来说,许多企业都经营多个品种,在实际工作中分品种逐一编制弹性利润预算是不现实的。这就要求用一种综合的方法——销售百分比法对全部经营商品或按商品大类编制弹性利润预算。

【例 3-5】 ABC 公司预算年度的销售业务量达到 100% 时的销售收入为 1 000 000 元,变动成本为 860 000 元,固定成本为 70 000 元。

要求:根据上述资料以 10% 的间隔为 ABC 公司按百分比法编制弹性利润预算。

解:根据题意编制的弹性利润预算如表 3-4 所示。

表 3-4 ABC 公司弹性利润预算 元

项 目	变动范围				
销售收入百分比①	80%	90%	100%	110%	120%
销售收入②=1 000 000×①	800 000	900 000	1 000 000	1 100 000	1 200 000
变动成本③=860 000×①	688 000	774 000	860 000	946 000	1 032 000
边际贡献④=②-③	112 000	126 000	140 000	154 000	168 000
固定成本⑤	70 000	70 000	70 000	70 000	70 000
营业利润⑥=④-⑤	42 000	56 000	70 000	84 000	98 000

应用百分比法的前提条件是销售收入必须在相关范围内变动,即销售收入的变化不会影响企业的成本水平(单位变动成本和固定成本总额)。此法主要适用于多品种经营的企业。

3.2.2 增量预算和零基预算

预算按其编制出发点的特征不同,可分为增量预算与零基预算。

1. 增量预算

增量预算(incremental budegt)又称调整预算,是指以基期成本费用水平为基础,结合预算期业务量水平及有关影响成本因素的未来变动情况,通过调整有关原有费用项目而编制预算的方法,是一种传统的成本费用预算编制方法。

传统的预算编制方法基本上采用的是增量预算方法,即以基期的实际预算为基础,对预算值进行增减调整。增量预算的编制源于以下假定,具体如表3-5所示。

表3-5 增量预算的假定

假定条件	相关说明
1. 现有的业务活动是企业所必需的	只有保留企业现有的每项业务活动,才能使企业的经营过程得到正常发展
2. 原有的各项开支都是合理的	既然现有的业务活动是必需的,那么原有的各项费用开支就一定是合理的,必须予以保留
3. 增加费用预算是值得的	未来预算期的费用变动是在现有费用的基础上调整的结果

【例3-6】 ABC公司上年的制造费用为60 000元,考虑到本年生产任务增加10%,按增量预算编制计划年度的制造费用。

解:计划年度制造费用预算=60 000×(1+10%)=66 000(元)

该方法的优点是编制方法简单、工作量小。其缺点一是以历史水平为基础,加以简单的修修补补,势必沿袭原有的不合理费用水平,造成预算上的浪费;二是容易鼓励预算编制人主观臆断,对预算项目不加改进,或只增不减,或平均削减,不利于调动部门降低成本费用的积极性;三是一些对企业未来发展有利,确需的支出可能未列入预算或预算不足,势必阻碍企业的长远发展。

2. 零基预算

1)零基预算的含义及优缺点

零基预算(zero-base budget)的全称为"以零为基础编制计划和预算的方法",简称零基预算,又称零底预算,是指在编制成本费用预算时,不考虑以往会计期间所发生的费用项目或费用数额,而是将所有的预算支出均以零为出发点,一切从实际需要与可能出发,逐项审议预算期内各项费用的内容及开支标准是否合理,在综合平衡的基础上编制费用预算的一种方法。

零基预算打破了传统的编制预算观念,不再以历史资料为基础进行调整,而是一切以零为基础。编制预算时,首先要确定各个费用项目是否应该存在,然后按项目的轻重缓急安排企业的费用预算。

零基预算的优点是:① 不受已有费用项目和开支水平的限制;② 能够调动各方面降低费用的积极性,可以充分发挥各级管理人员的主动性和创造性,促进各预算部门精打细算,量力而行,合理使用资金,提高资金的利用效果;③ 有助于企业面向未来发展考虑预算问题。

零基预算的缺点在于,这种方法一切从零出发,需要对企业现状和市场进行大量的调查研究,对现有资金使用效果和投入产出关系进行定量分析等,这势必耗费大量的人力、物力和财力,所需时间和所付代价较高。另外,费用项目成本效益的计算也缺乏客观依据。

零基预算特别适用于产出较难辨认的服务性部门费用预算的编制。

2)零基预算的编制程序

(1)确定预算单位。通常由高层管理者来确定哪一级机构部门或项目为预算单位。

(2)提出相应费用预算方案。预算单位针对企业在预算年度的总体目标及由此确定的各预算单位的具体目标和业务活动水平,提出相应的费用预算方案,并说明每一项费用开支的理由和数额。

(3)进行成本效益分析。按成本—效益分析方法,比较每一项费用及相应的效益,评价每项费用开支计划的重要程度,区分不可避免成本和可延缓成本。

(4)决定预算项目资金分配方案。将预算期可动用的资金在预算单位内各项目之间进行分配,对不可避免的成本项目优先安排资金,对可延缓的成本项目根据可动用资金情况,按轻重缓急、收益大小分配资金。

(5)编制明细费用预算。预算单位经协调后具体规定有关指标,逐项下达费用预算。

【例3-7】 ABC公司为深入开展双增双节运动,降低费用开支水平,拟对历年来超支严重的业务招待费、劳动保护费、办公费、广告费、保险费等间接费用项目按照零基预算方法编制预算。

解:经多次讨论研究,预算编制人员确定上述费用在预算年度的开支水平如下表3-6所示。

表3-6 ABC公司预计费用项目及开支金额　　　　　　　　　　　元

费用项目	开支金额
1. 业务招待费	180 000
2. 劳动保护费	150 000
3. 办公费	100 000
4. 广告费	300 000
5. 保险费	120 000
合　计	850 000

经过充分论证,得出以下结论:上述费用中除业务招待费和广告费以外都不能再压缩了,必须得到全额保证。

根据历史资料对业务招待费和广告费进行成本—效益分析,得到以下数据,如表3-7所示。

表3-7 ABC公司成本—效益分析表

成本项目	成本金额	收益金额
业务招待费	1	4
广告费	1	6

然后,权衡上述各项费用开支的轻重缓急排出以下层次和顺序:

因为劳动保护费、办公费和保险费在预算期必不可少,需要全额得到保证,属于不可避免的约束性固定成本,故应列为第一层次。

因为业务招待费和广告费可根据预算期间企业财力情况酌情增减,属于可避免项目;其中广告费的成本—效益较大,应列为第二层次;业务招待费的成本—效益相对较小,应列为第三层次。

假定该公司预算年度对上述各项费用可动用的财力资源只有 800 000 元,根据以上排列的层次和顺序分配资源,最终落实的预算金额如下:

(1) 确定不可避免项目的预算金额 = 150 000 + 100 000 + 120 000 = 370 000(元)

(2) 确定可分配的资金数额 = 800 000 - 370 000 = 430 000(元)

(3) 按成本—效益比重将可分配的资金数额在业务招待费和广告费之间进行如下分配:

$$业务招待费可分配的资金 = 430\,000 \times \frac{4}{4+6} = 172\,000(元)$$

$$广告费可分配的资金 = 430\,000 \times \frac{6}{4+6} = 258\,000(元)$$

在实际工作中,某些成本项目的成本—效益关系不容易确定,按零基预算方法编制预算时不能机械地平均分配资金,而应根据企业的实际情况有重点、有选择地确定预算项目,保证重点项目的资金需要。

3.2.3 定期预算和滚动预算

预算按时间特征不同,可以分为定期预算和滚动预算。

1. 定期预算

1) 定期预算的概念

定期预算(regular budget)是指在编制预算时以不变的会计期间(如日历年度)作为预算期的一种编制预算的方法。

2) 定期预算的优缺点

定期预算的唯一优点是能够使预算期间与会计年度相配合,便于考核和评价预算的执行结果。

定期预算一般在年度的前两三个月编制,由于跨期较长,对计划期的情况掌握得不够准确,主要缺陷表现在以下三个方面:① 远期指导性差;② 灵活性差;③ 连续性差。

2. 滚动预算

1) 滚动预算的概念

滚动预算(continuous budget)又称连续预算或永续预算,是指在编制预算时将预算期与会计年度脱离,随着预算的执行不断延伸补充预算,逐期向后滚动,使预算期永远保持为一个固定期间的一种预算编制方法。

滚动预算在具体操作时,可按月、按季或混合滚动,混合滚动根据人们对未来的了解程度具有对近期的预计把握较大、对远期的预计把握较小的特征,不但可做到长计划短安排、远略近详,且可减少预算工作量。

2) 滚动预算的方式及特征

滚动预算按其预算编制和滚动的时间单位不同,可分为逐月滚动、逐季滚动和混合滚动三种方式。在实际工作中,采用哪一种滚动预算方式应视企业的实际需要而定。滚动预算的主要内容如表 3-8 所示。

表 3-8 滚动预算的编制及其特征

方式	定义	具体评价	特征举例说明
逐月滚动方式	指在预算编制过程中,以月份为预算的编制和滚动单位,每个月调整一次预算的方法	按照逐月滚动方式编制的预算比较精确,但工作量太大	在 2019 年 1—12 月的预算执行过程中,需要在 1 月月末根据当月预算执行情况,修订 2—12 月的预算,同时补充 2020 年 1 月份的预算;到 2 月月末,根据当月预算的执行情况,修订 3 月至 20×6 年 1 月的预算,同时补充 20×6 年 2 月份的预算;以此类推
逐季滚动方式	指在预算编制过程中,以季度为预算的编制和滚动单位,每个季度调整一次预算的方法	逐季滚动编制的预算比逐月滚动编制的工作量小,但预算精确度较差	在 2019 年第一季度至第四季度的预算执行过程中,需要在第一季度末根据当季预算执行情况,修订第二季度至第四季度的预算,同时补充 2020 年第一季度的预算,第二季度末根据当季预算执行情况,修订第三季度至 2020 年第一季度的预算,同时补充 2020 年第二季度的预算;以此类推
混合滚动方式	指在预算编制过程中,同时使用月份和季度作为预算的编制和变动单位的方法。它是波动预算的一种变通方式。这种预算方法的理论依据是,人们对未来的把握程度不同,对近期的预计把握较大,对远期的预计把握较小	为了做到长计划短安排、远略近详,在预算编制过程中可以对近期预算提出较高的精度要求,使预算的内容相对详细;对远期预算提出较低的精度要求,使预算的内容相对简单,这样可以减少预算工作量	对 2019 年 1 月至 3 月的前 3 个月编制详细预算,其余 4—12 月分别按季度编制粗略预算;3 月月末根据第一季度预算的执行情况,编制 4—6 月的详细预算,并修订第三季度至第四季度的预算,同时补充 2020 年第一季度的预算;以此类推

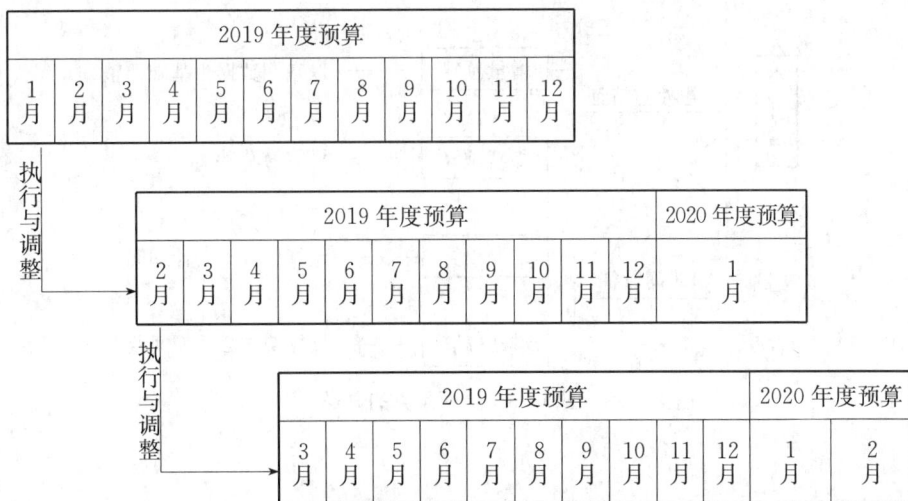

图 3-3 逐月滚动预算方式

2019 年度预算			
第一季度	第二季度	第三季度	第四季度
1月 2月 3月	预算总数	预算总数	预算总数

执行与调整

2019 年度预算			2020 年度预算
第二季度	第三季度	第四季度	第一季度
4月 5月 6月	预算总数	预算总数	预算总数

执行与调整

2019 年度预算		2020 年度预算	
第三季度	第四季度	第一季度	第二季度
7月 8月 9月	预算总数	预算总数	预算总数

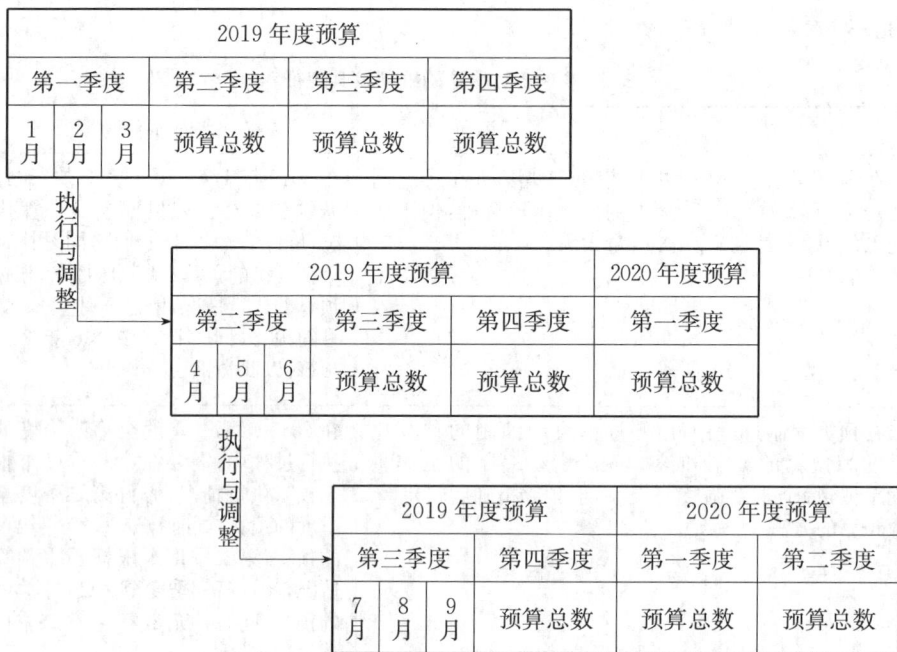

图 3-4　混合滚动预算方式

3）滚动预算方法的优缺点

与传统的定期预算方法相比,按滚动预算方法编制的预算具有的优点是:① 透明度高;② 及时性强;③ 连续性好;④ 完整性和稳定性突出。其缺点是预算工作量大。

全面预算的分类如图 3-5 所示。

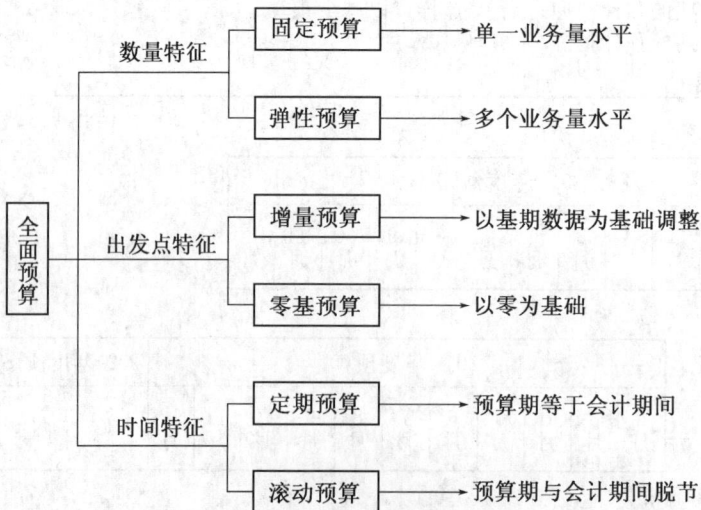

图 3-5　全面预算的分类

3.3 财务预算的编制案例

企业编制预算期间,往往因预算种类的不同而各有所异。一般来说,在年度预算下,日常业务预算和专门决策预算应按季分月编制;资本支出预算应首先按每一投资项目分别编制,并在各项目的寿命周期内分年度安排,然后在编制整个企业计划年度财务预算时,再把属于该计划年度的资本支出预算进一步细分为按季或按月编制的预算;现金预算应根据企业的具体需要按月、按周、按天编制;预计财务报表应按季编制。为方便理解,本节以 ABC 公司 2019 年全面预算为例展开,例 3-8 到例 3-24 中涉及的计算数据,包括图表数据,均为精确计算后四舍五入的结果,而非按照四舍五入的值继续计算的结果。

3.3.1 现金预算的编制

1. 现金预算的概念

现金预算也称现金收支预算,是以日常业务预算和特种决策预算为基础所编制的反映现金收支情况的预算。它反映现金收入、现金支出、现金收支差额、现金筹措及使用情况,以及期初、期末的现金余额,主要包括现金收入、现金支出、现金余缺和现金融通四个部分。

现金收入包括预算期间的期初现金余额加上本期预计可能发生的现金收入,其主要来源是销售收入和应收账款的回收,可以从销售预算中获得相关资料。现金支出包括预算期间预计可能发生的一切现金支出,包括各项经营性现金支出,用于缴纳税费、股利分配的支出,购买设备等资本性支出,可以从直接材料、直接人工、制造费用、销售费用、管理费用、专门决策预算等费用中获取有关资料。现金余缺是将现金收入总额与现金支出总额相抵,如果收入大于支出即出现剩余;如果收入小于支出则出现短缺。现金融通是指当出现现金剩余时,企业可用它来归还以前的借款或进行短期投资;当出现现金短缺时,企业应向银行或其他单位借款、发行债券、股票等。企业不仅要定期筹措到抵补收支差额的现金,还必须保证有一定的现金储备,应注意保持期末现金余额在合理的上下限度内波动。

2. 现金预算编制举例

为了说明现金预算编制的依据,下面先简要介绍一部分日常业务预算和特种决策预算的编制方法。

1)销售预算

销售预算是指为规划一定预算期内因组织销售活动而引起的预计销售收入而编制的一种日常业务预算。

销售预算需要在销售预测的基础上,根据企业年度目标利润确定的预计销售量和销售价格等参数进行编制。其编制程序如下:

(1)计算该产品的预计销售收入。

(2)预计预算期所有产品的预计销售总额。

(3)预计在预算期发生的与销售收入相关的增值税销项税额。

(4)预计预算期含税销售收入。

为了便于编制财务预算,应在编制销售预算的同时,编制与销售收入有关的经营现金收入预算表,以反映全年及各季销售所得的现销含税收入和回收前期应收账款的现金收入。

【例 3 - 8】 ABC 公司生产经营甲、乙两种产品,2019 年年初应收账款数据和各季度预测的销售价格和销售数量等资料如表 3 - 9 所示。

表 3 - 9 2019 年度 ABC 公司的预计销售单价、预计销售量和其他资料 元

季　度		一	二	三	四	年初应收账款	增值税率	收现率/%	
								首期	二期
甲产品	销售单价/(元/件)	91	91	91	98	26 600	13%	60	40
	预计销售量/件	1 120	1 400	1 680	1 400				
乙产品	销售单价/(元/件)	112	112	112	105	16 800			
	预计销售量/件	700	1 120	1 400	1 680				

资料显示,到第四季度甲、乙两种产品的单价都比前 3 个季度有所变动;每种产品每季的销售中有 60% 能于当季收到现金,其余 40% 要到下季收讫。

要求: 为 ABC 公司编制 2019 年度的销售预算和经营现金收入预算表(计算结果保留整数)。

解: 编制该公司的销售预算和经营现金收入预算表分别如表 3 - 10 和表 3 - 11 所示。

表 3 - 10 2019 年度 ABC 公司的销售预算 元

项目　　季度		一	二	三	四	全　年
销售单价/(元/件)	甲产品	91	91	91	98	93
	乙产品	112	112	112	105	110
预计销售量/件	甲产品	1 120	1 400	1 680	1 400	5 600
	乙产品	700	1 120	1 400	1 680	4 900
预计销售收入	甲产品	101 920	127 400	152 880	137 200	519 400
	乙产品	78 400	125 440	156 800	176 400	537 040
	合　计	180 320	252 840	309 680	313 600	1 056 440
增值税销项税额		23 442	32 869	40 258	40 768	137 337
含税销售收入		203 762	285 709	349 938	354 368	1 193 777

表 3 - 11 2019 年度 ABC 公司的经营现金收入预算 元

季　度	1	2	3	4	全　年	资料来源
含税销售收入	203 762	285 709	349 938	354 368	1 193 777	见表 3 - 10
期初应收账款	43 400				43 400	见表 3 - 9

（续表）

季　度	1	2	3	4	全　年	资料来源
第一季度经营现金收入	122 257	81 505			203 762	年末应收账款余额141 747
第二季度经营现金收入		171 426	114 284		285 709	
第三季度经营现金收入			209 963	139 975	349 938	
第四季度经营现金收入				212 621	212 621	
经营现金收入合计	165 657	252 930	324 247	352 596	1 095 430	

根据表 3-11 中的数据还可以很方便地计算出 ABC 公司年末应收账款的余额。其计算公式如下：

预算期末应收账款余额＝预算期初应收账款余额＋该期含税销售收入－本期经营现金收入

年末应收账款余额＝434 00＋1 193 777－1 095 430＝141 747(元)

或：

年末应收账款余额＝354 368×40％＝141 747(元)

2）生产预算

生产预算是指为规划一定预算期内预计生产量水平而编制的一种日常业务预算。

该预算是所有日常业务预算中唯一只使用实物量计量单位的预算，可以为进一步编制有关成本和费用预算提供实物量数据。

生产预算需要根据预计的销售量按品种分别编制。由于企业的生产和销售不能做到同步同量，必须设置一定的存货，以保证均衡生产，因此预算期间除必须备有充足的产品以供销售外，还应考虑预计期初存货和预计期末存货等因素。其计算公式如下：

某种产品预计生产量＝预计销售量＋预计期末存货量－预计期初存货量

式中，预计销售量可在销售预算中找到；预计期初存货量等于上季期末存货量；预计期末存货量应根据长期销售趋势来确定，在实践中一般是按事先估计的期末存货量占下期销售量的比例进行估算。

编制预算时，应注意保持生产量、销售量、存货量之间合理的比例关系，以避免储备不足、产销脱节等。

【例 3-9】　ABC 公司甲、乙两种产品 2019 年度期初的实际存货量和年末的预计存货量等资料如表 3-12 所示。

表 3-12　2019 年度 ABC 公司的存货资料　　　　　　　　　　　　　件

品　种	年初产成品存货量	年末产成品存货量	年初在产品存货量	年末在产品存货量	预计期末产成品占下期销量的百分比	年初产成品成本/元	
						单位额	总额
甲产品	112	168	0	0	10％	56	6 272
乙产品	70	182	0	0	10％	87	6 090

要求：为 ABC 公司编制 2019 年度的生产预算。

解：编制该公司的生产预算如表 3-13 所示。

表 3 – 13　2019 年度 ABC 公司的生产预算　　　　　　　件

项目＼季度		一	二	三	四	全年	资料来源
甲产品	预计销售量(销售预算)	1 120	1 400	1 680	1 400	5 600	见表 3 – 10
	加:预计期末存货量	140	168	140	168	168	见表 3 – 12
	减:期初存货量	112	140	168	140	112	见表 3 – 12
	预计生产量	1 148	1 428	1 652	1 428	5 656	
乙产品	预计销售量(销售预算)	700	1 120	1 400	1 680	4 900	见表 3 – 10
	加:预计期末存货量	112	140	168	182	182	见表 3 – 12
	减:期初存货量	70	112	140	168	70	见表 3 – 12
	预计生产量	742	1 148	1 428	1 694	5 012	

3) 直接材料预算

直接材料预算是指为规划一定预算期内因组织生产活动和材料采购活动预计发生的直接材料需用量、采购数量和采购成本而编制的一种经营预算。

直接材料预算以生产预算、材料消耗定额和预计材料采购单价等信息为基础,并考虑期初、期末材料存货水平。

这种预算的编制程序如下:

(1) 按每种产品分别计算各种材料的预计消耗量,其计算公式为:

$$某产品预计消耗某种材料数量 = 该产品预计生产量 \times 该产品耗用该种材料的消耗定额$$

(2) 将各种产品预计消耗某种材料数量相加,计算该种材料预计总消耗量。

(3) 计算该种材料预计采购量,其计算公式为:

某种材料预计采购量＝该种材料总耗用量＋该种材料期末存货量－该种材料期初存货量

(4) 计算某种材料预计采购成本,其计算公式为:

$$某种材料预计采购成本 = 该种材料单价 \times 该种材料预计采购量$$

(5) 将各种材料预计采购成本相加,计算预算期直接材料采购成本。

【例 3 – 10】　ABC 公司甲、乙两种产品 2019 年度需用的各种材料消耗定额及其采购单价资料如表 3 – 14 所示;各种材料年初和年末的存货量,以及有关账户余额等资料如表 3 – 15 所示。

表 3 – 14　2019 年度 ABC 公司的材料消耗定额及采购单价资料

项目＼季度		一	二	三	四
甲产品材料消耗定额/千克	A 材料	3	3	3	4
	B 材料	2	2	2	2

(续表)

项目＼季度		一	二	三	四
乙产品材料消耗定额/千克	A 材料	5	5	5	4.5
	C 材料	2	2	2	2
材料采购单价/(元/千克)	A 材料	5.6	5.6	5.6	5.6
	B 材料	7	7	7	7
	C 材料	8.4	8.4	8.4	8.4
	D 材料				14

表 3-15 2019 年度 ABC 公司的材料存货量与其他资料 元

材料名称	年初存货量/千克	年末存货量/千克	预计期末存货量占下期需用量的百分比/%	增值税率	年初余额		付现率/%	
					应付账款	库存材料	首期	二期
A 材料	2 100	2 520	20					
B 材料	672	1 008	30					
C 材料	420	700	30	13%	20 160	19 992	60	40
D 材料	0	1 400	为下一年度开发丙产品做准备,于第四季度购买					

资料显示,到第四季度甲、乙两种产品消耗 A 材料的定额都将做相应调整。企业每季采购金额中,有 60% 于当季支付现金,其余 40% 要到下季付讫。

要求:为 ABC 公司编制 2019 年度的直接材料需用量预算、采购预算和材料采购现金支出预算(计算结果保留整数)。

解:编制该公司的直接材料需用量预算、采购预算和直接材料采购现金支出预算分别如表 3-16、表 3-17 和表 3-18 所示。

表 3-16 2019 年度 ABC 公司的直接材料需用量预算 千克

项目＼季度			一	二	三	四	全 年	资料来源
甲产品	材料单耗/(千克/件)	A 材料	3	3	3	4	3.25	见表 3-14
		B 材料	2	2	2	2	2.00	见表 3-14
	预计生产量/件		1 148	1 428	1 652	1 428	5 656	见表 3-13
	预计生产需用量	A 材料	3 444	4 284	4 956	5 712	18 396	
		B 材料	2 296	2 856	3 304	2 856	11 312	
乙产品	材料单耗/(千克/件)	A 材料	5	5	5	4.5	4.83	见表 3-14
		C 材料	2	2	2	2	2.00	见表 3-14
	预计生产量/件		742	1 148	1 428	1 694	5 012	见表 3-13
	预计生产需用量	A 材料	3 710	5 740	7 140	7 623	24 213	
		C 材料	1 484	2 296	2 856	3 388	10 024	

表 3-17　2019 年度 ABC 公司的直接材料采购预算　　　　　　元

项目	季度	一	二	三	四	全年	资料来源
A材料	材料采购单价(不含税)/(元/千克)	5.6	5.6	5.6	5.6	5.60	见表 3-14
	甲产品需用量/千克	3 444	4 284	4 956	5 712	18 396	见表 3-16
	乙产品需用量/千克	3 710	5 740	7 140	7 623	24 213	见表 3-16
	材料总需用量/千克	7 154	10 024	12 096	13 335	42 609	
	加:期末材料存量	2 005	2 419	2 667	2 520	2 520	见表 3-15
	减:期初材料存量	2 100	2 005	2 419	2 667	2 100	见表 3-15
	本期采购量/千克	7 059	10 438	12 344	13 188	43 029	
	材料采购成本(不含税)	39 529	58 455	69 125	73 853	240 962	材料采购单价×本期采购量
B材料	材料采购单价(不含税)/(元/千克)	7	7	7	7	7.00	见表 3-14
	甲产品需用量/千克	2 296	2 856	3 304	2 856	11 312	见表 3-16
	乙产品需用量/千克	0	0	0	0	0	见表 3-16
	材料总需用量/千克	2 296	2 856	3 304	2 856	11 312	
	加:期末材料存量/千克	857	991	857	1 008	1 008	见表 3-15
	减:期初材料存量/千克	672	857	991	857	672	见表 3-15
	本期采购量/千克	2 481	2 990	3 170	3 007	11 648	
	材料采购成本(不含税)	17 366	20 933	22 187	21 050	81 536	材料采购单价×本期采购量
C材料	材料采购单价(不含税)/(元/千克)	8.4	8.4	8.4	8.4	8.40	见表 3-14
	甲产品需用量/千克	0	0	0	0	0	见表 3-16
	乙产品需用量/千克	1 484	2 296	2 856	3 388	10 024	见表 3-16
	材料总需用量/千克	1 484	2 296	2 856	3 388	10 024	
	加:期末材料存量/千克	689	857	1 016	700	700	见表 3-15
	减:期初材料存量/千克	420	689	857	1 016	420	见表 3-15
	本期采购量/千克	1 753	2 464	3 016	3 072	10 304	
	材料采购成本(不含税)	14 724	20 698	25 331	25 801	86 554	材料采购单价×本期采购量

（续表）

项　目 ＼ 季　度		一	二	三	四	全　年	资料来源
D 材 料	材料采购单价（不含税）/（元/千克）				14	14.00	见表 3-14
	本期采购量/千克				1 400	1400	见表 3-15
	材料采购成本（不含税）	0	0	0	19 600	19 600	材料采购单价×本期采购量
预计材料采购成本（不含税）合计		71 618	100 085	116 644	140 305	428 652	
增值税进项税额		9 310	13 011	15 164	18 240	55 725	
预计采购金额合计		80 929	113 097	131 807	158 544	484 377	

表 3-18　2019 年度 ABC 公司的直接材料采购现金支出预算　　　　　　　　　　　元

季　度	1	2	3	4	全　年	资料来源
预计采购金额合计	80 929	113 097	131 807	158 544	484 377	见表 3-17
期初应付账款	20 160				20 160	见表 3-15
第 1 季度采购现金支出	48 557	32 372			80 929	年末应付账款余额 63 417
第 2 季度采购现金支出		67 858	45 239		113 097	
第 3 季度采购现金支出			79 084	52 723	131 807	
第 4 季度采购现金支出				95 127	95 127	
现金支出合计	68 717	100 229	124 323	147 849	441 119	

根据表 3-17 中的数据还可以很方便地计算出 ABC 公司年末应付账款的余额。其计算公式如下：

预算期末应付账款余额＝预算期初应付账款余额＋该期预计采购金额－某预算期采购现金支出

年末应付账款金额＝20 160＋484 377－441 119≈63 417（元）

或：

年末应付账款余额＝158 544×40％＝63 417（元）

或：

年末应付账款余额＝158 544－95 127＝63 417（元）

4）应交税金及附加预算

应交税金及附加预算是指为规划一定预算期内预计发生的应交增值税、消费税、资源税、城市维护建设税和教育费附加的金额而编制的一种经营预算。

本预算中不包括预缴所得税和印花税。为简化预算方法，可假定预算期发生的各项应交税金及附加均于当期以现金形式支付。

应交税金及附加预算需要根据销售预算、材料采购预算的相关数据及适用税率资料来编制,有关指标的计算公式如下:

$$\text{某期预计发生的应交税金及附加} = \text{某期预计发生的税金及附加} + \text{该期预计应交增值税}$$

式中,某期预计发生的税金及附加＝该期预计应交消费税＋该期预计应交资源税＋该期预计应交城市维护建设税＋该期预计应交教育费附加。预计应交消费税等于应纳税额与适用税率的乘积,应交资源税按照应税产品的课税数量和规定的单位税额计算;应交城市维护建设税和应交教育费附加分别等于预计应交消费税和增值税之和与适用附加税率或征收率的乘积。

【例3-11】 某公司2019年的预计销售收入为1 400万元,适用的消费税税率为8%,应交增值税税额为80万元,城市维护建设税税率为7%,教育费附加的征收率为3%。

要求:根据上述资料测算该企业2019年预计的税金及附加。

解:该企业预计消费税＝1 400×8%＝112(万元)

该企业预计城市维护建设税＝(112+80)×7%＝13.44(万元)

该企业预计教育费附加＝(112+80)×3%＝5.76(万元)

该企业预计税金及附加＝112+13.44+5.76＝131.2(万元)

【例3-12】 ABC公司2019年各季度预计的增值税销项税额和进项税额资料分别如表3-10和表3-17所示;该企业流通环节只交纳增值税,并于实现销售的当期(每季度)用现金完税;附加费税率为10%。

要求:为ABC公司编制2019年度的应交税金及附加预算(计算结果保留整数)。

解:编制该公司的应交税金及附加预算如表3-19所示。

表3-19 2019年度ABC公司的应交税金及附加预算　　　　　　　　元

项目＼季度	一	二	三	四	全 年	资料来源
增值税销项税额	23 442	32 869	40 258	40 768	137 337	见表3-10
增值税进项税额	9 310	13 011	15 164	18 240	55 725	见表3-17
应交增值税	14 131	19 858	25 095	22 528	81 612	销项—进项
税金及附加	1 413	1 986	2 509	2 253	8 161	应交增值税×附加税费率
现金支出合计	15 544	21 844	27 604	24 781	89 774	

5) 直接人工预算

直接人工预算是指为规划一定预算期内人工工时的消耗水平和人工成本水平而编制的一种经营预算。

直接人工成本包括直接工资和按直接工资的一定比例计算的其他直接费用。

【例3-13】 ABC公司2019年度单位工时工资率和工时定额资料如表3-20所示。

表 3-20 2019 年度 ABC 公司的单位工时工资率和工时定额资料　元

季　度	一	二	三	四	其他直接费用计提标准/%	预计应付其他费用支用率/%
单位工时工资率/(元/小时)	5.6	5.6	5.6	5.6	14	80
单位产品工时定额　甲产品	3	3	3	3		
工时定额　乙产品	5	5	5	5		

要求:为 ABC 公司编制 2019 年度的直接人工预算。

解:依题意,编制该公司的直接人工预算如表 3-21 所示。

表 3-21 2019 年度 ABC 公司的直接人工预算　元

项目 季　度	一	二	三	四	全　年	资料来源
单位工时工资率	5.6	5.6	5.6	5.6	—	见表 3-20
甲产品　单位产品工时定额	3	3	3	3	3	见表 3-20
甲产品　预计生产量/件	1 148	1 428	1 652	1 428	5 656	见表 3-13
甲产品　直接人工工时总数/小时	3 444	4 284	4 956	4 284	16 968	
甲产品　预计直接工资	19 286.4	23 990.4	27 753.6	23 990.4	95 020.8	
甲产品　其他直接费用	2 700.1	3 358.7	3 885.5	3 358.7	13 302.9	直接工资×计提比例 (见表 3-20)
甲产品　直接人工成本合计	21 986.5	27 349.1	31 639.1	27 349.1	108 323.7	
甲产品　单位工时直接人工成本	6.38	6.38	6.38	6.38	6.38	
乙产品　单位产品工时定额	5	5	5	5	5	见表 3-20
乙产品　预计生产量/件	742	1 148	1 428	1 694	5 012	见表 3-13
乙产品　直接人工工时总数/小时	3 710	5 740	7 140	8 470	25 060	
乙产品　预计直接工资	20 776.0	32 144.0	39 984.0	47 432.0	140 336.0	
乙产品　其他直接费用	2 908.6	4 500.2	5 597.8	6 640.5	19 647.0	直接工资×计提比例 (见表 3-20)
乙产品　直接人工成本合计	23 684.6	36 644.2	45 581.8	54 072.5	159 983.0	
乙产品　单位工时直接人工成本	6.38	6.38	6.38	6.38	6.38	
合计　直接工资总额	40 062.4	56 134.4	67 737.6	71 422.4	235 356.8	
合计　其他直接费用	5 608.7	7 858.8	9 483.3	9 999.1	32 950.0	
合计　直接人工成本合计	45 671.1	63 993.2	77 220.9	81 421.5	268 306.8	
预计应付其他费用现金支出	4 487.0	6 287.1	7 586.6	7 999.3	26 360.0	其他直接费用× 支用率(见表 3-20)
直接人工成本现金支出合计	44 549.4	62 421.5	75 324.2	79 421.7	261 716.8	

6) 制造费用预算

制造费用预算是指为规划一定预算期内除直接材料和直接人工预算以外预计发生的其他生产费用水平而编制的一种日常业务预算。

当以变动成本法为基础编制制造费用预算时,可按变动性制造费用和固定性制造费用两部分内容分别编制。

变动性制造费用根据单位产品预算分配率乘以预计的生产量进行预算,其中变动性制造费用预算分配率的计算公式为:

$$变动性制造费用预算分配率=\frac{变动性制造费用预算总额}{相关分配标准预算总额}$$

式中,分母可在预算生产量或预算直接人工工时总数中选择,多品种条件下一般按后者进行分配。

固定性制造费用可在上年的基础上根据预期变动加以适当修正进行预计,并作为期间成本直接列入利润表内作为收入的扣除项目。

制造费用预算也应包括一个预算现金支出部分,以便为编制现金预算提供必要的资料。由于固定资产折旧费是非付现项目,在计算时应予以剔除。其计算公式如下:

$$某季度预计制造费用现金支出=该季度预计变动性制造费用现金支出+该季度预计固定性制造费用现金支出$$

【例3-14】 ABC公司在编制预算时采用变动成本法,变动性制造费用按各种产品直接人工工时比例分配,2019年度预计的直接人工工时资料如表3-21所示,制造费用预算如表3-22所示,除折旧费以外的各项制造费用均以现金支付。其中,租赁费4 200元是根据年初做出的专门决策确定的。

要求:为ABC公司编制制造费用的现金支出预算(分配率计算结果保留两位小数,其他计算结果保留整数)。

解:依题意,编制的制造费用现金支出预算如表3-23所示。

表3-22 2019年度ABC公司的制造费用预算   元

	变动性制造费用			固定性制造费用		资料来源
1	间接材料	14 000	1	管理人员工资	12 740	
2	间接人工成本	10 640	2	折旧费	21 485.8	
3	维修费	8 603	3	办公费	9 100	
4	水电费	10 192	4	保险费	4 480	
5	其 他	5 842	5	租赁费	4 200	见经营决策预算(例3-20)
	合 计	49 277	6	其他	1 400	
				合 计	53 405.8	
	直接人工工时总数	42 028		减:折旧费	21 485.8	非付现成本
	预算分配率＝49 277÷42 028≈1.17			现金支出合计	31 920	
				各季支出数＝31 920÷4＝7 980		

表 3 - 23　2019 年度 ABC 公司的制造费用现金支出预算　　　　　　元

项目 　　　　季度		一	二	三	四	全　年	资料来源
变动性制造费用分配率		1.17	1.17	1.17	1.17	1.17	见表 3 - 22
直接人工工时/小时	甲产品	3 444	4 284	4 956	4 284	16 968	见表 3 - 21
	乙产品	3 710	5 740	7 140	8 470	25 060	见表 3 - 21
	小　计	7 154	10 024	12 096	12 754	42 028	
变动性制造费用	甲产品	4 038	5 023	5 811	5 023	19 895	
	乙产品	4 350	6 730	8 371	9 931	29 382	
	小　计	8 388	11 753	14 182	14 954	49 277	
固定性制造费用		7 980	7 980	7 980	7 980	31 920	见表 3 - 22
现金支出合计		16 368	19 733	22 162	22 934	81 197	

7）产品成本预算

产品成本预算是指为规划一定预算期内每种产品的单位产品成本、生产成本、销售成本等项内容而编制的一种日常业务预算。

产品成本预算需要在生产预算、直接材料预算、直接人工预算和制造费用预算的基础上编制；同时，也为编制预计利润表和预计资产负债表提供数据。

本预算必须按照各种产品进行编制，其程序与存货计价方法密切相关；不同的存货计价方法，需要采取不同的预算编制方法。此外，不同的成本计算模式也会产生不同的影响。

在变动成本法下，如果产成品存货采用先进先出法计价，则产品成本预算的编制程序为：

（1）估算每种产品预算期预计发生的单位生产成本；

（2）估算每种产品预算期预计发生的生产成本；

（3）估算每种产品预算期预计的产品生产成本；

（4）估算每种产品预算期预计的产品销售成本。

【例 3 - 15】　ABC 公司 2019 年年初产成品资料、生产预算、直接材料采购预算、直接人工预算和制造费用预算见前述例题，产成品按先进先出法计价。

要求：按变动成本法为 ABC 公司分别编制甲、乙两种产品 2019 年度的产品成本预算。

解：依题意，编制的 2019 年度甲、乙两种产品的产品成本预算分别如表 3 - 24 和表 3 - 25 所示。

表3-24 2019年度ABC公司的甲产品成本预算

计划产量:5 656件

元

项　目	单　价	单位用量	单位成本	总成本	资料来源
直接材料					
A材料	5.6	3.25	18.2	102 939.2	见表3-16、表3-17
B材料	7	2	14.0	79 184.0	见表3-16、表3-17
小　计	—	—	32.2	182 123.2	
直接人工	6.38	3	19.14	108 323.8	见表3-21
变动性制造费用	1.17	3	3.5	19 894.8	见表3-21、表3-22
合　计			54.9	310 341.6	
加:在产品及自制半成品的期初余额			0	0	
减:在产品及自制半成品的期末余额			0	0	
预计产品生产成本			54.9	310 341.6	
加:产成品期初余额			56.0	6 272.0	年初产成品量112(见表3-12)
减:产成品期末余额			54.9	9 218.1	年末产成品量168(见表3-12)
预计产品销售成本			54.9	307 395.5	307 395.5÷本年销售量5 600≈54.9

表3-25 2019年度ABC公司的乙产品成本预算

计划产量:5 012件

元

成本项目	单　价	单位用量	单位成本	总成本	资料来源
直接材料					
A材料	5.6	4.83	27.0	135 564.6	见表3-16、表3-17
C材料	8.4	2	16.8	84 201.6	见表3-16、表3-17
小　计	—	—	43.8	219 766.2	
直接人工	6.38	5	31.9	159 983.0	见表3-21
变动性制造费用	1.17	5	5.9	29 382.5	见表3-21、表3-22
合　计			81.6	409 131.5	
加:在产品及自制半成品的期初余额			0.0	0.0	
减:在产品及自制半成品的期末余额			0.0	0.0	
预计产品生产成本			81.6	409 131.5	
加:产成品期初余额			87.0	6 090.0	年初产成品量70(见表3-12)

（续表）

成本项目	单 价	单位用量	单位成本	总成本	资料来源
减:产成品期末余额			81.6	14 856.7	年末产成品量182(见表3-12)
预计产品销售成本			81.7	400 365.0	400 365.0÷ 本年销售量4 900≈81.7

8）期末存货预算

期末存货预算是指为规划一定预算期末的在产品、产成品和原材料预计成本水平而编制的一种日常业务预算。通常期末存货预算也只编制年末预算，不编制分季度预算。

【例 3-16】 ABC 公司的直接材料采购预算和甲、乙两种产品 2019 年度的产品成本预算分别如表 3-17、3-24 和表 3-25 所示。产成品按先进先出法计价，原材料按后进先出法计价。

要求:按变动成本法为 ABC 公司编制 2019 年度的年末存货预算。

解:依题意,编制的 2019 年度的年末存货预算如表 3-26 所示。

表 3-26　2019 年度 ABC 公司的期末存货预算　　　　　　　　　　　元

项 目		单位成本	期末存货量	期末存货成本	资料来源
产成品 存货	甲产品	54.9	168	9 223.2	见表 3-12 和表 3-24
	乙产品	81.6	182	14 851.2	见表 3-12 和表 3-25
	小　计			24 074.4	

材料存货	年初材料 成本	本年材料 采购成本	本期耗用材料成本		期末存货成本	资料来源
			甲产品	乙产品		
A 材料	11 760	240 962	102 939.2	135 564.58	14 218.22	见表 3-15、表 3-17、 表 3-24 和表 3-25
B 材料	4 704	81 536	79 184	0	7 056	
C 材料	3 528	86 554	0	84 201.6	5 880.4	
D 材料	0	19 600	0	0	19 600	
小　计	19 992	428 652	182 123.2	219 766.18	46 754.62	
期末存货合计					70 829.02	年初存货成本 32 354= 56×112+ 87×70+19 992

9）销售费用预算

销售费用预算是指为规划一定预算期内企业在销售阶段组织产品销售预计发生各项费用水平而编制的一种日常业务预算。

销售费用预算的编制方法与制造费用预算的编制方法非常接近,也可将其划分为变动性和固定性两部分费用。但对于随销售量成正比例变动的那部分变动性销售费用,只需反映各个项目的单位产品费用分配即可。对于固定性销售费用,只需按照项目反映全年预计水平。

销售费用预算也要编制相应的现金支出预算。

预算期变动性销售费用的现金支出等于该期各种产品的相应现金支出之和。

【例 3 - 17】 ABC 公司 2019 年度的销售费用预算如表 3 - 27 所示。

要求:为 ABC 公司编制 2019 年度的销售费用现金支出预算。

表 3 - 27　2019 年度 ABC 公司的销售费用预算　　　　　　　　元

变动性销售费用			固定性销售费用	
项　目	单位产品标准费用额		项　目	全年费用额
			管理人员工资	6 000
			专设销售机构办公费	15 000
	甲产品	乙产品	宣传广告费	5 000
销售佣金	2.5	3	保险费	2 600
销售运杂费	1.2	1.5	其他	1 400
其他	0.3	0.5	合　计	30 000
合　计	4	5	平均各季数＝30 000÷4＝7 500	

解: 依题意,编制 2019 年度的销售费用现金支出预算如表 3 - 28 所示。

表 3 - 28　2019 年度 ABC 公司的销售费用现金支出预算　　　　　　　元

季　度		一	二	三	四	全　年	资料来源
单位产品标准费用额	甲产品	4	4	4	4	4	见表 3 - 27
	乙产品	5	5	5	5	5	见表 3 - 27
预计销售量/件	甲产品	1 120	1 400	1 680	1 400	5 600	见表 3 - 9
	乙产品	700	1 120	1 400	1 680	4 900	见表 3 - 9
变动性销售费用	甲产品	4 480	5 600	6 720	5 600	22 400	
	乙产品	3 500	5 600	7 000	8 400	24 500	
	小　计	7 980	11 200	13 720	14 000	46 900	
固定性销售费用		7 500	7 500	7 500	7 500	30 000	见表 3 - 27
现金支出合计		15 480	18 700	21 220	21 500	76 900	

10) 管理费用预算

管理费用预算是指为规划一定预算期内因管理企业预计发生的各项费用水平而编制的一种日常业务预算。

在假定管理费用均为固定成本的条件下,某季度预计管理费用现金支出为全年付现支出的平均数,其计算公式如下:

$$\text{某季度预计管理费用现金支出} = (\text{该年度预计管理费用} - \text{预计年折旧费} - \text{预计年摊销费}) \div 4$$

式中的折旧费和摊销费分别是指在管理费用中列支的折旧费和无形资产的摊销额。

【例 3 - 18】 根据有关资料编制的 ABC 公司 2019 年度的管理费用及其现金支出预算如表 3 - 29 所示。

表 3 - 29 2019 年度 ABC 公司的管理费用及其现金支出预算　　　　　　　　元

费用项目	金　额
1. 公司经费	5 600
2. 工会经费	2 100
3. 办公费	2 660
4. 董事会费	1 120
5. 折旧费	1 400
6. 无形资产摊销	980
7. 职工培训费	1 120
8. 其他	1 400
合　计	16 380
减：折旧费	1 400
无形资产摊销费	980
现金支出合计	14 000
平均每季支付数＝14 000÷4＝3 500	

11）财务费用预算

财务费用预算是指反映预算期内因筹措使用资金而发生财务费用水平的一种预算。就其本质而言，该预算属于日常业务预算，但由于该预算必须根据现金预算中的资金筹措及运用的相关数据来编制，因此本书将其纳入财务预算的范畴。

【例 3 - 19】 ABC 公司 2019 年度的现金预算如表 3 - 32 所示。

要求：为 ABC 公司编制 2019 年度的财务费用预算。

解：编制的 ABC 公司 2019 年度财务费用预算如表 3 - 30 所示。

表 3 - 30 2019 年度 ABC 公司的财务费用预算　　　　　　　　元

季　度	1	2	3	4	全　年	资料来源
支付短期借款利息	150	150			300	见表 3 - 32
支付长期贷款利息	2 400	2 400	2 400	2 400	9 600	见表 3 - 32
预计财务费用	2 550	2 550	2 400	2 400	9 900	见表 3 - 32

12）经营决策预算

经营决策预算是指与短期经营决策密切相关的特种决策预算。该类预算的主要目标是通过指定最优生产经营决策和存货控制决策来合理地利用或调配企业经营活动所需要的各种资源。

经营决策预算通常是在短期经营决策确定的最优方案基础上编制的，因而需要直接纳入日常业务预算体系，同时也将影响现金预算等财务预算。比如，企业耗用的某种零件的取得方式决策方案一旦确定，就要相应调整材料采购预算或生产预算、产品成本预算。

【例3-20】 ABC公司为提高甲产品质量,拟于2019年度增设一台专用检测设备,有以下三种取得方案:

方案一:用40 000元从市场上购置,预计可用5年;

方案二:用半年时间自行研制,预计研制成本为20 000元;

方案三:采用经营租赁形式,以全年4 200元的租金向信托投资公司租借(每季支付1 050元)。

经公司决策,决定采取第三种方案。于是该项决策预算被纳入当期的制造费用预算(见表3-22制造费用预算中的租赁费项目)。

13) 投资决策预算

投资决策预算又称为资本支出预算,通常是指与项目投资决策密切相关的特种决策预算。由于这类预算涉及长期建设项目的投资与筹资等,并经常跨年度,因此,除个别项目外一般不纳入日常业务预算,但应计入与此有关的现金预算与预计资产负债表。

【例3-21】 为了形成开发新产品(丙产品)的生产能力,ABC公司决定2019年度上马一条新的生产线,年内安装调试完毕,年末交付使用。该固定资产投资的明细项目及其分次支付时间如表3-31所示。预计发生固定资产投资85 330元。

丙产品需用的主要原材料为D材料,其预计单价为14元/千克,第四季度采购量为1 400千克。

解:根据上述资料编制的ABC公司2019年度投资预算及筹资方案如表3-31所示。

表3-31 2019年度ABC公司丙产品生产线项目投资预算及资金筹措方案　　　　元

季　度	1	2	3	4	全　年
固定资产投资:					
勘察设计费	1 330	1 400			2 730
土建工程	2 800	5 600			8 400
设备购置			16 800	44 800	61 600
安装工程				8 400	8 400
其　他				4 200	4 200
合　计	4 130	7 000	16 800	57 400	85 330
流动资金投资:					
D材料采购(下年度使用)				19 600	19 600
投资支出总计	4 130	7 000	16 800	77 000	104 930

预算期完工的固定资产价值为85 330元。

本预算中,只有D材料采购被纳入直接材料采购预算(见表3-17),其余均未涉及日常业务预算。

14) 现金预算

现金预算也称为现金收支预算,是以日常业务预算和特种决策预算为基础所编制的反映现金收支情况的预算。

现金收支差额与期末余额均要通过协调资金筹措及运用来调整。企业不仅要定期筹措到抵补收支差额的现金,还必须保证有一定现金储备。当收支差额为正值(称为现金结余),在偿还了利息和借款本金之后仍超过现金余额上限时,就应拿出一部分钱用于有价证券投资;但一旦发现还本付息之后的收支差额低于现金余额下限,就应抛售出一部分有价证券来补足现金短缺;如果现金收支差额为负值(即现金短缺),可采取暂缓还本付息、抛售有价证券或向银行借款等措施来筹措资金。

【例3-22】 ABC公司2019年度的经营现金收入预算表、直接材料采购现金支出预算、应交税金及附加预算、直接人工预算、制造费用现金支出预算、销售费用现金支出预算和管理费用现金支出预算分别如表3-11、表3-17、表3-19、表3-21、表3-23、表3-28和表3-29所示。第一至第四季度每季末现金金额的额定范围为4 000~5 000元。现金不足时须向银行短期借款,超过额定范围时须偿还短期借款,无短期借款时可进行投资,借款、还款和投资数额均为千元的倍数。短期借款年利率为6%,每季度支付一次利息,计算借款利息时,假定借款均在季度初,还款均在季度末发生。

要求: 为ABC公司编制2019年度的现金预算。

解: 依题意编制的ABC公司2019年度现金预算如表3-32所示。

表3-32 ABC公司2019年度的现金预算

季 度	1	2	3	4	全 年	资料来源及计算依据
① 期初现金余额	4 000	4 318	4 770	4 183	4 000	年初数等于第1季度期初数
② 经营现金收入	165 657	252 930	324 247	352 596	1 095 430	见表3-11
③ 可运用现金合计	169 657	257 248	329 017	356 780	1 099 430	①+②
④ 经营现金支出	168 659	230 928	278 634	304 486	982 707	
采购直接材料	68 717	100 229	124 323	147 849	441 119	见表3-18
支付直接人工	44 549	62 421	75 324	79 422	261 717	见表3-21
支付制造费用	16 368	19 733	22 162	22 934	81 197	见表3-23
支付销售费用	15 480	18 700	21 220	21 500	76 900	见表3-28
支付管理费用	3 500	3 500	3 500	3 500	14 000	见表3-29
支付增值税、税金及附加	15 544	21 844	27 604	24 781	89 774	见表3-19
预交所得税	2 500	2 500	2 500	2 500	10 000	估算预交10 000元
预分股利	2 000	2 000	2 000	2 000	8 000	估计数8 000元
⑤ 资本性现金支出	4 130	7 000	16 800	57 400	85 330	
购置固定资产	4 130	7 000	16 800	57 400	85 330	见表3-31
⑥ 现金支出合计	172 789	237 928	295 434	361 886	1 068 037	④+⑤
⑦ 现金余缺	−3 132	19 320	33 583	−5 107	31 393	③−⑥

(续表)

季 度	1	2	3	4	全 年	资料来源及计算依据
⑧资金筹措及运用	7 450	−14 550	−29 400	9 600	−26 900	
加:短期借款	10 000	−10 000			0	每期期初借款
减:支付短期借款利息	150	150			300	年利息率6%,每季末支付利息
减:支付长期贷款利息	2 400	2 400	2 400	2 400	9 600	年利息率10%,每季末支付利息
减:购买有价证券		2 000	27 000	−12 000	17 000	临时调剂
⑨ 期末现金余额	4 318	4 770	4 183	4 493	4 493	⑨=⑦+⑧

3.3.2 预计财务报表的编制

预计财务报表也称为企业总预算,是企业财务管理的重要工具,是控制企业预算期内资金、成本和利润总量的重要手段,主要包括预计利润表和预计资产负债表。

1. 预计利润表的编制

预计利润表是指以货币形式综合反映预算期内企业经营活动成果(包括利润总额、净利润)计划水平的一种财务预算。

该预算需要在销售预算、产品成本预算、应交税金及附加预算、制造费用预算、销售费用预算、管理费用预算和财务费用预算等日常业务预算的基础上编制。

【例3-23】 ABC公司2019年度的销售预算、产品成本预算、应交税金及附加预算、制造费用预算、销售费用预算、管理费用预算和财务费用预算分别如表3-10、表3-24和表3-25、表3-19、表3-22和表3-23、表3-27和表3-28、表3-29、表3-30所示。

要求:按变动成本法为ABC公司编制2019年度的预计利润表(所得税计算结果保留整数)。

解:依题意编制的ABC公司2019年度预计利润表如表3-33所示。

表3-33 2019年度ABC公司的预计利润表 元

项 目	金 额	资料来源
销售收入	1 056 440	见表3-10
减:变动销售成本	707 761	见表3-24、表3-25
税金及附加	8 161	见表3-19
边际贡献(生产阶段)	340 518	
减:变动性销售费用	46 900	见表3-28
边际贡献(销售阶段)	293 618	
减:固定性制造费用	53 406	见表3-22
固定性销售费用	30 000	见表3-27

(续表)

项　目	金　额	资料来源
管理费用	16 380	见表 3-29
财务费用	9 900	见表 3-30
利润总额	183 932	
减:所得税(25%)	45 983	
净利润	137 949	

2. 预计资产负债表的编制

预计资产负债表是指用于总括反映企业预算期末财务状况的一种财务预算。

这种预算是利用基期期末资产负债表,根据预算期销售、生产、成本等预算的有关资料加以调整而编制的。编制这种预算的目的在于明确预算所反映的财务状况的稳定性和流动性。如果通过预计资产负债表的分析,发现某些反映企业预算期偿债能力、资产营运能力、盈利能力的财务指标不佳,必要时可修改有关预算,以改善财务状况。

预计资产负债表中除上年期末数已知外,其余项目均应在前述各项预算的基础上分析填列。

【例 3-24】　ABC 公司 2019 年度的经营预算、专门决策预算、现金预算和预计利润分配表如本章前述例题所示。

要求:为东方公司编制 2019 年度预算资产负债表(计算结果保留整数)。

解:依题意编制的 ABC 公司 2019 年度资产负债表如表 3-34 所示。

表 3-34　2019 年度 ABC 公司的预计资产负债表

2019 年 12 月 31 日　　　　　　　　　　　　　　　　　　　　　　元

资　产	年初数	期末数	期末资料来源及计算过程
流动资产			
货币资金	4 000	4 493	见表 3-32
交易性金融资产	0	17 000	见表 3-32
应收账款	43 400	141 747	见表 3-11
存　货	32 354	70 829	见表 3-26
流动资产合计	79 754	234 069	
固定资产			
固定资产原值	198 699	284 029	198 699+85 330(见表 3-31)=284 029
减:累计折旧	10 000	32 886	10 000+21 486(表 3-22)+1 400(见表 3-29)=32 886
固定资产净值	188 699	251 143	
固定资产合计	188 699	251 143	
无形及其他非流动资产			

（续表）

资　产	年初数	期末数	期末资料来源及计算过程
无形资产	1 700	720	1 700－980（见表 3 - 29）
无形及其他非流动资产合计	1 700	720	
长期资产合计	190 399	251 863	
资产总计	270 153	485 932	
负债及所有者权益	年初数	期末数	
流动负债			
短期借款	0	0	见表 3 - 32
未交所得税	0	35 983	0＋45 983（见表 3 - 33）－10 000（见表 3 - 32）
应付账款	20 160	63 417	见表 3 - 18
应付股利	0	1 738	0＋9 738－8 000（见表 3 - 32）
应付职工薪酬	3 900	10 490	3 900＋32 950－26 360（见表 3 - 21）
流动负债合计	24 060	111 628	
长期负债			
长期借款	96 000	96 000	
长期负债合计	96 000	96 000	
负债合计	120 060	207 628	
所有者权益			
实收资本	100 000	100 000	
资本公积	28 293	28 293	
盈余公积	3 800	17 595	按 10％净利润提取
未分配利润	18 000	132 416	
所有者权益合计	150 093	278 304	
负债及所有者权益总计	270 153	485 932	

本章小结

　　财务预算是一系列专门反映企业未来一定预算期内预计财务状况和经营成果,以及现金收支等价值指标的各种预算的总称,具体包括现金预算、财务费用预算、预计利润表、预计利润分配表和预计资产负债表等内容。财务预算属于最后环节,能总括反映其他预算的结果,所以又称之为总预算。

　　在编制预算时,预算期内编制预算所依据的成本费用和利润信息都只是在一个预定的产销业务量水平的基础上确定的,称之为固定预算或静态预算。弹性预算是在成本分析的基础上,分别按一系列可能达到的预计业务量水平编制的能适应多种情况的预算,也称为变动预算或滑动预算。增量预算是指在基期成本费用水平的基础上,结合预算期业务量水平以及有关降低成本的措施,通过调整有关原有成本费用项目而编制预算的方法。零基预算不是以现有费用为前提,而是一切从零做起,从实际需要与可能出发,逐项审议各种费用开支是否必要、合理,进行综合平衡,从而确定预算费用。定期预算是以会计年度为单位编制的预算。滚动预算是为了克服定期预算的缺点,不将预算期与会计年度挂钩,而是始终保持在 12 个月,即每过一个月就在原预算的基础上增补下一个月预算,从而逐期向后滚动,连续不断地以预算形式规划未来经营活动。

现金预算的编制要采用以销定产的思维方式进行,以销售预算为编制起点和基础,编制其他预算时必须以销售预算预计的销售量为基础。

关键术语

全面预算　财务预算　固定预算　弹性预算　增量预算　零基预算　定期预算　滚动预算

思考与练习题

1. 思考题

(1) 什么是财务预算? 它与日常业务预算和专门决策预算有什么关系?

(2) 编制财务预算的步骤有哪些?

(3) 零基预算的优点、缺点是什么?

(4) 什么是弹性预算? 与传统的编制方法相比较,它具有哪些优点?

2. 练习题

1) 单项选择题

(1) 下列关于财务预算的论述中,错误的是(　　)。

　　A. 财务预算是财务预测的依据

　　B. 财务预算能使决策目标具体化、系统化、定量化

　　C. 财务预算可以从价值方面总括反映经营决策预算和业务预算的结果

　　D. 财务预算是企业全面预算体系中的最后环节,也称为总预算

(2) 下列预算中,不是在生产预算的基础上编制的是(　　)。

　　A. 直接材料预算　　　　　　　　B. 直接人工预算

　　C. 产品成本预算　　　　　　　　D. 管理费用预算

(3) 相对于固定预算而言,弹性预算(　　)。

　　A. 预算成本低　　　　　　　　　B. 预算工作量小

　　C. 预算可比性差　　　　　　　　D. 预算范围宽

(4) 下列关于零基预算的说法中,错误的是(　　)。

　　A. 零基预算不受现有费用开支水平的限制

　　B. 零基预算的编制工作量大

　　C. 零基预算有可能使不必要的开支合理化

　　D. 采用零基预算,要逐项审议各项费用的内容及开支标准是否合理

(5) 相对于定期预算而言,滚动预算的优点不包括(　　)。

A. 透明度高 　　　　　　　　　B. 及时性强

C. 预算工作量小 　　　　　　　D. 连续性好、完整性和稳定性突出

（6）某企业按百分比法编制弹性利润预算表，预算销售收入为 800 万元，变动成本为 600 万元，固定成本为 130 万元，营业利润为 70 万元；如果预算销售收入达到 1 000 万元，则预算营业利润为（　　）万元。

A. 120 　　　　　B. 87.5 　　　　　C. 270 　　　　　D. 100

（7）下列各项中，不属于财务预算内容的是（　　）。

A. 预计资产负债表 　　　　　　B. 现金预算

C. 预计利润表 　　　　　　　　D. 销售预算

（8）某企业编制直接材料预算，预计第四季度期初应付账款为 7 000 元，第四季度期初直接材料存量 500 千克，该季度生产需用量为 1 500 千克，预计期末存量为 400 千克，材料单价（不含税）为 10 元，若材料采购货款有 50% 在本季度内付清，另外 50% 在下季度付清，增值税税率为 13%。则该企业预计资产负债表年末"应付账款"项目为（　　）元。

A. 15 820 　　　　　B. 7 000 　　　　　C. 7 910 　　　　　D. 14 000

（9）下列预算中，只使用实物量计量单位的是（　　）。

A. 现金预算 　　　B. 预计资产负债表 　　C. 生产预算 　　　D. 销售预算

（10）下列项目中，本质上属于日常业务预算，但因其需要根据现金预算的相关数据来编制，因此被纳入财务预算的是（　　）。

A. 财务费用预算 　　B. 预计利润表 　　　C. 销售费用预算 　　D. 预计资产负债表

2）多项选择题

（1）在编制现金预算的过程中，可作为其编制依据的有（　　）。

A. 日常业务预算 　　B. 预计利润表 　　C. 预计资产负债表 　D. 特种决策预算

（2）理论上，编制弹性预算的方法适用于编制全面预算中所有与业务量有关的预算，但实务中，它主要用于编制弹性成本费用预算和弹性利润预算，尤其是编制费用预算。编制弹性成本（费用）预算的主要方法包括（　　）。

A. 公式法 　　　B. 列表法 　　　C. 图示法 　　　　D. 百分比法

（3）增量预算方法的缺点包括（　　）。

A. 受原有费用项目限制，可能导致保护落后

B. 滋长预算中的"平均主义"和"简单化"

C. 不利于企业未来发展

D. 工作量大

（4）某期现金预算中假定出现了正值的现金余缺额，且超过额定的期末现金余额，单纯从财务预算调剂现金余缺的角度看，该期可以采用的措施有（　　）。

A. 偿还部分借款利息 　　　　　　B. 偿还部分借款本金

C. 抛售短期有价证券 　　　　　　D. 购入短期有价证券

（5）已知 A 公司在预算期间，销售当季度收回货款 60%，下季度收回货款 30%，下下季度收回货款 10%，预算年度期初应收账款金额为 28 万元，其中包括上年第三季度销售的应收账款 4 万元，第四季度销售的应收账款 24 万元，则下列说法中正确的有（　　）。

A. 上年第四季度的销售额为 60 万元

  B. 上年第三季度的销售额为 40 万元

  C. 上年第三季度销售的应收账款 4 万元在预计年度第一季度可以全部收回

  D. 第一季度收回的期初应收账款为 24 万元

(6) 下列关于本期经营现金收入的计算公式中,正确的有(　　)。

  A. 本期经营现金收入＝本期销售收入(含销项税额)＋期初应收账款－期末应收账款

  B. 本期经营现金收入＝本期销售收入(含销项税额)＋期初应付账款－期末应付账款

  C. 本期经营现金收入＝本期销售本期收现部分(含销项税额)＋以前期赊销本期收现的部分

  D. 本期经营现金收入＝本期销售收入(含销项税额)－期初应收账款＋期末应收账款

(7) 关于应交税金及附加预算的说法中,正确的是(　　)。

  A. 某期预计应交税金及附加＝某期预计发生的税金及附加＋该期预计应交增值税

  B. 某期预计应交增值税＝某期预计销售收入×应交增值税估算率

  C. 某期预计应交增值税＝某期预计应交增值税销项税额－某期预计应交增值税进项税额

  D. 某期预计发生的税金及附加＝该期预计应交消费税＋该期预计应交资源税＋该期预计应交城市维护建设税＋该期预计应交教育费及附加＋该期预交所得税

3) 判断题

(1) 财务预算作为全面预算体系中的最后环节,可以从价值方面总括地反映经营期决策预算与业务预算的结果,财务预算属于总预算的一部分。(　　)

(2) 现金预算也称为现金收支预算,现金预算中的现金收入主要反映经营性现金收入,现金支出则同时反映经营性现金支出和资本性现金支出。编制现金预算需要以日常业务预算和财务预算为依据。(　　)

(3) 预计资产负债表是指用于总括反映企业预算期末财务状况的一种财务预算。预计资产负债表中的项目均应在前述各项日常业务预算和专门决策预算的基础上分析填列。(　　)

(4) 在财务预算的编制过程中,编制预计财务报表的正确程序是,先编制预计资产负债表,然后再编制预计利润表。(　　)

(5) 特种决策预算包括经营决策预算和投资决策预算,特种决策预算的数据要直接纳入日常业务预算体系,同时也将影响现金预算等财务预算。(　　)

(6) 编制生产预算时,关键是正确地确定预计销售量。(　　)

(7) 从实用的角度看,弹性预算适用于编制全面预算中所有与业务量有关的各种预算。(　　)

4）计算题
习题一

【资料】东方公司 2019 年度设定的每季末预算现金余额的额定范围为 50 万～60 万元，其中，年末余额已预定为 60 万元。假定当前银行约定的单笔短期借款必须为 5 万元的倍数，年利息率为 6％，借款发生在相关季度的期初，每季末计算并支付借款利息，还款发生在相关季度的期末。2019 年度该公司无其他融资计划。

该公司编制的 2019 年度现金预算的部分数据如表 3 - 35 所示：

表 3 - 35　2019 年度现金预算　　　　　　　　　　　　万元

季度 项目	一	二	三	四	全 年
① 期初现金余额	50	*	*	*	G
② 经营现金收入	1 080	*	*	*	5 570
③ 可运用现金合计	*	1 400	1 450	*	H
④ 经营现金支出	*	*	*	*	M
⑤ 资本性现金支出	155	300	400	200	1 055
⑥ 现金支出合计	1 075	1 505	*	*	L
⑦ 现金余缺	A	－105	－40	152.3	K
⑧ 资金筹措及运用	0	157.6	F	*	J
加：短期借款	0	C	0	－20	*
减：支付短期借款利息	0	D	2.4	2.4	*
购买有价证券	0	0	－100	E	*
⑨ 期末现金余额	B	52.6	*	60	I

说明：表中"＊"表示省略的数据。

【要求】计算上表中用字母 A～M 表示的项目数值（除"G"和"I"项外，其余各项必须列出计算过程）。

习题二

【资料】某企业有关资料如下：

（1）该企业 3～7 月份的销售量分别为 10 000 件、10 000 件、12 000 件、12 000 件、10 000 件，单价（不含税）为 10 元，每月含税销售收入中，当月收到现金 60％，下月收到现金 40％，增值税税率为 13％。

（2）各月商品采购成本按下一个月含税的销售收入的 70％计算，货款（进项税率为 17％）于当月支付现金 40％，下月支付现金 60％。

（3）该企业 4～6 月份的制造费用分别为 10 000 元、11 000 元、10 000 元，每月制造费用中包括折旧费 5 000 元。

（4）该企业 4 月份购置固定资产，需要现金 20 000 元。

(5) 该企业在现金不足时,向银行借款(为 1 000 元的倍数),短期借款利率为 6%;现金有多余时,归还短期借款(为 1 000 元的倍数)。借款在期初,还款在期末,3 月月末的长期借款余额为 20 000 元,借款年利率为 12%,短期借款余额为 0。假设短期借款归还本金时支付利息(利随本清),先借入的先归还,长期借款每季度末支付利息。

(6) 该企业规定的现金余额的额定范围为 7 000~8 000 元。假设该企业消费税税率为 8%,城市维护建设税税率为 7%,教育费附加征收率为 3%,其他资料见现金预算,如表 3-36 所示:

表 3-36　现金预算(一)　　　　　　　　　　　　元

月份 项目	4	5	6
期初现金余额	15 000		
经营现金收入			
直接材料采购支出			
直接工资支出	5 000	5 500	5 500
制造费用支出			
其他付现费用	500	400	600
应交税金及附加支出			
预交所得税			2 000
购置固定资产	20 000		
现金余缺			
举借短期借款			
归还短期借款			
支付借款利息			
期末现金余额			

【要求】根据以上资料,完成该企业 4~6 月份现金预算的编制工作。

习题三

【资料】甲公司是一个生产番茄酱的公司。该公司每年都要在 12 月份编制下一年度的分季度现金预算。有关资料如下:

(1) 该公司只生产一种 50 千克桶装番茄酱。由于原料采购具有季节性,只在第二季度进行生产,而销售全年都会发生。

(2) 每季度的销售收入预计如下:第一季度 750 万元,第二季度 1 800 万元,第三季度 750 万元,第四季度 750 万元。

(3) 所有销售均为赊销。应收账款期初余额为 250 万元,预计可以在第一季度收回。每个季度的销售有 2/3 在本季度内收到现金,另外 1/3 于下一个季度收回。

(4) 采购番茄原料预计支出 912 万元,第一季度需要预付 50%,第二季度支付剩余的款项。

(5) 直接人工费用预计发生 880 万元,于第二季度支付。

(6) 付现的制造费用第二季度发生 850 万元,其他季度均发生 150 万元。付现制造费用均在发生的季度支付。

(7) 每季度发生并支付销售和管理费用 100 万元。

(8) 全年预计所得税 160 万元,分 4 个季度预缴,每季度支付 40 万元。

(9) 公司计划在下半年安装一条新的生产线,第三、第四季度各支付设备款 200 万元。

(10) 期初现金余额为 15 万元,没有银行借款和其他负债。公司需要保留的最低现金余额为 10 万元。现金不足最低现金余额时须向银行借款,超过最低现金余额时须偿还借款,借款和还款数额均为 5 万元的倍数。借款年利率为 8%,每季度支付一次利息,计算借款利息时,假定借款均在季度初发生,还款均在季度末发生。

【要求】请根据上述资料,为甲公司编制现金预算。编制结果填入下方给定的表格 3 - 37 中。

表 3 - 37　现金预算(二)　　　　　　　　　　　　　　　　　万元

项目 ＼ 季度		一	二	三	四	合　计
期初现金余额						
现金收入	本期销售本期收款					
	上期销售本期收款					
	现金收入合计					
现金支出	直接材料					
	直接人工					
	制造费用					
	销售与管理费用					
	所得税费用					
	购买设备支出					
	现金支出合计					
现金多余或不足						
向银行借款						
归还银行借款						
支付借款利息						
期末现金余额						

第4章

筹资管理

本章内容提要

筹资是企业资金运动的起点。企业必须通过恰当的筹资渠道、合理的筹资方式,有效地为企业筹集生产经营活动所需的资金。通过本章的学习,要求学生应了解企业筹资的概念、动机及原则;熟悉筹资渠道、筹资方式及其配合;掌握各种筹资来源渠道下个别资本成本、综合资本成本、边际资本成本的计算;能够运用杠杆原理分析企业的风险及通过资本结构决策选择企业最佳资本结构,为企业创造更好的效益。

4.1 筹资管理概述

在市场经济发展的最初阶段,商品生产者使用的都是自己的本金,由于原始积累十分有限,企业发展缓慢。随着经济的发展,人们逐渐意识到"借鸡下蛋"的妙处,即以一部分本金为基础,再借入别人闲置不用的资金,许诺他们在将来兑换本金的同时另外加付一笔令人满意的利息;或者许诺他人参与分红而吸收其资金等,筹资行为就这样产生了。

4.1.1 筹资的概念

筹资活动是企业生存和发展的基本前提,没有资金企业难以生存,也不可能发展。筹资的全称为筹集资金,是指通过不同的筹资渠道,采用不同的筹资方式,以获取企业生产经营活动所需要的资金。筹资是进行生产经营活动不可或缺的一步,是企业资金运动的起点和财务管理的首要环节。资金是企业进行生产经营活动的必要条件。企业创建,开展日常生产经营业务,购置设备、材料等生产要素,不能没有一定数量的生产经营资金;扩大生产规模,开发新产品,提高技术水平,更要追加投资。筹集资金是企业资金运动的起点,是决定资金运动规模和生产经营发展程度的重要环节,通过一定的资金渠道,采取一定的筹资方式,组织资金的供应,保证企业生产经营活动的需要,是企业财务管理的一项重要内容。

4.1.2 筹资目的

1. 设立性筹资动机

筹资是企业进行生产经营活动的基本条件,必须具备一定的资金才能创建企业。例如,按照我国《公司法》的规定,设立有限公司时,注册资本的最低限额为人民币3万元。也就是说,必须要有3万元资金才能设立有限责任公司,必须有500万元资金才能设立股份有限公司。因此,对于公司制的企业,只有筹集到必备的资金,并取得会计师事务所的验资证明后,才能到工商管理部门办理注册登记,进而才能开展正常的经营活动。

2. 扩张性筹资动机

扩张性筹资动机是指企业为扩大生产经营规模的需要、追加额外投资、建设新生产基地等目的而产生的筹资动机。由于企业经营存在周期性和成长性,因而企业的扩张筹资需求是不间断的、持续的。于是扩张筹资动机具备了多次性特征,有良好发展前景、处于成长时期的公司通常会产生这种筹资动机。

3. 偿债性筹资动机

偿债性筹资动机是企业为了偿还某项债务而形成的筹资动机。企业在日常生产经营过程中,通常会产生负债,负债一般都有到期日,债务到期必须连本带息一起归还。如果债务到期而企业没有足够的现金偿还,则必须事先筹集资金,以满足偿债对现金的需求,维持企业正常的生产经营活动。

4. 调整性筹资动机

调整性筹资动机是企业为调整现有资金结构的需要而产生的筹资动机。企业的资本结构是企业采用各种筹资方式而形成的。在企业财务活动中,由于某种原因会出现资金结构不合理的状况,甚至影响到企业的生存和发展。为了降低筹资风险,减少资金成本,企业往往需要结合实际情况筹集资金,对企业权益资金和债务资金的比例关系进行调整,使之趋于合理。

4.1.3　筹资原则

筹资是企业的基本财务活动,是企业扩大生产经营规模和调整资本结构必须采取的行动。为了经济有效地筹集资本,企业筹资必须遵循以下基本原则。

1. 规模适当原则

企业进行筹资时,首先需要确定企业需要的资金数量。企业在不同时期、不同投资、不同的市场环境下对资金的需求量是不同的。因此,企业在筹资时,无论通过什么渠道和方式,都要认真分析企业的生产经营情况,采用一定的方法,预测资金的需要数量,合理确定筹资规模。既要避免因资金筹集不足影响企业正常的生产经营,又要防止资金筹集过多,造成资金的闲置和浪费。

2. 筹措及时原则

同等数量的资金在不同的时点上具有不同的价值。企业财务人员应全面掌握资金的时间价值原理和计算方法,根据企业资金需求的具体情况,合理安排资金的筹集时间,适时获取所需资金,使筹资与资金使用在时间上能及时衔接,避免筹资过早使得资金闲置,筹资滞后使得企业失去最佳的资金使用机会。

3. 来源合理原则

企业在筹集资金的时候还要合理安排企业的资本结构,即自有资金和负债资金的比例。资金的短缺性决定了企业不可能完全依靠自有资金运营,负债经营是每一个企业都会面对的问题。企业负债经营虽然可以降低企业的资金成本,但如果负债过高,会增加企业的财务风险,甚至当企业丧失偿债能力时可能面临破产的风险。因此,企业应认真研究比较各种资金来源渠道和资金市场,慎重选择资金来源,既要考虑资金成本,也要考虑合理的资本结构。

4. 方式经济原则

企业所需要的资金可以通过多种渠道和方式取得,但不管通过何种方式、何种渠道,都必然要付出一定的代价并承担相应的风险。不同筹资方式和不同筹资渠道下的资金成本各不相同,取得资金的难易程度和财务风险有高有低。因此,需要对各种筹资方式进行比较、分析,权衡利弊,选择经济可行的筹资方式,以降低综合资金成本,最大限度地避免和分散财务风险,提高企业筹资效益。

4.2 企业筹资的渠道和方式

4.2.1 企业的筹资渠道

筹资渠道是指筹措资金的来源,主要解决的是资金从哪里来的问题。随着改革开放的不断深入和金融市场的不断创新,筹资的渠道越来越多,认识和了解各种筹资渠道及其特点,有利于企业充分开拓和正确利用筹资渠道。目前,我国企业的筹资渠道主要有以下几种。

1. 国家财政资金

国家财政资金是指国家对企业的直接投资,包括国家以财政拨款、财政贷款、国有资产入股等形式投入企业的资金。国家财政资金具有广阔的源泉和稳固的基础,是国有企业特别是国有独资企业最主要的筹资渠道。

2. 银行信贷资金

银行信贷资金是指银行对企业的各种贷款,是各类企业重要的资金来源。银行一般分为商业性银行和政策性银行。前者可以为各类企业提供商业性贷款,后者主要为特定企业提供政策性贷款。银行信贷资金有居民储蓄、单位存款等经常性的资金来源,贷款方式多种多样,可以适应各类企业的多种资金需要。

3. 非银行金融机构资金

非银行金融机构主要有信托投资公司、租赁公司、保险公司、证券公司、企业集团的财务公司等。这些金融机构可以为一些企业直接提供部分资金或为企业筹资提供服务。这种筹资渠道的财力比银行要小,但具有广阔的发展前景。

4. 其他企业资金

企业在生产经营过程中,往往形成部分暂时闲置的资金,这些资金可在企业之间相互调剂使用。随着横向经济联合的发展,企业与企业之间的资金联合和资金融通也有了广泛发展。其他企业投入资金方式包括联营、入股、债券及各种商业信用,既有长期稳定的联合,又有短期临时的融通。其他企业投入资金往往同本企业的生产经营活动有着密切联系,有利于促进企业之间的经济联系,开拓本企业的经营业务。

5. 民间资金

企业职工和城乡居民节余的货币,可以对企业进行投资,形成民间资金渠道。随着证券市场的发展和股份经济的推广,这一筹资渠道将会发挥出越来越大的作用。

6. 企业自身积累资金

企业内部形成的资金,主要有计提折旧形成的临时沉淀资金、提取公积金和未分配利润而形成的资金。这是企业的"自动化"筹资渠道。随着企业经济效益的提高,企业自留资金的数额将日益增加。

7. 外商资金

外商资金是指外国投资者以及我国香港、澳门、台湾地区的投资者投入的资金,这是引进外资以及外商投资企业的主要资金来源。吸收投资不仅可以满足我国建设资金的需要,而且能够引进先进技术和管理经验,促进我国技术的进步和产品水平的提高。为了加快我国现代化建设,有必要进一步开拓外资渠道,积极吸引外商投资。

4.2.2 企业的筹资方式

筹资方式是指企业取得资金所采取的具体方法和形式。筹资方式不仅受到筹资渠道的制约,还会受到企业内外其他各种因素的制约。随着中国市场经济的不断发展和完善、资金市场的日趋活跃、筹资渠道的逐渐增多,企业可采用的筹资方式也将会越来越多元化,认识和了解筹资方式的种类和每种筹资方式的特性,有利于企业选择适宜的筹资方式和进行筹资组合。目前,企业可供选择的筹资方式主要有以下几种。

1. 吸收直接投资

吸收直接投资是指企业以协议等形式吸收国家、其他企业、个人和外商等直接投入的资金,形成企业资本金的一种筹资方式。吸收直接投资不以股票为媒介,适用于非股份制企业。吸收直接投资是非股份制企业筹措自有资本的一种基本方式。

2. 发行股票

发行股票是指股份有限公司经国家批准以发行股票的形式向国家、其他企业和个人筹集资金,形成企业资本金的一种筹资方式。发行股票是股份公司筹措自有资本的基本方式。

3. 银行借款

银行借款是指企业向银行申请贷款,通过银行信贷形式筹集资金。它也是企业筹措资金的一种重要方式。

4. 发行债券

发行债券是指企业以发行各种债券的形式筹集资金。它是企业筹措资金的又一种重要方式。

5. 商业信用

商业信用是指企业在商品交易中以延期付款或预收货款的方式进行购销活动而形成的借贷关系,是企业之间的直接信用。它是企业筹集短期资金的一种方式。

6. 融资租赁

融资租赁是指租赁公司按承租单位要求出资购买设备,在较长的合同期内提供给承租单位使用的融资信用业务。它是以融通资金为主要目的的租赁。

4.2.3 企业的筹资渠道与筹资方式的配合

如果说筹资渠道是客观存在的,那么筹资方式就是企业主观选择的,而同一筹资方式又往往适用于不同的筹资渠道。企业进行筹资,必须实现两者的合理。企业筹资的渠道和方式既有联系,又有区别。同一渠道的资金可以采取不同的筹资方式去选择和有机结合,如表4-1所示。

表 4-1　企业筹资渠道与筹资方式的配合

筹资渠道 ＼ 筹资方式	吸收直接投资	发行股票	留存收益	发行债券	银行借款	商业信用	融资租赁
国家财政资金	√	√					
银行信贷资金					√		
非银行金融机构资金	√	√		√			√
其他企业资金	√	√		√		√	√
民间资金	√	√		√			
企业自身积累资金			√				
外商资金	√	√		√		√	√

4.2.4　企业筹资管理的原则

企业筹资管理的基本要求是在严格遵守国家法律法规的基础上,分析影响筹资的各种因素,权衡资金的性质、数量、成本和风险,合理选择筹资方式,提高筹资效果。

1. 遵循国家法律法规,合法筹措资金

不论是直接筹资还是间接筹资,企业最终都是通过筹资行为向社会获取资金。企业的筹资活动不仅为自身的生产经营提供资金来源,而且也会影响投资者的经济利益,影响社会经济秩序。企业的筹资行为和筹资活动必须遵循国家的相关法律法规,依法履行法律法规和投资合同约定的责任,合法合规筹资,依法信息披露,维护各方的合法权益。

2. 分析生产经营情况,正确预测资金需要量

企业筹集资金,首先要合理预测资金的需要量。筹资规模与资金需要量应当匹配一致,既要避免因筹资不足影响生产经营的正常进行,又要防止筹资过多,造成资金闲置。

3. 合理安排筹资时间,适时取得资金

企业筹集资金还需要合理预测确定资金需要的时间。要根据资金需求的具体情况,合理安排资金的筹集时间,适时获取所需资金。使筹资与用资在时间上相衔接,既要避免过早筹集资金形成的资金投放前闲置;又要防止取得资金的时间滞后,错过资金投放的最佳时间。

4. 了解各种筹资渠道,选择资金来源

企业所筹集的资金都要付出资本成本的代价,不同的筹资渠道和筹资方式所取得的资金,其资本成本各有差异。企业应当在考虑筹资难易程度的基础上,针对不同来源资金的成本进行分析,尽可能选择经济、可行的筹资渠道与方式,力求降低筹资成本。

5. 研究各种筹资方式,优化资本结构

企业筹资要综合考虑股权资金与债务资金的关系、长期资金与短期资金的关系、内部筹资与外部筹资的关系,合理安排资本结构,保持适当偿债能力,防范企业财务危机。

4.2.5 筹资类型

企业从不同筹资渠道和采用不同筹资方式筹集的资金,可以按不同标志将其划分为各种不同的类型。这些不同类型的资金构成企业不同的筹资组合,认识和了解筹资种类有利于掌握不同种类筹资对企业筹资成本与筹资风险的影响,有利于选择合理的筹资方式。

1. 按所筹资金的权益性质分为股权资本和债权资本

1)股权资本

股权资本也称为权益资本、自有资本,是企业依法取得并长期拥有、自主调配运用的资本。根据我国有关法规制度的规定,企业的股权资本由投入资本(或股本)、资本公积、盈余公积和未分配利润组成。按照国际惯例,股权资本通常包括实收资本(股本)和留存收益两部分。股权资本具有下列属性:

(1)股权资本的所有权归属于企业的所有者。企业所有者依法凭其所有权参与企业的经营管理和利润分配,并对企业的债务承担有限或无限责任。

(2)企业对股权资本依法享有经营权。在企业存续期间,企业有权调配使用股权资本,企业所有者除了依法转让其所有权外,不得以任何方式抽回其投入企业的资本,因而股权资本被视为企业的"永久性资本"。

2)债权资本

债权资本也称为债务资本、借入资本,是企业依法取得并依约运用、按期偿还的资本。债权资本具有下列属性:

(1)债权资本体现企业与债权人的债务与债权关系。它是企业的债务,是债权人的债权。

(2)企业的债权人有权按期索取债权本息,但无权参与企业的经营管理和利润分配,对企业的其他债务不承担责任。

(3)企业对持有的债务资本在约定的期限内享有经营权,并承担按期付息还本的义务。

企业的权益资本与债务资本应具有合理的比例关系。企业在负债时除了要考虑负债带来的利益,同时也应考虑负债导致企业财务失败的可能性,合理安排权益资本与债务资本的比例关系是企业融资管理的一个核心问题。

2. 按所筹资金的期限分为长期资本和短期资本

长期资本是指企业使用期限在1年以上的资金,通常包括权益资金和长期债务。长期资本是企业长期生存和发展所必须持有的资本,其一般用于投资固定资产和无形资产、进行对外长期投资、垫支企业的营运资金等。

短期资本是指企业使用期限在1年以内的资金,通常是指企业的短期债务。短期资本是企业在生产经营过程中进行资金周转调度所必须持有的资金,其一般用于短期流动资产投资。

企业长期资本与短期资本的比例关系构成企业全部资本的期限结构。资本的期限结构对企业的风险与收益会产生影响。企业应合理安排长、短期资本的比例,在风险与收益之间进行很好的权衡。

3. 按筹资活动是否通过金融机构分为直接筹资和间接筹资

直接筹资是指企业不经过金融机构直接从最终投资者手中筹集资金的行为。在直接筹资中,企业与投资者通过建立直接的借贷关系实现资金从所有者手中转移到企业。直接筹资主要有投入资本、发行股票、发行债券和商业信用等。直接筹资具有筹资范围广、筹资方式多等特点;但存在筹资费用高、程序烦琐等不足。

间接筹资是指企业借助银行等金融机构进行的筹资活动。在间接筹资中,企业与投资者不直接发生借贷关系,而是投资者以存款等方式投资于银行等金融机构,再由这些金融机构集中起来以贷款方式投放给需要筹资的企业,这时银行等金融机构发挥着中介作用。间接筹资的主要形式有银行借款、非银行金融机构借款、融资租赁等。间接筹资是传统的筹资类型,它具有筹资效率高、筹资期限较为灵活等特点;但存在筹资范围窄、筹资方式较少等不足。

4. 按资金的取得方式分为内部筹资和外部筹资

内部筹资是指企业内部通过留用利润而形成的资本来源。按照有关法律的规定,留用利润包括盈余公积、公益金和未分配利润。留用利润将增加企业的资金总量,它的数量由企业的可分配利润和股利政策决定。此外,计提折旧和企业职工持股也是企业的内部资金来源。某一特定经营期间折旧资金来源的数量取决于当期企业折旧资产的规模和折旧政策;职工持股数额的多少取决于公司内部职工持股计划的有关限定。由于企业内部筹资是在企业内部形成的,无需花费融资费用,且属于企业的权益资本,所以是企业通常首选的筹资方式。

外部筹资是指企业从外部筹资而形成的资本来源。外部筹资的方式较多,常用的外部资金来源主要采用发行股票、发行债券、银行借款、租赁和商业信用等方式,它们一般都需要花费筹资费用。

企业应首先充分利用内部筹资,然后再考虑进行外部筹资。

4.3　股权资本筹集

股权资本也称为权益资本,是企业最基本的筹资方式。股权筹资又包括吸收直接投资、发行股票和留存收益等三种筹资方式。

4.3.1　资本金制度

为了确保企业的正常经营,国家对企业的设立所应筹集的最低资本金数额做出了限制规定,即规定所谓的法定资本金数额。我国现行《公司法》规定,股份有限公司的注册资本最低限额为人民币 500 万元;有限责任公司的注册资本最低限额为 3 万元。

4.3.2　吸收直接投资

吸收直接投资是企业按照"共同投资、共同经营、共担风险、共享利润"的原则直接吸收国家、法人、个人投入资金的一种融资方式。吸收直接投资是非股份制企业筹集权益资本的基本方式,采用吸收直接投资的企业,资本不分为等额股份,无需公开发行股票。吸收直接投资的实际出资额,注册资本部分形成实收资本;超过注册资本的部分属于资本溢价,形成资本公积。

1. 吸收直接投资的形式

企业在吸收直接投资时,投资者可以用货币资金、厂房、机器设备、材料物资、无形资产作价投资。具体讲,它主要有以下几种。

1) 货币资金投资

货币资金投资是直接投资中的一种最重要的出资方式。企业有了货币资金,便可用其购置各种生产资料,支付各种费用。因此,企业应尽量动员投资者采用现金方式出资。

2) 实物投资

实物投资是指以房屋、建筑物、设备等固定资产和材料、燃料、商品等流动资产所进行的投资。一般来讲,企业吸收实物投资应符合如下条件:① 确为企业科研、生产、经营所需;② 技术性能比较好;③ 作价公平合理。

3) 无形资产投资

无形资产投资是指投资者以专有权、商标权、非专利技术、土地使用权等无形资产作价投入的资本。一般来讲,企业吸收无形资产投资应符合以下条件:① 能帮助研究和开发新的高科技产品;② 能帮助生产出适销对路的高科技产品;③ 能帮助改进产品质量,提高生产效率;④ 能帮助大幅度降低各种消耗;⑤ 作价比较合理。我国现行法律规定,企业吸收无形资产投资的比例一般不得超过注册资本的 20%,但特殊情况除外。

2. 吸收直接投资的优、缺点

1) 吸收直接投资的优点

(1) 有利于增强企业信誉。吸收直接投资所筹集的资金属于自有资金,能增强企业的信誉和借款能力,对扩大企业经营规模、壮大企业发展实力具有重要意义。

(2) 有利于尽快形成生产能力。吸收直接投资可以直接获取投资者的先进设备和先进技术,有利于尽快形成生产能力,尽快开拓市场。

(3) 有利于降低财务风险。吸收直接投资可以根据企业经营状况向投资者支付报酬,支付的多少与企业经营状况的好坏存在直接的关系,比较灵活,所以财务风险较小。

2) 吸收直接投资的缺点

(1) 资金成本较高。一般来讲,企业采用吸收直接投资方式筹集资金所负担的资金成本较高,特别是企业经营状况较好和盈利较强时,更是如此。因为向投资者支付的报酬是根据其出资的数额和企业实现利润的多少来计算的。

(2) 企业控制权容易分散。投资者一般按其投资数额取得企业的经营管理权,如果外部投资者较多,则企业所有者对企业的控制权就比较分散。

4.3.3　发行股票

股票(stocks)是股份有限公司为筹措股权资本而发行的有价证券,是公司签发的证明股东持有公司股份的凭证。股票持有者为公司的股东。股东按照企业组织章程,参加或监督企业的经营管理、分享红利,并依法承担以购股额为限的企业经营亏损责任。发行股票使得大量社会游资得到集中和运用,并把一部分消费资金转化为生产资金。它是企业筹集长期资金的一种重要途径。

1. 股票的特征与分类

1) 股票的特点

（1）永久性。公司发行股票所筹集的资金属于公司的长期自有资金，没有期限，无须归还。换言之，股东在购买股票之后，一般情况下不能要求发行企业退还股金。

（2）流通性。股票作为一种有价证券，在资本市场上可以自由转让、买卖和流通，也可以继承、赠送或作为抵押品。股票特别是上市公司发行的股票具有很强的变现能力，流动性很强。

（3）风险性。由于股票的永久性，股东成了企业风险的主要承担者。企业风险的表现形式有股票价格的波动性、红利的不确定性、破产清算时股东处于剩余财产分配的最后顺序等。

（4）参与性。股东作为股份公司的所有者，拥有参与企业管理的权利，包括重大决策权、经营者选择权、财务监控权、公司经营的建议和质询权等。此外，股东还有承担有限责任、遵守公司章程等义务。

2) 股票的种类

按照不同的分类标准，股票有不同的种类，具体分类标准如表 4-2 所示。

表 4-2 股票的种类

分类标准	种类	主要说明
股东的权利和义务	普通股股票	简称普通股，是公司发行的代表股东享有平等的权利、义务，不加特别限制的，股利不固定的股票。普通股是最基本的股票，股份有限公司通常情况下只发行普通股
	优先股股票	简称优先股，是公司发行的相对于普通股具有一定优先权的股票。优先股股东在股东大会上无表决权，在参与公司经营管理上受到一定限制，仅对涉及优先股权利的问题有表决权
票面有无记名	记名股票	记名股票是在股票票面上记载有股东姓名或将名称记入公司股东名册的股票
	无记名股票	无记名股票不登记股东名称，公司只记载股票数量、编号及发行日期
票面有无金额	面额股票	面额股票是按法律或企业章程规定在票面上标明每股金额的股票
	无面额股票	无面额股票是在票面上不标明具体金额，只注明股数或所占企业资本比例的股票
投资主体	国家股	国家股是有权代表国家投资的机构或部门以国有资产投入企业形成的股份
	法人股	法人股是其他企业法人以其依法可支配的资产投入企业形成的股份或具有法人资格的事业单位和社会团体以国家允许用于经营的资产向企业投资所形成的股份
	个人股	个人股为社会个人或本企业职工以个人合法财产投入企业所形成的股份
	外资股	外资股是指外国和我国港、澳、台地区投资者以购买人民币特种股票形式向企业投资所形成的股份

（续表）

分类标准	种　　类	主要说明
发行对象和上市地区	A股	A股是人民币股票,即以人民币标明票面价值并以人民币认购和交易的股票
	B股	B股是人民币特种股票,即以人民币标明票面价值,但以外币认购和交易的股票,专供外国和我国港、澳、台的投资者买卖。在深圳、上海上市
	H股	H股是人民币特种股票,即以人民币标明票面价值,但以外币认购和交易的股票,专供外国和我国港、澳、台的投资者买卖。在香港上市
	N股	N股是人民币特种股票,即以人民币标明票面价值,但以外币认购和交易的股票,专供外国和我国港、澳、台的投资者买卖。在纽约上市
	L股	L股是人民币特种股票,即以人民币标明票面价值,但以外币认购和交易的股票,专供外国和我国港、澳、台的投资者买卖。在伦敦上市

3) 普通股股东的权利

普通股股票的持有人被称为普通股股东。普通股股东一般拥有如下权利。

(1) 公司管理权。普通股股东具有对公司的管理权。对大公司来说,普通股股东成千上万,不可能每个人都直接对公司进行管理。普通股股东的管理权主要表现为在董事会选举中有选举权和被选举权。被选出的董事能代表所有股东对企业进行控制和管理。具体来说,普通股股东的管理权主要表现为以下几点。

① 投票权。普通股股东有权投票选举公司董事会成员并有权对修改公司章程、改变公司资本结构、批准出售公司某些资产、吸收或兼并其他公司等重大事项进行投票表决。

② 查账权。从理论上来讲,普通股股东具有查账权,但由于保密的原因,这种权利常常受到限制。因此,并不是每个股东都可以自由查账,但股东可以委托会计师事务所查账。

③ 阻止越权的权利。当公司的管理当局越权进行经营时,股东有权阻止。

(2) 分享盈余权。分享盈余权也是普通股股东的一项基本权利。盈余的分配方案由股东大会决定,每一个会计年度由董事会根据企业的盈利数额和财务状况来决定分发股利的多少并经股东大会批准通过。

(3) 出售或转让股份权。股东有权出售或转让股票,这也是普通股股东的一项基本权利。股东出售股票的原因可能有如下几个。

① 对公司的选择。有的股东由于与管理当局的意见不一致,又没有足够的力量对管理当局进行控制,便出售其股票而购买其他公司的股票。

② 对报酬的考虑。有的股东认为现有股票的报酬低于所期望的报酬,便出售现有的股票,寻求更有利的投资机会。

③ 对资金的需求。有的股东由于某些原因需要大量现金,不得不出售其股票。

(4) 优先认股权。当公司增发普通股股票时,原有股东有权按持有公司股票的比例,优先认购新股票。这主要是为了使现有股东保持其在公司的股份原来所占的百分比,以保证他们的控制权。

(5) 剩余财产要求权。当公司解散、清算时,普通股股东对剩余财产有要求权。但是,公司破产清算时,财产的变价收入,首先要用来清偿债务,然后支付优先股股东,最后才能分配给普通股股东。所以,在破产清算时,普通股股东实际上很少能分配到剩余财产。

2. 股票的发行

1) 股票发行的原则

股份制企业不论是设立发行或增资发行,在发行股票时,必须遵循公开、公平、公正的原则。

(1) 公开原则。它是指股票的发行应当面对所有出资者,不允许有隐蔽的幕后活动。它要求企业财务公开,定期发布年度报告书、中期报告书,对投资者的投资行为有重大影响的事项,必须以临时报告书方式对外公开。对外公开而不公开或者公开资料不实及虚伪记载而给出资者造成损失的,应当追究其法律责任。

(2) 公平原则。它是指对股票发行中的民事主体一视同仁。它要求注册资本总额应平分为金额相等的股份,每股所代表的资本额一律相等;同股同权;同股同利,即每一股份享受的盈余分配一致,每股权利相等,同样,其承担的风险也相等;股票持有者可平等地自由转让其股票(特定持股对象除外)。

(3) 公正原则。它是指股票的发行工作公平合理,没有虚假偏私行为。它要求:第一,发行新股认购表应不限数量,使所有潜在投资者都有机会购买股票;第二,同次发行的股票,每股的发行条件和价格应当相同。

2) 股票发行的条件

按照国际惯例,股份制企业发行股票必须具备一定的发行条件,取得发行资格,并在办理必要手续后才能发行,其用意在于保护投资者权益。现对我国股票发行的条件作适当说明。

(1) 设立股份有限公司申请公开发行股票的条件。新设立的股份有限公司申请公开发行股票,应当符合下列条件:

① 其生产经营符合国家产业政策。国家产业政策是个变量因素,会随着国家经济发展状况及其外部环境的变化而发生变化。在不同的年份,国家的产业政策也会有所差别。根据有关规定,我国目前支持的产业主要包括基础设施、能源、交通、通信、高科技企业等。房地产业以及商业不属于股利投资的产业。

② 其发生的普通股限于一种,同股同权。我国的《企业法》和《证券法》并不排斥企业发行优先股,故企业股份可在理论上分为普通股和优先股。依照《股票条例》的规定,申请公开发行股票的企业只能发行普通股,不得发行优先股。值得注意的是,普通股可分为A股、B股和H股等类别股份。

③ 发起人认购的股本总额不少于企业拟发行的股本总额的35%。要求发起人认购的股份在企业总股本中有适当比例,有利于持续和稳定推进企业的发展战略,有利于实现招股说明书确立的企业宗旨,保护投资者利益。

④ 在企业拟发行的股本总额中,发起人认购的部分不少于人民币3 000万元,但是国家另有规定的除外。

⑤ 向社会公众发行的部分不少于企业拟发行的股本总额的25%,其中企业职工认购的股本数额不得超过拟向社会公众发行的股本总额的10%;企业拟发行的股本总额超过4亿

元的,证监会按照规定可以酌情降低向社会公众发行的部分的比例,但是最低不得少于企业拟发行的股本总额的 10%。根据证监会的规定,企业不得将其拟向社会公众发行的部分股本交由企业职工认购。

⑥ 发起人近 3 年内没有重大违法行为。

⑦ 证监会规定的其他条件。

(2) 原有企业改组设立股份有限公司申请公开发行股票的条件。原有企业改组设立股份有限公司申请公开发行股票,除应当符合上述情况下的各项条件外,还应当符合下列条件:

① 发行前一年年末,净资产在总资产中所占比例不低于 30%,无形资产在净资产中所占比例不高于 20%,但是证监会另有规定的除外。

② 近 3 年连续盈利。国有企业改组设立股份有限公司公开发行股票的,国家拥有的股份在企业拟发行股本总额中所占的比例,由国务院或国务院授权的部门规定。

(3) 上市企业申请公开发行新股的条件。上市企业申请公开发行新股主要包括配股和增资发行新股两种形式。上市企业发行新股可以向社会公开募集,也可以向原股东配售,但应当符合《企业法》有关新股的条件。根据我国有关法规的规定,企业发行新股必须具备以下条件:

① 前一次发行的股份已募足,并间隔 1 年以上。这里所称的"前一次发行的股份",泛指各种形式的股票发行,如定向募集企业增资发行股票、上市企业新股发行、股份企业以送配形式发行股票。

② 企业在最近 3 年内连续盈利,并可向股东支付股利。最近 3 年内连续盈利属于新股发行的一般条件,就特定新股发行方式来说,相关规则可能会做出更严格的规定。

③ 企业在最近 3 年内财务会计文件无虚假记载。

④ 企业预期利润率可达同期银行存款利率水平。

(4) 中国证监会不予核准发行申请的情形。上市企业有下列情形之一的,中国证监会不予核准其发行申请:

① 最近 3 年内有重大违法违规行为。

② 擅自改变招股文件所列募集资金用途而未做纠正,或者未经股东大会认可。

③ 企业在最近 3 年内财务会计文件有虚假记载、误导性陈述或重大遗漏;重组中进入企业的有关资产的财务会计资料及重组后的财务会计资料有虚假记载、误导性陈述或重大遗漏。

④ 招股文件存在虚假记载、误导性陈述或重大遗漏。

⑤ 存在为股东及股东的附属企业或者个人债务提供担保的行为。

⑥ 中国证监会认定的其他情形。

3) 股票发行的基本程序

根据国际惯例,各国股票的发行都有严格的法律规定程序,任何未经法定程序发行的股票都不发生效力。下面介绍我国公开发行股票的最基本程序。

(1) 公司做出发行股票的决议,做好发行的准备工作,编写必要的文件资料,获取有关的证明材料。

(2) 提出发行股票的申请并经有关机构审核批准。

（3）签订承销协议，公告招股说明书。

（4）招股认股、缴纳股款、交割股票。

（5）改组董事会、监事会。

4）股票发行方法与推销方式

股票发行方法和推销方式对于及时筹集和筹足资本具有非常重要的意义。

（1）股票发行方法。股票发行方法主要包括有偿增资、无偿配股、有偿无偿并行增资三种形式。

① 有偿增资。有偿增资是指投资人须按股票面额或市价，用现金或实物购买股票。有偿增资又可分为公募发行、股东优先认购、第三者分摊等具体做法。

公募发行即向社会公众公开招募认股人认购股票。它又分为直接公募和间接公募两种。直接公募发行是指发行公司通过证券商等中介机构，向社会公众发售股票，发行公司承担发行责任与风险，证券商不负担风险而只收取一定手续费。间接公募发行是指发行公司通过投资银行发行、包销，由投资银行先将股票购入再售予社会公众，投资银行承担发行风险。

股东优先认购是发行公司对现有股东按一定比例配给公司新发行股票的认购权，准许其优先认购新股。凡发行新股时在股东名册上记载的股东，均有优先认购新股的权利。股东可以优先认购的新股股数的比例与现持旧股股数的比例相同。

所谓第三者分摊，是指股份公司在发行新股时，给予本公司有特殊关系的第三者（如其他公司或银行）以新股摊认权。

② 无偿配股。无偿配股是指公司不向股东收取现金或实物资产，而无代价地将公司发行的股票配予股东。按照国际惯例，无偿配股通常有三种具体做法，即无偿交付、股票派息、股票分割。

无偿交付是指股份公司用资本公积金转增股本，按照股东现有比例无偿地交付新股票。

股票派息是股份公司以当年利润分派新股代替对股东支付现金股利。

股票分割是指将大面额股票分割为若干股小面额股票。实行股票分割的目的在于降低股票票面金额，便于个人投资者购买，以促进股票的发行和流通。

③ 有偿无偿并行增资。采用这种办法时，股份公司发行新股交付股东时，股东只需交付一部分股款，其余部分由公司公积金抵充，即可获取一定量的新股。这种做法兼有增加资本和调整资本结构的作用，可鼓励股东交纳股款购入新股。

（2）股票推销方式。股票发行是否成功，最终取决于能否将股票全部推销出去。股份公司公开向社会发行股票，其推销方式不外乎有两种选择，即自销和承销。

① 自销方式。股票发行的自销方式是指股份公司自行直接将股票出售给投资者，而不经过证券经营机构承销。自销方式可节约股票发行成本，但发行风险完全由发行公司自行承担。这种推销方式一般仅适用于发行风险较小、手续较为简单、数额不多的股票发行。

② 承销方式。股票发行的委托承销方式是指发行公司将股票销售业务委托给证券承销机构代理。证券承销机构是指专门从事证券买卖业务的金融中介机构，在我国主要为证券公司、信托投资公司等。我国《公司法》规定，公司向社会公开发行股票，不论是募集设立时首次发行新股票还是设立后再次发行新股，均应当由依法设立的证券经营机构承销。委托承销方式包括包销和代销两种具体方法。

股票发行的包销是指由发行公司与证券经营机构签订承销协议,全权委托证券承销机构代理股票的发售业务。采用这种方法,一般由证券承销机构买进股份公司公开发行的全部股票,然后将所购股票转销给投资者。在规定的募股期限内,若实际招募股份数达不到预定发行股份数,剩余部分由证券承销机构全部承购下来。

股票发行的代销是指由证券经营机构代理股票发售业务,若实际募集股份数达不到发行股数,承销机构不负担承购剩余股份的责任,而是将未售出的股份归还给发行公司,发行风险由发行公司自己承担。

5)股票发行价格的确定

股票发行价格是指股份公司发行股票时,将股票出售给投资者所采用的价格,也就是投资者认购股票时所支付的价格。股票发行价格通常是由发行公司根据股票面额、股市行情和其他有关因素决定的。在以募集方式设立公司首次发行股票时,由发起人决定;在公司成立以后再次增资发行新股时,由股东大会或董事会决定。

股份公司在不同时期、不同状态下对不同种类的股票,可采用不同的方法确定其发行价格。股票发行价格通常有等价、时价和中间价三种。

(1)等价。等价就是以股票面值为发行价格发行股票,即股票的发行价格与其面值相等,也称为平价发行。等价发行股票一般比较容易推销,但发行公司不能取得溢价收入。

(2)时价。时价也称为市价,即以发行公司发行同种股票的现行市场价格为基准来选择增发新股的发行价格。选用时价发行股票,考虑了股票的现行市场价值,可促进股票的顺利发行。

(3)中间价。中间价是以股票市场价格与面额的中间值作为股票的发行价格。例如,某种股票的现行市价为80元,每股面额为40元,如果发行公司按每股60元的价格增发该种新股票,就是按中间价发行。显然,中间价兼具等价和时价的特点。

我国《公司法》规定,股票发行价格可以是票面金额(即等价),也可以超过票面金额(即溢价),但不得低于票面金额(即折价)。

通常,在确定股票的发行价格时,应考虑以下几个主要因素:

(1)市盈率。市盈率是指股票的每股市价与每股盈利的比值,用于体现股票的风险,反映了投资人获取收益的水平,是进行股票估价的重要参数。通常,企业可把每股净利与市盈率的乘积作为股票发行价格。

(2)每股净值。每股净值是指股票的每一股份所代表的公司净资产数额。通常认为,股票的每股净值越高,股票的价格可定得越高。

(3)公司的市场地位。市场地位较高的公司,其经营水平、盈利能力和发展前景等一般都比较好,因而其股票的发行价格也比较高。

(4)证券市场的供求关系及股价水平。证券市场的供求关系对股票价格有着重要影响,当供过于求时股价一般较低;当供不应求时股价一般较高。一般地讲,股票价格不宜与股票市场的总体水平背离太多,否则容易使投资人持怀疑观望态度。

(5)国家有关政策规定。我国禁止股票折价发行,并且规定股票的发行价格在同一次发行中不能改变。

6)股票上市对公司的影响

股票上市是指股份有限公司公开发行的股票经批准在证券交易所进行挂牌交易。经批准在交易所上市交易的股票称为上市股票。我国《公司法》规定,股东转让其股份,即股票流通必须在依法设立的证券交易所进行。

股票上市对公司的有利影响主要体现在以下几个方面:

(1) 通过股票上市,改善财务状况,增强融资能力。公司通过股票上市可迅速筹集一笔可观的资金,使公司财务状况发生改变,同时为今后在证券市场增资扩股和向金融机构借贷创造了便利条件。

(2) 通过股票市价,评价公司价值。对上市公司来说,股票市价是评价企业价值大小的标准和尺度,每日每时的股市都是对企业客观地市场估价,也反映了投资人对上市公司的认可程度。

(3) 通过股票上市,提高企业的知名度,扩大企业市场占有份额。一般来讲,上市公司因经营状况较佳而具有良好的声誉,更有利于企业拓宽销售市场,吸引众多用户。

(4) 通过股票上市,防止股份过于集中,同时还可以利用股票收购其他公司。由于上市公司股票具有良好的流通性,变现能力强,因此被收购企业乐意接受上市公司出让的股票,从而减轻了上市公司的付现压力,降低了财务风险。

(5) 利用股票股权和期权可有效激励员工,尤其是企业关键人员,如营销、科技、管理等方面的人才。因为公开的股票市场提供了股票的准确价值,也可使职员的股票得以兑现。

股票上市对公司的不利影响主要表现如下:

(1) 容易泄露商业机密,使公司失去隐私权。公开上市的公司必须向社会公众公布其经营成果及重大经营事项等,以便使社会公众和股东随时了解公司的经营状况。这就使得上市公司隐私权消失,从而加大了经理人员的操作难度。

(2) 公开上市需要很高的费用,包括资产评估费用、股票承销佣金、律师费、注册会计师费、材料印刷费、登记费等。这些费用的具体数额取决于每个企业的具体情况、整个上市过程的难易程度和上市数额等因素。公司上市后尚需花费一些费用为证券交易所、股东等提供资料,聘请注册会计师、律师等。

7) 普通股筹资的优、缺点

(1) 普通股筹资的优点

① 能提高公司的信誉。发行股票筹集的是权益资金,普通股本和留存收益构成公司借入一切债务的基础。发行股票筹资既可以提高公司的信用程度,又可以为使用更多的债务资金提供有力的支持。

② 没有固定的到期日,不用偿还。发行股票筹集的资金是永久性资金,在公司持续经营期间可长期使用,能充分保证公司生产经营的资金需求。

③ 没有固定的利息负担。公司有盈余,并且认为适合分配时,就可以分配股利给股东;公司盈余少,或虽然有盈余但资金短缺或有有利的投资机会,就可以少支付或者不支付股利。

④ 筹资风险小。由于普通股票没有固定的到期日,不用支付固定的利息,不存在不能还本付息的风险。

(2) 普通股筹资的缺点

① 资金成本较高。一般来说,股票筹资的成本要大于债务资金。股票投资者要求有较高的报酬,而且股利要从税后利润中支付,而债务资金的利息可以在税前扣除。

② 容易分散控制权。当企业发行新股时,出售新股票,引进新股东,会导致公司控制权分散。

另外,新股东分享公司未发行新股前积累的盈余,会降低普通股的净收益,从而可能引起股价的下跌。

4.3.4 优先股筹资

1. 优先股的含义及特征

1) 优先股的含义

优先股是普通股的对称,是指由股份有限公司发行的、在分配公司收益和剩余财产方面比普通股股票具有优先权的股票。可见,优先股股票是相对于普通股股票而言的。优先股是一种没有期限的所有权凭证,优先股股东一般不能在公司持续经营期间要求退股(少数可赎回的优先股例外)。

2) 优先股的特征

(1) 约定股息率。优先股股票在发行时即已约定了固定的股息率,且股息率不受公司经营状况和盈利水平的影响。按照公司章程的规定,优先股股东可以优先于普通股股东向公司领取股息。所以,优先股股票的风险要小于普通股股票。不过由于股息率固定,即使公司经营状况良好,优先股股东也不能分享公司利润增长的利益。

(2) 优先分配股息和清偿剩余财产。当公司利润不够支付全体股东的股息和红利时,优先股股东优先于普通股股东分取股息;当公司因解散、破产等进行清算时,优先股股东优先于普通股股东分取公司的剩余财产。

(3) 表决权受到一定限制。优先股股东一般不享有公司经营参与权,即优先股股票不包含表决权,优先股股东无权过问公司的经营管理。然而,在涉及优先股股票所保障的股东权益时,如公司连续若干年不支付或无力支付优先股股票的股息,或者公司要将一般优先股股票改为可转换优先股股票时,优先股股东享有相应的表决权。

(4) 股票可由公司赎回。优先股股东不能要求退股,但却可以依照优先股股票上所附的赎回条款,由公司予以赎回。大多数优先股股票都附有赎回条款。发行可赎回优先股股票的公司赎回股票时,要在优先股股票价格的基础上适当地加价,使优先股股票的赎回价格高于发行价格,从而使优先股股东从中得到一定的利益。

2. 优先股的种类

为了适应一些专门想获取某些优先好处的投资者的需要,优先股有各种各样的类别。

1) 累积优先股和非累积优先股

累积优先股是指如果某个营业年度公司盈利不足以分派规定的股利,优先股股东有权要求以后年度如数补给。对于非累积的优先股,虽然对于公司当年所获得的利润有优先于普通股获得分派股息的权利,但如果该年公司所获得的盈利不足以按规定的股利分配时,非累积优先股的股东不能要求公司在以后年度中予以补发。一般来讲,对投资者来说,累积优先股比非累积优先股具有更大的优越性。

2) 参与优先股与非参与优先股

当企业利润增大,除享受既定比率的利息外,还可以跟普通股共同参与利润分配的优先股,称为参与优先股。除了既定股息外,不再参与利润分配的优先股,称为非参与优先股。

一般来讲,参与优先股较非参与优先股对投资者更有利。

3）可转换优先股与不可转换优先股

可转换优先股是指允许优先股持有人在特定条件下把优先股转换成为一定数额的普通股。否则,就是不可转换优先股。可转换优先股是近年来日益流行的一种优先股。

4）可赎回优先股与不可赎回优先股

可赎回优先股是指允许发行该类股票的公司,按原来的价格再加上若干补偿金将已发行的优先股赎回。当该公司认为能够以较低股利的股票来代替已发行的优先股时,就往往行使这种权利。反之,就是不可赎回的优先股。

5）股息可调优先股和股息不可调优先股

股息可调优先股是指股息率可以调整的优先股股票。也就是说,这种股票的股息率不是固定的,而是可以变化的。不过,股息率的变化是随其他证券价格或存款利率的变化而进行调整,与公司的经营状况无关。这种优先股股票是为适应近年来国际金融市场动荡不安,各种有价证券的价格和银行存款的利率经常波动的特点而产生的,其目的在于保护股东的权益,扩大公司的股票发行量。股息不可调优先股是指股息率不能调整的优先股股票。常见的优先股股票一般都是股息不可调优先股股票。

3. 优先股股东权利

优先股是相对于普通股而言的,这种优先权主要表现在以下几个方面。

1）优先分配股利权

优先分配股利的权利是优先股的最主要特征。优先股通常有固定股利,一般按面值的一定百分比来计算。另外,优先股的股利除数额固定外,还必须在支付普通股股利之前予以支付。

2）优先分配剩余财产权

在企业破产清算时,出售资产所得的收入,优先股股东位于债权人的求偿之后,但优先于普通股股东。但优先股股东分配剩余财产的金额只限于优先股的票面价值,加上累积未支付的股利。

3）管理权

优先股股东的管理权是有严格限制的。通常,在公司的股东大会上,优先股股东没有表决权。但是,当公司研究与优先股有关的问题时,优先股股东有权参加表决。

4. 发行优先股的动机

1）防止股权分散化

优先股不具有公司表决权,因此,公司出于普通股发行会稀释其股权的需要,在资本额一定的情况下,发行一定数额的优先股,可以保护原有普通股股东对公司经营权的控制。

2）维持举债能力

由于优先股筹资属于股权资本筹资的范围。因此,它可作为公司举债的基础,以提高其负债能力。

3）增加普通股股东权益

由于优先股的股息固定,且优先股对公司留存收益不具有要求权,因此,在公司收益一定的情况下,提高优先股的比重,会相应提高普通股股东的收益,提高每股净收益额,从而具有杠杆作用。

4) 调整资本结构

由于优先股在特定情况下不具有可转换性和可赎回性,因此,在公司安排自有资本与对外负债比例关系时,可借助于优先股的这些特性来调整公司的资本结构。

5. 优先股筹资的优、缺点

1) 优先股筹资的优点

(1) 与普通股一样,优先股没有固定的到期日,不需要偿还本金。利用优先股筹资等于取得了一笔无限期的贷款,没有偿还本金的义务,也无须做再筹资的计划。但大多数优先股又附有赎回条款,这就使得使用这种资金更有弹性。当财务状况较差时发行,而当财务状况较好时赎回,有利于配合企业对资金的要求,同时也能控制公司的资本结构。

(2) 股利的支付既固定,又有一定的灵活性。一般而言,优先股采用固定股利,但固定股利的支付并不构成公司的法定义务。如果财务状况不佳,则可暂时不支付优先股股利,而且优先股股东也不能像债权人那样迫使公司破产。

(3) 有利于增加公司信誉,加强公司借款能力。优先股股本属于股权资本,能增加公司的自有资本和信誉,提高公司的举债能力。

(4) 可产生财务杠杆利益,增加普通股收益。当公司的净资产收益率高于优先股股利率时,优先股固定的股利会产生财务杠杆利益,优先股发行量越多,普通股收益增量越大。

2) 优先股筹资的缺点

(1) 筹资成本较高。优先股的股利支出通常高于公司债券的利息支出,并且优先股的股利在税后利润中列支,不像公司债券利息可以在税前列支,其筹资成本较高。即优先股成本低于普通股成本,但高于债券成本。

(2) 对优先股筹资的制约因素较多。例如,为了保证优先股的固定股利,当企业盈利不多时普通股就不能分到股利。

(3) 财务负担较重。优先股要求支付固定股利,但又不能在税前扣除,当盈利下降时,优先股的股利可能会成为公司较重的财务负担,有时不得不延期支付,会影响公司的形象。

4.3.5 企业内部留存收益

1. 企业内部留存收益概述

企业内部留存收益是通过利润分配筹集企业权益资本的一种筹资方式。采用这种方式筹集的资金有盈余公积和未分配利润。

盈余公积是指有指定用途的留存净利润。它是公司按照《公司法》的规定从净利润中提取的积累资金,包括法定盈余公积金和任意盈余公积金。

未分配利润是指未限定用途的留存净利润。未分配利润有两层含义,一是这部分净利润没有分给公司的股东;二是这部分净利润未指定用途。企业内部积累资金可用来转增企业资本金、弥补企业亏损等,在未安排使用以前可直接用于企业生产经营活动。

企业内部留存收益作为企业筹集资金的一种重要方式,不仅可以避免办理各种筹资手续和节省筹资费用,而且有利于增强财务实力,避免财务风险和提高企业信誉。企业应采取措施提高盈利水平,为企业发展积累更多的资金。

2. 企业内部留存收益的优、缺点

1) 企业内部留存收益的优点

(1) 企业内部留存收益的资本成本比普通股低。用企业内部留存收益筹资,不用考虑筹资费用,资本成本要低于普通股。

(2) 企业内部留存收益能保持普通股股东对企业的控制权。用企业内部留存收益筹资,不用对外发行股票,由此增加的权益资本成本不会改变企业的股权结构,不会稀释原有股东对企业的控制权。

(3) 企业内部留存收益能增强公司的信誉。留存收益筹资能够使企业保持较大的可支配的现金流,既可解决企业经营发展的资金需要,又能提高企业的举债能力。

2) 企业内部留存收益的缺点

(1) 筹资数额有限制。留存收益筹资最大可能的数额是企业当期的税后利润和上年未分配利润之和。如果企业经营亏损,则不存在这一渠道的资金来源。此外,留存收益的比例常常受到某些股东的限制。他们可能从消费需求、风险偏好等因素考虑,要求股利支付比率维持在一定水平上。留存收益过多,股利支付过少,可能会影响到今后的外部筹资。

(2) 资金使用受制约。留存收益中某些项目的使用,如法定盈余公积金等,要受到国家有关规定的制约。

4.4　借入资本筹集

借入资本是指企业向银行、其他金融机构、其他企业单位吸收的资本。它反映了债权人的权益,又称为债务资本。借入资本的出资人是企业的债权人,对企业拥有债权,有权要求按期还本付息。企业借入资本的筹资方式,又称为债权性筹资,主要包括银行借款、发行债券、融资租赁、商业信用等。

4.4.1　银行借款

银行借款是指企业根据借款合同向银行(及其他金融机构)借入的需要还本付息的款项。企业向银行借入短期借款和长期借款是其筹集资金的一种方式。

1. 短期借款

1) 短期借款的种类

(1) 季节性借款。季节性借款是一般企业因季节性原因产生的对存货和应收账款需求的季节性大幅度增加而向银行或非银行金融机构申请的贷款。典型的季节性借款是根据企业申请由银行核准的信用限额贷款。

(2) 生产周转借款。生产周转借款是指均衡性生产企业因资金周转不灵而申请的贷款。其借款期限一般为 3 个月或半年,到期后,如仍有需求,则先偿后贷,如此周转循环。

(3) 单项业务借款。单项业务借款是指企业因特殊原因产生的资金临时性需求而向银行申请的一次性贷款。它是由银行逐笔审批确定的。

(4) 结算借款。结算借款是企业采用托收承付方式向异地发出商品,在委托银行收款期间为解决在途结算资金占用的需要,以托收承付结算凭证为担保向银行取得的借款。

2) 短期借款的信用条件

根据国际惯例,银行短期借款常附带一些信用条件,主要有以下几个:

(1) 信用限额。信用限额是企业按协议规定从银行取得的无担保贷款的最大额度。在未用尽其最高信用限额前,企业可随时使用剩余的信用额度,但是银行没有义务必须提供全部信用限额,并且协议到期时,企业必须偿还所有贷款,其利息按已使用的额度计算。

(2) 周转信用协议。周转信用协议具有法律效力,在协议有效期内,企业提出的借款要求只要不超过最高限额,银行必须给予满足,但企业必须对其未使用的信用额度支付一定费用以补偿银行做出的承诺,即企业使用信用额度的利息包括两部分,一是按基本利率计算的利息;二是补偿费用。

【例 4 - 1】 某企业周转信用额为 3 000 万元,基本利率为 10%,补偿费率为 0.5%,企业本年度内使用了 1 000 万元。计算该企业该年度应支付的利息。

解: $1\,000 \times 10\% + 2\,000 \times 0.5\% = 100 + 10 = 110$(万元)

(3) 补偿性余额。补偿性余额是银行为降低贷款风险要求借款企业按借款比例在银行保留的最低存款余额。补偿性余额一般表示为借款数额的一定百分比,它的存在提高了企业借款的实际利率。

【例 4 - 2】 某企业取得银行借款 20 万元,年利率为 10%,银行要求的补偿性余额为 12%。计算该企业借款的实际利率。

解: $\dfrac{20 \times 10\%}{20 \times (1 - 12\%)} = 11.36\%$

(4) 借款抵押。银行对风险较大的短期融资项目,有时会要求企业提供抵押品,以减少自己的风险,短期借款的抵押品一般为应收账款、存货、有价证券等。抵押借款的成本一般高于非抵押借款。

3) 短期借款利息的支付方法

借款利息的支付方法一般有以下三种:

(1) 收款法。收款法是指企业在借款到期时向银行支付利息的方法。收款法下,企业一般按单利计算利息,当借款期限在 1 年或 1 年以上时,实际利率等于名义利率,其计算公式如下:

$$R_{实} = \frac{利息}{借款数额} = r_{名}$$

但如果借款期限少于 1 年时,实际利率则大于名义利率,其计算公式如下:

$$R_{实} = \left(1 + \frac{r_{名}}{m}\right)^m - 1$$

式中,m 为每年贷款的次数。这是从复利的角度加以考虑的。

(2) 贴息法。贴息法又称为贴现法,是指银行发放贷款时,先将利息从本金中扣除,到期由企业偿还全部本金的计算方法。贴息法下,借款人实际得到的资金少于举债的数额,因此其实际利率也大于名义利率,其计算公式为:

$$R_{实} = \frac{r_{名}}{1 - r_{名}}$$

【例 4 - 3】 某企业借款的名义利率为 8%。计算该企业的实际利率。

解: $\dfrac{8\%}{1-8\%}=8.7\%$

(3) 分期付款法。分期付款法下,将利息算出来加计到本金中,由企业在借款期限内分期偿还本息和,此时企业实际使用的资金只有本金的一半左右,由此企业所负担的实际利率要高于名义利率1倍左右。

【例 4-4】 某企业向银行借入 30 000 元,利率为 12%,分 12 个月等额偿还。计算该企业该笔借款的实际利率。

解: $\dfrac{30\,000\times12\%}{\dfrac{30\,000}{2}}=24\%$

4) 短期银行借款的程序

(1) 企业提出借款申请。在企业需要向银行借入短期借款时,应当向主办银行或其他银行的经办机构提出申请,填写包括借款金额、借款用途、偿还能力以及还款方式等主要内容的《借款申请书》,并提供以下资料:

① 借款人及保证人的基本情况;

② 财政部门或会计师事务所核准的企业上年度财务报告;

③ 抵押物清单及同意抵押的证明,保证人拟同意保证的有关证明文件;

④ 贷款银行认为需要提交的其他资料。

(2) 银行对申请借款企业进行调查。银行在受理了借款人的申请后,要对借款人的信用及借款的合法性、安全性和营利性等情况进行调查,核实抵押物及保证人的情况,测定贷款的风险。

(3) 贷款的审查批准。贷款银行一般都建立了审贷分离、分级审批的贷款管理制度。一般贷款银行审查的内容包括以下几个方面:

① 审查借款的用途和原因,做出是否贷款的决策;

② 审查企业的产品销售和物资保证情况,决定贷款的数额;

③ 审查企业的资金周转和物资耗用状况,确定贷款的期限。

(4) 签订借款合同。为维护借、贷双方的合法权益,保证资金的合理使用,企业向银行借入资金时,双方要签订借款合同,合同主要包括如下几方面内容:

① 基本条款。这是借款合同的基本内容,主要强调双方的权利和义务。它具体包括借款数额、借款方式、放款时间、还款期限、还款方式、利息支付方式、利息率等。

② 保证条款。这是保证款项能顺利归还的一系列条款。它包括借款按规定的用途使用、有关的物资保证、抵押财产、担保人及其责任等内容。

③ 违约条款。这是指双方若有违约现象时应如何处理的条款。它主要载明对企业逾期不还或挪用贷款等如何处理和银行不按期发放贷款的处理等内容。

④ 其他附属条款。这是指与借、贷双方有关的其他一系列条款,如双方经办人、合同生效日期等条款。

(5) 企业取得借款。双方签订借款合同后,贷款银行要按合同的规定按期发放贷款,企业便可取得相应的资金。贷款银行不按合同约定发放贷款的,应偿付违约金。借款企业不按合同约定用款的,也应偿付违约金。

(6) 短期借款的归还。企业应按合同的规定按时足额归还借款本息。一般而言,贷款银行会在短期贷款到期前一个星期,向借款企业发送还本付息通知单。企业在接到还本付息通知单后,要及时筹备资金,按期还本付息。

如果企业不能按期归还借款,应在借款到期之前向银行申请贷款展期,但能否展期,由贷款银行视具体情况决定。贷款银行对不能按借款合同约定期限归还的贷款,可以按规定加罚利息;对不能归还或者不能落实还本付息事宜的,应督促归还或者依法起诉。企业若提前归还贷款,应当事先与贷款银行协商。

5) 短期银行借款筹资的优、缺点

(1) 短期银行借款筹资的优点

① 借款所需时间较短,可以迅速获取资金。

② 银行资金充足,实力雄厚,能随时为企业提供比较多的短期借款。对于季节性和临时性的资金需求,采用短期银行借款方式融资尤为方便。对于规模大、信誉好的大企业,更可以比较低的利率借入资金。

③ 短期银行借款的弹性好。企业可以与银行直接商谈借款的时间、数量和利息率等条款。在借款期间,如果企业情况发生了变化,也可与银行进行协商,修改借款的数量和条件。借款到期后,如有正当理由,还可延期归还。

(2) 短期银行借款筹资的缺点

① 风险大。银行借款都有确定的还款日期和利率规定,在企业经营不利时,可能会产生不能按期偿付的风险,甚至会引起企业的破产。

② 限制多。企业与银行签订的借款合同中,一般都有一些限制性条款。如不准改变借款用途,并要求企业把流动比率、负债比率维持在一定的范围之内等。

③ 资金成本相对较高。短期银行借款的成本要高于商业信用和短期融资券,而抵押借款因需要支付管理和服务费用,成本则会更高。

2. 长期借款

长期借款是企业向银行或其他非银行金融机构借入的使用期超过 1 年的借款,主要用于固定资产的构建和流动资产的长期占用。

1) 长期借款的种类

按照不同的标准,长期借款有不同的分类,企业可根据自身情况和有关条件选用。

(1) 按提供贷款的机构,长期借款可分为政策性银行贷款、商业银行贷款、保险企业贷款等。政策性银行贷款是指执行国家政策性贷款业务的银行向企业发放的贷款,一般贷给国有企业;商业银行贷款是指各商业银行向企业发放的贷款,企业一般用来满足建设竞争性项目的资金需要;保险企业贷款是指由保险企业向企业提供的贷款,一般期限较长,利率较高,对贷款对象的选择也比较严格。

(2) 按有无担保,长期借款可分为抵押贷款和信用贷款。抵押贷款是指要求企业提供特定的抵押品作为担保的贷款。长期贷款的抵押品可以是房屋建筑物、机器设备等实物资产,也可以是股票、债券等有价证券。信用贷款是指无须提供抵押品,仅凭企业信用或其担保人的信用而发放的贷款。

(3) 按取得贷款的行业,长期借款可分为工业贷款、商业贷款、农业贷款等。

(4) 按贷款的具体用途,长期借款可分为固定资产投资贷款、更新改造贷款、科研开发和新产品试制贷款等。

2）长期借款的取得

我国金融部门发放贷款的原则是，按计划发放、择优扶植、有物资保证、按期归还。企业申请贷款一般应具备以下条件：

（1）独立核算、自负盈亏，具有法人资格。

（2）企业的经营方向和业务范围符合国家政策、法令，借款用途属于银行贷款办法规定的范围。

（3）企业具有一定的物资和财产作保证，担保单位具有相应的经济实力。

（4）借款企业具有偿还本金的能力。

（5）借款企业财务管理和经济核算制度健全，资金使用及企业经济效益良好。

（6）借款企业在贷款机构开立账户，办理结算。

符合上述条件的企业可以提出借款申请，并说明借款原因和金额、用款时间和计划等，由银行审核同意，并以借款合同的形式将其法制化，合同生效后，企业即可取得借款。

3）长期借款的限制性条款

对贷款发放来说，长期借款期限长，风险大，因此其常在借款合同中加一些限制性条款，以维护自身的利益，归纳起来主要有以下三类。

（1）一般性限制条款

① 对企业流动资金保持量的规定，一般要求企业保持一个最低的营运资本净额或一个最低的流动比率，以保持资金的流动性和偿债能力。

② 限制再购入股票和现金股利的支出，以控制现金外流。

③ 限制资本支出的规模，仍是为了保持企业资金的流动性

④ 对借入其他长期债务的限制，以确保清理时，对企业资产的优先求偿权。

（2）例行性限制条款

① 定期向银行提供财务报表，以便银行能经常了解企业的经营和发展状况。

② 不准出售太多的资产，以保证企业的生产经营能正常持续地运行。

③ 及时支付税金及其他到期债务，以避免被罚款而造成的现金流失。

④ 限制应收账款的出售或应收票据的贴现，以减少或有负债。

⑤ 限制以任何资产为其他承诺作担保，仍是为了减少或有负债。

⑥ 条款协议里通常还包括限制企业租赁融资的条款，以防止巨额租金削弱企业的偿债能力。

一般性限制条款和例行性限制条款应用于大多数借款合同中。

（3）特殊性限制条款

特殊性限制条款，是针对某些特殊情况而定的，主要有贷款专款专用，控制高级职员的薪金总额，企业主要领导人购买人身保险等。

4）长期借款的成本

长期借款的成本主要由借款利率来体现。长期借款的利率可分为固定利率和浮动利率两种类型。固定利率是指企业按某一固定利率支付长期借款的利息；浮动利率是指按借款协议，借款利率可随资金市场的变动情况而相应调整，一般以基本利率（如银行存款利率）为准，据市场利率的变动加以调整，并规定一定的浮动百分比限度。随着经济业务环境的日益

复杂化,企业财务经理人员在采用长期借款时,应根据具体情况合理地应用不同的利率政策,为企业创造最佳融资条件。例如,企业融资时,市场利率预测已达到顶峰,估计将会下跌时,则可采用浮动利率或可先进行短期借款,当利率下跌后,再借入利率较低的长期借款,以减少企业的利息费用;反之,融资时,市场利率较低或预测市场利率将会上涨时,则可借入固定利率的长期借款,这也可降低企业长期借款的成本。

此外,长期借款除利息费用外,一般还包括其他费用负担,主要有附加费率、手续费率、代理费率、杂费等,这些都会加大长期借款的成本。

5) 长期借款的偿还方式

一般而言,长期借款常见的偿还方式有以下几种:

(1) 分期付息到期还本。这种方式下还款比较集中,借款到期时,会加大企业的还款压力。

(2) 定期等额偿还方式,指贷款本息按某一相同金额定期偿付,这一方式下,可减少企业到期一次清偿的压力,但会提高企业使用借款的实际利率。

(3) 部分分期等额偿还方式,指部分贷款分期等额偿付,其余部分分期付息,到期还本,是前两种方式的综合。

(4) 分批偿还方式,每批金额不一定相等。

6) 长期借款筹资的优缺点

(1) 长期借款筹资的优点

① 融资速度快。长期借款是由借、贷双方直接协商确定,手续比发行有价证券简单得多,能使资金迅速到位,满足企业的需求。

② 融资成本低。这表现在两个方面,其一,长期借款的利息在税前支付,有抵税作用;其二,长期借款的交易费用、借款利率一般低于有价证券融资。

③ 融资弹性大。这主要体现在,在借款期间,如企业财务状况发生变化,与贷款机构协商,有对各种条款修改的可能性。

④ 可以发挥杠杆作用。当企业投资报酬率大于其借款利率时,通过长期借款能使企业获得超过借款利率的差额利润。

(2) 长期借款筹资的缺点

① 风险高。扩大长期借款的规模增加了企业的财务风险,降低了企业偿债的能力。

② 限制性条款多。会使企业在财务管理和生产经营上受到某种程度的制约,可能会影响企业以后的融资和投资活动。

③ 融资数量有限。长期借款的融资对象仅为金融机构,不能像发行债券、股票那样筹到巨额资金。

4.4.2 发行债券

债券是企业依照法定程序发行的,约定在一定期限内还本付息的有价证券,是持券人拥有公司债权的债权证书。它代表持券人与公司之间的债权债务关系,持券人可按期取得固定利息,到期收回本金,但无权参与公司的经营管理,也不参加分红,持券人对企业的经营盈亏不承担责任。在西方,发行债券是企业筹集负债资金的一个重要途径。

1. 债券的种类

债券的种类很多,可按不同的标准进行分类。

1) 按有无抵押品,分为抵押债券和信用债券

抵押债券又称为有担保债券,是指发行公司以特定财产作为抵押的债券。按抵押财产的不同,它又可分为不动产抵押债券、动产抵押债券、信托抵押债券等。其中,信托抵押债券是指公司以其持有的有价证券为担保而发行的债券。对于抵押债券,若发行企业不能按期偿还本息,持有人可以发行其抵押权,拍卖抵押品作为抵偿。

信用债券又称无抵押债券,是指发行公司没有抵押品担保,完全凭信用发行的债券。这种债券通常是由信誉良好的公司发行,利率一般略高于抵押债券。

2) 按偿还期限不同,分为短期债券、中期债券和长期债券

短期债券的期限在 1 年以内,中期债券的期限在 1 年以上、5 年以内,长期债券的期限在 5 年以上。

3) 按是否记名,分为记名债券和无记名债券

记名债券是指在债券票面上注明债券持有人的姓名或名称,同时在发行公司的债权人名册上进行登记的债券。转让记名债券时,要在债券上背书,同时还要到发行公司更换债权人的姓名或名称。无记名债券是指在债券票面上未注明债券持有人的姓名或名称,也不用在发行公司的债权人名册上进行登记的债券。转让无记名债券时,无须背书,交付债券即生效。

2. 发行债券的条件

我国《公司法》规定,股份有限公司、国有独资公司和两个以上的国有企业或者其他两个以上的国有投资主体投资设立的有限责任公司,有资格发行债券。

上述规定对发行资格的限制包括两个方面,其一是发行主体必须符合要求;其二是所筹资金的用途必须符合要求,即发行公司发行债券筹集的资金必须用于审批机关批准的用途,不得用于弥补亏损和非生产性支出。

我国《公司法》规定,发行公司债券必须符合下列条件:

(1) 股份有限公司的净资产额不低于人民币 3 000 万元。有限责任公司的净资产额不低于人民币 6 000 万元。

(2) 累计发行债券总额不超过公司净资产总额的 40%。

(3) 最近 3 年平均可分配利润足以支付公司债券 1 年的利息。

(4) 发行债券筹集的资金的投向符合国家产业政策。

(5) 债券的利率不得超过国务院限定的利率水平。

(6) 国务院规定的其他条件。

我国《公司法》还规定,处于下列情况的企业,一般不得发行或再次发行债券:

(1) 已发行债券而未募足资金的企业;

(2) 对其债务或已发行的债券有违约或延迟支付利息的事实,且仍处于继续状态的;

(3) 最近 3 年平均可分配利润不足以支付公司债券 1 年利息的。

3. 发行债券的程序

公司发行债券的基本程序如下:

(1) 做出债券发行的决议。根据我国《公司法》的规定,股份有限公司、有限责任公司发

行公司债券,由董事会制定方案,股东会做出决议;国有独资公司发行公司债券,应由国家授权投资的机构或国家授权批准的部门做出决定。上述规定说明,发行公司债券的决议应由公司最高权力机构做出。

(2) 提出发行债券的申请。公司在决定公开发行债券后,应当向国务院证券管理部门申报,未经批准不得发行债券。在申请批准发行公司债券时,公司应提交:公司登记证明、公司章程、公司债券募集办法、资产评估报告和验资报告等文件。

(3) 公告债券的募集办法。在债券发行的申请经批准之后,公司应当向社会公告债券募集办法,公告内容包括公司名称、债券总额和债券的票面金额、债券的利率、还本付息的期限和方法、债券发行的起止日期、公司净资产、已发行的尚未到期的公司债券总额、公司债券的承销机构等。

(4) 签订承销合同,委托证券承销机构发行债券。我国《证券法》规定,证券的发行只能采用间接发行的方式。在间接发行方式下,当发行债券的申请被批准后,发行企业要与证券承销机构签订证券承销合同。承销机构按照合同规定,在发行期间向投资者发售债券。

(5) 交付债券,收缴债券款,登记债券存根簿。投资者直接向承销机构付款购买,承销机构代为收取债券款,交付债券;到债券发售截止日,发行公司向承销机构收缴债券款并结算预付的债券款,债券发行即告结束。公司发行的债券应在置备的公司债券存根登记簿中登记。

4. 债券发行价格的确定

债券发行价格的高低受以下四个因素的影响:

(1) 债券票面金额。一般而言,债券票面金额越大,发行价格越高。

(2) 债券票面利率。一般而言,债券的票面利率越高,债券的发行价格越高。

(3) 市场利率。即债券有效期内资金市场的平均利息率。一般而言,市场利率越高,债券的发行价格越低。

(4) 债券期限。债券的期限越长,债券投资者的风险就越大,要求的债券投资收益率就越高,债券的发行价格就越低。

从资金时间价值来考虑,债券的发行价格由两部分组成,即债券到期还本面额的现值和债券各期利息的年金现值。其计算公式如下:

$$债券售价 = \frac{债券面值}{(1+市场利率)^n} + \sum_{t=1}^{n} \frac{债券面值 \times 票面利率}{(1+市场利率)^t}$$

式中,n 为债券期限;t 为付息期数;市场利率是指债券发售时的市场利率;票面利率是指债券的票面利率。

【例 4-5】 某公司发行面值为 1 000 元的长期债券,票面利率为 12%,期限为 5 年,每年年末支付利息。如果发行的市场利率分别为 12%、10%、15%,请分别计算该债券的发行价格。

解:(1) 如果发行的市场利率为 12%,则该债券的发行价格为:

$P = 1\,000 \times (P/F, 12\%, 5) + 1\,000 \times 12\% \times (P/A, 12\%, 5)$

$= 1\,000 \times 0.567\,4 + 120 \times 3.604\,8$

$= 1\,000(元)$

(2) 如果发行的市场利率为 10%,则该债券的发行价格为:

$P = 1\,000 \times (P/F, 10\%, 5) + 1\,000 \times 12\% \times (P/A, 10\%, 5)$

$\qquad = 1\,000 \times 0.620\,9 + 120 \times 3.790\,8$

$\qquad = 1\,075.8(元)$

(3) 如果发行的市场利率为 15%，则该债券的发行价格为：

$P = 1\,000 \times (P/F, 15\%, 5) + 1\,000 \times 12\% \times (P/A, 15\%, 5)$

$\qquad = 1\,000 \times 0.497\,2 + 120 \times 3.352\,2$

$\qquad = 899.5(元)$

可见，债券之所以存在溢价发行和折价发行，主要原因在于资金市场上的利率经常变化。债券从印制到正式发行期间，如果市场利率发生变化，就无法调整票面利率，只能通过改变发行价格调整其收益。在市场利率高于票面利率时，通常采取折价发行，折价可视作今后少付利息而提前付给投资者的补偿；当市场利率低于票面利率时，通常采取溢价发行，溢价发行可视作以后多支付利息而提前向投资者取得的补偿。

5. 发行债券筹资的优缺点

1) 发行债券筹资的优点

(1) 资金成本较低。与股票的股利相比较，债券的利息允许在所得税前支付，发行公司可享受税收上的利益，故公司实际负担的债券成本一般低于股票成本。

(2) 可利用财务杠杆。无论发行公司的盈利多少，债券持有人一般只收取固定的利息，而更多的收益可用于分配给股东或留用于公司经营，从而增加股东和公司的财富。

(3) 保障股东控制权。债券持有人无权参与发行公司的管理决策，因此公司发行债券不会像增发新股那样可能会分散股东对公司的控制权。

(4) 便于调整资本结构。在公司拟发行可转换债券及可提前赎回债券的情况下，便于公司合理调整资本结构。

2) 发行债券筹资的缺点

(1) 筹资风险高。债券有固定的到期日，并需定期支付利息。利用债券筹资要承担还本、付息的义务。在企业经营不景气时，让债券持有人还本、付息无异于釜底抽薪，会给企业带来更大的困难，甚至导致企业破产。

(2) 限制条件多。发行债券的契约书中往往约定一些限制条件。这种限制比优先股及长期借款要严格得多，可能会影响企业的正常发展和以后的筹资能力。

(3) 筹资数额有限。利用债券筹资在数额上有一定的限制，当公司的负债超过一定程度后，债券筹资的成本会迅速上升，有时甚至难以发行出去。

4.4.3 融资租赁

租赁是出租人以收取租金为条件，在契约或合同规定的期限内，将资产租借给承租人使用的一种经济行为。租赁行为在实质上具有借贷属性，不过它直接涉及的是物而不是钱。在租赁业务中，出租人主要是各种专业租赁公司，承租人主要是各类企业，租赁物大多为设备等固定资产。

1. 租赁的种类和特征

现代租赁按照与租赁资产所有权有关的全部奉献和报酬是否转移，可分为经营租赁和融资租赁。

1）经营租赁

经营租赁也称为营业租赁、服务租赁，是指由出租人向承租人提供租赁资产，并提供维修、保养和人员培训等的服务性业务。承租人采用经营租赁的主要目的不是融通资金，而是为了获得资产的短期使用权及出租人提供的专门技术服务。

经营租赁的主要特点主要包括以下几个方面：

（1）租赁资产由出租人选定，一般是具有通用性、容易找到接替用户的资产；

（2）租赁期较短；

（3）租赁合同具有可撤销性；

（4）出租人承担专门的服务，并承担租赁资产的维护、保养、保险等责任，由于出租人承担了租赁资产的风险，故会收取较高的租赁费；

（5）租赁期满时，租赁资产应退还给出租人。

2）融资租赁

融资租赁也称为资本租赁、财务租赁，是指由租赁公司按照承租企业的要求融资购买设备，并在契约或合同规定的较长时期内提供给承租企业使用的信用性业务，是现代租赁的主要类型。承租企业采用融资租赁的主要目的是为了融通资金。一般融资的对象是资金，而融资租赁集融资与融物于一身，具有借贷性质，是承租企业筹集长期借入资金的一种特殊方式。

融资租赁通常为长期租赁，可适应承租企业对设备的长期需要，其主要特点有以下几个方面：

（1）一般由承租企业向租赁公司提出正式申请，由租赁公司融资购进设备租给承租企业使用；

（2）租赁期较长，大多为设备耐用年限的50%以上；

（3）租赁合同比较稳定，在规定的租赁期内非经双方同意，任何一方不得中途解约，这有利于维护双方的权益；

（4）由承租企业负责设备的维修、保养和保险，但不得拆卸改装；

（5）租赁期满时，按事先约定的办法处置设备，一般有退租、续租、留购三种方式可供选择，通常选择留购方式。

2. 融资租赁的种类

融资租赁的形式主要有以下三种：

1）直接租赁

直接租赁是最简单的融资租赁形式，是指承租人直接向制造商租赁资产或承租人先向出租人申请，由出租人按承租人的要求购买资产，然后出租给承租人。

2）售后租回

售后租回是由承租人将所购置设备出售给出租人，然后从出租人处租回设备并使用。该租赁业务进行的程序是先做资产买卖交易，然后再进行资产租赁交易。采用这种租赁形式，出售资产的企业可得到相当于售价的一笔资金，同时仍然可以使用资产。当然，在此期间，该企业要支付租金，并失去了财产所有权。从事售后回租的出租人为租赁企业等金融机构。

3）杠杆租赁

杠杆租赁是国际上比较流行的一种融资租赁形式,一般要涉及承租人、出租人和贷款人三方当事人。从承租人的角度来看,它与其他融资租赁形式并无区别,同样是按合同的规定,在租期内获得资产的使用权,按期支付租金。但对于出租人却不同,出租人只垫支购买资产所需现金的一部分(一般为 20%～40%),其余部分(60%～80%)则以该资产为担保向贷款人借款支付。因此,在这种情况下,租赁公司既是出租人又是借款人,据此既要收取租金又要支付债务,这种融资租赁形式由于租赁收益一般大于借款成本支出,出租人借款购物出租可获得财务杠杆利益,所以被称为杠杆租赁。

3. 融资租赁的程序

1) 选择租赁企业和设备

企业决定采用租赁方式取得某项设备时,首先需了解各个租赁企业的经营范围、业务能力,以及与其他金融机构的关系和资信情况,取得租赁企业的融资条件和租赁费率等资料,并加以比较,从而择优选定。

2) 办理租赁委托

企业选定租赁企业后,便可向其提出申请,办理委托。这时,融资企业需填写《租赁申请书》,说明所需设备的具体要求,同时还要提供企业的财务状况文件,包括资产负债表、利润表和现金流量表等。

3) 签订购货协议

由承租企业与租赁企业的一方或双方合作组织选定设备制造厂商,并与其进行技术与商务谈判,签署购货协议。

4) 签订租赁合同

租赁合同由承租企业与租赁公司签订,它是租赁业务的重要文件,具有法律效力。融资租赁合同的内容一般可分为一般条款和特殊条款两部分。

一般条款主要包括:合同说明,名词释义,租赁设备条款,租赁设备交货、验收和税务使用条款,租赁期限及起租日期条款,租金支付条款等。

特殊条款主要包括:购货合同与租赁合同的关系,租赁设备的产权归属,租赁期间不允许退租,对出租人和承租人的保障,承租人违约及对出租人的补偿,设备的适用和保管、维修保障责任,保险条款,租赁保证金和担保条款,租赁期满时对设备的处理条款等。

5) 交货验收、结算货款与投保

承租人收到供应商发来的设备后应进行验收。验收合格后,承租人向租赁公司签发验收证书,租赁公司据以向供应商支付货款,同时由承租人向保险公司投保。

6) 支付租金

承租企业按照租赁合同规定,分期交纳租金,这也就是承租企业对所筹集资金的分期偿还。

7) 租赁期满处置设备

租赁期满后,承租人根据租赁合同的约定对设备续租、退租或留购。

4. 融资租赁租金的计算

1) 融资租赁租金的构成

(1) 设备价款。它是租金的主要内容,由设备的买价、运杂费和途中保险费等构成。

(2) 融资成本。它是指租赁企业为购买租赁设备所筹资金的成本,即设备租赁期间的

利息。

（3）租赁手续费。它包括租赁企业承办租赁设备的营业费用和一定的盈利。租赁手续费的高低一般无固定标准，可由承租企业与租赁企业协商确定。

（4）租赁期限。一般而言，租赁期限的长短既影响租金总额，也影响每期租金的数额。

（5）租赁设备的预计残值。这是指设备租赁期满时预计可变现的净值。

2）融资租赁租金的支付方式

租金的支付方式也影响每期租金的多少。一般而言，租金支付次数越多，每次的支付额就越少。支付租金的方式也可按不同的标准进行分类，按支付间隔期划分，包括年付、半年付、季付和月付；按租金支付发生时间的不同，可以分为先付和后付；按每次支付是否等额划分，包括等额支付和不等额支付。财务管理中，承租企业与租赁公司商定的租金支付方式大多为后付等额租金。

3）租金的支付方法

租金的计算方法很多，在我国融资租赁实务中大多采用平均分摊法和等额年金法。

（1）平均分摊法。指按事先确定的利息率和手续费率计算出租赁期间的利息和手续费总额，然后连同设备成本按支付次数进行平均。这种方法不考虑时间价值因素，计算较为简单。其计算公式如下：

$$每次支付租金 = \frac{(设备成本-预计残值)+租期内利息+租赁手续费}{租期}$$

【例4-6】 某企业于2019年1月1日从租赁企业租入一套设备，价值50万元，租期为5年，预计租赁期满时的残值为1.5万元，归租赁企业，年利率9%，租赁手续费率为设备价值的2%。租金每年年末支付一次。计算该企业租赁该套设备每次支付的租金。

解： $每次支付的租金 = \frac{(50-1.5)+[50\times(1+9\%)^5-50]+50\times2\%}{5} = 15.29（万元）$

（2）等额年金法。等额年金法是指将利息率与手续费率综合成贴现率，运用年金现值方法计算确定的每年应付租金。其计算公式如下：

$$每年支付的租金 = 等额租金现值总额 \div 等额租金的现值系数$$

这分为两种情况，一种是每期租金在年初支付，即采用先付年金（预付年金）方式。另一种是每年末支付租金，即采用后付年金（普通年金）方式。

① 先付年金的计算。承租企业有时可能会与租赁企业商定，采取先付等额租金的方式支付租金。根据先付年金的现值公式，可得预付等额租金的计算公式为：

$$A = P/[P/A, i, (n-1)+1]$$

【例4-7】 某企业采用融资租赁方式于2019年1月1日从租赁企业租入一套设备，设备价款为200 000元，租期为8年，到期后设备归企业所有，为了保证租赁企业能完全弥补融资成本、相关的手续费并有一定盈利，双方商定采用10%的折现率。试计算该企业每年年初应支付的等额租金。

解： $A = 200\ 000 \div [(P/A, 10\%, 7)+1] = 200\ 000 \div [4.868\ 4+1] \approx 34\ 081（元）$

② 后付年金的计算。承租企业与租赁企业商定的租金支付方式，大多数为后付年金，即普通年金。其计算公式如下：

$$P = A \times (P/A, i, n)$$

根据普通年金现值的计算公式,可推导出后付租金方式下每年年末支付租金数额的计算公式为:

$$A = P/(P/A, i, n)$$

假如上例采用后付等额租金方式,则每年年末支付的租金额可计算为:

$A = 200\,000 \div (P/A, 10\%, 8) = 200\,000 \div 5.334\,9 \approx 37\,489$(元)

5. 融资租赁的优缺点

1) 融资租赁的优点

(1) 融资速度快。融资租赁是融资与设备购置同时进行的,可以缩短设备的购进、安装时间,使企业尽快形成生产力。

(2) 限制条款少。如前所述,债券和长期借款都有相当多的限制条款,与此相比,融资租赁的限制条款一般比较少。

(3) 设备淘汰风险小。当今,科学技术在迅速发展,固定资产更新周期日趋缩短。企业设备陈旧过时的风险很大,利用融资租赁集资可减少这一风险,这是因为多数租赁协议都规定由出租人承担设备陈旧过时的风险。

(4) 到期还本负担轻。租金在整个租期内分摊,不用到期归还大量本金,可适当减少不能偿付的风险。

(5) 税收负担轻。租金可在税前扣除,具有抵免所得税的效用。

2) 融资租赁的缺点

租赁筹资的主要缺点是成本较高,租金总额通常要高于设备价值的 30%;承租企业在财务困难时期,支付固定的租金也将构成一项沉重的负担。另外,采用租赁筹资方式如不能享有设备残值,也可视为承租企业的一种机会损失。

4.4.4 商业信用

商业信用是最古老也是最常见的短期筹资方式之一。商业信用是指在商品交易中由于延期付款或预收货款所形成的企业间的借贷关系。商业信用在实务中应用得较广泛。

1. 商业信用的概念和形式

商业信用是企业在商品购销活动中因延期支付或预收货款而形成的借贷关系,是由商品交易中货与钱在时间和空间上的分离而形成的企业之间的直接信用行为,无须支付利息的,如果运用得好,可以筹集到一大笔资金。其主要形式有应付账款、应付票据、预收账款等。

1) 应付账款

应付账款是指买、卖双方发生商品交易后,卖方允许买方在购货后的一定时期内支付货款的一种形式。利用应付账款,卖方主要是为了促销,买方延期付款等于向卖方借用资金购进商品,可在一定程度上满足或缓解短期资金的需求。卖方为促使买方及时承付货款,一般均给对方一定的现金折扣。例如,"2/10,n/30"表示货款在 10 天内付清,可以享受货款金额 2% 的现金折扣;货款在 30 天内付清(即信用期为 30 天),则需付全部货款。

2) 应付票据

应付票据是企业根据购销合同的要求,在进行延期付款的商品交易时开具的反映债权债务关系的票据。根据承兑人的不同,商业汇票可以分为商业承兑汇票和银行承兑汇票。

商业承兑汇票是一种票据,是反映应付账款和应收账款的书面证明。对于买方来说,它是一种短期融资方式。

不管承兑人是谁,最终付款人仍是购货人。从应付票据的付款期限来看,一般为 1～6 个月,最长不超过 9 个月,并有带息票据和不带息票据两种。即使是带息票据,其利率通常也比银行借款利率低,一般无其他可能导致资金成本升高的附加条件,所以应付票据的资金成本通常低于银行借款。

3)预收货款

预收货款是指卖方按合同或协议规定,在交付商品之前向买方预收部分或全部货款的信用形式。通常购买单位对于紧俏商品乐意采用这种形式,以便顺利获得所需商品。另外,生产周期长、售价高的商品,如飞机、轮船等,生产企业也经常向订货者分次预收货款,以缓解资金占用过多的矛盾。

4)应计未付款

应计未付款是企业在生产经营和利润分配过程中已经计提但尚未以货币支付的款项。它主要包括应付职工薪酬、应交税费、应付股利等。它随着企业规模的扩大而增加,企业使用这些自然形成的资金无须付出任何代价。但企业不是总能控制这些款项,因为其支付是有一定时间的,企业不能总拖欠这些款项,所以,企业尽管可以充分利用应计未付款,但并不能控制这些账目的水平。

2. 商业信用的条件

信用条件是指销货方对付款时间和现金折扣所做的具体规定,如“3/10、2/20、$n/30$”,便属于一种信用条件。信用条件主要有以下几种形式。

1)预付货款

即买方向卖方提前支付货款。这一般有两种情况,一是卖方已知买方的信用欠佳;二是销售生产周期长、售价高的产品。在这种信用条件下,卖方企业可以得到暂时的资金来源,而买方企业则要预先垫付一笔资金。

2)延期付款,但没有现金折扣

在这种信用条件下,卖方允许买方在交易发生后一定时间内按发票金额支付货款,如“$n/30$”,是指在交易后 30 天内按发票金额付款。这种条件下的信用期间一般为 30～60 天,但有些季节性的生产企业可能为其顾客提供更长的信用期间。此种情况下,买、卖双方存在商业信用,买方可因延期付款而取得资金来源。

3)延期付款,但提前付款可享受现金折扣

在这种信用条件下,买方若能提前付款,则卖方可给予一定的现金折扣;若买方放弃享受现金折扣,则必须在卖方规定的付款期内付清账款。如“3/10,$n/30$”便属于此种信用条件。其中,“30”表示信用期为 30 天,“10”表示折扣期,“3”表示在折扣期 10 天内付款,可享受 3％的价格优惠。

采用这种信用交易方式,主要是为了加速应收账款的收现。现金折扣一般为发票金额的 1％～5％。此种情况下,买、卖双方存在商业信用。买方若在折扣期内付款,除可获得短期资金来源外,还能得到现金折扣;若放弃现金折扣,则可在稍长时间内占用卖方资金。

3. 现金折扣成本的计算

在采用商业信用形式销售产品时,为鼓励买方尽早支付货款,卖方往往规定一些信用条件,主要包括现金折扣和付款期间两部分内容。如"3/10,n/30"是指在 10 天内付款可享受 3%的现金折扣;若放弃享受现金折扣,则货款应在 30 天内付清。如果卖方提供现金折扣,买方应尽量争取获得此折扣,因为丧失现金折扣的机会成本是很高的。其计算公式如下:

$$K=\frac{CD}{1-CD}\times\frac{360}{N}$$

式中:K 为资金成本;CD 为现金折扣的百分比;N 为失去现金折扣而延期付款的天数。此例中的资金成本为:

$$K=\frac{3\%}{1-3\%}\times\frac{360}{20}=55.67\%$$

4. 商业信用筹资的优缺点

1) 商业信用筹资的优点

(1) 筹资便利。利用商业信用筹措资金非常方便,如商业信用与商品购销同时进行,不用做非常正规的安排。

(2) 限制条件少。企业利用银行借款筹措资金,银行对贷款的使用大都要规定一些限制条件,而商业信用则限制较少。

(3) 筹资成本低。如果在现金折扣期的后期付款,则可利用一段时间的商业信用而不发生筹资成本。

2) 商业信用筹资的缺点

(1) 期限短。它属于短期筹资方式,不能用于长期资产占用。

(2) 风险大。由于各种应付款项经常发生,次数频繁,因此需要企业随时安排现金的调度。

4.5 资本成本

资本成本是公司筹资管理的主要依据,也是公司投资管理的重要标准。本节着重从公司长期资本的角度,介绍资本成本的作用和测算方法。

4.5.1 资本成本概述

1. 资本成本的概念

资本成本是指企业筹集和使用资本而付出的代价,在广义上指任何资本成本,包括短期和长期的资金成本;在狭义上指长期资金(包括自有资本和借入长期资本)的成本。长期资金也被称为资本,其成本称为资本成本。它包括筹资费用和用资费用两种。它是资本所有权与资本使用权分离的结果。出资者让渡了资本使用权,则其必然要求一定的补偿,资本成本表现为让渡资本使用权所带来的投资报酬;筹资者取得了资本使用权,必须支付一定代价,资本成本表现为取得资本使用权所付出的代价。

2. 资本成本的内容

1) 用资费用

用资费用是指企业在生产经营和对外投资活动中因使用资本而付出的费用,如向债权人支付利息、向股东分配股利等。用资费用是资本成本的主要内容。长期资本的用资费用是经常性的，并随使用资本数量的多少和时间的长短而变动，因而属于变动性资本成本。

2）筹资费用

筹资费用是指企业在筹集资本活动中为获得资本而付出的费用。例如，向银行支付的借款手续费，因发行股票、债券而支付的发行费用等。筹资费用与用资费用不同，它通常是在筹资时一次支付的，在获得资本后的用资过程中不再发生，因而属于固定性的资本成本，可看作是对筹资总额的一项扣除。

3. 资本成本的表现形式

资本成本可以用绝对数表示，也可以用相对数表示。但在财务管理中，它一般用相对数表示，即表示为用资费用与实际筹集资金的比率，其计算公式如下：

$$K=\frac{D}{P-F}\times100\% \text{ 或 } K=\frac{D}{P(1-f)}\times100\%$$

式中，K 为资本成本率；D 为用资费用；P 为筹资数额；F 为筹资费用；f 为筹资费用率。

公式中，分母$(P-F)$至少包括三层含义，一是筹资费用属于一次性费用，不同于经常性的使用费用，因而不能用$(D+F)/P$代替$D/(P-F)$；二是筹资费用是在筹资时支付的，可看作是筹资总额的扣除额，$(P-F)$为筹资净额；三是用公式$D/(P-F)$而不是用D/P，表明资本成本同利息率或股利率在含义上和数量上都有差别。

需要注意的是：若资金来源为负债，还存在税前资金成本和税后资金成本的区别。计算税后资金成本需要从年资金用资费中减去资金用资费税前扣除导致的所得税节约额。

4. 资本成本的性质

（1）资本成本是资本所有权与使用权相分离的产物。

（2）资本成本是成本，但区别于一般的产品成本。

（3）资本成本包含资金时间价值，但不等于资金时间价值。资金时间价值是指在没有风险、没有通货膨胀的条件下，随时间的推移而发生的增值。资金时间价值是资本成本的下限。资本成本是以资金时间价值为基础的，但还包括投资风险价值和通货膨胀率等。

5. 资本成本的作用

（1）比较筹资方式、选择筹资方案和追加投资决策的依据。各种资本的资本成本率是比较、评价各种筹资方式的依据。在评价各种筹资方式时，一般会考虑对企业控制权的影响、对投资者吸引力的大小、融资的难易和风险、资本成本的高低等，而资本成本是其中的重要因素。一般情况下，企业筹资应选择资本成本最低的方法。

（2）评价投资项目可行性的主要标准。资本成本是企业对投资人所要求的收益率（或报酬率），即最低必要报酬率，通常用相对数表示。资本成本率是企业用以确定项目要求达到投资报酬率的最低标准。如果投资项目的预期投资报酬率超过该项目使用资本的资本成本率，则该项目在经济上就是可行的。

（3）平均资本成本是衡量资本结构是否合理的依据。企业财务管理目标是企业价值最大化，企业价值是企业资产带来的未来经济利益的现值。计算现值时采用的贴现率通常会选择企业的平均资本成本，当平均资本成本率最小时的资本结构是企业理想的最佳资本结构，此时的企业价值最大。

（4）评价企业整体业绩的重要依据。一定时期内企业资本成本的高低，可以反映企业筹资管理的水平，还可作为评价企业整体经营业绩的标准。企业的总资产报酬率应高于其平均资本成本率，这样才能带来剩余收益。

4.5.2 个别资本成本

个别资本成本是指单一融资方式的资本成本，包括银行借款资本成本、公司债券资本成本、优先股资本成本、普通股资本成本和留存收益资本成本等。其中，前两项是债务资本成本，后三项是权益资本成本。

1. 债务成本

债务成本主要有长期借款成本和债券成本。按照国际惯例和各国所得税法的规定，债务的利息一般允许在企业所得税前支付，因此，企业实际负担的利息＝利息×（1－所得税税率）。

1）银行借款资本成本

银行借款资本成本包括借款利息和借款手续费用。利息费用税前支付，可以起到抵税作用，一般计算税后资本成本率，税后资本成本率与权益资本成本率具有可比性。银行借款的资本成本率按一般模式计算为：

$$K_l = \frac{年利率 \times (1-所得税税率)}{1-手续费率} \times 100\% = \frac{i(1-T)}{1-f} \times 100\%$$

式中，K_l 为银行借款资本成本率；i 为银行借款年利率；T 为所得税税率；f 为手续费率。

由于银行借款的手续费率很低，上式中的筹资费用率常常可以忽略不计，则长期借款的资本成本率可以简化为"年利率×（1－所得税税率）"。

【例 4-8】 某企业取得 5 年期长期借款 200 万元，年利率为 10％，每年付息一次，到期一次还本，借款费用率为 0.2％，企业所得税税率为 20％。计算该企业该项借款的资本成本率。

解： $K_l = \frac{10\% \times (1-20\%)}{1-0.2\%} \times 100\% = 8.016\%$

2）公司债券资本成本

公司债券资本成本包括债券利息和借款发行费用。债券可以溢价发行，也可以折价发行，其资本成本率按一般模式计算为：

$$K_b = \frac{年利息 \times (1-所得税税率)}{债券筹资总额 \times (1-手续费率)} \times 100\% = \frac{I(1-T)}{B(1-f)} \times 100\%$$

式中，K_b 为长期债券的资本成本率；B 为债券按发行价格计算的筹资额；I 为债券按票面价值计算的年利息额；f 为筹资费用率；T 为所得税税率。

【例 4-9】 某企业以 1 100 元的价格，溢价发行面值为 1 000 元、期限为 5 年、票面利率为 7％的公司债券一批。每年付息一次，到期一次还本，发行费用率为 3％，所得税税率为 20％。计算该企业发行该批债券的资本成本率。

解： $K_b = \frac{1\,000 \times 7\% \times (1-20\%)}{1\,100 \times (1-3\%)} \times 100\% = 5.25\%$

2. 权益成本

权益成本包括优先股成本、普通股成本、留存收益成本等。由于这类资本的使用费用（股利或利润等）均从税后支付，因此不存在抵税功能。

1) 优先股资本成本

企业发行优先股，既要支付筹资费用，又要定期支付股利。它与债券不同的是股利在税后支付，且没有固定到期日。企业破产时，优先股股东的求偿权位于债券持有人之后，优先股股东的风险大于债券持有人的风险，这就使得优先股的股息率一般要大于债券的利息率。另外，优先股股利要从净利润中支付，不能抵减所得税，所以优先股成本通常要高于债券成本。其计算公式为：

$$K_p = \frac{D_p}{P_p(1-f_p)} \times 100\%$$

式中，K_p 为优先股资本成本率；D_p 为优先股年股息，等于优先股面额乘以固定股息率；P_p 为优先股筹资总额，按预计的发行价格计算；f_p 为优先股筹资费用率。

【例 4-10】 某公司拟发行甲优先股，面值总额为 100 万元，固定股息率为 15%，筹资费用率预计为 5%。该股票溢价发行，其筹资总额为 120 万元。计算该优先股的资本成本率。

解: $K_P = \dfrac{100 \times 15\%}{120 \times (1-5\%)} \times 100\% = 13.16\%$

由于优先股股利在税后支付，而债券利息在税前支付，当公司破产清算时优先股持有人的求偿权在债券持有人之后，故其风险大于债券。因此，优先股成本明显高于债券成本。

2) 普通股资本成本

普通股资本成本主要是向股东支付的各期股利。由于各期股利并不一定固定，随企业各期收益波动，因此普通股的资本成本只能按贴现模式计算，并假定各期股利的变化具有一定的规律性。

（1）股利折现模型法。

① 股利固定模型。一般情况下，如果普通股的年股利是每年固定的，则普通股的资本成本计算方法为：

$$K_s = \frac{\text{普通股年股利}}{\text{发行价格} \times (1-f)} \times 100\%$$

式中，K_s 为普通股资本成本率；f 为普通股筹资费用率。

② 股利固定增长模型。假定资本市场有效，股票市场价格与价值相等，某股票本期支付的股利为 D_0，未来各期股利按 g 速度增长。目前股票市场价格为 P_0，则普通股资本成本为：

$$K_s = \frac{D_0(1+g)}{P_0 \times (1-f)} + g = \frac{D_1}{P_0 \times (1-f)} + g$$

【例 4-11】 某公司普通股市价为 30 元，筹资费用率为 2%，本年发放现金股利每股为 0.6 元，预期股利年增长率为 10%。计算该普通股资本成本率。

解: $K_s = \dfrac{0.6 \times (1+10\%)}{30 \times (1-2\%)} + 10\% = 12.24\%$

（2）资本资产定价模型法。假定资本市场有效，股票市场价格与价值相等，风险报酬率为 R_f，市场平均报酬率为 R_m，某股票贝塔系数为 β，则普通股资本成本率为：

$$K_s = R_f + \beta(R_m - R_f)$$

【例 4 - 12】　某公司普通股 β 系数为 1.5,此时 1 年期国债利率为 5%,市场平均报酬率为 15%。计算该普通股资本成本率。

解:$K_s = 5\% + 1.5 \times (15\% - 5\%) = 20\%$

3) 留存收益资本成本

留存收益又称为保留盈余或留用利润,属于企业内部股权资本,是企业资金的一种重要来源。留存收益作为内部融资的资本再投资时,等于股东对企业进行追加投资,股东对这部分投资要求与普通股等价的报酬。如果企业将留存收益用于再投资所获得的收益低于股东自己进行另一项风险相似的投资收益率,股东将不愿意把其留用于公司而希望作为股利派发。所以,留存收益也要计算成本,它是一种机会成本。留存收益成本的计算与普通股成本基本相同,但不考虑融资费用,其计算方法如下:

$$K_r = \frac{D}{P_r} + g$$

式中,K_r 为留存收益资本成本。其他符号含义同前。

在公司全部资本中,普通股及留存收益的风险最大,要求的报酬相应最高,因此其资本成本也最高。

4.5.3　综合资本成本及其计算

所谓综合资本成本,就是以某种筹资方式所筹集的资金所占资金总额的比重为权数,对各种筹资方式的个别资本成本进行加权平均而得到的资本成本,也称为加权平均资本成本。因此,其计算公式为:

$$K_w = \sum_{j=1}^{n} K_j W_j$$

式中,K_w 为综合资本成本;K_j 为第 j 种个别资本成本;W_j 为第 j 种个别资本在全部资本中的比重。

其中,个别资本占全部资本的比重,可按账面价值权数、市场价值权数或目标价值权数来计算得到。一般来说,当账面价值与实际价值偏差较大时,不宜采用账面价值权数。

【例 4 - 13】　某公司共筹集资金 5 000 万元,其中,债券 1 000 万元,占 20%,优先股 1 500 万元,占 30%,普通股 2 500 万元,占 50%。各种资金的成本分别为,债券资本成本 $K_b = 6\%$,优先股资本成本 $K_p = 12\%$,普通股资本成本 $K_s = 15\%$。

要求:计算该公司的综合资本成本。

解:$K_w = \sum_{j=1}^{n} K_j W_j = 20\% \times 6\% + 30\% \times 12\% + 50\% \times 15\% = 12.3\%$

4.5.4　边际资本成本

边际资本成本是指企业追加筹资时,资本每增加一个单位而增加的成本,是追加筹资时所使用的加权平均成本。

在计算边际资本成本时至少要分以下两步来完成:

1. 计算筹资突破点

筹资突破点也称筹资总额分界点,是指在保持某种筹资方式资本成本率不变的条件下,可以筹集到的资金总限度。在筹资突破点范围内筹资,原来的资本成本率不会改变,一旦筹资额超过筹资突破点,其资本成本率也会发生改变。其计算公式如下:

$$筹资突破点 = \frac{某种筹资方式的筹资限额}{该种方式追加的资金占全部追加资金的比重}$$

2. 计算边际资本成本

根据筹资突破点可得出若干组筹资范围,对各组筹资范围分别计算加权平均资本成本,即可得到各组筹资范围的边际资本成本。

【例 4 - 14】 某公司采取长期借款和发行普通股两种方式筹集所需资金,相关资料见表 4 - 3。

要求:

(1) 计算筹资突破点。

(2) 计算各组筹资总额范围的边际资本成本。

表 4 - 3 某公司筹资的相关资料 万元

筹资方式	目标资本结构/%	新筹资的数额范围	资金成本/%
长期借款	30	≤12	8
		12~60	9
		>60	10
普通股	70	≤21	18
		21~70	19
		>70	20

解:第一步:计算该公司的筹资突破点,计算过程及结果见表 4 - 4。

第二步:按筹资突破点的大小对筹资总额顺序重新分组,可以得到 5 组筹资总额的范围:① 30 万元以内;② 30 万~40 万元;③ 40 万~100 万元;④ 100 万~200 万元;⑤ 200 万元以上。

第三步:对上述 5 组筹资总额范围分别计算加权平均资本成本,即各种筹资总额范围的边际资本成本。其计算过程及结果见表 4 - 5。

表 4 - 4 筹资总额分界点的计算 万元

筹资方式及目标资金结构	资金成本/%	个别筹资方式的筹资范围	筹资突破点	筹资总额的范围
长期借款 30%	8	≤12	12÷30%=40 60÷30%=200	≤40
	9	12~60		40~200
	10	>60		>200
普通股 70%	18	≤21	21÷70%=30 70÷70%=100	≤30
	19	21~70		30~100
	20	>70		>100

表 4-5　边际资本成本的计算

筹资总额的范围(万元)	筹资方式	资本结构	个别资本成本	边际资本成本
30 以内	长期借款	30%	8%	30%×8%+70%×18%=15.0%
	普通股	70%	18%	
30~40	长期借款	30%	8%	30%×8%+70%×19%=15.7%
	普通股	70%	19%	
40~100	长期借款	30%	9%	30%×9%+70%×19%=16.0%
	普通股	70%	19%	
100~200	长期借款	30%	9%	30%×9%+70%×20%=16.7%
	普通股	70%	20%	
200 以上	长期借款	30%	10%	30%×10%+70%×20%=17.0%
	普通股	70%	20%	

4.6　杠杆原理

财务管理中由于特定固定支出或费用的存在,导致当某一财务变量以较小幅度变动时,另一相关变量会以较大幅度变动,类似于物理学中的杠杆效应,即财务管理中的杠杆原理。它包括经营杠杆、财务杠杆和总杠杆三种效应形式。杠杆效应既可以产生杠杆利益,也可能带来杠杆风险。

4.6.1　经营杠杆效应

1. 经营杠杆

经营杠杆效应是指由于固定性经营成本的存在,使息税前利润的变动大于产销量变动的现象。

2. 经营杠杆的计量

只要企业存在固定性经营成本,就存在经营杠杆效应。但不同的产销业务量,其经营杠杆效应的大小程度是不一致的。测算经营杠杆效应程度,常用的指标为经营杠杆系数。

经营杠杆系数(DOL)是息税前利润变动率与产销业务量变动率的比率,其计算公式如下:

$$DOL=\frac{\Delta EBIT/EBIT}{\Delta Q/Q}$$

上式经整理,经营杠杆系数的计算也可以简化为:

$$DOL=\frac{基期边际贡献}{基期息税前利润}=\frac{M}{M-a}=\frac{EBIT+a}{EBIT}$$

式中,DOL 为经营杠杆系数;Q 为销售量;a 为固定成本;$EBIT$ 为息税前利润;M 为边际贡献。

【例 4-15】 宏远公司产销某种服装,固定成本为 500 万元,变动成本率为 70%。基年产销额为 5 000 万元时,变动成本为 3 500 万元,固定成本为 500 万元,息税前利润为 1 000 万元;第二年(预测年度)产销额为 7 000 万元时,变动成本为 4 900 万元,固定成本仍为 500 万元,息税前利润为 1 600 万元。计算该公司的经营杠杆系数。

解: 根据资料,为计算经营杠杆系数,可列表如表 4-6 所示。

表 4-6 息税前利润及销售收入变动情况 万元

项 目	基 期	预测值	变动额	变动率/%
销售额	5 000	7 000	2 000	40
变动成本	3 500	4 900	1 400	40
固定成本	500	500	—	—
息税前利润	1 000	1 600	600	60

根据表 4-6 中的资料,可得

$$DOL = \frac{\Delta EBIT/EBIT}{\Delta Q/Q} = \frac{60\%}{40\%} = 1.5$$

或者:

$$DOL = \frac{EBIT + a}{EBIT} = \frac{1\,000 + 500}{1\,000} = 1.5$$

或者:

$$DOL = \frac{M}{EBIT} = \frac{5\,000 \times (1 - 70\%)}{1\,000} = 1.5$$

3. 经营杠杆与经营风险

经营风险是指企业由于生产经营上的原因而导致的资产报酬波动的风险。影响企业经营风险的因素很多,主要有产品需求、产品售价、产品成本、调整价格的能力、固定成本的比重等因素的不确定性。经营杠杆本身并不是资产报酬不确定的根源,只是资产报酬波动的表现。但是,经营杠杆放大了市场与生产等因素变化对利润波动的影响。其他因素不变的情况下,固定成本越高,经营杠杆系数越大,表明资产报酬等利润波动程度越大,经营风险也就越大。

影响经营杠杆的因素包括企业成本结构的固定成本比重、息税前利润水平。其中,息税前利润水平又受产品销售数量、销售价格、成本水平(单位变动成本和固定成本总额)高低的影响。固定成本比重越高、成本水平越高、产品销售数量和销售价格水平越低,经营杠杆效应越大;反之亦然。

【例 4-16】 某企业生产产品,固定成本为 100 万元,变动成本率为 60%。当销售额分别为 1 000 万元、500 万元、250 万元时,计算该企业相应的经营杠杆系数。

解: $DOL_{1\,000} = \frac{1\,000 - 1\,000 \times 60\%}{1\,000 - 1\,000 \times 60\% - 100} = 1.33$

$DOL_{500} = \frac{500 - 500 \times 60\%}{500 - 500 \times 60\% - 100} = 2$

$$DOL_{250} = \frac{250 - 250 \times 60\%}{250 - 250 \times 60\% - 100} \rightarrow \infty$$

上例的计算结果表明,在其他因素不变的情况下,销售额越小,经营杠杆系数越大。经营风险也就越大;反之亦然。如销售额为 1 000 万元时,DOL 为 1.33,销售额为 500 万元时,DOL 为 2,显然后者的不稳定性大于前者,经营风险也大于前者。在销售额处于盈亏临界点 250 万元时,经营杠杆系数趋于无穷大,此时企业销售额稍有减少便会导致更大的亏损。

4.6.2 财务杠杆效应

1. 财务杠杆

财务杠杆效应是指由于固定性财务费用的存在,而使得企业的每股收益的变动率大于息税前利润变动率的现象。财务杠杆反映了股权资本报酬的波动性,用以评价企业的财务风险。

2. 财务杠杆的计量

只要企业融资方式中存在固定的财务费用,就存在财务杠杆效应。如固定利息、固定融资租赁费等的存在,都会产生财务杠杆效应。在同一固定的资本成本支付水平上,不同的息税前利润水平,对固定资本成本的承受负担是不一样的,其财务杠杆效应的大小程度也是不一致的。测算财务杠杆效应程度,常用的指标为财务杠杆系数。

财务杠杆系数(DFL)是每股收益变动率与息税前利润变动率的比率,其计算公式如下:

$$DFL = \frac{\Delta EPS / EPS}{\Delta EBIT / EBIT}$$

上式经整理,在不存在优先股的情况下,财务杠杆系数的计算可以简化为:

$$DFL = \frac{息税前利润总额}{息税前利润总额 - 利息} = \frac{EBIT}{EBIT - I}$$

在有优先股的条件下,由于优先股股利通常也是固定的,但应以税后利润支付,此时,上述公式应改写成下列形式:

$$DFL = \frac{EBIT}{EBIT - I - D_P / (1-T)}$$

式中,DFL 为财务杠杆系数;EPS 为每股收益;$EBIT$ 为息税前利润;I 为债务的利息;D_P 为优先股的股利;T 为所得税税率。

【例 4-17】 有甲、乙、丙三家公司,资本总额均为 1 000 万元,所得税税率均为 25%,每股面值均为 1 元。甲公司资本全部由普通股组成;乙公司债务资本 300 万元(利率 10%),普通股 700 万元;丙公司债务资本 500 万元(利率 10.8%),普通股 500 万元。三家公司 2018 年的 $EBIT$ 均为 200 万元,2019 年 $EBIT$ 均为 300 万元,$EBIT$ 增长了 50%。

试计算相关的财务指标。

解:有关财务指标的计算结果如表 4-7 所示。

表 4-7 普通股收益及财务杠杆的计算 万元

利润项目		甲公司	乙公司	丙公司
普通股股数		1 000/万股	700/万股	500/万股
利润总额	2018 年	200	170	146
	2019 年	300	270	246
	增长率/%	50	58.82	68.49
净利润	2018 年	150	127.5	109.5
	2019 年	225	202.5	184.5
	增长率/%	50.00	58.82	68.49
普通股收益	2018 年	150	127.5	109.5
	2019 年	225	202.5	184.5
	增长率/%	50.00	58.82	68.49
每股收益	2018 年	0.15	0.18	0.22
	2019 年	0.225	0.29	0.37
	增长率/%	50	58.82	68.49
财务杠杆系数		1.00	1.176	1.370

由表 4-7 中的数据可见,债务资本所占比重越高,财务杠杆系数就越大。甲公司由于不存在债务资本,没有财务杠杆效应;乙公司存在债务资本,其普通股收益增长幅度是息税前利润增长幅度的 1.176 倍;丙公司存在债务资本,并且债务资本的比重比乙公司高,其普通股收益增长幅度是息税前利润增长幅度的 1.370 倍。

3. 财务杠杆与财务风险

财务风险是指企业由于筹资原因产生的资本成本负担而导致的普通股收益波动的风险。引起企业财务风险的主要原因是资产报酬的不利变化和资本成本的固定负担。由于财务杠杆的作用,当企业息税前利润下降时,企业仍然需要支付固定的资本成本,导致普通股剩余收益以更快的速度下降。财务杠杆放大了资产报酬变化对普通股收益的影响,财务杠杆系数越高,表明普通股收益的波动程度越大,财务风险也就越大。只要有负债资本的存在,财务杠杆系数总是大于 1。

从财务杠杆系数的计算公式可知,影响财务杠杆的因素包括企业资本结构中债务资本的比重、普通股收益水平、所得税税率水平。其中,普通股收益水平又受息税前利润及负债(利息)高低的影响。债务资本比重越高、固定的利息支付额越高、息税前利润水平越低,财务杠杆效应越大;反之亦然。

4.6.3 总杠杆效应

1. 总杠杆

总杠杆是指由于固定经营成本和固定财务费用的存在,导致普通股每股收益变动率大于销售量的变动率的现象。

　　经营杠杆和财务杠杆可以独自发挥作用,也可以综合发挥作用。若两种杠杆共同起作用。若那么销售额稍有变动就会使每股收益产生更大的变动,通常把这两种杠杆的连锁作用称为总杠杆作用。即权益资本报酬与销售量之间的变动关系。由于固定性经营成本的存在,产生经营杠杆效应,导致产销业务量变动对息税前利润变动有放大作用;同样,由于固定性财务费用的存在,产生财务杠杆效应,导致息税前利润变动对普通股收益有放大作用。两种杠杆共同作用,将导致销售量的变动引起普通股每股收益更大的变动。

2. 总杠杆的计量

　　测算总杠杆效应程度,常用的指标为总杠杆系数。总杠杆系数(DCL)是经营杠杆系数和财务杠杆系数的乘积,是普通股每股收益变动率相当于产销量变动率的倍数。其计算公式如下:

$$DCL = \frac{普通股每股收益变动率}{产销量变动率}$$

　　上式经过整理,总杠杆系数的计算也可以简化为:

$$DCL = DOL \times DFL = \frac{基期边际贡献}{基期利润总额} = \frac{M}{M-a-I}$$

　　式中,DCL 为总杠杆系数;a 为固定成本;$EBIT$ 为息税前利润;M 为边际贡献;I 为债务的利息。

　　【例 4-18】　志诚企业有关资料如表 4-8 所示,试计算其经营杠杆系数、财务杠杆系数和总杠杆系数。

表 4-8　杠杆效应的计算　　　　　　　　　　　万元

项　　目	2018 年	2019 年	变动率
销售收入(售价 10 元)	1 000	1 200	+20%
边际贡献(单位 4 元)	400	480	+20%
固定成本	200	200	—
息税前利润($EBIT$)	200	280	+40%
利息	50	50	—
利润总额	150	230	+53.33%
净利润(税率 20%)	120	184	+53.33%
每股收益(200 万股,元)	0.60	0.92	+53.33%
经营杠杆系数(DOL)	—	—	2.000
财务杠杆系数(DFL)	—	—	1.333
总杠杆系数(DCL)	—	—	2.667

3. 总杠杆与企业风险

　　企业风险包括企业的经营风险和财务风险。总杠杆系数反映了经营杠杆和财务杠杆之间的关系,用以评价企业的整体风险水平。在总杠杆系数一定的情况下,经营杠杆系数与财务杠杆系数此消彼长。总杠杆效应的意义在于,第一,能够说明产销业务量变动对普通股收益的影响,据以预测未来的每股收益水平;第二,揭示了财务管理的风险管理策略,即要保持一定的风险状况水平,需要维持一定的总杠杆系数,经营杠杆和财务杠杆可以有不同的组合。

一般来说,固定资产比重较大的资本密集型企业,经营杠杆系数高,经营风险大,企业筹资应主要依靠权益资本,以保持较小的财务杠杆系数和财务风险;变动成本比重较大的劳动密集型企业,经营杠杆系数低,经营风险小,企业筹资应主要依靠债务资本,保持较大的财务杠杆系数和财务风险。

通常,在企业初创阶段,产品市场占有率低,产销业务量小,经营杠杆系数大,此时企业筹资主要依靠权益资本,在较低程度上使用财务杠杆;在企业扩张成熟期,产品市场占有率高,产销业务量大,经营杠杆系数小,此时,企业资本结构中可扩大债务资本,在较高程度上使用财务杠杆。

4.7 资本结构的相关理论

资本结构比例的高低通过资本成本和财务风险直接影响企业价值的高低。关于资本结构与资本成本和企业价值的关系,西方已形成若干理论,统称为资本结构理论。以1958年MM理论的形成为标志,资本结构理论大致可以划分为早期资本结构理论和现代资本结构理论。早期资本结构理论中的代表性理论有净收益理论、净营业收益理论和传统理论;现代资本结构理论中的代表性理论有MM理论和权衡理论。

4.7.1 早期资本结构理论

1952年,杜兰特在美国国家经济研究局(NBER)召开的"公司理财研究学术会议"上发表了《公司债务和所有者权益费用:趋势和问题的度量》一文,将当时的资本结构理论划分为三种类型,即净收益理论(NIA)、净营业收益理论(NOLA)以及传统资本结构理论(TA)。

1. 净收益理论

净收益理论是早期资本结构理论中一个极端理论。该理论认为,如果企业可以不受限制地获得其所需要的资金,而且股权资本和债务资本的成本率都保持恒定不变的话,那么由于利息的抵税作用,债务资本的成本一般低于股权资本的成本,利用债务融资可以降低企业的加权平均资本成本(WACC);随着负债在企业全部资本中比率的升高,企业的综合加权资本成本将趋于下降,同时企业的市场价值将趋于上升。因此,企业应该尽快提高负债水平。它主张企业要实现市场价值的最大化,应该百分之百地负债。

净收益理论见图4-1。

2. 净营业收益理论

净营业收益理论认为资本结构与企业价值无关,因而也不存在最优资本结构。净营业收益理论也假设负债利率是固定的,投资者以一个固定的加权资本成本来估计企业的净营业收益。企业负债水平的提高将同时增加企业的财务风险,从而使得股东要求更高的权益资本收益。因此,权益资本成本率会随财务杠杆的提高而提高,企业采用负债融资节约的资本成本完全被上升的权益融资成本所抵消,这种完全的"成本替代效应"致使企业价值不会随着企业财务杠杆的变化而变化。

净营业收益理论见图 4 - 2。

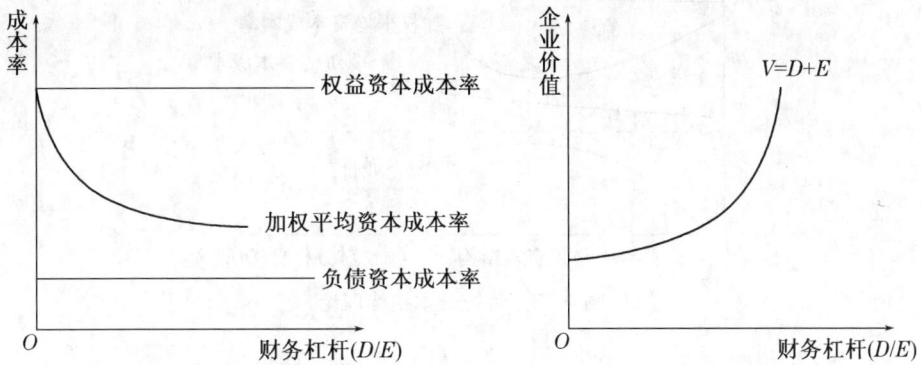

图 4 - 1　净收益理论

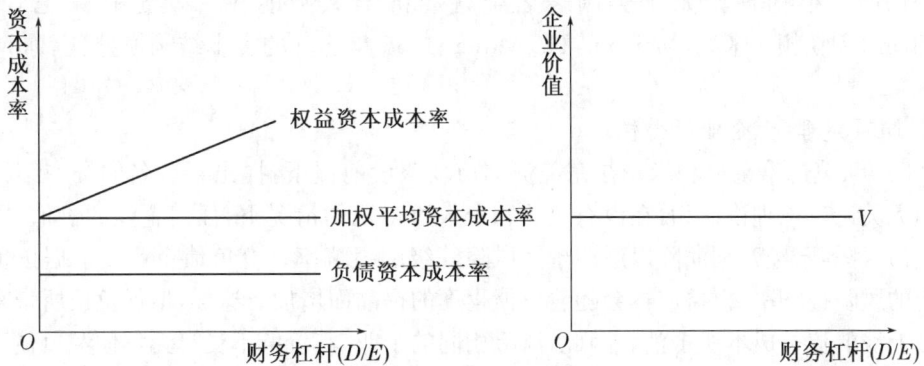

图 4 - 2　净营业收益理论

3. 传统资本结构理论

传统资本结构理论认为,债务资本成本率、权益资本成本率、加权资本成本率不是一成不变的,它们会随着企业负债规模的变化而变化。但是,当企业在一定限度内使用负债融资,即负债比例在一定限度内增加时,负债和权益资本的风险不会有明显增长,此时债务成本率和权益资本率基本不变。由于债务成本率小于权益资本率,在这个阶段内总资本成本则会随着负债的增加而逐渐下降,从而使企业价值上升,并且可能达到最高点,此时对应的负债规模即为企业的最佳负债水平。而当企业的负债规模一旦超出这个限度时,债务资本和权益资本的风险都明显增大,企业债务成本率和权益资本成本率开始上升,从而使加权平均资本成本率开始上升,而且负债比率超过此限度越大,加权平均资本成本率上升得越快。企业的市场价值则随加权平均资本成本的上升而开始下降。

传统资本结构理论见图 4 - 3。

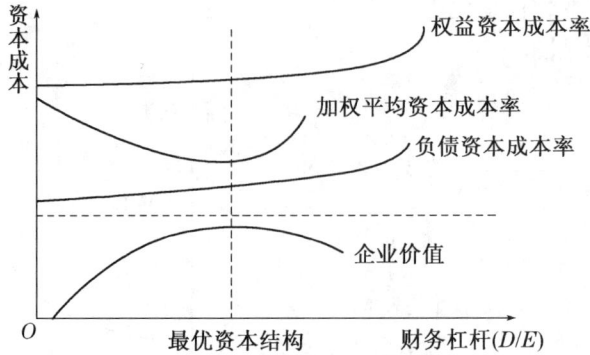

图 4 - 3 传统资本结构理论

4.7.2 现代资本结构理论

现代资本结构理论始于美国著名金融经济学家费朗科·莫迪格莱尼（Franco Modigliani）和默顿·米勒（Merton. H. Miller）1958 年建立的资本结构模型（也称 MM 定理）。

1. MM 定理（无企业所得税）

1958 年，莫迪格莱尼和米勒在完美资本市场假设前提下，提出了著名的资本结构与企业价值无关论。该理论认为，在没有企业和个人所得税的情况下，任何企业的价值，不论其有无负债，都等于经营利润除以适用于其风险等级的报酬率。有负债企业要依据按负债程度而定的风险报酬率，权益成本会随着负债程度的提高而增加。这样，增加负债所带来的利益会被上涨的权益成本所抵消。因此，风险相同的企业，其价值不受有无负债及负债程度的影响。

2. 修正的 MM 定理

根据税法的规定，企业负债的利息支出计入企业的税前成本，从而得以冲减企业利润和应税所得，进而减少企业应缴纳的所得税，因此企业使用负债融资可以享受税收利益。莫迪格莱尼和米勒在原来的分析框架下，引入企业所得税的影响因素，用税后债务成本替代原来的债务成本，得出了与前述 MM 定理相反的结论，即负债会因利息减税作用而增加企业的价值，因此企业负债率越高企业的价值越大。

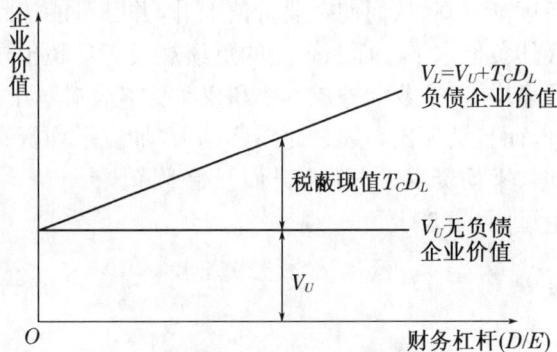

图 4 - 4　含企业所得税 MM 定理

1977 年,米勒在《财务学杂志》上发表《债务与税收》一文,将个人所得税纳入资本结构模型中,后人称之为米勒模型。他认为,如果普通股收益的个人所得税少于债券收益的个人所得税,则在其他条件相同的情况下,债券的税前收益必须要大到足以补偿普通股收益的个人所得税和债券收益的个人所得税之间的差别,否则,没有人愿意持有债券。同理,对于一个负债融资企业来说,虽然企业可以通过利息减少企业所得税,但因为利息是支付给债券持有者个人的,他们必须支付与普通股收益不同的个人所得税。因此,一个层面上税收减免的好处被另一个层面上税收增加的劣处所抵消,不论企业是使用债务融资还是权益融资,都无法获得税收上的利益好处。这时,债券市场可以看作是一个均衡市场。

3. 权衡理论

权衡理论的主要观点是,企业最佳资本结构应当是在负债价值最大化和债务上升带来的财务危机成本之间权衡的结果。该理论认为,当负债程度较低时,不会产生债务危机成本,于是,企业价值因税额庇护利益的存在会随负债水平的上升而增加;当负债达到一定界限时,负债税额庇护利益开始为财务危机成本所抵消。当边际负债税额庇护利益等于边际财务危机成本时,企业价值最大,资本结构最优;若企业继续追加负债,企业价值会因财务危机成本大于负债税额庇护利益而下降,负债越多,企业价值下降越快。

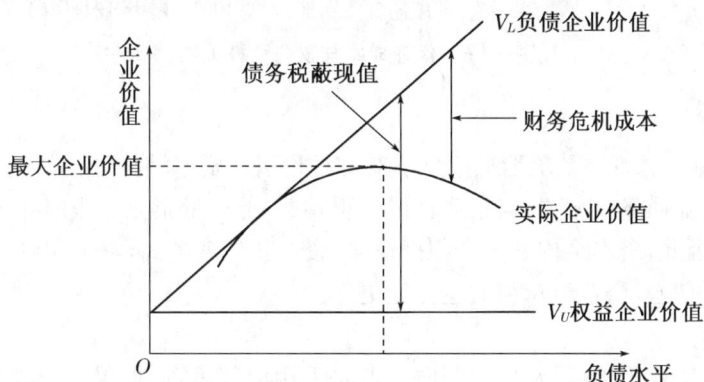

最优负债水平:边际税蔽收益＝边际破产成本
图 4-5　权衡理论:资本结构和企业价值

4.7.3　新资本结构理论

新资本结构理论,从时间上看,是指 20 世纪 70 年代末以后学术界关于资本结构问题的各种流行观点和看法;从内容上看,主要包括詹森和麦克林(Jensen & Meckling)的代理成本理论、格罗斯曼和哈特(Grossman & Hart)的财务契约论、梅耶斯(Myers)的新优序融资理论以及罗斯(Ross)、利兰和派尔(Leland and Pyle)的信号模型等。

1. 代理理论

以 Fama & Miller(1972) 的研究为基础,Jensen & Meckling(1976) 提出代理成本理论来解释企业的最优资本结构问题。根据詹森和麦克林的理论,"债务之所以被使用是由于所有者为了获取因自身的资源限制而无法获得的潜在有利可图的投资机会"。[①] 但是,债务的发行在债权人和所有者之间形成一种代理关系,从而产生代理成本。而企业融资过程中的代理问题是不可忽略的,权益的代理成本随负债比率的增加而减少(随外部权益的增加而增加);债务的代理成本的变化方向则刚好相反,并随负债利率的增加而增加(随着外部权益的增加而减小)。由两者加总形成的企业总代理成本曲线则随着企业的负债比例的升高呈"U"形变化。詹森和麦克林最后得到的基本结论是,公司的资本结构由股权和债权两种代理成本的平衡关系来决定,当两者的边际成本相等时,资本结构达到最优。

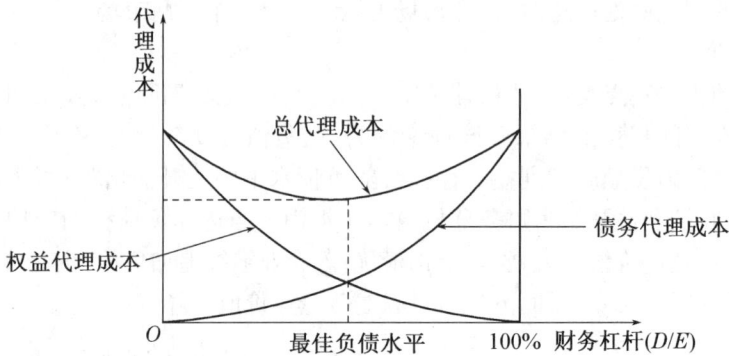

图 4-6　代理成本与财务杠杆关系

2. 信号理论

最早是由 Ross(1977)系统地把信息不对称理论引入资本结构理论研究的。他认为,由于破产概率与企业质量负相关,与企业负债率正相关,低质量企业无法用高负债的手段模仿高质量的企业,因此,资本结构是一个积极信号,资产负债率越高,它表明管理者对公司的未来发展有足够的信心,企业经营绩效也往往更好。

3. 啄序理论

资本结构的啄序理论认为,公司倾向于首先采用内部筹资;如果需要外部筹资,公司将先选择债券筹资,再选择其他外部股权筹资,这种筹资顺序的选择也不会传递对公司股价产生比例影响的信息。

按照啄序理论,不存在明显的目标资本结构,因为虽然留存收益和增发新股均属于股权筹资,但前者最先选用,后者最后选用。获利能力强的公司之所以安排较低的债权比率,并不是由于已确立较低的目标债权比率,而是由于不需要外部筹资,获利能力较差的公司选用债权筹资是由于没有足够的留存收益,而且在外部筹资选择中债权筹资为其首选。

4.8　资本结构决策

资本结构及其管理是企业筹资管理的核心问题。企业应综合考虑有关影响因素,运用

---

① Jensen, Michael C. and William Meckling (1976) "Theory of the Firm: Managerial Behavior, Agency Costs, and Ownership structure," Journal of Financial Economics.

适当的方法确定最佳资本结构,提升企业价值。如果企业现有资本结构不合理,那么应通过筹资活动优化调整资本结构,使其趋于科学合理。

4.8.1　资本结构概述

1. 资本结构的概念

资本结构是指企业各种资本的价值构成及其比例关系。在企业筹资管理活动中,资本结构有广义和狭义之分。广义的资本结构是指企业全部资本价值的构成及其比例关系,不仅包括长期资本,还包括短期资本,主要是短期债权资本。狭义的资本结构是指企业各种长期资本价值的构成及其比例关系,尤其是指长期的股权资本与债权资本的构成及其比例关系。在狭义的资本结构下,短期债权资本是作为营运资本来管理的。

2. 最佳资本结构的含义

所谓最佳资本结构,是指企业在一定期间内,使加权平均资本成本最低、企业价值最大的资本结构。其判断标准有以下三个:

(1) 有利于最大限度地增加所有者的财富,能使企业价值最大化;

(2) 企业加权平均资本成本最低;

(3) 资产保持适宜的流动,并使资本结构具有弹性。

其中,加权平均资本成本最低是最主要标准。

从资本成本及财务风险的分析可以看出,债务筹资具有节税、降低资本成本、使净资产收益率不断提高等杠杆作用和功能,因此对外负债是企业采用的主要筹资方式。但随着债务比例的不断扩大,负债利率趋于上升,破产风险加大。所以,如何找出最佳的负债点(即最佳资本结构),使得负债筹资的优点得以充分发挥,同时又避免其不足,是筹资管理的关键。财务管理上将最佳负债点的选择称之为资本结构决策。

3. 资本结构决策的意义

企业资本结构决策是指合理地利用债务资本,科学地安排债务资本的比例。它是企业筹资管理的核心问题。所以,在企业资本结构中,合理地安排好权益资本和债务资本的比例关系,对企业具有重要意义。

1) 合理安排债务资本比例,有利于降低企业的资本成本

由于债务资本须定期支付利息和按时还本,且企业清算时债权人的受偿权优先于股东,所以债权人的投资风险一般小于股东,企业因此支付给债权人的报酬通常会低于股东。另外,债务利息在税前支付,企业使用债务资本可以获得利息减税的利益,从而使得债务资本成本低于权益资本成本。因此,企业在一定限度内合理提高债务资本的比例,可以降低企业综合的资本成本。

2) 合理安排债务资本比例,有利于发挥财务杠杆作用

由于债务利息是固定不变的,当息税前利润增加时,每一元经营利润所负担的固定利息费用就会随之降低,从而使股东获得的收益提高,这就是财务杠杆作用所带来的利益。所以,在一定限度内合理利用债务资本,特别是在公司经营利润预计有较大幅度增长时,适当增加负债,有利于发挥财务杠杆的作用,获取财务杠杆利益。

3) 合理安排债务资本比例,有利于提高公司价值

公司价值是其权益资本市场价值与债务资本市场价值之和。公司价值的计量与资本结

构相关联,因为资本结构的安排会直接影响到权益资本和债务资本的市场价值,进而影响公司总价值。因此,合理安排资本结构有利于公司价值的提高。

4.8.2　影响资本结构决策的因素分析

根据前面对资本结构理论问题的分析,影响资本结构的因素很多,而且不同因素在不同经济环境下对资本结构的影响程度也不尽相同。一般地,资本结构决策中需要考虑的因素主要有以下几个。

1. 企业的财务状况和成长潜力

如果企业的财务状况良好、盈利能力强、未来成长潜力大,一般容易利用负债融资,这类发展良好而迅速的企业也需要较多地利用债务融资,将企业的资本结构维持在一个相对较高的水平。但是,对于那些财务状况较差、盈利水平低、发展潜力不大的公司,则不容易利用债务融资,而且就这些企业本身来讲,也不宜进一步利用债务融资,因为财务风险的增大有可能导致企业陷入财务困境,必须控制好企业的资本结构水平。当然,对于那些盈利能力特别强的企业,也可能会通过留用利润更多地利用内部融资。

2. 经营者的风险偏好与股东的投机动机

经营者受股东的委托对企业进行日常的经营管理,虽然公司的重大决策由股东决定,但作为代理人的经营者则拥有日常经营的决策权。企业的资本结构在一定程度上取决于经营者的风险偏好。如果经营者敢于承担风险,那么会较多地利用负债融资;如果经营者追求稳健经营,则会较多地进行股权融资。此外,股东的投资动机也会对资本结构产生重要影响。虽然绝大多数股东进行投资的目的是为了获利,但拥有控制权的股东与不拥有控制权的股东对公司的资本结构有不同的影响。一般来讲,拥有控制权的股东往往很重视控制权问题,通常情况下,为了防止控制权被稀释,尽量避免通过发行新股筹资,而更多地采用优先股或发行债券的方式筹资。而对于那些不拥有控制权的股东,更重视的是公司的市场价值,这些股东接受所有能提升公司价值的筹资方式。

3. 企业的信用等级与债权人的态度

企业的信用等级直接影响债权人对企业的投资选择。债权人一般不愿将资金投向信用等级比较低的企业,换言之,信用等级比较高的企业,较容易利用负债筹资。而企业负债比率的高低又影响企业的信用等级。在其他条件相同的情况下,负债比率越高,企业的信用等级越低;负债比率越低,企业的信用等级越高。企业如果在总资本中已经有较高比率的负债,是难以进一步利用负债融资的;反之,债权人更愿意将资金投向负债比率低的企业。

4. 行业因素

企业的资本结构在很大程度上与其所处的行业有关。一般来讲,服务行业、矿业公司以及大多数成长迅速的高新技术企业,长期负债比率相对比较低;公用事业、运输公司以及一些成熟的资本密集型制造业,长期负债比率都比较高。不同行业负债比率的差别,主要是由于其承担风险的能力不同。高成长性的高新技术企业因其经营风险较大,企业只有通过降低负债比率以降低财务风险,从而使企业的总风险降低;公用事业等行业由于其经营收入比较稳定,承担风险的能力较强,因而可以维持一个相对较高的负债水平。

5. 税收政策

国家的税收政策也是影响企业资本结构的一个重要因素,企业利用负债融资可以获得减税利益,而且所得税税率越高,负债的减税利益越大;反之,减税利益则越小。在其他因素一定的情况下,所得税税率越高,为了获得更多的减税利益,企业越倾向于负债融资。

除了上述因素外,国民经济的发展状况、资本市场的发展水平以及市场利率水平等因素,也会对企业的资本结构产生一定的影响。

4.8.3 最优资本结构的确定

所谓最优资本结构,是指在一定条件下能使企业综合资本成本最低、企业价值最大的资本结构。任何一个企业都应该有一个最优的资本结构,这个最优资本结构不一定是在确切的某一点上,但总应有一个最优的资本结构区间。下面介绍几种主要的确定最优资本结构的方法。

1. 比较资本成本法

根据前述有关资本结构的理论可知,企业在进行筹资决策时,由于负债的抵税效应,使债务资本成本一般要低于权益资本成本。保持一定比例的负债有利于降低企业的综合资本成本,提高企业价值。虽然权益资本成本会随着负债比率的上升而上升,但在一定的负债范围内,权益资本成本的上升总是低于债务资本成本的下降对综合资本成本的影响,从而使企业的综合资本成本下降。但是,如果企业负债超出了一定的限度,会使企业财务风险急剧增大,权益资本成本和债务资本成本同时大幅上升,从而导致企业综合的资本成本上升。由此可见,这一负债限度实际上就是企业最优的资本结构,在这一点上,企业综合资本成本最低,相应地企业价值也最大。

企业选择最优的资本结构,就是比较不同资本结构方案的综合资本成本。一般情况下,综合资本成本最低的资本结构就是企业最优的资本结构。采用比较资本成本法确定企业最优资本结构,可分为企业初始筹资和追加筹资两种情况进行说明。

1) 初始筹资时最优资本结构的确定

企业在初始筹资时,一般根据需要筹集的资本总额,选择采用多种筹资方式。不同筹资方式,其资本成本不同,通过确定不同的资本构成比例,可比较计算不同资本结构下的综合资本成本,综合资本成本最低的资本结构即为最优的资本结构。

【例 4-19】 经发企业现有的经营规模需要长期资本 1 000 万元,该企业拟采用普通股、优先股和长期债券三种方式筹资。现有以下三种资本结构方案可供选择:

方案一:普通股占 40%,优先股占 30%,长期债券占 30%。
方案二:普通股占 50%,优先股占 10%,长期债券占 40%。
方案三:普通股占 60%,优先股占 20%,长期债券占 20%。

假定在上述三种筹资方案所涉及的负债范围内,普通股、优先股和长期债券的资本成本分别为 15%、13% 和 8%。为确定最优的资本结构,试分别计算三种筹资方案的综合资本成本。

解:方案一的综合资本成本=40%×15%+30%×13%+30%×8%=12.3%
方案二的综合资本成本=50%×15%+10%×13%+40%×8%=12%
方案三的综合资本成本=60%×15%+20%×13%+20%×8%=13.2%

计算结果表明,在三种筹资方案中,方案二的综合资本成本最低,企业应该选择方案二。

2) 追加筹资时最优资本结构的确定

追加筹资不仅能够引起企业资本总量的变化,而且还可能引起各种筹资方式资本成本的变化。尤其是在增大负债筹资时,由于财务风险的增大,投资者要求的投资报酬率也随之提高,这必然引起各种筹资方式资本成本的上升。追加筹资的资本成本是企业的边际资本成本,通过比较不同的追加筹资方案的边际资本成本,可确定追加筹资时的最优资本结构。

【例4-20】 经发企业拟追加筹资500万元,可采用普通股、优先股、长期债券三种方式筹资。现有两个追加筹资方案可供选择。有关资料如表4-9所示。

表4-9 经发企业两种追加筹资方案的资本结构及资本成本　　　　　　万元

筹资方式	方案一			方案二		
	追加筹资额	比重	资本成本/%	追加筹资额	比重	资本成本/%
长期债券	200	0.4	9	300	0.6	10
优先股	50	0.1	13	50	0.1	13
普通股	250	0.5	15	150	0.3	16
合　计	500	1.0	—	500	1.0	—

解: 根据表4-9中的资料,分别计算两种追加筹资方案的边际资本成本。

方案一的边际资本成本 $=9\%\times\dfrac{200}{500}+13\%\times\dfrac{50}{500}+15\%\times\dfrac{250}{500}=12.4\%$

方案二的边际资本成本 $=10\%\times\dfrac{300}{500}+13\%\times\dfrac{50}{500}+16\%\times\dfrac{150}{500}=12.1\%$

计算结果表明,方案二的边际资本成本低于方案一的边际资本成本,企业应该选择方案二。

追加筹资后,该企业的资本总额发生了变化,各种筹资方式的数额及比重也发生相应的变化。该企业原有总资本为1 000万元,按追加筹资方案二追加500万元长期资本后,总资本为1 500万元。各种筹资方式的资本额及比重也发生了相应的变化,长期债券、优先股和普通股的资本额分别为700万元、150万元和650万元,比重分别为46.67%、10%和43.33%。这就是该企业追加筹资后的最优资本结构。

比较资本成本法由于通俗易懂,计算过程也不是十分复杂,因此成为确定最优资本结构的一种常用方法。但因所拟订的方案数量有限,故有把最优方案漏掉的可能。同时,该方法仅以资本成本率最低为决策标准,没有具体测算财务风险因素,其决策目标实际上是利润最大化而不是企业价值最大化,一般只适用于资本规模较小、资本结构较为简单的非股份制企业。

2. 每股收益无差别点法

所谓每股收益无差别点,是指不同筹资方式下每股收益都相等时的息税前利润和业务量水平。根据每股收益无差别点,可以分析判断在什么样的息税前利润水平或产销业务量水平前提下,适合于采用何种筹资组合方式,进而确定企业的资本结构安排。

由于每股收益的计算公式为:

$$EPS=\frac{(EBIT-I)(1-T)-D}{N}$$

在每股收益无差别点上,无论是采用负债融资,还是采用权益融资,每股收益都是相等的,若以 EPS_1 代表负债融资,以 EPS_2 代表权益融资,令 $EPS_1 = EPS_2$,则用公式表示如下:

$$\frac{(\overline{EBIT}-I_1)(1-T)-D_1}{N_1}=\frac{(\overline{EBIT}-I_2)(1-T)-D_2}{N_2}$$

式中,$\overline{EBIT}$ 为息税前利润平衡点,即每股收益无差别点;I_1、I_2 为两种筹资方式下的债务利息;N_1、N_2 为两种筹资方式下普通股股数;D_1、D_2 为两种筹资方式下优先股的股利;T 为所得税税率。

每股收益无差别点的决策原则是:① 当预期息税前利润等于每股收益无差别点的 $EBIT$ 时,负债筹资和权益筹资无差别;② 当预期息税前利润大于每股收益无差别点的 $EBIT$ 时,应当选择负债筹资方案;③ 当预期息税前利润小于每股收益无差别点的 $EBIT$ 时,应当选择权益筹资方案。

【例 4-21】 某企业原有资本 1 000 万元,其中债务资本 400 万元,债务利息 40 万元,普通股成本 600 万元(10 万股)。由于业务需要,企业需要筹资 600 万元,筹资后企业的年息税前利润将达到 200 万元,企业的所得税税率为 25%。为了筹集所需的 600 万元,企业可以选用的筹资方案有以下两个:

方案甲:全部采用发行普通股方式,增发 10 万股,每股 60 元;

方案乙:全部采用借入长期债务方式,年利率为 10%,年利息为 60 万元。

解: 将上述资料的数据代入相关公式,可得到:

$$\frac{(\overline{EBIT}-40)(1-25\%)}{10+10}=\frac{(\overline{EBIT}-100)(1-25\%)}{10}$$

通过上述等式可得 $\overline{EBIT}=160$ 万元,此时的 $EPS=4.5$ 元。上述的关系可以用图 4-7 来描述。

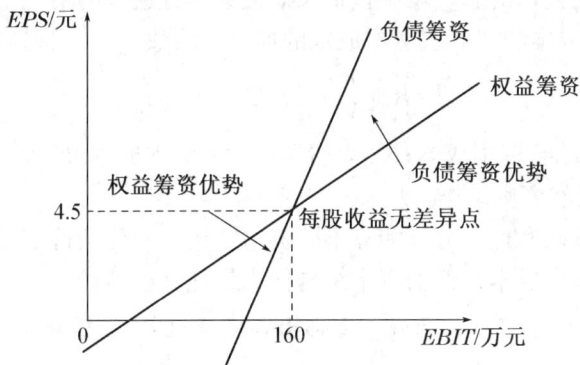

图 4-7 每股收益无差别点分析法

从图 4-7 中可以看出,当企业的息税前利润高于无差别点水平 160 万元时,运用债务筹资能够获得更高的每股收益;当企业的息税前利润低于 160 万元时,运用权益筹资可以获得更高的每股收益。由于上例中企业筹资后的息税前利润可以达到 200 万元,所以该企业应采用债务筹资方案,即方案乙。

3. 比较公司价值法

运用每股收益无差别点法和比较资本成本法确定企业的资本结构,其主要缺陷是没有充分考虑公司的财务风险。随着负债比重的增大,企业的财务风险也会相应地增大,从而影响企业价值。在进行资本结构决策时,应充分考虑资本成本和财务风险对企业价值的影响,通过比较不同资本结构下的公司价值,选择公司价值最大时的资本结构为最优的资本结构。比较公司价值法的基本原理和计算过程包括以下三个步骤。

1) 测算公司价值

公司价值包括其股票的价值和债券的价值。股票和债券的价值实际上是其未来能够为公司带来的现金流量的现值,具体可用下面的公式表示:

$$V = B + S$$

式中,V 为公司的总价值;B 为长期债券的现值;S 为公司股票的现值。

根据公司价值实际上是其未来现金流量的现值这一基本原理,债券和股票的价值都应按其未来现金流量进行折现。为了简化计算,可假设债券的现值就是其面值,另外,假设公司未来各年的息税前利润是一个常数并全部用于发放现金股利,公司未来各年的负债利息和所得税税率不变,则股票的现值按公司未来净收益的折现值计算如下:

$$S = \frac{(EBIT - I)(1 - T)}{K_s}$$

式中,$EBIT$ 为公司未来的年息税前利润;I 为负债的年利息;T 为公司适用的所得税税率;K_s 为股东要求的投资报酬率。

K_s 代表普通股的资本成本,实际上也是股东要求的投资报酬率,可按照资本资产定价模型计算如下:

$$K_s = R_f + \beta(R_m - R_f)$$

式中,R_f 为无风险报酬率;R_m 为资本市场的平均报酬率;β 为公司股票的贝塔系数。

2) 测算公司的综合资本成本

根据前述假定,在公司的总资本中包括长期债务和普通股的情况下,公司的综合资本成本就是长期债务资本成本和普通股资本成本的加权平均数。其计算公式如下:

$$K_w = K_b \left(\frac{B}{V} \right)(1 - T) + K_s \left(\frac{S}{V} \right)$$

式中:K_w 为公司综合资本成本;K_b 为债券的税前资本成本;K_s 为普通股的资本成本。

3) 确定公司的最优资本结构

根据上述计算原理和方法,分别测算不同资本结构下的公司价值和综合资本成本,选择公司价值最大、综合资本成本最低的资本结构作为最优资本结构。

【例 4-22】 绿地公司目前的资本全部由普通股组成,股票的账面价值为 2 000 万元,预计年息税前盈余为 500 万元,公司适用的所得税税率为 25%。公司的决策者认为目前的资本结构不够合理,准备通过发行长期债券购回部分股票的办法予以调整,经过调查和测算,目前的债务利率和权益资本的成本情况见表 4-10。

表 4-10 绿地公司的债务利率和权益资本成本情况 %

B/百万元	K_b	β	R_f	R_m	K_s
0	—	1.20	10	14	14.8

（续表）

B/百万元	K_b	β	R_f	R_m	K_s
2	10	1.25	10	14	15.0
4	10	1.30	10	14	15.2
6	12	1.40	10	14	15.6
8	14	1.55	10	14	16.2
10	16	2.10	10	14	18.4

解：根据表 4-10 的资料，运用前述计算公司价值和综合资本成本的基本原理和方法，可计算在不同债务规模下的公司价值和综合资本成本，计算过程和结果如表 4-11 所示。

表 4-11　绿地公司在不同债务规模下的债务资本成本和权益资本成本　　　　%

B/百万元	S/百万元	V/百万元	K_b	K_s	K_w
0	25.34	25.34	—	14.80	14.80
2	24.00	26.00	10	15.00	14.42
4	22.70	26.70	10	15.20	14.05
6	20.58	26.58	12	15.60	14.11
8	17.96	25.96	14	16.20	14.44
10	13.86	23.86	16	18.40	15.72

从表 4-11 中可以看出，当绿地公司没有负债时，公司的总价值就是其原有普通股股票的价值，其综合资本成本也就是普通股的资本成本。当公司在总资本中逐步增加负债的比重，降低股票的比重时，随着负债的增加使公司价值逐步上升，综合资本成本逐步下降，在负债资本达到 400 万元时，公司总价值最大，综合资本成本最低；负债资本超过 400 万元后，公司总价值开始下降，综合资本成本开始上升。因此，负债资本为 400 万元时的资本结构是该公司的最佳资本结构。

比较公司价值法全面考虑了资本成本和财务风险对公司价值的影响，以公司价值最大化作为确定最优资本结构的标准，符合企业财务管理的基本目标，但其测算原理及测算过程较为复杂，通常用于资本规模较大的上市公司。

本章小结

筹资是指企业根据其生产经营、对外投资及调整资本结构的需要，通过筹资渠道和资金市场，运用筹资方式，经济有效地筹集企业所需资金的财务行为。企业筹资动机包括设立性筹资动机、扩张性筹资动机、偿债性筹资动机和调整性筹资动机四个方面。

企业筹资必须遵循的基本原则包括规模适当、筹措及时、来源合理、方式经济四个方面。企业的筹资渠道包括国家财政资金、银行借贷资金、非银行金融机构资金、其他企业单位资金、民间资本、企业自留资金、外商和港澳台资金；筹资方式主要包括吸收直接投资、发行股票、银行借款、商业信用、发行债券、发行融资券、租赁筹资和利用留存收益。

企业从不同筹资渠道和采用不同的筹资方式筹集的资金,可以按不同标准将其划分为各种不同的类型,按所筹集资金的权益性质分为股权资本和债权资本;按所筹集资金的期限分为长期资本和短期资本;按筹资活动是否通过金融机构分为直接筹资和间筹资;按资金的取得方式分为内部筹资和外部筹资。

股权资本是指投资者投入企业的资本金及经营中所形成的积累,它反映所有者的权益,又称权益资金,包括吸收直接投资、发行股票等;借入资本是指企业向银行、其他金融机构、其他企业单位吸收的资本,它反映债权人的权益,又称债务资本,包括银行借款、发行债券、融资租赁、商业信用等。

资本从绝对量的构成来看,包括使用费用和筹资费用两部分。个别资本成本是指各种长期资金的成本,包括长期借款成本、债券成本、优先股成本、普通股成本、留存收益成本等。综合资本成本是指企业全部长期资金的总成本,通常是以各种资本占全部资本的比重为权数,对个别资本成本进行加权平均确定的,所以也称为加权平均资本成本。边际资本成本是企业追加筹资的成本。企业在追加筹资和追加投资的决策中必须考虑资本成本的高低。

企业杠杆包括经营杠杆、财务杠杆和总杠杆。

资本结构是指企业各种资本的价值构成及其比例关系。资本结构决策方法包括比较资本成本法、每股收益无差别点法和比较公司价值法。

关键术语

筹资　筹资渠道　筹资方式　股权资本　吸收直接投资　股票　借入资本　银行借款债券　融资租赁　商业信用　资本成本　个别资本成本　综合资本成本　边际资本成本经营杠杆　财务杠杆　总杠杆　资本结构　每股收益无差别点

思考与练习题

1. 思考题

(1) 什么是筹资? 简述企业筹资的动机及原则。

(2) 简述企业的筹资渠道与筹资方式。应该如何实现两者的最佳配合?

(3) 什么是吸收直接投资?

(4) 简述发行股票筹资的优缺点。

(5) 简述发行债券筹资的优缺点。

(6) 简述融资租赁的类型及租金的确定方法。

(7) 什么是资本成本? 资本成本的作用有哪些?

(8) 什么是经营杠杆? 经营杠杆与经营风险的关系如何?

(9) 什么是财务杠杆? 财务杠杆与财务风险的关系如何?

(10) 什么是资本结构? 资本结构的决策方法有哪些?

2. 练习题

1) 单项选择题

(1) 商业信用筹资的最大优越性在于(　　)。

　　A. 不负担成本　　　　　　　　　B. 期限较短

　　C. 容易取得　　　　　　　　　　D. 是一种短期筹资方式

(2) 短期银行借款的主要目的是( )。

　　A. 购买设备　　　　　　　　　　B. 提供启动资金

　　C. 满足企业季节性资金需要　　　　D. 购买有价证券

(3) 某企业拟以"1/10, n/30"的信用条件购进材料,其丧失现金折扣的机会成本率为( )。

　　A. 18%　　　　　B. 20%　　　　　C. 10%　　　　　D. 28%

(4) 在计算资本成本时,与所得税有关的资金来源是下述情况中的( )。

　　A. 普通股　　　B. 优先股　　　C. 银行借款　　　D. 留存收益

(5) 当经营杠杆系数是 3,财务杠杆系数是 2.5,则总杠杆系数是( )。

　　A. 5.5　　　　　B. 7.5　　　　　C. 0.5　　　　　D. 1.2

(6) 一般来讲,下列四种成本中( )最低。

　　A. 长期借款成本　B. 优先股成本　C. 留存收益成本　D. 普通股成本

(7) 根据债券价格的计算公式,不影响债券发行价格的因素有( )。

　　A. 债券面额　　　B. 财务弹性　　　C. 市场利率　　　D. 债券期限

(8) 某公司长期资金由长期借款、普通股和留存收益组成,比例分别为 50%、30% 和 20%,资本成本分别为 10%、20% 和 15%,则该公司长期资金的加权平均成本为( )。

　　A. 10%　　　　　B. 14%　　　　　C. 15%　　　　　D. 20%

(9) 某企业按年利率 10% 从银行借入款项 800 万元,银行要求企业按贷款限额的 15% 保持补偿余额,该借款的实际利率为( )。

　　A. 11%　　　　　B. 11.5%　　　　C. 12%　　　　　D. 11.76%

(10) 下列各项中,不属于长期借款一般保护性条款的有( )。

　　A. 贷款的专款专用　　　　　　　B. 红利与股票回购的现金限制

　　C. 资本支出限制　　　　　　　　D. 流动资本要求

(11) 下列关于资本结构的说法中,错误的是( )。

　　A. 迄今为止,仍难以准确地揭示资本结构与企业价值之间的关系

　　B. 能够使企业预期价值最高的资本结构,不一定是预期每股收益最大的资本结构

　　C. 在进行融资决策时,不可避免地要依赖人的经验和主观判断

　　D. 按照净营业收益理论,负债越多,则企业价值越大

(12) 调整企业资本结构并不能( )。

　　A. 降低资本成本　B. 降低财务风险　C. 降低经营风险　D. 增加融资弹性

(13) 如果企业的资金来源全部为自有资金,且没有优先股存在,则企业的财务杠杆系数( )。

　　A. 等于 0　　　　B. 等于 1　　　　C. 大于 1　　　　D. 不确定

(14) 既具有抵税效应,又能带来杠杆效应的筹资方式是( )。

　　A. 发行债券　　　　　　　　　　B. 发行优先股

　　C. 发行普通股　　　　　　　　　D. 使用内部留存收益

(15) 利用每股收益无差别点法进行企业结构分析时,下列表述中错误的是( )。

　　A. 预计销售额高于每股收益无差别点时,采用负债筹资方式比采用权益筹资方式有利

    B. 预计销售额低于每股收益无差别点时,采用权益筹资方式比采用负债筹资方式有利

    C. 预计销售额等于每股收益无差别点时,两种筹资方式的每股收益相同

    D. 预计销售额低于每股收益无差别点时,采用负债筹资方式比采用权益筹资方式有利

2) 多项选择题

(1) 权益资本筹资是指企业通过(　　)。

    A. 吸收直接投资　　B. 发行普通股　　C. 留存收益　　　D. 发行优先股

(2) 按股东享受权利和承担义务的不同,股票可分为(　　)。

    A. 普通股　　　　B. 优先股　　　　C. 有面额股　　D. 无面额股

(3) 我国《公司法》规定,股票发行价格可以(　　)。

    A. 等价　　　　　B. 时价　　　　　C. 中间价　　　D. 折价

(4) 优先股的优先权主要是指(　　)。

    A. 优先分派股息　　　　　　　　B. 优先分配清偿剩余财产

    C. 优先分派利息　　　　　　　　D. 优先投资

(5) 企业内部留存收益筹集的资金有(　　)。

    A. 盈余公积　　　B. 债权资金　　　C. 未分配利润　D. 债务资金

(6) 资本成本包括用资费用和筹资费用两部分,其中属于用资费用的是(　　)。

    A. 借款手续费　　　　　　　　　B. 债券发行费

    C. 向股东支付的股利　　　　　　D. 向债权人支付的利息

(7) 股权筹资的缺点主要有(　　)。

    A. 资本成本负担较重　　　　　　B. 财务风险比较大

    C. 容易分散公司控制权　　　　　D. 信息沟通与披露成本较大

(8) 银行借款按照是否需要担保分为(　　)。

    A. 信用借款　　　B. 直接借款　　　C. 担保借款　　D. 票据贴现

(9) 某公司需要 200 万元用于设备购置,假设全部款项通过银行借款取得,名义借款利率为 10%。银行要求的补偿性余额比率为 20%,则下列结论中正确的是(　　)。

    A. 公司的实际借款数额为 160 万元　　B. 公司的实际借款数额为 200 万元

    C. 该借款的实际利率为 11.5%　　　　D. 该借款的实际利率为 12.5%

(10) 下列筹资方式具有抵税效应的有(　　)。

    A. 长期借款　　　　　　　　　　B. 发行企业债券

    C. 发行普通股　　　　　　　　　D. 利用企业留存收益

(11) 最佳资本结构的判断标准有(　　)。

    A. 企业价值最大　　　　　　　　B. 筹资风险最小

    C. 资金规模最大　　　　　　　　D. 加权平均资本成本最低

(12) 下列资本结构理论认为存在最佳资本结构的有(　　)。

    A. 净收益理论　　B. 传统理论　　　C. 净营业收益理论　D. MM 理论

(13) 下列各项中,会直接影响企业平均资本成本的有(　　)。

    A. 个别资本成本　　　　　　　　B. 各种资本在资本总额中占的比重

C. 筹资规模　　　　　　　　　　D. 企业的经营杠杆

（14）假设总杠杆系数大于 0,则下列各项中可以降低总杠杆系数的有（　　　）。

A. 降低固定经营成本　　　　　　B. 提高单价

C. 提高产销量　　　　　　　　　D. 减少固定利息

（15）企业最佳资本结构的确定方法包括（　　　）。

A. 每股利润无差别点法　　　　　B. 因素分析法

C. 比较资本成本法　　　　　　　D. 比较公司价值法

3）判断题

（1）吸收直接投资是企业按照"共同投资、共同经营、共担风险、共享收益"的原则,直接吸收国家、法人、个人和外商投入资金的一种筹资方式。其中,以实物资产出资是吸收直接投资中最重要的出资方式。（　　　）

（2）商业信用筹资属于自然性融资,与商品买卖同时进行,商业信用筹资没有实际成本。（　　　）

（3）在不考虑手续费的情况下,银行借款的资本可以简化为,银行借款利率×（1－所得税税率）。（　　　）

（4）在债券面值与票面利率一定的情况下,市场利率越高,则债券的发行价格越低。（　　　）

（5）资本成本与资金时间价值是有区别的。资本成本是从用资者角度考虑的,资金时间价值是从投资者角度考虑的,但这两者在价值上是相等的。（　　　）

（6）每股收益无差别点法是指不同筹资方式下每股收益都相等时的息税前利润和业务量水平。（　　　）

（7）在各种资金来源中,凡是须支付固定性资本成本的资金都能产生财务杠杆作用。（　　　）

（8）优先股的股息率一般大于债券的利息率。（　　　）

（9）如果企业的债务资金为 0,则财务杠杆系数必等于 1。（　　　）

（10）留存收益成本的计算与普通股成本基本相同,但不用考虑筹资费用。（　　　）

（11）相对于银行借款筹资而言,发行公司债券的筹资风险更大。（　　　）

（12）发行股票筹资既能为企业带来杠杆利益,又具有抵税效应,所以企业在筹资时应优先考虑发行股票。（　　　）

（13）净营业收益理论认为负债程度越高,加权平均资本成本越低,企业价值越大。（　　　）

（14）最佳资本结构是使企业筹资能力最强、财务风险最小的资本结构。（　　　）

（15）无论是经营杠杆系数变大,还是财务杠杆系数变大,都可能导致企业的总杠杆系数变大。（　　　）

4）计算题

习题一

【资料】某公司拟筹资 4 000 万元,其中按面值发行债券 1 500 万元,票面利率为 10%,筹资费率为 1%;发行优先股 500 万元,股利率为 12%,筹资费率为 2%;发行普通股 2 000 万元,筹资费率为 4%,预计第 1 年股息率为 12%,以后每年按 4% 递增,所得税税率为 25%。

【要求】

(1) 计算债券成本；

(2) 计算优先股成本；

(3) 计算普通股成本；

(4) 计算综合资本成本。

习题二

【资料】某企业年销售额为 210 万元，息税前利润为 60 万元，变动成本率为 60%，全部资本为 200 万元，负债比率为 40%，负债的利息率为 8%。

【要求】计算该企业的经营杠杆系数、财务杠杆系数和总杠杆系数。

习题三

【资料】某企业目前拥有资本 1 000 万元，其结构为，负债资本 20%(年利息 20 万元)，普通股权益资本 80%(发行普通股 10 万股，每股面值 80 元)。现准备追加筹资 400 万元，有以下两种筹资方案可供选择：

(1) 全部发行普通股。增发 5 万股，每股面值 80 元。

(2) 全部筹措长期债务。利率为 10%，利息为 40 万元。企业追加筹资后，息税前利润预计为 160 万元，所得税税率为 25%。

【要求】

(1) 计算每股收益无差别点的息税前利润及无差别点的每股收益；

(2) 确定企业的筹资方案。

第5章

投资管理

本章内容提要

投资是投资主体为获得未来不确定的收益而向一定对象投入一定量物力、财力的经济行为。通过本章的学习，要求学生了解投资、证券投资、固定资产、无形资产的概念及特点；掌握并能够运用固定资产投资决策指标及各指标间的比较；熟悉无形资产决策需考虑的因素；掌握债券和股票的估价、投资收益率及风险投资管理。

5.1 投资管理概述

5.1.1 投资的含义

投资是投资主体为获得未来不确定的收益而向一定对象投入一定量物力、财力的经济行为。一般而言，投资行为完全或部分不可逆，投资的未来收益也不确定，投资决策只能评估代表较高或较低收益结果的概率，但投资者在投资时机上可完全自主把握。

5.1.2 投资的分类

1. **按照投资收回时间的长短，可以分为短期投资和长期投资**

短期投资又称为流动资产投资，是指能够随时变现、收回时间不超过 1 年的投资，如企业的短期证券、存货等。短期投资使用的资金一般是企业暂时闲置的资金，这部分资金一般要求具有很高的流动性，能够及时地收回。企业通过短期投资的形式可以获得一定的收益，加强对短期投资的管理，有利于加速企业资金的周转，扩大收益。

长期投资是指收回时间在 1 年以上的投资，如固定资产投资、无形资产投资等。长期投资的数额往往比较大，变现能力比较差，投资风险比较大，对以后各期的经营和损益都有较大的影响，对长期投资做决策时必须要慎重。

2. **按照投资的方向，可分为对内投资和对外投资**

对内投资是指企业把资金投在企业内部，用于固定资产、无形资产等方面的投资。对内投资的资金直接应用于企业的生产经营活动，因此也属于直接投资。

对外投资是指企业以现金、实物、无形资产等方式或以购买股票、债券等有价证券方式向其他单位进行的投资。对外投资主要是间接投资，也可能是直接投资。

3. 按照投资的对象,可分为直接投资和间接投资

直接投资是指企业将货币资金、实物等直接投入到企业内部或外部企业。对外部企业的直接投资可以包括中外合资、合作、合并等形式。直接投资的资金一般使用期较长,短期内不能收回。因此,直接投资也属于长期投资的一种。

间接投资是指企业通过购买股票、债券等有价证券的形式进行的投资。间接投资又被称为证券投资,可以是长期的,也可以是短期的。企业在进行证券投资时要注意在效益性、安全性和流动性之间找到平衡点。

4. 按照投资的内容,可分为固定资产投资、无形资产投资、流动资产投资、证券投资等多种形式

5. 按投资在再生产过程中的作用,可分为初始投资和后续投资

初始投资是指在建立新企业时所进行的各种投资。投入的资金通过建设形成企业的原始资产。后续投资是指为巩固和发展企业而再投资所进行的各种投资,包括为维持企业面临再生产进行的更新性投资、为实现扩大再生产进行的追加性投资等。

6. 按投资的风险程度,可分为确定性投资和风险性投资

确定性投资是指投资风险小,投资的收益可以比较准确地预测的投资。风险性投资是指投资风险较大,投资的收益很难准确地预测的投资。

5.1.3 投资管理的基本原则

企业投资的目的是为了获得收益,最终达到企业价值最大化的目标。企业在投资中要综合考虑安全性、收益性和流动性几个方面,企业的投资管理工作要注意以下几项基本原则:

1. 认真对项目进行可行性研究,做出正确的决策

企业通过相关人员的提议或调查研究后,发现比较合适的投资机会,应该对投资机会进行认真分析,运用一定的决策指标进行判断,对于不能给企业带来效益的投资机会要果断地否决掉。如果投资机会需要的资金数额比较大,对企业影响非常大,企业必须进行细致的调查,最终形成可行性研究报告,根据研究报告的结论做出正确的决策。

2. 资金的筹集要适量、及时

投资项目一旦确定下来之后,要及时地筹集到所需要的资金,避免出现因资金短缺而影响企业投资的现象。在此过程中,要和企业的筹资部门加强沟通,把投资的时机、需要的资金、可能获得的收益等情况及时反映给筹资部门。

3. 加强投资风险管理

在投资过程中,企业要有风险意识,要加强投资风险的管理。在对投资机会做决策时,企业假定投资是在既定的状况下进行的。然而,市场状况瞬息万变,企业稍有不慎就有可能达不到预期的效果。企业应加强在投资实施前和投资实施过程中的管理。

5.2 固定资产投资决策

固定资产投资决策是指从收集资料进行固定资产投资可行性研究,到选择最优投资方案的这一过程。

5.2.1　固定资产投资的特点

根据《企业会计准则第 4 号——固定资产》第 3 条的规定,固定资产是指同时具有下列特征的有形资产:为生产商品、提供劳务、出租或经营管理而持有的;使用寿命超过一个会计年度。使用寿命是指企业使用固定资产的预计期间,或者该固定资产所能生产产品或提供劳务的数量。

固定资产是企业生产经营的主要劳动资料。固定资产投资一般具有以下特点。

1. 影响期限长

固定资产一般使用时间较长,能在非常长的时期内多次参加企业的生产经营活动,且仍然保持物质形态。固定资产的投资决策一旦做出,将在很长时间内影响到企业的经营成果和财务状况。

2. 变现能力差

固定资产主要是一些厂房和设备等,往往是该企业从事经营活动的必要劳动资料和劳动工具,特别是设备类,换到其他企业不一定能适用。因此,一旦投资决策完成,要想改变用途或出售是比较困难的。

3. 资金占用数量相对稳定

固定资产投资一经完成,在资金占用数量上便保持相对稳定,不像流动资产那样经常变动。因为业务量在一定范围内增加,往往并不需要立即增加固定资产投资,通过挖掘潜力、提高效率可以完成增加的业务量。而业务量在一定范围内减少,企业为维持一定的生产能力,也不必大量出售固定资产。

4. 实物形态和价值形态分离

固定资产在使用过程中会不断磨损,其磨损的一部分价值以折旧形式逐渐转移到产品成本中去,并随着产品价值的实现而转化为货币资金,脱离其实物形态。这样留存在实物形态上的价值不断减少,转化为货币资金的价值不断增加,直至固定资产报废再重新购置,由于企业各种资产的新旧程度不同,实物更新时间不同,企业可以在固定资产需要更新之前,利用脱离实物形态的折旧款去进行其他投资,然后再利用新固定资产所形成的折旧金去更新旧的固定资产。

5. 次数少,金额大

与流动资产相比,固定资产投资并不经常发生,一般要隔几年才投资一次,但每次投资的金额都比较大。

5.2.2　固定资产投资决策的程序

固定资产的种类繁多,但各类固定资产在投资过程中都要经历以下几个阶段:

1. 提出投资方案

生产部门、营销部门等提出企业需要投资的各种方案。生产部门主要负责设备方面的投资方案,而新产品的方案主要来自营销部门。

2. 估计各方案的相关现金流量

根据调查、研究估计每一种方案可能引起的现金流量的变化,要求估计的结果应尽量准确。

3. 计算投资方案的价值指标

根据需要计算投资回收期、净现值等指标。

4. 决定方案的取舍

把计算出来的价值指标和可接受的指标进行比较,决定是否接受该方案。

5. 对已接受的方案进行再评价

这一过程是固定资产投资决策中非常重要的环节,企业在对已接受方案的执行过程中可能会出现一些新的情况,通过对投资方案的再评价可以根据新的情况随时做出调整,减少或避免损失的发生。

5.2.3 固定资产投资项目的现金流量

进行固定资产投资决策时,不仅要考虑企业投资决策所面临的环境,还应计算投资项目产生的现金流量。现金流量为投资决策指标的计算奠定基础。

1. 现金流量的概念

在项目投资决策中,现金流量是指该项目投资所引起的现金流入量和现金流出量的通称,它可以动态反映该投资项目投入和产出的相对关系。这时的"现金"是一个广义的现金概念,它不仅包括各种货币资金,还包括项目投资所需投入的企业拥有的非货币资源的变现价值。

现金流量是计算项目投资决策评价指标的主要依据和重要信息,其本身也是评价项目投资是否可行的一个基础性指标。为方便项目投资现金流量的确定,首先应做出以下假设:

(1)财务可行性分析假设。即假设项目投资决策从企业投资者的立场出发,只考虑该项目是否具有财务可行性,而不考虑该项目是否具有国民经济可行性和技术可行性。

(2)全投资假设。即假设在确定投资项目的现金流量时,只考虑全部投资的运动情况,而不具体考虑和区分哪些是自有资金,哪些是借入资金,即使是借入资金也将其视为自有资金处理。

(3)建设期间投入全部资金假设。即假设项目投资的资金都是在建设期投入的,在生产经营期没有投资。

(4)经营期和折旧年限一致假设。即假设项目的主要固定资产的折旧年限或使用年限与经营期相同。

(5)时点指标假设。为了便于利用资金时间价值的形式,将项目投资决策所涉及的价值指标都作为时点指标处理。其中,建设投资在建设期内有关年度的年初或年末发生;流动资金投资则在建设期期末发生;经营期内各年的收入、成本、摊销、利润、税金等项目的确认均在年末发生;新建项目最终报废或清理所发生的现金流量均发生在终结点。

2. 现金流量的作用

(1)现金流量对整个项目投资期间的现实货币资金收支情况进行了全面揭示,序时动态地反映了项目投资的流向与回收之间的投入产出关系,使决策得以完整、准确,全面地评价投资项目的经济效益。

(2)采用现金流量的考核方法有利于科学地考虑资金的时间价值因素。由于项目投资的时间较长,资金时间价值的作用不容忽视。采用现金流量的考核方法确定每次支出款项和收入款项的具体时间,将使评价投资项目财务可行性时考虑资金时间价值成为可能。

（3）采用现金流量指标作为评价项目投资经济效益的信息，可以包括在贯彻财务会计的权责发生制时必然面临的困境，却由于不同的投资项目可能采取不同的固定资产折旧方法、存货估价方法或费用摊配方法，从而导致不同方案的利润相关性差、可比性差的问题。

（4）采用现金流量信息排除了非现金收付内部周转的资本运动形式，从而简化了有关投资决策评价指标的计算过程。

3. 现金流量的构成

所谓现金流量，是指在投资决策中一个项目引起的企业现金支出和现金流入增加的数量。

现金流量按其动态的变化状况可分为现金流入量、现金流出量和现金净流量。

1）现金流入量

现金流入量是指一个方案所引起的企业现金收入的增加额，主要表现为货币资金的增加。在投资构建期，表现为在固定资产更新改造或扩建过程中淘汰旧资产的残值变现收入，如原有生产线出售时的收入；在经营期，表现为以货币资产增加为特征且与投资资产有联系的各种收入，如营业现金收入等，计提的固定资产折旧也是现金流入量的一个方面；在终结期，表现为固定资产报废的残值变现收入和收回垫支的流动资金。

2）现金流出量

现金流出量是指一个方案所引起的企业现金支出的增加额，主要表现为货币资金的减少。在投资构建期，表现为构建固定资产的各种支出，如购置固定资产的购置款、安装费等；垫支的流动资金开支；其他费用的支出，如开办费、职工培训费等。在经营期，表现为以货币资产减少为特征的各种支出，即付现支出，包括支付的工资、税金、支付的设备维修费等。在终结期，表现为付现的清理支出或清算安置支出及偿债支出。

3）现金净流量

现金净流量是指一定时期内现金流入量与现金流出量的差额，一般用 NCF 来表示，这一指标的计算在经营期间表现得较为突出。

在进行固定资产投资决策时，往往会按照投资项目的经营过程来计算各阶段的现金净流量。按照投资经营的全过程，现金净流量可分为初始现金流量、营业现金流量和终结现金流量。

（1）初始现金流量。初始现金流量是指开始投资时发生的现金流量。这部分现金流量一般是现金流出量，主要包括固定资产上的投资、流动资产上的投资及其他费用，如员工的培训费等。流动资产上投资的资金属于暂时垫支在流动资产上的，在项目终结时可以收回。初始的现金流入量主要是指固定资产更新时原有资产变卖所得的现金净收入。

（2）营业现金流量。营业现金流量是指投资项目投入使用后，在其经营期内由于生产经营所带来的现金流入和流出的差额。营业期的现金流量一般按年度计算。这里的现金流入是指营业现金收入；现金流出是指营业期各种营业费用、利息费用及缴纳的税金等。

（3）终结现金流量。终结现金流量是指项目完结时发生的现金净流量。它主要包括固定资产的残值收入和原来垫支在各种流动资产上的资金的收回。

4. 现金净流量的计算公式

现金净流量是现金流入量与现金流出量的差额。

1）新建项目现金净流量的计算公式

项目建设期为：

初始现金流量＝－（原始固定资产投资额＋垫支的流动资金）

（2）项目经营期为：

营业现金流量＝营业收入－付现成本－所得税

＝营业收入－（营业成本－非付现成本）－所得税

＝净利润＋非付现成本

＝（营业收入－营业成本）×（1－所得税税率）＋非付现成本

式中，非付现成本包括固定资产折旧费及与投资有关的摊销费等。当把固定资产作为分析对象时，在不需要付现的成本中通常只考虑折旧费，因此上述公式可简化为：

营业现金流量＝净利润＋折旧

＝（营业收入－营业成本）×（1－所得税税率）＋折旧

（3）项目终结期为：

终结现金流量＝回收额＝固定资产残值收入＋垫支的流动资金

2）更新改造项目现金净流量的计算公式

对于更新改造项目，在进行现金净流量的计算时往往采用差额计算法，即分别考虑建设期、经营期和终结期新固定资产与旧固定资产现金净流量的差额。

（1）项目建设期为：

$$初始现金流量＝－\left(\frac{新固定资产}{投资额}－\frac{旧固定资产}{变现净收入}＋\frac{垫支的流动资金}{增加额}\right)$$

（2）项目经营期为：

营业现金流量＝营业收入增加额－付现成本增加额－所得税

$$＝\left(\frac{营业收入}{增加额}－\frac{营业成本}{增加额}\right)×（1－所得税税率）＋折旧增加额$$

（3）项目终结期为：

终结现金流量＝固定资产残值收入＋垫支的流动资金增加额

在更新改造项目中，要特别注意旧固定资产的变现收入。如果固定资产的变现收入大于固定资产的账面净值，对于多出的部分要缴纳所得税。例如，现有一项固定资产，5年前购入时花费100万元，该固定资产可以使用10年。按照直线折旧法，该固定资产目前的账面价值为50万元。如果现在将该固定资产出售，根据市场行情可以获得60万元的变现收入。对于多出的10万元（60－50＝10）需要缴纳所得税，即2.5万元（10×25％＝2.5），则固定资产变现净收入为57.5万元（60－2.5＝57.5）。

【例5-1】 大华公司拟拓展业务，现有甲、乙两个项目可供选择。甲项目需投资180 000元，使用寿命为5年，采用直线法折旧，5年后设备无残值，5年中每年营业收入为130 000元，每年的付现成本为50 000元；乙项目需投资240 000元，使用寿命也为5年，5年后有残值收入40 000元，也采用直线法折旧，5年中每年的营业收入为150 000元，付现成本第1年为45 000元，以后随着设备陈旧，逐年将增加修理费2 000元，另需垫支流动资金20 000元。假设该公司所得税税率为25％，试计算两个项目的现金流量。

解：为计算现金流量，必须先计算两个项目每年的折旧额。

甲项目每年折旧额＝（180 000－0）÷5＝36 000（元）

乙项目每年折旧额＝（240 000－40 000）÷5＝40 000（元）

甲、乙项目现金流量的计算如表5-1和表5-2所示。

表5-1 甲项目营业现金流量的计算　　　　　　　　　　　　　　　　元

项目＼时间	1	2	3	4	5
营业收入①	130 000	130 000	130 000	130 000	130 000
付现成本②	50 000	50 000	50 000	50 000	50 000
折旧③	36 000	36 000	36 000	36 000	36 000
税前利润④＝①－②－③	44 000	44 000	44 000	44 000	44 000
所得税⑤＝④×25％	11 000	11 000	11 000	11 000	11 000
税后利润⑥＝④－⑤	33 000	33 000	33 000	33 000	33 000
现金净流量⑦＝③＋⑥＝①－②－⑤	69 000	69 000	69 000	69 000	69 000

表5-2 乙项目营业现金流量的计算　　　　　　　　　　　　　　　　元

项目＼时间	1	2	3	4	5
营业收入①	150 000	150 000	150 000	150 000	150 000
付现成本②	45 000	47 000	49 000	51 000	53 000
折旧③	40 000	40 000	40 000	40 000	40 000
税前利润④＝①－②－③	65 000	63 000	61 000	59 000	57 000
所得税⑤＝④×25％	16 250	15 750	15 250	14 750	14 250
税后利润⑥＝④－⑤	48 750	47 250	45 750	44 250	42 750
现金净流量⑦＝③＋⑥＝①－②－⑤	88 750	87 250	85 750	84 250	82 750

甲、乙项目现金净流量计算表如表5-3和表5-4所示。

表5-3 甲项目现金净流量的计算　　　　　　　　　　　　　　　　元

项目＼时间	0	1	2	3	4	5
固定资产投资	－180 000					
营业现金流量		69 000	69 000	69 000	69 000	69 000
现金流量合计	－180 000	69 000	69 000	69 000	69 000	69 000

表 5-4　乙项目现金净流量的计算　　　　　　　　　　　　　　　　元

项目＼时间	0	1	2	3	4	5
固定资产投资	−240 000					
营运资金垫支	−20 000					
营业现金流量		88 750	87 250	85 750	84 250	82 750
固定资产残值						40 000
回收营运资金						20 000
现金流量合计	−260 000	88 750	87 250	85 750	84 250	142 750

注:表中的 0 年可以看成是第 1 年的年初,各数据为初始投资额。

5.2.4　固定资产投资决策指标

固定资产投资决策需要使用各种指标进行计算判断。按指标是否考虑货币的时间价值这一因素可分为两大类,一类是非贴现现金流量指标,即不考虑货币时间价值因素的指标,主要包括投资回收期、平均报酬率等;另一类是贴现现金流量指标,即考虑了货币时间价值因素的指标,主要包括净现值、内含报酬率、现值指数等。

1. 非贴现现金流量指标

1) 投资回收期(payback period,简称 PP)

投资回收期是指由于投资引起的现金流入累计到与原始投资相等所需要的时间,一般以年为单位,这是使用较早的一种固定资产投资决策方法。一般而言,投资者总希望尽快地收回投资,回收期越短越好。

投资回收期的计算公式为:

$$投资回收期(PP)=\frac{原始投资额}{年现金净流量}$$

或:

$$投资回收期(PP)=(N-1)+\frac{第(N-1)\,年的尚未回收额}{第\,N\,年的现金净流量}$$

其中,N 为累积现金净流量开始出现正值的年份。

如果经营期和终结期年现金净流量相等,可以用前一个公式计算投资回收期;如果经营期和终结期年现金净流量不相等,一般使用后一个公式计算投资回收期。在使用投资回收期进行项目投资评价时,首先计算出该项目的投资回收期,然后同标准回收期进行比较。标准回收期是国家根据各行业、各部门具体情况规定的回收定额。例如,机械产品的标准回收期是 7 年,机床工具为 4～6 年,汽车为 5 年,电器设备为 4 年。企业也可以根据实际情况自己制定相应投资项目的标准回收期。如果备选项目的投资回收期大于标准回收期,则不宜采纳。在进行互斥性投资方案评价时,在满足前面可行性的情况下,应选择投资回收期较短的投资项目。

【例 5-2】 根据例 5-1 的资料,分别计算甲、乙两个项目的投资回收期。

解：甲项目每年的现金流量相等，可直接计算。

甲项目投资回收期＝180 000÷69 000＝2.61（年）

因为乙项目每年现金流量不等，所以应先计算其各年尚未回收的投资额，详见表 5-5。

表 5-5　乙项目逐年投资回收的情况　　　　　　　　　元

年度 \ 项目	每年现金净流量	每年尚未收回的投资额
0	−260 000	−260 000
1	88 750	−171 250
2	87 250	−84 000
3	85 750	1 750
4	84 250	—
5	142 750	

乙项目回收期＝$2+\dfrac{84\ 000}{85\ 750}$＝2.98（年）

由以上计算结果可知，因为甲项目回收快，应选择甲项目。

投资回收期的概念容易理解，计算也比较简便，但这一指标的缺点是没有考虑货币的时间价值，没有考虑回收期满后现金流量状况。事实上，有战略意义的长期投资往往早期收益较低，而中、后期收益较高。回收期法总是优先考虑急功近利的项目，它是过去评价投资方案最常用的方法，目前仅作为辅助方法使用，主要用来测定投资方案的流动性而非营利性。

2）平均报酬率（average rate of return，简称 *ARR*）

平均报酬率是指投资引起的平均现金净流量与原始投资额的比率。平均报酬率越大，收益性越高，该投资方案越有利；反之，收益性越低，投资方案越不利。平均报酬率的计算公式如下：

$$平均报酬率=\frac{年平均现金净流量}{原始投资额}\times100\%$$

在采用平均报酬率这一指标时，应事先确定一个企业要求达到的平均报酬率，或称为必要平均报酬率。在进行投资决策时，只有高于必要平均报酬率的方案才能入选。而在有多个互斥方案的选择中，则选用平均报酬率最高的方案。

【例 5-3】　根据例 5-1 的资料，分别计算甲、乙两个项目的平均报酬率。

解：甲项目每年的现金流量相等，可直接计算。

甲项目的平均报酬率＝$\dfrac{69\ 000}{180\ 000}\times100\%$＝38.33%

乙项目的平均报酬率＝$\dfrac{(88\ 750+87\ 250+85\ 750+84\ 250+142\ 750)\div5}{260\ 000}\times100\%=$ 37.60%

该例中，比较甲、乙两个方案，甲方案的平均报酬率较高，应选择甲方案。

平均报酬率的优点是简明、易算、易懂。其主要缺点是：① 没有考虑货币的时间价值，第1年的现金流量与最后一年的现金流量被看作具有相同的价值,所以,有时会做出错误的决策;② 必要平均报酬率的确定具有很大的主观性。

2. 贴现现金流量指标

贴现现金流量指标是指在评价项目时考虑了资金时间价值和风险价值影响的方法。它主要包括净现值法、内含报酬率法、现值指数法、年均回收额法。

1) 净现值法(net present value,简称 NPV)

净现值是项目投入使用后的现金净流量,按企业要求的报酬率折算为现值,减去初始投资后的余额。换句话说,它就是投资所带来产出的现值大于其投入现值的净额。

其计算过程为,首先,计算每年的现金净流量。其次,将每年的现金净流量折算成现值,然后加以合计,形成未来报酬的总现值。最后,用未来报酬的总现值减去投资现值,形成净现值。其计算公式如下:

$$NPV = \frac{NCF_1}{(1+r)^1} + \frac{NCF_2}{(1+r)^2} + \cdots + \frac{NCF_n}{(1+r)^n} - C$$

式中,NPV 为净现值;NCF_t 为第 t 年的净现金流量;C 为初始投资的现值;r 为折现率;n 为项目预计使用年限。

净现值还有另外一种表达方法,即净现值是从投资开始至项目寿命终结时所有一切现金流量(包括现金流出和现金流入)的现值之和。其计算公式如下:

$$NPV = \sum_{t=0}^{n} \frac{NCF_t}{(1+r)^t}$$

在用净现值法决策时,如果投资方案的净现值大于0,则方案是可行方案;如果小于0则是不可行方案。在有多个备选方案的互斥选择方案中,如果几个方案的净现值大于0,应选用净现值最大的方案。

在投资项目评价中,正确选择贴现率至关重要,它直接影响项目评价的结论。如果选择的贴现率过低,则会导致一些经济效益较差的项目得以通过;如果选择的贴现率过高,会导致一些好的项目不能通过。在实务中,一般用以下方法计算贴现率:① 以投资项目的资本成本作为贴现率;② 以投资的机会成本或行业平均收益率作为贴现率;③ 在不同阶段采用不同的贴现率。

采用净现值法决策的优点是:① 考虑了资金的时间价值,增强了投资经济性的评价;② 考虑了项目计算期的全部净现金流量,体现了流动性和收益性的统一;③ 考虑了投资风险性,风险越大的投资项目,选择的贴现率越高。

采用净现值法决策的缺点是,不利于反映投资项目的收益率水平。

【例 5-4】 根据例 5-1 的资料,假设资本成本为 10%,分别计算甲、乙两个项目的净现值。

解:甲项目的 $NPV = NCF \times (P/A, 10\%, 5) - 180\ 000$

$$= 69\ 000 \times 3.791 - 180\ 000 = 81\ 579(元)$$

乙项目的现金流量不相等,列表进行计算,详见表 5-6。

表 5-6　乙项目净现值的计算　　　　　　　　　　　　　元

年度＼项目	各年的 NCF①	现值系数②	现值③＝①×②
1	88 750	0.909	80 674
2	87 250	0.826	72 069
3	85 750	0.751	64 398
4	84 250	0.683	57 543
5	142 750	0.621	88 648
未来报酬的总现值			363 331
减:初始投资			260 000
净现值(NPV)			103 331

从上面的计算中我们可以看出,两个项目的净现值均大于 0,故都是可取的。但乙项目的净现值大于甲项目,故应选用乙项目。

2) 内含报酬率法(internal rage of return,简称 IRR)

内含报酬率是使投资项目的净现值等于 0 的贴现率。内含报酬率实际上反映了投资项目本身的报酬,目前越来越多的企业使用该项指标对投资项目进行评价。内含报酬率的计算公式如下:

$$\frac{NCF_1}{(1+IRR)}+\frac{NCF_2}{(1+IRR)^2}+\cdots+\frac{NCF_n}{(1+IRR)^n}-C=0$$

式中,NCF_n 为第 n 年的现金净流量;IRR 为内含报酬率;n 为项目使用年限;C 为初始投资额。

内含报酬率应按下列步骤计算:第一步,预估一个贴现率,并按此贴现率计算净现值。如果计算出的净现值为正数,则表示预估的贴现率小于该项目的内含报酬率,应提高贴现率,再进行测算;如果计算出的净现值为负数,则表示预估的贴现率大于该方案的内含报酬率,应降低贴现率,再进行测算。如此反复测算,找到净现值由正到负并且比较接近于 0 的两个贴现率。第二步,根据上述两个邻近的贴现率再用插值法,计算出方案的内含报酬率。

在只有一个备选方案的采纳与否决策中,如果计算出的内含报酬率大于或等于企业的资本成本率或必要报酬率,就采纳;反之,则拒绝。在有多个备选方案的互斥选择决策中,内含报酬率法适用于投资额不同或寿命期不同方案的比较,应选用内含报酬率超过资本成本或必要报酬率最多的投资项目。如果几个方案的内部收益率大于资金成本,但方案的投资额不同,应结合净现值法优选,或选择"投资额×(内含报酬率-贴现率)"最大的方案为最优方案。

内含报酬率法考虑了资金时间价值的因素,能从动态的角度直接反映投资项目本身的实际收益水平,不受行业基准收益率高低的影响,比较客观。但该指标的计算过程比较复杂,可能导致多个 IRR 出现。

【例 5-5】　根据例 5-1 的资料,计算甲、乙项目的内含报酬率。

解:$(P/A, IRR, 5) = \dfrac{180\,000}{69\,000} = 2.609$

查"年金现值系数表",知$(P/A, 26\%, 5) = 2.635\,1$,$(P/A, 28\%, 5) = 2.532$,$2.609$介于两者之间,则$IRR$在$26\% \sim 28\%$之间,可以利用三角形相似原理(如图5-1)所示),用插值法计算如下:

$$\frac{IRR - 26\%}{28\% - 26\%} = \frac{2.609 - 2.653\,1}{2.532 - 2.635\,1}$$

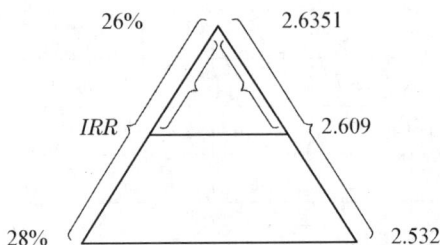

图 5-1　插值法的三角形相似原理

甲项目的内含报酬率$= 26\% + 0.73\% = 26.73\%$

对于乙项目,先按20%的贴现率进行测算,净现值为正数,再把贴现率调高到24%,进行第二次测算,净现值为负值。这说明该项目的内含报酬率一定在$20\% \sim 24\%$之间。测算过程详见表5-7。

表 5-7　乙项目内含报酬率的计算　　　　　　　　　　　　　　　　　元

年度＼项目	NCF_t	测试20%		测试24%	
		复利现值系数	现值	复利现值系数	现值
0	−260 000	1	−260 000	1	−260 000
1	88 750	0.833	73 928.75	0.807	71 621.25
2	87 250	0.694	60 551.5	0.650	56 712.5
3	85 750	0.579	49 649.25	0.525	45 018.75
4	84 250	0.482	40 608.5	0.423	35 637.75
5	142 750	0.402	57 385.5	0.341	48 677.75
NPV			22 123.5		−2 332

现用插值法计算如下:

$$\frac{IRR - 20\%}{24\% - 20\%} = \frac{0 - 22\,123.5}{-2\,332 - 22\,123.5}$$

乙项目的内含报酬率$= 20\% + 3.62\% = 23.62\%$

从以上计算两个项目的内含报酬率可以看出,甲项目的内含报酬率较高,故甲项目效率比乙项目高。

3) 现值指数法(profitability index,简称PI)

现值指数是投资项目未来报酬的总现值与初始投资额的现值之比。其计算公式如下:

$$PI = \left[\frac{NCF_1}{(1+r)^1} + \frac{NCF_2}{(1+r)^2} + \cdots + \frac{NCF_n}{(1+r)^n}\right] \div C = \left[\sum_{t=0}^{n} \frac{NCF_t}{(1+r)^t}\right] \div C$$

现值指数的计算过程为,第一步,计算未来报酬的总现值,这与计算净现值所采用的方法相同。第二步,计算净现值率,即根据未来的报酬总现值和初始投资额之比计算现值指数。

在只有一个备选方案的采纳与否决策中,现值指数大于或等于1,则采纳;否则,就拒绝。在有多个方案的互斥选择决策中,应优先选择现值指数最大的投资项目,使追加投资效率最高。

【例 5-6】 根据例5-1的资料,计算甲、乙两个项目的现值指数。

解:甲项目的现值指数=261 579÷180 000=1.45

乙项目的现值指数=363 331÷260 000=1.40

甲、乙两个项目的现值指数都大于1,故两个项目都可以进行投资,但因甲项目的现值指数更大,故应采用甲项目。

4)年均回收额法

许多企业的投资会涉及两个或两个以上寿命不同的投资项目的选择。由于寿命不同,相对于寿命较长的项目来说,寿命较短的项目还可以在寿命期后继续投资,直到与寿命期长的项目同寿命期,因而就不能对它们的净现值、现值指数、内含报酬率进行直接比较。为了使投资项目的各项指标具有可比性,必须设法使两个项目在相同的寿命期内进行比较。为此,可以考虑对两个项目的年均净现值进行比较。根据投资方案的年均净回收额的大小来选择最优方案,这种方法就是年均回收额法。

在特殊情况下,对于收入没有差别的方案进行选择,可以只比较其成本,如固定资产更新决策,于是就形成了年均成本法。

某一方案的年均回收额等于该方案的净现值除以相关的年金现值系数。若某方案净现值为 NPV,设定折现率或基准折现率为 r,项目计算期为 n,则年均回收额的计算公式如下:

$$A = NPV/(P/A, r, n)$$

式中,A 为方案的年均净回收额;$(P/A, r, n)$ 为 n 年期折现率为 r 的年金现值系数。

在此方法下,所有方案中年回收额最大的方案为最优。

【例 5-7】 某公司有两个互相排斥的投资项目,项目甲的投资额为 160 000 元,寿命期为5年,5年中每年现金净流量为 57 000 元;项目乙的投资额为 200 000 元,寿命期为8年,8年中每年营业现金流量为 52 000 元。假设资本成本为12%,该公司应如何进行决策?

解:甲项目的净现值=57 000×(P/A,12%,5)−160 000=45 473.6(元)

乙项目的净现值=52 000×(P/A,12%,8)−200 000=58 315.2(元)

从净现值指标来看,乙项目的净现值要大于甲项目的净现值,根据净现值决策规则,应选用乙项目。但这种分析是不全面的,由于甲项目的寿命期比乙项目短,甲项目在寿命终结后还可进行再投资,因而,不能单纯地采用净现值指标来进行比较,而应该运用年均净现值指标来进行分析。

甲项目的年均净现值=45 473.6/(P/A,12%,5)=12 614.7(元)

乙项目的年均净现值=58 315.2/(P/A,12%,8)=11 739.1(元)

从上面的计算可以看出,甲项目的年均净现值大于乙项目的年均净现值,因此,该公司应选择甲项目进行投资。

5.2.5 固定资产投资决策指标的比较

在 20 世纪 50 年代以前,企业在进行投资决策时,一般都以非贴现的现金流量评价方法为主。50 年代以后,贴现现金流量的评价方法开始受到重视,并且在投资决策中发挥出越来越大的作用;至 70 年代,贴现现金流量评价方法已经占据主导地位。为什么投资决策中所运用的指标会由非贴现指标向贴现指标转变呢?

1. 非贴现指标与贴现指标的比较

(1)非贴现指标把不同时间上的现金收入和支出当作毫无差别的资金进行对比,忽略了货币的时间价值因素,这是不科学的。而贴现指标则把不同时间点收入或支出的现金按统一的贴现率折算到同一时间点上,使不同时期的现金具有可比性,有利于做出正确的投资决策。

(2)非贴现指标中的投资回收期法只能反映投资的回收速度,不能反映投资的主要目标(现金净流量的多少)。同时,回收期没有考虑时间价值因素,因而夸大了投资的回收速度。

(3)投资回收期、平均报酬率等非贴现指标对寿命不同、资本投入时间和提供收益时间不同的投资方案缺乏鉴别能力。而贴现法指标则可以通过净现值、内含报酬率、现值指数和年均回收额法等指标,做出正确合理的决策。

(4)非贴现指标中的平均报酬率指标没有考虑货币的时间价值,因而夸大了固定资产投资的盈利水平。而贴现指标中的内含报酬率是以预计的现金流量为基础,在考虑了货币的时间价值以后计算出的真实利润率。

(5)在运用投资回收期这一指标时,标准回收期是方案取舍的依据,但标准回收期一般都是以经验或主观判断为基础来确定的,缺乏客观依据。而贴现指标中的净现值和内含报酬率等指标实际上都是以企业的资本成本为取舍依据的,任何企业的资本成本都可以通过计算得到,因此,这一取舍标准相对符合客观实际。

(6)管理人员水平的不断提高和电子计算机的广泛应用,加速了贴现指标的使用。在 20 世纪五六十年代,只有很少企业的财务人员能真正了解贴现现金流量指标的真正含义,而今,几乎所有大企业的高级财务人员都懂得这一方法的科学性和正确性。电子计算机的广泛应用使贴现指标中的复杂计算变得非常容易,从而加速了贴现现金流量指标的推广。

正是因为非贴现现金流量指标中存在着固有的缺陷,所以才会逐渐被贴现现金流量指标所取代。

2. 贴现指标的比较

贴现指标是一种科学的指标,那么各种贴现指标,如净现值、内含报酬率、现值指数,哪一种更好呢?

1)净现值和内含报酬率的比较

在多数情况下,运用净现值和内含报酬率这两种方法得出的结论是相同的。但在如下两种情况下,就会产生差异:

(1)初始投资不一致,一个项目的初始投资大于另一个项目的初始投资;

（2）现金流入的时间不一致，一个在最初几年流入的较多，另一个在最后几年流入的较多。

尽管是在这两种情况下使二者产生了差异，但因其差异的原因是共同的，即两种方法假定，企业用投资期产生的现金净流量进行再投资时会产生不同的利润率；净现值法假定产生的现金流入量重新投资，会产生相当于企业资本成本的利润率；而内含报酬率法却假定现金流入量重新投资，产生的利润率与下级项目的特定的内含报酬率相同。

2）净现值和现值指数的比较

净现值和现值指数使用的是相同的信息，用以评价投资项目的优劣，结论常常是一致的，但有时也会产生分歧。

当初始投资不同时，净现值和现值指数就会产生差异。由于净现值是用各期现金流量现值减初始投资，而现值指数是用现金流量现值除以初始投资，因而评价的结果可能会产生不一致。

最高的净现值符合企业的最大利益，也就是说，净现值越高，企业的收益越大。而现值指数只反映投资回收的程度，不反映投资回收额的多少。因此，在没有资本限量情况下的互斥选择决策中，应选用净现值较大的投资项目。也就是说，当现值指数与净现值得出不同结论时，应以净现值为准。

比较贴现现金流量的评价方法以及净现值、内含报酬率和现值指数可以发现，净现值与内含报酬率、净现值与现值指数之间之所以会出现差异，共同的原因在于各个方案的初始投资额相同与否。但这并不意味着只要固定资产初始投资额不同，净现值与内含报酬率、现值指数之间就一定会出现差异，而是要看各个固定资产初始投资额的差异程度的大小。

总之，在无资本限量的情况下，利用净现值法在所有的投资评价中都能做出正确的决策；而利用内含报酬率法和现值指数法在采纳与否决决策中也能做出正确的决策，但在互斥选择决策中有时会做出错误的决策。因而在这三种评价方法中，净现值是最好的评价方法。

5.2.6　固定资产投资决策的应用

1. 固定资产更新决策

科学技术的迅速发展使固定资产的更新周期缩短。在企业财务决策中经常遇到固定资产的更新问题。固定资产更新是用新的资产替换在技术上或经济上不宜继续使用的旧资产。固定资产更新后，可能会提高企业的生产能力，增加企业的现金流入；也可能并不改变企业的生产能力，但会节约企业的付现成本。在分析固定资产更新决策的现金流量时，无论是旧固定资产还是可能取代它的新固定资产，应把继续使用旧设备和购置新设备看成是两个互斥方案，着重考虑其现在和未来的有关数据。旧设备的变价收入应看作是继续使用旧设备的机会成本，可视为其初始现金流量，同时需要考虑所得税给现金流量带来的影响，如折旧对税收的影响，变现价值与账面净值差异的纳税影响额。税收影响之后的旧设备变现所产生的现金净流量为：

$$\text{旧设备变现产生的现金净流量} = \text{设备售价} - (\text{设备售价} - \text{账面净值}) \times \text{所得税税率}$$

【例 5-8】　A 公司考虑用一台新设备代替旧设备，以减少成本、增加收益。旧设备还可使用 10 年，期满后无残值。现在出售可得价款 26 万元，使用该设备每年可获收入 50 万元,每年的付现成本为 30 万元。新设备的购置成本为 120 万元,估计可使用 10 年,期满有残值 20 万元。使用新设备每年收入可达 80 万元,每年的付现成本为 40 万元,该公司的资本成本率为 10%,假设不考虑所得税因素。

要求:A 公司对设备更新与否进行决策。

解:方法一:新、旧设备净现值比较法。

(1) 继续使用旧设备。每年经营现金净流量为 20(50-30)万元,则:

净现值 = 20 × (P/A, 10%, 10) = 122.9(万元)

(2) 使用新设备。

建设期现金净流量现值 = -初始投资额 = -(120-26) = -94(万元)

经营期现金净流量现值 = (80-40) × (P/A, 10%, 10) = 245.8(万元)

终结期现金净流量现值 = 20 × (P/F, 10%, 10) = 7.72(万元)

净现值 = -94 + 245.8 + 7.72 = 159.52(万元)

通过以上计算可知,使用新设备的净现值大于使用旧设备的净现值,应该用新设备代替旧设备。

方法二:差量比较法。

初始投资额 = 120-26 = 94(万元)

经营期现金净流量差额 = (80-40) - (50-30) = 20(万元)

经营期现金净流量差额现值 = 20 × (P/A, 10%, 10) = 122.9(万元)

终结期现金净流量现值 = 20 × (P/F, 10%, 10) = 7.72(万元)

现金净流量差额净现值 = -94 + 122.9 + 7.72 = 36.62(万元)

因为现金净流量差额净现值大于 0,所以应采用新设备代替旧设备。

2. 固定资产租赁与购买决策

当企业需要某种固定资产而自有资金又无法解决时,企业可以有两种选择,一种是借款购买固定资产;另一种是租入固定资产。企业需要对这两种方案的现金流量进行比较,才能做出决策。

【例 5-9】 某企业需要一种设备,若自行购买其购价为 100 000 元,可用 10 年,预计残值率为 3%;若企业采用租赁的方式获得该设备,每年将支付 20 000 元的租赁费用,租期 10 年,假设贴现率为 10%,所得税税率为 25%。

要求:该企业对此项设备的两个方案进行决策。

解:方法一:购买设备。

设备残值价值 = 100 000 × 3% = 3 000(元)

$$年折旧额 = \frac{(100\,000 - 3\,000)}{10} = 9\,700(元)$$

因折旧税负减少现值 = 9 700 × 25% × (P/A, 10%, 10) = 14 900.66(元)

设备残值变现收入 = 3 000 × (P/F, 10%, 10) = 1 158(元)

设备支出现值合计 = 100 000 - 14 900.66 - 1 158 = 83 941.34(元)

方法二:租赁设备。

租赁费支出 = 20 000 × (P/A, 10%, 10) = 122 900(元)

因租赁税负减少现值 = 20 000 × 25% × (P/A, 10%, 10) = 30 723(元)

　　　　租赁现值合计＝122 900－30 723＝92 177(元)

　　购买设备需要支出的现值为 83 941.34 元,而租赁设备需要支出的现值为 92 177 元,应选择现值支出较少的方案,即购买设备的方案。

　　3. 资本限量决策

　　在一个特定期间内,可用来投资的资金有预算约束时,就会出现资本限量问题。资本限量限制了企业的资本支出,使企业不能投资于所有可接受的项目。在资本限量的约束条件下,虽然净现值仍为最好的指标,但企业应尽量选择获利能力最强的项目。现值指数是在资本限量下辨别首先最佳项目组合的有力工具,因为无论项目的规模如何,现值指数可以测量每一元投资的效率。资本限量决策的程序是,先按各项目的现值指数的大小排序,然后选择一组在资本限量内能使累计净现值最大的项目组合。

　　【例 5－10】　某公司有 A、B、C、D、E 五个互相独立的投资项目,其投资额、净现值、现值指数等资料如表 5－8 所示。请分别就资金限额为 15 万元、20 万元、40 万元、50 万元、75 万元做出投资决策。

表 5－8　各投资项目的相关资料　　　　　　　　　　　　元

项　目	A	B	C	D	E
投资额	200 000	150 000	100 000	120 000	180 000
净现值	50 000	15 000	8 000	48 000	36 000
现值指数	1.25	1.10	1.08	1.40	1.20

　　解:上述五个项目的净现值均大于 0,现值指数均大于 1,在财务上都是可行的。在进行投资组合时,先将各项目按现值指数大小排序如下:D＞A＞E＞B＞C;再按照现值指数下降的顺序,将所有可行的投资项目在资本限额范围内进行组合,并计算出每一组合的累计净现值;最后按优化原则进行项目决策,选择投资项目直到资本限额得到最大限度利用为止。将各项目重新排列后见表 5－9。

表 5－9　投资组合累计净现值的计算　　　　　　　　　　　元

项　目	D	A	E	B	C
投资额	120 000	200 000	180 000	150 000	100 000
净现值	48 000	50 000	36 000	15 000	8 000
现值指数	1.40	1.25	1.20	1.10	1.08
累计投资额	120 000	320 000	500 000	650 000	750 000
累计净现值	48 000	98 000	134 000	149 000	157 000

　　资本额为 15 万元时,应选择 D 项目,其净现值为 48 000 元,高于 B 项目。尽管 B 项目的原始投资额恰好为 15 万元,但是其净现值为 15 000 元,低于 D 项目。

　　资本额为 20 万元时,应选择 A 项目,其净现值为 50 000 元,高于其他项目。

　　资本额为 40 万元时,应选择 D＋A 项目,其净现值为 98 000 元,高于 D＋E＋C 项目的净现值 92 000 元。

资本额为 50 万元时,应选择 D＋A＋E 项目,其净现值为 134 000 元,高于其他组合。

资本额为 75 万元时,可以认为资本没有超出限量,应选择上述全部项目,只不过在实施过程中,应优先安排净现值大的项目,顺序为:A＞D＞E＞B＞C。

从上例中可见,其项目安排顺序是,在资本限量时,应以效率(现值指数)优先,兼顾效益(净现值);在资本没有限量时,应以效益优先。

4. 投资开发时机决策

【例 5 - 11】 某公司拟推出新产品。根据预测,该产品的价格在最近 3 年中保持相对稳定,每吨售价为 0.1 万元,3 年后价格将一次性上涨 10%,随后将以每年 5% 的速度连续上升两年,此后在竞争的压力下,价格稳定不变。若现在开发,初始投资额为 100 万元;若 3 年以后开发,初始投资额为 105 万元。无论何时投资开发,投资建设期均为 1 年,次年投产,投产时均需垫支营运资金 10 万元,投产后 5 年项目终结。假设年开采量为 1 800 吨,项目初期年付现成本为 100 万元,此后随着价格同幅度变化。公司所得税税率为 25%,资本成本率为 10%,项目结束时无残值,固定资产按直线法计提折旧。试决定何时开发好?

解:

(1) 计算现在开发的净现值。

固定资产年折旧额＝100÷5＝20(万元)

计算现在开发各期营业现金净流量,结合初始现金流量和终结现金流量,编制现金流量表并贴现,计算过程如表 5 - 10 所示。

表 5 - 10　现在开发的现金流量和净现值的计算　　　　　　　　　　万元

时间 项目	第0年	第1年	第2年	第3年	第4年	第5年	第6年
固定资产投资	－100						
营运资金垫支		－10					
营业收入(1)			180	180	198	207.9	218.30
付现成本(2)			100	100	110	115.5	121.28
折旧(3)			20	20	20	20	20
税前利润(4)			60	60	68	72.4	77.02
所得税(5)			15	15	17	18.1	19.26
税后利润(6)			45	45	51	54.3	57.77
营业现金净流量(7)			65	65	71	74.3	77.77
营运资金回收							10
现金净流量	－100	－10	65	65	71	74.3	87.77
贴现系数	1	0.909 1	0.826 4	0.751 3	0.683	0.620 9	0.564 5
现值	－100	－9.09	53.72	48.83	48.49	46.13	49.54
净现值				137.63			

注:第 4 年的收入＝180×(1＋10%)＝198(万元)

第 5 年的收入＝180×(1＋10%)×(1＋5%)＝207.9(万元)

第 6 年的收入＝180×(1＋10%)×(1＋5%)×(1＋5%)＝218.30(万元)

第 4 年的付现成本＝100×(1＋10%)＝110(万元)

第 5 年的付现成本＝100×(1＋10%)×(1＋5%)＝115.5(万元)

第 6 年的付现成本＝100×(1＋10%)×(1＋5%)×(1＋5%)＝121.28(万元)

运用贴现率进行贴现,计算现在开发的净现值为 137.63 万元。

(2) 计算 3 年后开发的净现值。

固定资产折旧额＝105÷5＝21(万元)

计算 3 年后开发的各期营业现金净流量,结合初始现金流量和终结现金流量,编制现金流量表并贴现,计算过程如表 5-11 所示。

表 5-11　3 年后开发的现金流量和净现值的计算　　　　　　　　万元

时间 / 项目	第 3 年	第 4 年	第 5 年	第 6 年	第 7 年	第 8 年	第 9 年
固定资产投资	−105						
营运资金垫支		−10					
营业收入(1)			207.9	218.3	218.3	218.3	218.3
付现成本(2)			115.5	121.28	121.28	121.28	121.28
折旧(3)			21	21	21	21	21
税前利润(4)			71.4	76.02	76.02	76.02	76.02
所得税(5)			17.85	19.01	19.01	19.01	19.01
税后利润(6)			53.55	57.02	57.02	57.02	57.02
营业现金净流量(7)			74.55	78.02	78.02	78.02	78.02
营运资金回收							10
现金净流量	−105	−10	74.55	78.02	78.02	78.02	88.02
贴现系数	0.751 3	0.683	0.620 9	0.564 5	0.513 2	0.466 5	0.424 1
现值	−78.89	−6.83	46.29	44.04	40.04	36.39	37.33
净现值	118.37						

通过比较,现在开发的净现值大于 3 年后开发的净现值,因此,该公司应选择现在开发方案。

5.3　无形资产投资决策

无形资产是企业资产中非常重要的组成部分,是企业生产经营及长期发展的重要资源。但长期以来,受计划经济的影响,加上我国知识产权制度起步较晚,企业领导管理者对无形资产的认识仍停留在传统的老框架、旧模式当中,忽视了无形资产作为资产的价值或使用价值而存在的客观性,从而制约了无形资产的开发、利用、保护及管理工作的开展。随着科技经济的发展,特别是知识经济时代的来临,企业劳动将由体力劳动向脑力劳动转化,企业资本中人力资本将逐步代替物质资本,无形资产占企业总资产的比例越来越高,其在企业生存、发展、竞争中显示出越来越重要的作用,具有有形资产不可替代的经济价值。它不仅对企业提高劳动生产率,降低生产成本,改进产品质量,提高产品知名度和经济效益具有十分重要的意义,而且对企业开拓、占领市场,促进产品的营销也具有关键作用,是企业竞争中取胜的重要条件。

5.3.1 无形资产的含义及特点

1. 无形资产的含义

根据《企业会计准则第 6 号——无形资产》第 3 条的规定,无形资产是指企业拥有或者控制的没有实物形态的可辨认非货币性资产。作为投资性房地产的土地使用权和企业合并中形成的商誉,不包括在无形资产的范围之内。

1) 专利权

专利权是一种技术使用权,经国家专利机关审核合格后授予发明人的专有权利。例如,某种产品的配方、造型、结构、制造工艺等方面都可以形成专利权。专利权具有排他性、时间性和地域性的特点。专利发明者可以自行使用专利权,也可以出售给他人使用。

2) 商标权

商标权是指商标所有者对自己的商品使用某种标志的特殊权利,是用来辨认商品的标记。在我国,企业所使用的商标必须经过工商行政部门核准注册后才具有法律效力。商标权可以转让、继承和交易。

3) 著作权

著作权是国家版权管理部门依法授予著作作者于一定年限内发表、再版和发行其作品的权利。著作权也可以进行出售或转让。

4) 土地使用权

土地使用权是指企业根据有关规定依法享有在土地上进行生产经营等活动的权利。根据《中华人民共和国土地管理法》的规定,我国实行土地的社会主义公有制,任何单位和个人不得侵占、买卖或以其他形式将土地非法转让给单位、个人使用。土地使用权可以依法转让和收取收益。

5) 非专利技术

非专利技术也称专有技术,是指企业所采用的先进的、未公开的、不受法律保护的、依靠保密手段所拥有的技术和诀窍。专有技术能给企业带来超额利润,但只能采用保密的方式进行保护,不受国家保护,也不具有有效期。专有技术可以自制、购买和转让。

2. 无形资产的特点

(1) 无形资产不具有实物形态,不能被人们的感官所感触,是隐形存在的资产,这是区别于有形资产的主要特点。

(2) 无形资产在计价评估上不明晰。有些无形资产与企业整体的存在相关,用企业会计准则核算其发生的费用比较困难,如自创的商标权、专有技术和商誉。

(3) 无形资产所带来的经济效益具有不确定性。这是由其成本和盈利水平的不确定性因素造成的。有的无形资产只有在特定情况下存在并发挥作用,有的无形资产的收益期不易确定。

(4) 无形资产投资具有一定的垄断性和排他性。有些无形资产受到法律保护,有些不公开,有些是由企业的特殊条件形成的。因此,不是所有的企业都能用某种无形资产进行投资。

(5) 无形资产具有一定的时间性。一般来说,无形资产是和企业结合在一起使用的,如果该企业因为某种原因不复存在了,无形资产也会随之消失,除非企业在此之前已经将无形资产出售出去。

5.3.2　无形资产投资的特点

与固定资产投资相比,无形资产投资更为复杂。无形资产投资的以下特点决定了企业在进行无形资产投资时应该更加谨慎:

(1) 无形资产投资有多种方式。有的企业需要自己投资开发研制,有的企业可以直接从外部购入,有的可以与其他单位合作开发,不同的情况需要具体分析。

(2) 无形资产投资期及取得超额收益的时间很难准确预测。企业直接从外部购入无形资产需要的投资期较短,但何时获得收益不能确定。企业自行研制无形资产,需要的投资期也很难确定,而研制成功后能在多长时间内给企业带来超额收益也无法准确确定。

(3) 无形资产所增加的超额收益额存在不确定性。例如,一项专有技术可能给企业带来巨额收益,但如果有更先进合理的技术出现,这种巨额收益可能随之消失。

5.3.3　无形资产投资决策应考虑的因素

无形资产投资涉及的时间一般超过 1 年且投资金额很大,所以其考虑的因素基本上与固定资产投资决策所要考虑的因素相同。

1. 时间

在无形资产的使用期限内,不同时点产生的现金净流量直接相加没有意义,必须折合到同一时点才能累计。因此,可以用该项无形资产投资的报酬率作为折现率,应用货币时间价值的概念和原理来计算。

2. 现金流量

无形资产在其取得和使用过程中都会发生现金的流入或流出等情况,在对无形资产投资进行决策时,需要用现金流量指标进行衡量,这一点和固定资产投资决策非常相像。无形资产现金流量的构成可参照固定资产现金流量的构成进行预测。

3. 风险

无形资产投资的一系列特点决定了无形资产投资具有较大的风险,在对其进行投资决策分析时必须考虑风险因素。关于风险与报酬的关系,在第 2 章里有专门介绍,这里不再赘述。

综合考虑以上因素后,可参照固定资产投资决策的方法对无形资产投资进行决策,即采用净现值法、内含报酬率法等指标进行决策,下面举例说明。

【例 5-12】　ABC 公司计划购买一项专利,该专利的初始投资为 100 万元,预计可使用 6 年,由于使用该专利,公司 6 年中每年的现金净流量增加 40 万元。但是无形资产投资的收益具有不确定性,需要对每年的现金流量进行调整。公司主要领导认为每年的现金净流量发生的概率和各位领导的相关权数如表5-12所示。假设该公司的资本成本为15%,试用净现值法分析此投资项目是否可行。

表5-12 领导的相关权数

公司领导成员	约当系数	所确定的系数
董事长	0.90	0.30
总经理	0.80	0.20
财务经理	0.85	0.20
总工程师	0.70	0.20
销售处长	0.80	0.10

解:首先,根据以上材料,计算加权平均约当系数如下:

加权平均约当系数$=0.90\times0.30+0.80\times0.20+0.85\times0.20+0.70\times0.20+0.80\times0.10=0.82$

然后,利用计算出的约当系数对每年40万元的现金净流量进行调整。

调整后的现金净流量$=40\times0.82=32.8$(万元)

最后,计算该项无形资产投资的净现值。

$NPV=32.8\times(P/A,5\%,6)-100=24.13$(万元)

因为该项投资的净现值大于0,所以可以进行投资。

5.4 对外证券投资管理

对外证券投资管理是指通过购买企业发行的股票或债券等形式而对被投资企业进行的投资。证券投资可以是长期的,也可以是短期的。企业在进行证券投资时要注意在效益性、安全性和流动性之间找到平衡点。

5.4.1 债券投资与债券估价

1. 债券投资的相关概念

1) 债券的含义

债券是由发行者为筹集资金而向债权人发行的,在约定时间内支付约定利息,并在到期时偿还本金的一种有价证券。债券可以按不同的标准进行分类,按是否有担保,分为信用债券和抵押债券;按债券票面是否标明持有者姓名,分为记名债券和无记名债券;按利率是否固定,分为固定利率债券(也叫普通债券)和浮动利率债券;按债券发行主体的不同,分为政府债券、金融债券和公司债券。

2) 债券面值

债券面值是指设定的债券票面金额,代表发行人借入并且承诺于未来某一特定日期偿付给债券持有人的金额。

3) 债券的票面利率

债券的票面利率是指债券发行者预计 1 年内向债券持有人支付的利息占票面金额的比率。债券的计息和付息方式有多种,可能使用单利或复利计息,利息支付可能是每半年一次或每季度一次,这就使得债券的票面利率可能不等于按复利计算的 1 年期的实际利率。

4) 债券的到期日

债券的到期日是指偿还本金的日期。债券一般都要规定到期日,以便到期时归还本金。自此,债券协议中所规定的权利和义务终结。

2. 债券投资的特点及风险

企业通过短期债券投资可以调节现金余额,实现暂时闲置资金的合理利用,同时获得利息收益,而企业进行长期债券投资则主要是为了获得稳定的收益。

1) 债券投资的特点

(1) 权利、义务方面。从投资权利方面来说,在各种投资方式中,债券投资者的权利最小。进行债券投资,投资者与被投资企业之间只是债权债务关系,无权参与被投资企业的生产经营管理,也无权对被投资企业施加影响,但投资债券享有按约定取得利息收益以及到期收回本金的权利。

(2) 流动性方面。债券可在资本市场上自由买卖、流通,这为债券的随时变现提供了可能。当债券持有人急需资金时,可在债券市场上出售其拥有的未到期的债券,或通过将债券抵押,从银行贷款。但不论长期债券投资,还是短期债券投资,都有到期日,投资时应考虑期限的影响。

(3) 收益与风险方面。债券投资收益率通常是事先约定的,通常不及股票高,但具有较强的稳定性,不受银行或实际利率变动的影响,债券发行人须按照协议约定支付本金和利息。此外,由于债券持有者对债券发行公司的资产求偿权优先于股票,使其投资风险相对较小。

2) 债券投资的风险

尽管债券投资的风险通常要小于股票投资的风险,但投资债券仍要承担以下风险:

(1) 违约风险。债券投资的违约风险指借款人无法按时支付债券利息和偿还债券本金的风险。一般来说,财政部发行的国库券没有违约风险,其他债券或多或少都存在违约风险,避免违约风险的方法是不买质量差的债券。

(2) 利率风险。债券投资的利率风险是指由于利率变动而使债券投资者丧失机会收益的风险。债券的到期时间越长,利率风险越大,减少利率风险的办法是分散债券的到期日。

(3) 购买力风险。购买力风险是指由于通货膨胀而使货币购买力下降的风险。一般来说,预期报酬率会上升的资产,其购买力风险会低于报酬率固定的资产。例如,房地产、普通股等投资受到的影响较小,而收益长期固定的债券受到的影响较大,前者更适合作为减少通货膨胀损失的避险工具。

(4) 变现力风险。债券投资的变现力风险是指无法在短期内以合理价格卖掉债券资产的风险。一般来说,国库券有活跃的市场,其变现力较强,但冷门债券的变现力则较差。

3. 债券估价

作为一种收益稳定的有价证券,债券的未来现金流入主要是利息和归还的本金。于是,债券的价值就是按投资者要求的收益率对这些现金流量进行折现。如果投资者按照等于债券价值的价格购买了这种债券,他将获得预期的投资报酬率,即投资者要求的报酬率;如果按照小于债券价值的价格购买了债券,它将获得高于预期的投资报酬率。

1) 债券估价的基本模型

典型的债券是固定利率,每年计算并支付一次利息,到期归还本金。根据该种债券的现金流模式,其价值的计算公式如下:

$$V = \sum_{t=1}^{n} \frac{I_t}{(1+r_b)^t} + \frac{M}{(1+r_b)^n}$$

式中,V 为债券的价值;I_t 为第 t 年的票面利息;M 为到期的本金;n 为债券到期前的年数;r_b 为折现率,一般采用该债券的必要报酬率或当时的市场利率。

当债券的每期利息固定为 I 时,上述计算公式可表示为:

$$V = \sum_{t=1}^{n} \frac{I_t}{(1+r_b)^t} + \frac{M}{(1+r_b)^n} = I \times (P/A, r_b, n) + M \times (P/F, r_b, n)$$

值得说明的是,企业拟发行债券时,其票面利率是根据当时等风险投资的必要报酬率确定的。如果债券印制或公告后必要报酬率发生了变动,通常的做法是先估算债券的内在价值,然后通过溢价或折价来调节发行价,而不是修改票面利率。

【例 5 - 13】 某公司拟于 2018 年 9 月 1 日发行面额为 1 000 元的债券,票面利率为 8%,每年 9 月 1 日计算并支付一次利息,并于 5 年后的 9 月 1 日到期。假设该债券临近发行时,市场同等风险投资的必要报酬率为 10%,试确定该公司债券的发行价格。

解:债券的价值 $V = 1\,000 \times 8\% \times (P/A, 10\%, 5) + 1\,000 \times (P/F, 10\%, 5)$
$$= 80 \times 3.791 + 1\,000 \times 0.621$$
$$= 924.28(元)$$

即此种情况下,该公司的债券只能折价发行,发行价格为 924.28 元。

如果该债券临近发行时,市场同等风险投资的必要报酬率为 8%,同理计算分析可知,该公司的债券将平价发行。

如果债券临近发行时,市场同等风险投资的必要报酬率低于 8%,同理计算分析可知,该公司债券的内在价值将高于其票面价值,债券将溢价发行。

由此可以看出,市场同等风险投资的必要报酬率是影响债券定价的一个重要因素。在其他条件相同的情况下,公司将根据票面利率大于、等于或小于债券临近发行时市场同等风险投资的必要报酬率的情况,相应进行溢价、平价或折价发行。

2) 不同类型债券的估价

(1) 纯贴现债券的估价。纯贴现债券是指发行者承诺在未来某一确定日期作某一单笔支付的债券。这种债券的持有人在债券到期前不能得到任何现金支付,因此也称之为零息债券。零息债券没有标明计息规则的,通常采用按年计息的复利计息规则。

纯贴现债券价值的计算公式如下:

$$V = \frac{M}{(1+r_b)^n}$$

【例 5 - 14】 有一纯贴现债券,面值为 1 000 元,20 年到期。假设必要报酬率为 10%,计算该债券的价值。

$$解：V=\frac{1000}{(1+10\%)^{20}}=148.6（元）$$

（2）平息债券的估价。平息债券是指利息在到期时间内平均支付的债券，其支付的利率可能是一年一次、半年一次或每季度一次等。

平息债券价值的计算公式如下：

$$V=\sum_{t=1}^{mn}\frac{\dfrac{I}{m}}{\left(1+\dfrac{r_b}{m}\right)^t}+\frac{M}{\left(1+\dfrac{r_b}{m}\right)^{mn}}$$

式中，m 为债券的年付利息次数。

【例 5-15】　有一债券面值为 1 000 元，票面利率为 8%，每半年支付一次利息，5 年到期。假设必要报酬率为 10%，计算该债券的价值。

$$解：V=\frac{1\,000\times8\%}{2}\times(P/A,10\%\div2,5\times2)+1\,000\times(P/F,10\%\div2,5\times2)$$
$$=40\times7.721\,7+1\,000\times0.613\,9$$
$$=922.77（元）$$

上例中，债券的价值比例 5-13 中的每年付息一次时的价值 924.28 元降低了。债券付息期越短价值越低的现象，仅出现在折价出售的状态。如果债券溢价出售，则情况正好相反。

（3）永久债券的估价。永久债券是指没有到期日，永不停止地定期支付利息的债券。例如，英国统一公债、美国举债建造巴拿马运河的债券都是永久债券，它们没有最后支付日并永久有效。其债券的内在价值为：

$$V=\frac{I}{r_b}$$

例如，市场利率是 10%，每年能得到 50 元利息支付的政府永久债券的价值为：500（50÷10%）元。

4. 债券的到期收益率

对于每一种债券，每个投资者要求的收益率都不相同，债券的收益水平通常用到期收益率来衡量。到期收益率是指以特定价格购买债券并持有至到期日所能获得的收益率。它的实质是债券投资的内含报酬率。

到期收益率是使未来现金流量现值等于债券购入价格的折现率。计算到期收益率的方法是求解含有折现率的方程，即：

$$购进价格＝每年利息\times年金现值系数＋面值\times复利现值系数$$
$$V=I\times(P/A,r_b,n)+M\times(P/F,r_b,n)$$

【例 5-16】　某公司 2018 年 2 月 1 日以平价购买一张面额为 1 000 元的债券，其票面利率为 8%，每年 2 月 1 日计算并支付一次利息，并于 5 年后的 1 月 31 日到期。该公司持有该债券至到期日。计算其到期收益率。

根据公式 $1\,000=1\,000\times8\%\times(P/A,r_b,5)+1\,000\times(P/F,r_b,5)$

解 该方程要用"试误法"。

用 $r_b=8\%$ 试算如下：

$80\times(P/A,8\%,5)+1\,000\times(P/F,8\%,5)$

$=80\times3.9927+1\,000\times0.6806$

$=1\,000(元)$

可见,平价购买每年付息一次的债券的到期收益率等于票面利率。

如果债券的价格高于价值,则情况将发生变化。例如,买价是1 105元,则:

$1\,105=80\times(P/A,r_b,5)+1\,000\times(P/F,r_b,5)$

通过前面的试算已知,$r_b=8\%$时,等式右边为1 000元,小于1 105元,可判断收益率低于8%,故应降低折现率。

用$r_b=6\%$试算如下:

$80\times(P/A,6\%,5)+1\,000\times(P/F,6\%,5)$

$=80\times4.212+1\,000\times0.747$

$=336.96+747$

$=1\,083.96(元)$

由于折现结果仍小于1 105元,还应进一步降低折现率。现用$r_b=4\%$计算如下:

$80\times(P/A,4\%,5)+1\,000\times(P/F,4\%,5)$

$=80\times4.452+1\,000\times0.822$

$=356.16+822$

$=1\,178.16(元)$

此时的折现结果高于1 105元,可以判断该收益率高于4%,但低于6%。用插补法计算其近似值:

$$\left\{\begin{array}{ll}4\% & 1\,178.16 \\ r_b & 1\,105 \\ 6\% & 1\,083.96\end{array}\right\}$$

$$\frac{r_b-4\%}{6\%-4\%}=\frac{1\,105-1\,178.16}{1\,083.96-1\,178.16}$$

$r_b=5.55\%$

从上例可以看出,如果债券的购买价格和面值不等,则到期收益率和票面利率不同。

5. 债券投资的策略

在对债券投资的时机、投资的期限、拟购入的债券决策过程中,应考虑一系列约束条件的限制,包括可支配的资金数额约束、投资收益率要求、投资风险偏好等。债券投资决策中可以考虑消极的投资策略和积极的投资策略两种思路。

1) 消极的投资策略

消极的投资策略是指投资者在买入债券后的一段时间内,很少进行买卖或者不进行买卖,只要求获取不超过目前市场平均收益水平的收益。典型的消极投资策略主要就是买入债券并持有至有效期。这种策略的现金流是确定的,投资中选取信用程度较高的债券即可。

2) 积极的投资策略

积极的投资策略是指投资者根据市场情况不断调整投资行为,以期获得超过市场平均水平的收益率。积极的投资策略包括以下几个。

(1) 通过对预期利率的变动主动交易。预计利率下降时,买进债券或增持期限较长的债券；预计利率上升时，卖出债券或增加期限较短的债券比例。

（2）控股收益率曲线法。由于期限较长的债券一般有较高的收益率，因此投资人购买债券持有至到期日前卖出债券，再购入另一个同样期限的债券，从而能够始终获得较高的收益率。

3）投资组合策略

债券因发行主体经营情况、债券期限等不同，其风险和收益各不相同。投资债券的企业可以根据需要，对购买的债券从发行主体、期限、风险和收益等不同方面进行适当搭配，形成符合企业需要的债券投资组合。从规避投资风险的角度，债券投资组合的主要形式有：浮动利率债券与固定利率债券组合；短期债券和长期债券组合；政府债券、金融债券与企业债券组合；信用债券与担保债券组合等。

5.4.2 股票投资与股票估价

1. 股票投资的相关概念

1）股票的含义

股票是股份公司为筹集自有资金而发行的一种有价证券。股票持有者即为该公司的股东。按照公司章程，股东参与或监督公司经营管理，分享红利，并以购股额为限依法承担公司经营亏损的责任。

股票可以按不同的标准进行分类，按股东所享有的权利和义务的不同，分为普通股和优先股；按股票票面是否标明持有者姓名，分为记名股票和不记名股票；按股票票面是否标明入股金额，分为有面值股票和无面值股票；按能否向股份公司赎回自己的财产，分为可赎回的股票和不可赎回股票。目前，我国公司发行的大都是记名的、有面值的、不可赎回的普通股股票。

2）股利

股利是公司从其税后利润中分派给股东的一种投资回报，是股东所有权在分配上的体现。一般地，影响公司现金股利的因素主要有两个，一是公司的盈利；二是公司的股利政策。从长期看，支付股利所需的现金必须来源于公司的盈利。而以盈利向投资者发放股利时，公司还要考虑将其盈利的多大比例作为留存收益，保留为企业未来发展而进行再投资的机会，这取决于公司的股利政策。

3）股票的价值

股票本身是没有价值的，它仅是一种凭证。股票的价值是指股票预期所能提供的所有未来收益的现值。对于投资者来说，股票投资的预期收益主要包括两部分，一是发行公司派发的股利收益；二是买卖股票的差价收入，即资本利得。买进股票实际上是现在财富与未来财富的交换。现在财富即为购买股票的货币支出，未来财富即为未来各期的股利收益。将未来财富予以折现，即为现在的股票投资价值，它是股票的"内在价值"。

4）股票的价格

股票之所以有价格并可以在证券市场上自由买卖，是因为它能给持有人带来预期收益。同其他商品一样，股票的价格也由供求关系决定。在一个完善的资本市场中，股票的价格应与股票的内在价值一致。但由于信息不对称、流动交易者的存在等因素，使得股票一旦发行上市买卖后，股票的价格就与其价值相背离。从长期看，股票价格总是围绕股票内在价值上下波动,总体趋于价值回归。当股票的市场价格低于其内在价值时,说明该股票的价格被低估,具有上涨的潜力,适合于投资买进;反之,则相反。在股票交易过程中,股票价格有开盘价、收盘价、最高价、最低价等。

2. 股票估价

这里的股票估价是指估算普通股票的内在价值,作为一种具有收益预期的有价证券,普通股股票的价值等于其未来预期现金流的折现值。

1) 股票估价的基本类型

股票投资的未来现金流入主要包括两部分,股利收入和出售时的售价。如果股东永远持有股票,他将只获得股利收入,是一个永续的现金流入。这个现金流入的现值就是股票的价值。

$$V = \frac{D_1}{(1+r_s)} + \frac{D_2}{(1+r_s)^2} + \cdots = \sum_{t=1}^{\infty} \frac{D_t}{(1+r_s)^t}$$

式中,V 为股票的价值;D_t 为第 t 年的股利;r_s 为折现率,即该股票的必要报酬率;t 为年份。

如果投资者不打算永久地持有股票,而在一段时间后出售,则股票的价值或当前的合理价格应为:

$$V = \frac{D_1}{(1+r_s)} + \frac{D_2}{(1+r_s)^2} + \cdots + \frac{D_n}{(1+r_s)^n} + \frac{P_n}{(1+r_s)^n}$$

【例 5-17】 年初,某投资者正在考虑购买 ABC 公司的普通股股票,该股票年末现金股利预期为 2 元,年末股价预期为 30 元。如果该投资者要求的报酬率为 15%,则该投资者在目前股价为多少时可以考虑购买该公司的股票?

解:$V = \dfrac{D_1}{1+r_s} + \dfrac{P_1}{1+r_s} = \dfrac{2}{1+15\%} + \dfrac{30}{1+15\%} = 1.74 + 26.09 = 27.83$(元)

即目前的股价如果超过 27.83 元,则不应购买该股票。

2) 不同类型股票的估价

不管预期未来的股利是增长、浮动或稳定的,股票估价的基本模型都适合。如果公司的股利呈现零增长、持续稳定增长或非持续稳定增长,基本模型则可以相应简化。

(1) 股利零增长。假设未来股利增长率为 0,即每期发放的股利相等,均为固定值 D,即 $D_t = D(t=1,2,3\cdots)$,则:

$$V = \sum_{t=1}^{\infty} \frac{D_t}{(1+r_s)^t} = \sum_{t=1}^{\infty} \frac{D}{(1+r_s)^t}$$

当 r_s 大于 0 时,$\dfrac{1}{1+r_s} < 0$,上式可以简写为:

$$V = \frac{D}{r_s}$$

【例 5-18】 某公司董事会向投资者宣布公司每年定额支付每股 2 元的股利,市场平均报酬率为 10%。计算该公司股票的价值。

解:$V = \dfrac{D}{r_s} = \dfrac{2}{10\%} = 20$(元)

这就是说,该公司股票每年给你带来 2 元的收益,在市场利率为 10% 的情况下,它相当于 20 元资本的收益,所以其价值是 20 元。当然,市场上该公司的股价不一定就是 20 元,还要看投资人对风险的态度,可能高于或低于 20 元。

上例中,如果当时的股价不等于股票的价值,如股价为 16 元,每年固定股利 2 元,则其预期报酬率为:

$$r_s = \frac{2}{16} \times 100\% = 12.5\%$$

可见,股价低于股票价值时,预期报酬率高于其最低的必要报酬率。

(2) 股利稳定增长。假定公司的股利支付是增长的,且股利增长率为一常数(g),则:

$$V = \sum_{t=1}^{\infty} \frac{D_0(1+g)^t}{(1+r_s)^t} = \frac{D_0(1+g)}{r_s-g} \times \left[1 - \left(\frac{1+g}{1+r_s}\right)^t\right]$$

当 $g < r_S$ 时,$\frac{1+g}{1+r_s} < 1$,上式可以简化为:

$$V = \frac{D_0(1+g)}{r_s-g} = \frac{D_1}{r_s-g}$$

【例 5－19】　某公司最近支付的股利为 2 元,若其以后支付的股利每年都以 4% 的速度永续增长,市场必要报酬率为 12%。计算该公司股票的内在价值。

解:$V = \dfrac{2 \times (1+4\%)}{12\% - 4\%} = 26$(元)

(3) 股利支付呈阶段性变化。在现实生活中,公司的股利支付是不固定的,可能是在一段时间里高速增长,而在另一段时间里固定不变或保持正常、稳定的增长。在这种情况下,就要通过分段计算分析,来确定股票的内在价值。

【例 5－20】　假设某公司经营一新兴产业,销售每年以 45% 的速度增长。预期这一销售增长势头将使公司在未来前 3 年的每年现金股利增长 20%,此后转为正常增长,增长率为每年 5%。公司最近支付的股利为每股 0.75 元,股票的必要报酬率为 10%。试估算该公司股票的内在价值。

解:第一步:计算非正常增长期的股利现值,见表 5－13。

表 5－13　非正常增长期的股利现值

年　份	股　利	折现因数(10%)	现　值
0	0.75		
1	0.75×(1+20%)=0.9	0.909	0.818
2	0.9×(1+20%)=1.08	0.826	0.892
3	1.08×(1+20%)=1.296	0.751	0.973
3 年股利现值		2.683	

第二步:计算第 3 年年底的股票价值。

$$V_3 = \frac{D_3(1+g)}{r_s-g} = \frac{1.296 \times (1+5\%)}{10\% - 5\%} = 27.216(元)$$

计算其现值:

$27.216 \times (P/F, 10\%, 3) = 27.216 \times 0.751 = 20.439$(元)

第三步:计算股票当前的内在价值。

$$V=2.683+20.439=23.12(元)$$

3. 股票投资的市盈率分析

前述股票价值的计算方法在理论上比较健全,但在实际应用中,却面临着如何预计未来每年的股利以及如何确定折现率的问题,这一点非常复杂并且要求较高,一般投资者往往很难办到。下面介绍一种粗略衡量股票价值的方法——市盈率分析法。它易于掌握,被许多投资者使用。市盈率(倍数)是股票市价与每股盈利之比,利用市盈率可以估计股价高低和股票风险。

1) 用市盈率估计股价高低

市盈率可以粗略地反映股价的高低,表明投资者愿意用盈利的多少倍的货币来购买这种股票,反映了市场对该股票的评价。相关计算公式如下:

$$市盈率=股票市价÷每股盈利$$

$$股票价值=该股票所处行业平均市盈率×该股票每股盈利$$

根据证券机构或权威刊物提供的同行业公司股票过去若干年的平均市盈率,乘以该公司股票当前的每股盈利,便可以得出该公司股票的价值。再用它和该公司股票当前市场价格比较,可以看出所付价格是否合理。如果计算比较的结果为股票价格低于股票价值,说明股价有一定吸引力。

2) 用市盈率估计股票风险

一般来讲,股票的市盈率比较高,表明投资者对公司的未来充满信心,这种股票的风险较小。但当受到不正常因素干扰时,有些股票的市价会被哄抬到不应有的高度,使市盈率变的超高,则又很可能成为股票下跌的前兆,风险很大。通常认为,超过 30 倍的市盈率是不正常的。若股票的市盈率比较低,表明投资者对公司的未来缺乏信心,这种股票风险也较大。通常认为,市盈率在 5 倍以下甚至为负值的股票,公司前景黯淡。

因此,过高或过低的市盈率都不是好兆头,市盈率在 5~20 倍之间是比较正常的,但各行业的正常值区间有区别,最好能够通过研究拟投资股票市盈率的长期变化来估计其正常值,并以此作为分析决策的基础。

5.4.3 基金投资与基金估价

1. 基金投资的相关概念

1) 证券投资基金的概念

简单地说,证券投资基金是一种利益共享、风险共担的集合证券投资方式。投资基金实行集合投资制度,它以基金份额的形式向投资者发行受益凭证,将社会上的小额闲散资金集中起来,交由基金管理公司将其分散投资于各种金融资产,如股票、债券、外汇、期货和期权等,投资所得的收益通过派发红利或再投资方式按出资比例进行分配,投资损失也由投资者自己承担。基金管理公司在这个过程中只作为资金管理者收取一定的管理费用,而投资者的委托资金存放于指定的托管银行,与基金管理公司的自有资金相互独立,以保证投资者利益不受损害。

基金可以按不同的标准进行分类,按组织形态的不同,分为契约型基金和公司型基金;按基金单位是否可以增加或赎回,分为开放式基金和封闭式基金;按投资风险与收益的不同,分为成长型基金、平衡型基金和收益型基金;按投资对象及其比重的不同,分为股票型基金、债券型基金、货币市场基金、指数基金和混合型基金,其中,混合型基金又可分为偏股型基金、偏债型基金和配置型基金。

2) 基金净值

基金净值是指在某一时点一个基金单位实际代表的价值。单位基金资产净值的计算公式如下:

$$单位基金资产净值＝(基金总资产－基金总负债)÷基金份额$$

基金的总资产是指基金拥有的所有资产的价值,包括现金、股票、证券、银行存款和其他有价证券。基金资产并不完全属于基金投资者所有,这是因为基金在运作时会产生各种负债,如应付给基金管理公司的管理费、基金托管人的托管费以及基金投资活动的交易费用。这些费用在尚未支付时会形成基金的负债,投资者实际拥有的应该是扣除基金负债后的资产净值。

开放式基金的单位资产净值每天都会在全国性证券类报纸或者相关财经网站(如中国基金网)刊登,部分开放式基金的净值还可以通过交易所的行情显示系统看到,投资者可以及时了解基金的运作情况;而封闭式基金由于不进行日常的申购与赎回,其单位资产净值只是每周公布一次。

3) 基金的认购、申购与赎回

基金的认购是在基金募集期内,投资者到基金管理公司或选定的基金代销机构开设基金账号,按照规定的程序申请购买基金份额的行为。基金的申购是指投资者按照规定的程序申请购买已经成立的基金单位。基金的赎回是指投资者把手中持有的基金单位,按规定的价格卖给基金管理人并收回现金的过程,是与申购相对应的反向操作过程。

申购、赎回价格以当日基金资产净值加减一定手续费为基础计算。我国《开放式证券投资基金试点办法》第26条规定:"申购开放式基金单位的份额和赎回基金单位的金额,依据申购赎回日基金单位资产净值加、减有关费用计算,具体计算方法应当在招募说明书中予以说明。基金单位资产净值,应当按照开放日闭市后基金资产净值除以当日基金单位的余额数量计算,具体计算方法应当在基金合同和招募说明书中予以载明。"

2. 基金投资的特点及风险

1) 基金投资的特点

与股票、债券等金融投资工具一样,证券投资基金为投资者提供了一定投资获利的渠道。但与其他投资相比,基金投资具有其特殊性。

(1) 专业理财。基金管理公司作为证券投资基金的管理人,具有专业的投资分析和研究人员,能够对证券市场做出较为全面和准确的分析,并有效地防范和化解证券投资风险,保障基金投资者资金的长期稳定增值。对于普通投资者来说,一般没有足够的时间、精力和专业知识从事证券投资分析。因此,投资者购买基金,等于花很少的钱雇用了众多的投资专家在所有的证券交易日全心全力地帮助理财。

(2) 组合投资,分散风险。基金管理公司将中小投资者的小额资金汇集成一笔数额较大的资金后,分散投资于不同地区、不同行业的多种股票、债券、期货等金融工具上,可以最大限度地降低风险。因为不同地区的经济发展速度各异,而不同行业的不同企业受经济景气影响的性质和程度不同,投资组合中的某种证券市值的下降可以由另一些证券市值的上升来弥补,其风险远远低于小额投资者由于资金量的局限而投资于有限的证券上的风险。

(3) 投资小、费用低。在我国,每份基金单位面值为人民币1元。证券投资基金最低投资额一般较低(目前,我国封闭式基金最低可买100份基金单位或1手,开放式基金最低投资金额一般为1 000元),投资者可以根据自己的财力,多买或少买基金单位,从而解决了中小投资者"钱不多、入市难"的问题。此外,基金的费用通常比较低。根据国际市场上的惯例,基金管理公司就提供基金管理服务而向基金投资者收取的管理费一般为基金资产净值的1‰~2.5‰,而投资者购买封闭式基金的交易费用通常为认购总额的0.25‰,开放式基金的申购费用一般为认购金额的1‰~1.5‰,大大低于购买股票的费用。而且,由于基金集中了大量的资金进行证券交易,通常也能在证券交易佣金方面得到证券商的优惠。

(4) 风险共担,收益共享。基金管理公司会将投资于证券市场获得的收益,通过派发红利或再投资方式按出资比例返还给基金投资者,而基金管理公司只从其中收取一定比例的管理费用。一般而言,投资基金由于采取组合投资等策略,因此其风险低于股票,同时其收益一般高于债券,也高于同期银行存款利息。

2) 基金投资的风险

一般来讲,基金投资者面临的风险主要来自以下几个方面。

(1) 市场的风险。基金投资通过分散投资,虽然能够降低风险,但毕竟不能将风险降至零,而且分散投资仅能克服非系统性风险。基金主要投资于证券市场,而证券市场中存在着系统性风险和非系统性风险。系统性风险(如政策风险、经济周期波动风险、利率风险等)在缺乏做空机制的情况下,除了运用减少仓位的办法外,不能通过分散投资或组合投资来规避。

(2) 基金机构的风险。基金管理公司的管理水平将直接影响基金收益水平,管理经营不规范势必给基金投资人带来损失,而不管赔赚,基金管理人都将收取一定的手续费,这样就大大增加了投资人的风险。为此,各国对证券投资基金普遍实行严格而全面的监管,包括实行严格的行业准入标准和审批程序、严格的基金产品审批制度、严密的日常行为监管以及严格的从业人员管理制度等。

(3) 流动性风险。封闭式基金的投资者,很可能在某一价位上无法及时实现;开放式基金的投资者在赎回基金时,可能遇到暂停赎回。国外的大多数基金投资者会选择明星级的基金经理,而国内的证券投资基金运行时间大多不长,投资者难以根据以往业绩或基金经理的表现做出投资决定。目前,我国投资者的投机心理比较浓厚,再加上因果循环,就为开放式基金形成了庞大的赎回压力。

3. 基金选择与基金评估

当投资者明确将证券投资基金作为自己的投资目标时,就需要在众多的基金中挑选出使自己感到满意的基金并有效规避投资基金的风险,这就需要投资者对基金进行深入的分析与评估。

1) 基金选择指标

目前,一般的投资者在选择证券投资时仅凭以往的业绩。的确,以往的业绩在评估基金时是一个非常重要的因素,但只靠它是远远不够的,因为基金管理人在提供以往业绩数据时可能会精心策划,突出业绩好的时期,淡化业绩差的时期,再加上某些媒体的过度渲染,将会导致基金表面上的业绩大大超出其实际的业绩。因此,除了评估业绩指标以外,还应当考察

基金的结构指标。所谓基金的结构指标,是指影响基金业绩的潜在因素,主要包括以下几个方面的内容:

(1) 基金的规模。较大型的股票投资基金对市场变化做出的反应较为迟钝,如一个拥有 400 亿元资产的基金,想把其中的 1‰投资于一个颇有增长潜力的小公司,可能会遇到一个问题,即这家小公司没有那么多的股份出卖,而且巨额的资金买卖必将会大幅度影响该股的股价,这对收益可能造成冲击。相比之下,小规模的基金在投资这类小公司的股票时就具有相对优势,但小型基金在实际操作中风险承受能力较小,对投资者而言具有较高的风险。对那些追求高回报、敢冒高风险的投资者来说,可以考虑那些小规模的基金,尤其是那些大型基金联合体的组成部分或是由一家大型基金管理公司管理的小型基金,因为管理层有足够的资源和经验并以合理、高效的方式管理资金的业务。

(2) 现金流量。对于开放式基金而言,现金流量一般指投资于基金的现金净增长,也就是说,申购基金的现金超出赎回基金现金的部分,或为净申购资金。现金流量在证券投资基金总资产中所占比重对选择基金的投资者来说,是一个非常重要的指标。20 世纪 60 年代末期,美国共同基金分析专家阿兰·波普通过研究发现,现金流量这一指标与证券投资基金的业绩有着密切的关系。当某一基金有大量的现金注入时,基金的运作呈现良好的发展势头,基金的业绩也呈现上升的势态,但是如果这种大量的现金注入停止,基金业绩的上升势态也随之停止,甚至还有下降的趋势。因此,投资者应当特别警惕大规模现金流量的负增长。

(3) 基金的资产结构。在不同的证券投资工具中,国债具有收益稳定、价格变化小、风险相对小的特点;而股票则具有价格波动大、收益不稳定的特点,是一种高收益、高风险的投资工具。正是由于这些不同收益和风险的特点,特别是在中国股票市场波动较大、风险系数高的情况下,很好地搭配债券、现金和股票的比例对风险防范有积极的作用。经验表明,中国的股票市场和债券市场收益呈一种负相关的关系。由于基金在两个市场间相互流动,股票市场火暴时,债券市场低迷;而债券市场火暴时,股票市场低迷。正是通过各证券投资基金经理人在这两个市场的不断进出,反映了各基金管理人的投资风格和趋势。

(4) 基金的股票行业结构。不同行业具有不同的风险和收益,人们对这些不同行业的预期也存在较大的差异。证券投资基金在市场运作中的主要投资方式是组合投资,根据现代组合投资理论,系统风险无法通过购买多种证券来化解,而非系统风险可以通过证券投资的多样化来规避。投资者可以根据各基金公司公布的投资组合,有效地分析和追踪基金的业绩,判断基金管理者的管理水平和投资理念,从而进一步了解基金的投资战略、基金风险和基金收益。

2) 基金评估的 4R 原则

评估基金的主要目的是为投资者服务,一旦发现基金值得投资,就会面临另一个问题:市场上有如此众多的基金,如何进行选择? 基金的业绩排名,对投资者而言是选择基金的重要参考依据。此外,基金管理公司也要对内部业绩评比,通过与同业人员的业绩比较,实现优胜劣汰。通常,挑选基金时可以考虑应用 4R 原则,即收益率、评级及风险度和支出比率等。

(1) 收益率。为了更客观地分析基金的历史表现,可以计算所有基金收益率的平均数,以便使用者将某一基金与平均数进行比较,并将基金最近 3 年的收益率进行统计学处理,将其收益率与同类其他基金比较所得的百分数排序,分别以 1～100 的数字代表,数字越小,则表明其过往的表现越好。例如,某基金的百分比为 99％,这就意味着该基金在过去 3 年的收益率比同类其他 99％的基金收益率都高,因而排名就为"1"。

(2) 评级及风险度。为了更全面地给各基金评级,可以把基金进行细致的划分,然后对各类基金再分别排名。美国最著名的基金评级公司是晨星公司。在晨星公司的评级体系中,最著名的是其 3 年"星级"评级,即在每类基金里,每一基金又被按照 3 年的实际表现排队。通过考查该指标,投资者可以在更大的范围内(包括国内股票基金、全球股票基金、需纳税债券基金和市政债券基金)综合判断基金的表现与抗风险能力。

(3) 支出比率。支出比率是指基金的年度费用占资产的比例。如果某基金收取的费用高于平均水平,该基金给的回报也同样应高于平均水平。有些基金收取销售费用,多数情况是因为这些基金是通过经纪人或财务顾问出售的,因此需要为这种服务付费。这些也是应该考虑的。

(4) 其他因素。这包括证券投资基金最差 3 个月的表现和基金管理者任期两项内容。

4. 基金的投资策略

基金的投资策略虽然千变万化,但总体而言可以分为两类,一是积极的投资策略;二是消极的或被动的投资策略。采用积极投资策略的基金是想通过积极的组合管理和市场时机的把握来获取高于市场平均收益(即市场指数)的回报;而消极的投资策略是基于这样一种理念,即长期而言,持续地战胜市场指数是十分困难的,因此最好的策略就是复制市场组合,争取获得与市场指数相同的回报。两种迥异的投资策略是基于投资者对市场效率的不同认识,认为市场定价有效率的投资者倾向于支持被动的投资策略,而认为市场定价失效的投资者坚持采用积极的投资策略。

1) 积极的投资策略

采用积极的投资策略的投资者一般会有两种方式构筑投资组合,一种是自下而上(bottom-up);另一种是自上而下(top-down)。自下而上的投资组合构筑方法主要关注个别股票的分析,而对宏观经济和资本市场的周期波动不很重视。这种投资组合的管理人主要通过基本分析的方法来预测股票的未来收益,然后根据股票所处的行业及其他一些参数确定股票的内在价值,通过比较股票的内在价值和现行市价决定是否要将股票加入组合,最后的组合是满足这些选股条件的个别股票的组合。自下而上投资策略的特点是股票个数较少,而行业分布较不均匀。

此外,采用积极投资策略的投资经理还可以采取自上而下的投资策略来构筑投资组合。这种投资策略是,首先,基金管理人将宏观经济环境进行评估,并预测近期经济前景,在此基础上决定资金在股票、债券和现金等价物等各金融资产之间的分配,这一过程就是资产配置阶段。其次,基金管理人要对股票市场各个板块和行业进行分析,从中选出那些可以获取最高收益的市场板块和行业进行重点配置,即决定资金如何进一步在股票市场的不同板块和行业之间进行分配。最后,在决定了板块和行业的资金分布之后,再决定具体在相应板块和行业中个别股票的资金分布。自上而下投资策略的特点是股票的个数相对较多,且行业分布较为均匀。

2) 消极的投资策略

根据现代投资组合理论,"市场组合"在定价有效率的市场中,给单位风险提供了最高的收益率水平。市场组合在理论上包含了整个市场的股票。构造市场组合时,每个股票在组合中的权重中应该是该股票的资本总额在整个资本市场资本总额中的比例。这种以市场组合为投资组合的消极投资策略称为指数化。

指数化概念最早起源于 20 世纪 70 年代中期,据说是诺贝尔经济学奖获得者萨缪尔森提出的。萨缪尔森注意到,尽管当时很多股票投资者试图战胜市场,但其中只有很少一部分人成功做到了这一点。指数化投资策略就是构筑这样的投资组合,该组合中的股票权重比例完全复制了某一基准市场指数,从而能够获得与市场基准指数相同或十分相近的收益。在美国,市场基准指数通常是标准普尔 500 指数,它是标准普尔公司选取的美国 500 家大型公司的股票价格编制的指数。在中国市场上,基准指数可以选择上证综合指数、深圳综合指数或成分指数、上证 180 指数、上证 50 指数等。

指数化策略的优势在于它能够最大限度地减少交易,因此几乎完全可以消除管理费用并降低基金运作成本。指数基金的创始人鲍格尔(Bogle,1996)指出,指数基金最吸引人的地方就是其先天的成本优势,平均起来,指数基金积极管理基金的费用每年要低 2.1 个百分点。从总的情况来看,指数化策略正得到越来越多的人的支持。

5.5　风险投资管理

1. 风险投资的含义

目前,理论界对风险投资尚没有统一的定义。根据美国风险投资协会的定义,风险投资是由职业金融家投入到新兴的、迅速发展的、有巨大竞争潜力的企业中的一种权益资本的行为。根据欧洲风险投资协会的定义,风险投资是一种由专门的投资公司向具有巨大发展潜力的成长型、扩张型、重组型的未上市企业提供资金支持并辅之以管理参与的行为。因此,从广泛意义上来讲,风险投资就是将资本注入未公开上市的、有高增长潜力的、具有创新性或高科技导向的中小型企业,使企业获得专业化的管理及充足的财务资源,在企业发展成熟后,通过资本市场转让企业的股权获得较高回报的一种投资。

2. 风险投资的发展

美国是风险投资发展最早的国家,一般以 1946 年世界上第一家风险投资公司——美国研究与开发公司的成立为其起始标志。经历 20 世纪 50 年代的成型、60 年代的成长、70 年代的衰退、80 年代的复苏,风险投资终于在 20 世纪 90 年代中期开始显示出其强大的威力,称为推进美国高科技产业发展的发动机。目前,美国已有 4 000 多家风险投资机构,投资额为 600 多亿美元。英国是欧洲风险投资业的"领头羊",其风险投资额占全欧风险投资总额的 40%～50%。法国于 1998 年 7 月拨款 6 亿法郎设立了"风险投资国家基金"。以色列首席科学事务所仅 1995 年投向高新企业的投资就达 5 亿美元。与此同时,韩国、新加坡等国家也都在积极发展风险投资业。我国的风险投资始于 20 世纪 80 年代,在国家科委和银行的支持下,相继成立了中国新技术创新投资公司、中国招商技术有限公司等一批早期风险投资企业。1991 年,国务院在《高新技术产业开发区若干政策的暂行规定》中指出,可以在高新技术产业开发区设立风险投资基金或创办风险投资公司,1995 年和 1996 年则再次强调了要发展科技风险投资。1998 年 3 月,在全国政协九届一次会议上,由民建中央提交的《关于尽快发展我国风险投资事业的提案》,由于立意高、分量重,被列入全国政协"一号提案",在国内引起了较大反响,全国各地掀起了一股发展风险投资的热潮。北京、深圳、上海、广东、西安等地区更是抓住机遇,顺应潮流,建立自己的科技风险投资企业。

3. 风险投资的运作流程

风险投资是以投资者、风险投资机构、风险企业"三位一体"为运作方式的投资。风险投资项目起始于资金的募集和投放,终止于投资的回收和投资收益的获得。从风险投资提供者的一方——投资者的角度来看,一个典型的风险投资大致可分为七个阶段,即建立基金、寻找投资机会;产生交易流程、识别有潜力的新公司;筛选、评价交易;评估;谈判、达成交易;共同经营,共创价值;策划并实施退出。从风险企业——创业者的角度来看,风险投资过程中的阶段性划分侧重于雏形企业的成长或成熟程度,通常划分为种子期(研发阶段)、创业期(开创阶段)、发展期(成长期)、成熟期(回收阶段)。

4. 风险投资的特征

1) 高风险性

传统投资的对象往往是成熟的产品,具有较高的社会地位和信誉,因而风险很小。而风险投资的对象则是刚刚起步或还没有起步的高科技导向的中小型企业,它看重的是投资对象潜在的技术能力和市场潜力,因此具有很大的不确定性,即风险性。

2) 主要投向高科技领域

高科技产业具有风险大、产品附加值高的特点,因而收益也高,这正符合风险投资的要求,因而成为风险投资的热点。据统计,美国 1991 年的风险投资中约 37% 投向计算机领域、12% 投向通信领域、11% 投向医疗技术、12% 投向电子工业、8% 投向生物技术,只有 10% 投向了低技术领域。

3) 高参与性

传统工业信贷只提供资金而不介入企业或项目管理。风险投资者在向高科技企业投资的同时,也参与企业或项目的经营管理,因而表现出很强的参与性。风险投资者一旦将资金投入高科技风险企业,就与风险企业就结成了一种风险共担、利益共享的共生体,这种一荣俱荣、一损俱损的关系,要求风险投资者参与风险企业管理的全过程。

4) 风险资本的低流动性

风险资本往往在风险企业创立之初时就投入,直至公司股票上市之后撤出,因而投资期较长。另外,在风险资本最后退出时,若出口不畅,撤资将非常困难,这也使得风险投资的流动性较低。

本章小结

投资是投资主体为获得未来不确定的收益而向一定对象投入一定量物力、财力的经济行为。投资按照其内容,可分为固定资产投资、无形资产投资、证券投资等多种形式。

固定资产投资决策是指从收集资料进行固定资产投资可行性研究,到选择最优投资方案的这一过程。进行固定资产投资决策时,应计算投资项目产生的现金流量。按照投资经营的全过程,现金流量可分为初始现金流量、营业现金流量和终结现金流量。固定资产投资决策可采用贴现现金流量指标,也可采用非贴现现金流量指标。非贴现现金流量指标包括投资回收期和平均报酬率,贴现现金流量指标包括净现值、内含报酬率和现值指数。

无形资产投资决策的方法与固定资产投资决策基本相同,但无形资产的特点决定了无形资产投资具有较大的风险和不确定性。

对外证券投资是指通过购买企业发行的股票或债券等形式而对被投资企业进行的投资。企业在进行证券投资时要注意在效益性、安全性和流动性之间找到平衡点。债券的价值是指按照一定的贴现率对未来的利息收入及收回的本金进行贴现的价值。债券投资的收益来源于两个方面,一是转让收益;二是利息收益。债券到期收益率是指债券投资者将买入的债券保存至到期时所能获得的实际年收益率。股票的价值是指投资者预期能够获得的未来现金流量的现值。股票的投资收益率分考虑货币的时间价值和不考虑货币的时间价值两种情况讨论。证券投资有收益也有风险,企业在进行对外证券投资时,要进行基本分析和技术分析。

关键术语

投资回收期　平均报酬率　净现值　内含报酬率　现值指数　现金流量　投资收益率

思考与练习题

1. 思考题

(1) 影响现金流量测算的因素有哪些?

(2) 净现值法、内含报酬率法和现值指数法的主要异同点有哪些?

(3) 你认为股票价格应如何评价? 债券价格又如何评价? 两者有哪些异同点?

(4) 投资基金作为一种有价证券,与股票、债券的区别有哪些?

(5) 投资于基金时,主要应该注意哪些问题?

2. 练习题

1) 单项选择题

(1) 按照投资收回时间的长短,投资可分为(　　)。

    A. 对内投资和对外投资　　　　　　B. 短期投资和长期投资

    C. 直接投资和间接投资　　　　　　D. 初始投资和后续投资

(2) 如果对寿命期不等的方案进行决策,考虑货币时间价值,则可以使用的方法有(　　)。

    A. 净现值法　　B. 现值指数法　　C. 内含报酬率法　　D. 年回收额法

(3) 现值指数(　　)就表明该项目具有正的净现值,对企业有利。

    A. 大于 0　　　　B. 小于 0　　　　C. 大于 1　　　　D. 小于 1

(4) 某投资项目,若使用 10% 作为贴现率,其净现值为 250,用 12% 作为贴现率,其净现值为 -120,该项目的内含报酬率为(　　)。

    A. 8.65%　　　　B. 13.85%　　　　C. 11.35%　　　　D. 12.35%

(5) 如果投资项目的预期现金流入量概率分布相同,则(　　)。

    A. 现金流量金额波动幅度越小,其标准差越大

    B. 现金流量金额波动幅度越大,其期望值越小

    C. 现金流量金额波动幅度越小,其变化系数越小

D. 现金流量金额波动幅度越大,其标准差越小

(6) 证券投资者在购买证券时,可以接受的最高价格为(   )。

    A. 出卖市价   B. 内在价值   C. 风险价值   D. 票面价值

(7) 某股票的未来股利不变,当股票价格低于股票价值时,则预期报酬率(   )投资人要求的最低报酬率。

    A. 高于   B. 低于

    C. 等于   D. 可能高于也可能低于

(8) 企业发行债券,在名义利率相同的情况下,对其最不利的复利计息期是(   )。

    A. 1 年   B. 半年   C. 1 季度   D. 1 个月

(9) 下列各项中,不能衡量证券投资收益水平的是(   )。

    A. 持有期收益率   B. 到期收益率   C. 息票收益率   D. 标准离差率

(10) 某公司发行股票,投资人要求的必要报酬率为 20%,最近支付的股利为每股 2 元,估计股利年增长率为 10%,则该公司股票的价值为(   )。

    A. 24 元   B. 22 元   C. 20 元   D. 18 元

(11) 某人于 2018 年 9 月 1 日以 1 000 元购得面值为 1 000 元的新发行债券,票面利率 12%,5 年后一次还本,每年支付一次利息,则持有该债券至到期日的到期收益率为(   )。

    A. 8%   B. 10%   C. 12%   D. 16%

(12) 资本限量决策的程序是(   )。

    A. 先按各项目的现值指数的大小排序,然后选择一组在资本限量内能使累计净现值最大的项目组合

    B. 先按各项目的现值指数的大小排序,然后选择一组在资本限量内能使内含报酬率最大的项目组合

    C. 先按各项目的净现值的大小排序,然后选择一组在资本限量内能使现值指数最大的项目组合

    D. 先按各项目的内含报酬率的大小排序,然后选择一组在资本限量内能使现值指数最大的项目组合

(13) (   )指借款人无法按时支付债券利息和偿还本金的风险。

    A. 利率风险   B. 购买力风险   C. 违约风险   D. 变现力风险

(14) (   )是指没有到期日、永不停止定期支付利息的债券。

    A. 永久债券   B. 平息债券   C. 可转换债券   D. 纯贴现债券

(15) 基金按组织形态的不同,可分为(   )。

    A. 开放式基金和封闭式基金

    B. 契约型基金和公司型基金

    C. 成长型基金、平衡型基金和收益型基金

    D. 股票型基金、债券型基金和货币市场基金等

2) 多项选择题

(1) 下列项目中,属于项目现金流出量的有(   )。

    A. 固定资产投资   B. 垫支流动资金

    C. 固定资产折旧   D. 回收固定资产残值

(2) 直接带来现金流入的内容有(　　)。

A. 营业收入　　　　　　　　　　B. 处理固定资产收益

C. 净利　　　　　　　　　　　　D. 回收垫支的流动资金

(3) 投资决策分析使用的贴现指标主要有(　　)。

A. 净现值　　　B. 现值指数　　　C. 回收期　　　D. 内含报酬率

(4) 下列指标中,越大越好的有(　　)。

A. 净现值　　　B. 内含报酬率　　C. 平均报酬率　　D. 投资回收期

(5) 企业进行股票投资的主要目的包括(　　)。

A. 获取稳定收益　　　　　　　　B. 取得对被投资企业的控制权

C. 为了获得股利及股票买卖价差收益　D. 配合长期资金的使用以调节现金余额

(6) 相对于股票投资而言,债券投资的优点有(　　)。

A. 收入稳定性强　B. 投资收益高　C. 本金安全性高　D. 拥有管理权

(7) 下列各项中,属于基金投资的优点有(　　)。

A. 具有专家理财优势　　　　　　B. 具有资金规模优势

C. 可以完全规避投资风险　　　　D. 能获得相对较高的投资收益

(8) 下列因素中,其变动会影响债券到期收益率的有(　　)。

A. 债券面值　　　B. 债券购买价格　C. 票面利率　　　D. 市场利率

(9) 投资者要求的报酬率是进行股票评价的重要标准,下列各项中,可以作为投资者要求报酬率的有(　　)。

A. 债券利率　　　　　　　　　　B. 股票的长期平均收益率

C. 债券收益率加上一定的风险报酬率　D. 市场利率

(10) 下列关于股票估价市盈率模型(股票价值＝市盈率×每股盈利)的说法中,正确的有(　　)。

A. 它是一种比较粗糙的测算方法,因为没有考虑货币时间价值

B. 它要求根据同行业股票历史平均市盈率和公司当期每股盈利估计股票价值

C. 它既考虑了系统性风险,也考虑了非系统性风险

D. 过高或过低的市盈率都不是好兆头,市盈率在 5～20 倍之间是比较正常的

3) 判断题

(1) 现金流量是以收付实现制为基础的。　　　　　　　　　　　　　　(　　)

(2) 无论何时都是回收期越短的项目越可行。　　　　　　　　　　　　(　　)

(3) 某企业正在讨论更新现有的生产线,有两个备选方案。A 方案的净现值为 400 万元,内含报酬率为 10%;B 方案的净现值为 300 万元,内含报酬率为 15%。据此可以认为 A 方案较好。　　　　　　　　　　　　　　　　　　　　　　　　　　　　　(　　)

(4) 投资者购进被低估的资产,会使资产价格上升,回归到资产的内在价值,市场越有效,市场价值向内在价值的回归越迅速。　　　　　　　　　　　　　　　(　　)

(5) 一般而言,投资者总希望尽快地收回投资,回收期越短越好。　　　　(　　)

(6) 已知某投资项目按 9% 折现率计算的净现值大于 0,按 12% 折现率计算的净现值小于 0,则该项目的内含报酬率肯定大于 9%,小于 12%。　　　　　　　　(　　)

(7) 债券当其票面利率大于市场利率时,债券发行时的价格低于债券的面值。(　　)

（8）债券的价值随着市场利率的变化而变化。当市场利率上升时,债券价值下降,当市场利率下降时,债券价值会上升。   （ ）

（9）如果不考虑影响股价的其他因素,零成长股票的价值与市场利率成正比,与预期股利成反比。   （ ）

（10）债券之所以会存在溢价发行和折价发行,是因为资金市场上利息率是经常变化的,而债券票面利率,一经发行,便不易进行调整。   （ ）

（11）市盈率可以粗略地反映股价的高低,表明投资者愿意用盈利的多少倍的货币来购买这种股票,反映了市场对该股票的评价。   （ ）

（12）零成长股票价值的计算和永续年金现值的计算相同。   （ ）

（13）债券以何种方式发行,主要取决于票面利率和市场利率的一致程度。 （ ）

（14）基金投资通过分散投资,虽然能够降低风险,但毕竟不能将风险降低至零,而且分散投资仅能克服系统性风险。   （ ）

（15）认为市场定价有效率的投资者倾向于支持积极的投资策略,而认为市场定价失效的投资者倾向于支持消极的投资策略。   （ ）

4）业务题

习题一

【资料】某公司准备购入一设备以扩充生产能力。现有甲、乙两个方案可供选择,甲方案需要投资 10 000 元,使用寿命为 5 年,采用直线法计提折旧,5 年后设备无残值。5 年中每年销售收入为 60 00 元,每年的付现成本为 20 00 元。乙方案需投资 12 000 元,也采用直线法计算折旧,使用寿命也为 5 年,5 年后有残值收入 2 000 元。5 年中每年的销售收入为 8 000 元,付现成本第 1 年为 3 000 元,以后随着设备陈旧,逐年将增加修理费 400 元,另需垫支营运资金 3 000 元,假设所得税税率为 25%,贴现率为 10%。

【要求】计算两个方案的现金流量,分别用投资回收期、平均报酬率、净现值、现值指数、内含报酬率等指标对两个方案进行评价。

习题二

【资料】某人计划购入一台空调。普通空调的价格为 2 200 元,每年电费为 1 000 元,可用 8 年。节能空调价格为 3 800 元,每年电费为 600 元,可用 10 年。假设贴现率为 12%。
要求:计算两种空调的年均成本,并对该投资方案做出评价。

习题三

【资料】某公司现有 A、B、C、D、E 五个互相独立的方案,其投资额和净现值、现值指数资料如表 5-14 所示。

【要求】资本最大限量分别为 60 000 元、100 000 元、130 000 元、150 000 元时,该公司应如何进行投资组合。

表 5-14　各项目的投资额、净现值和现值指数　　　　　　　　元

项　目	A	B	C	D	E
投资额	60 000	40 000	40 000	20 000	20 000
净现值	24 000	8 000	18 000	5 000	6 000
现值指数	1.40	1.20	1.45	1.25	1.30

习题四

【资料】某企业计划利用一笔长期资金投资购买股票,现有甲公司股票和乙公司股票可供选择。已知甲公司股票现行市价为每股 10 元,上年每股股利为 0.3 元,预计以后每年以 3％的增长率增长。乙公司股票现行市价为每股 4 元,上年每股股利为 0.4 元,股利分配政策将一贯坚持固定股利政策。该企业所要求的投资必要报酬率为 8％。

【要求】

(1) 利用股票估价模型,分别计算甲、乙公司的股票价值。

(2) 代该企业做出股票投资决策。

习题五

【资料】某公司拟于 2018 年 1 月 1 日发行 5 年期债券,面值为 1 000 元,票面利率为 10％,每年 12 月 31 日付息一次,到期一次还本。

【要求】

(1) 假定 2018 年金融市场上与该债券同类风险投资的利率是 9％,则该债券的发行价应定为多少?

(2) 假定 1 年后该债券的市场价格为 1 049.06 元,该债券于 2019 年 1 月 1 日到期的收益率是多少?

第6章

营运资金管理

本章内容提要

营运资金是指在企业生产经营活动中占用在流动资产上的资金,或者是企业投资在流动资产上的资金。通过本章的学习,要求学生了解营运资金的概念、特点、管理原则和管理政策;熟悉并掌握现金管理、应收账款管理和存货管理。

6.1 营运资金管理概述

6.1.1 营运资金及营运资金管理

营运资金是指在企业生产经营活动中占用在流动资金上的资金,或者是企业投资在流动资产上的资金。它有广义和狭义两种概念。广义的营运资金又称毛营运资金,是指企业的流动资产总额;狭义的营运资金又称净营运资金,是指企业的流动资产减去流动负债后的差额。流动资金是指可以在1年或超过1年的一个营业周期内变现或运用的资产,具有占用时间短、周转快、易变现等特点。企业拥有较多的流动资产,可在一定程度上降低财务风险。流动资产在资产负债表上主要包括货币资金、短期投资、应收票据、应收及预付账款和存货等项目。流动负债是指需要在1年或超过1年的一个营业周期内偿还的债务。流动负债又称短期融资,具有成本低、偿还期短的特点。流动负债主要包括短期借款、短期融资券、应付票据、应付账款、应付工资、应付税金及未交利润等项目。

从会计的角度讲,营运资金是指流动资产与流动负债的差额。会计上不强调流动资产与流动负债的关系,而只是用它们的差额来反映一个企业的偿债能力。在这种情况下,不利于财务人员对营运资金的管理和认识;从财务的角度讲,营运资金应该是流动资产与流动负债关系的总和,在这里,"总和"不是数额的加总,而是关系的反映,这有利于财务人员意识到,对营运资金的管理要注意流动资产与流动负债这两个关系。因此,营运资金管理既包括对流动资产的管理,也包括对流动负债的管理。

一个企业要维持正常的运转就必须要拥有适量的营运资金,因此营运资金管理是企业财务管理的重要组成部分。要搞好营运资金管理,必须解决好两个方面的问题,第一,企业应该投资多少在流动资金上,即基金运用的管理,主要包括现金管理、应收账款管理和存货管理;第二,企业应该怎样来进行流动资产的融资,即资金筹措的管理,包括银行短期借款管理、商业信用管理和短期融资券管理。可见,营运资金管理的核心内容就是对资金运用和资金筹措的管理。

6.1.2　营运资金的特点

为了有效地对企业的营运资金进行管理,必须研究营运资金的特点,以便有针对性地进行管理。营运资金的特点可以通过流动资产和流动负债的特点体现出来。

1. 流动资产的特点

(1) 流动资产投资回收期短,变现能力强。投资于流动资产的资金一般在 1 年或一个营业周期内收回,相对于固定资产来说,其回收期较短。同时,当企业急需要现金时,流动资产的变现能力也比较强。流动资产的变现能力比较强,主要是指两层意思,其一是流动资产很容易变卖或转让;其二是在变卖或转让的过程中,流动资产的价值一般不会遭受较大的损失。

(2) 流动资产的获利能力较弱,投资风险较小。相对于固定资产而言,流动资产的获利能力较弱,投资风险较小。另外,企业在流动资产如现金和存货中保持大量投资,会减少由于存货不足而影响生产经营和不能按时偿债的可能性,即减少了企业的经营风险。但是,流动资产的增加会降低企业的整体投资效益,所以流动资产投资必须保持一个恰当的水平。

(3) 流动资产的数量波动很大。流动资产的数量并非是一个常数,而是随着供产销的变化,其投资的数量时高时低,起伏不定,季节性生产企业在这一点上表现得尤其突出。企业在生产经营过程中的流动资产,可以划分为固定性流动资产和波动性流动资产。固定性流动资产是维持企业正常生产经营活动所必需的流动资产,一般比较稳定;而波动性流动资产是由于临时或季节性原因而投资的流动资产,一般具有很强的波动性。对于流动资产投资者来说,应该尽可能使流动资产的变动与企业的生产经营波动保持一致,满足其需求。

(4) 流动资产的占用形态经常变动。流动资产在循环周转过程中,经过供、产、销三个阶段,其占用形态不断变化,即按现金→材料→在产品→产成品→应收账款→现金的顺序转化。企业营业利润主要是通过流动资产在这种不断循环周转的过程中得以实现的。流动资产管理的重点就是要使这种周转顺利而快速地进行,而要保持流动资产周转的顺利进行,就必须要加强现金管理、应收账款管理和存货管理。

2. 流动负债的特点

(1) 融资速度快。一般来说,筹借短期借款比筹借长期借款不仅容易取得,而且所需时间往往较短,因为贷款方往往不需要对借款方进行财务状况评估。

(2) 财务弹性高。与长期负债相比,流动负债使企业具有较大的灵活性,企业可以根据自己的资金需要量,及时调整流动负债的数额。

(3) 筹资成本低。在正常情况下和相同的贷款时间内,短期贷款与相应数额的长期贷款相比所付利息要少一些。而对于某些具有"自然筹资"性质的流动负债(如应付账款、应缴税款等),则根本没有筹资成本。

(4) 偿债风险大。流动负债的偿还期往往较短,当企业的资金周转发生困难而企业的短期筹资能力有限时,企业将面临不能偿还到期债务的风险。

6.1.3　营运资金管理的原则

企业的营运资金在全部资金中占有相当大的比重,如在一家典型的制造业企业中就占到一半以上,而且周转期短,形态易变,所以对营运资金进行管理是企业财务管理工作的一项重要内容。企业在进行营运资金管理时,必须遵循一定的原则。

(1) 认真分析企业生产经营状况,合理确定营运资金的需要数量。营运资金的需要量与企业生产经营活动有着直接关系。当产销两旺时,流动资产会不断增加,流动负债也会相应增加;当产销量不断减少时,流动资产和流动负债也会相应减少。因此,企业的财务人员应认真分析生产经营状况,采用一定的方法预测营运资金的需要数量,以便合理使用资金。

(2) 在保证生产需要的前提下,节约使用资金。在营运资金管理中,必须正确处理保证生产经营需要和节约使用资金二者之间的关系。营运资金管理必须首先保证企业完成生产经营任务的资金需要,在此前提下遵守勤俭节约的原则,挖掘资金潜力,精打细算地使用资金。

(3) 加速营运资金周转,提高资金利用效率。运营资金周转是指企业的营运资金从现金投入生产经营开始,到最终转化为现金的过程。在其他因素不变的情况下,加速营运资金周转,缩短营运资金周转时间,也就相应地提高了资金的利用效率。因此,企业要千方百计地加速存货、应收账款等流动资金的周转,延长应付款等流动负债的周转,以便用有限的资金取得最优的经济效益。

(4) 合理安排流动资产与流动负债的比例,保证企业有足够的短期偿债能力。流动资产、流动负债及二者之间的关系能较好地反映企业的短期偿债能力。如果一个企业的流动资产较多,流动负债比较少,说明企业的短期偿债能力较强;反之,说明企业的短期偿债能力较弱。但如果企业的流动资产太多,流动负债太少,也不是正常现象,原因可能是流动资产闲置或流动负债利用不足所致,造成资源浪费。因此,在营运资金管理中,要合理安排流动资产与流动负债的比例关系,以便既节约使用资金又保证企业有足够的偿债能力。

6.1.4 营运资金的管理政策

营运资金的管理政策包括营运资金持有政策和营运资金筹集政策两个方面。

1. 营运资金持有政策

营运资金持有政策主要研究如何把握流动资产持有量的问题。营运资金持有量的高低,影响着企业的收益和风险。较高的营运资金持有量,意味着在固定资产、流动负债和业务量一定的情况下,流动资产额较高,即企业拥有较多的资金、有价证券和保险储备量较高的存货。这会使企业有较大的把握按时支付到期债务,及时供应生产用材料和准时向客户提供产品,从而保证经营活动平稳地进行,风险性较小。但是,流动资产的收益性一般低于固定资产,所以较高的总资产拥有量和较高的流动资产比重会降低企业的收益性,而较低的营运资金持有量带来的后果正好相反。

通过上面的分析可知,营运资金持有量的确定,就是在收益和风险之间进行权衡。我们把持有较高的营运资金称为宽松的营运资金持有政策;而将持有较低的营运资金称为紧缩的营运资金持有政策。前者的收益、风险均较低;后者的收益、风险均较高。介于两者之间的是适中的营运资金持有政策。在适中的运营资金持有政策下,营运资金的持有量不过高也不过低,恰好现金足够满足支付之需,存货足够满足生产和销售所用,除非利息高于资本成本(这种情况不太可能),一般企业不保留有价证券。然而,我们很难量化地满足适中的营运资金持有政策的营运资金持有量。因为营运资金水平是由多种因素共同作用的结果,包括销售水平、存货和应收账款的周转速度等。所以,各企业应当根据自身的具体情况和环境条件,按照适中的营运资金持有政策的原则,确定适当的营运资金持有量。

2. 营运资金筹集政策

营运资金筹集政策主要研究如何筹集营运资金问题,是营运资金管理政策的研究重点。研究营运资金的筹集政策,需要先对构成营运资金的两要素——流动资产和流动负债做进一步的分析,然后再考虑两者之间的匹配。

1) 流动资产和流动负债分析

对于流动资产,如果按照用途可分为临时性流动资产和永久性流动资产。临时性流动资产是指那些受季节性、周期性影响的流动资产,如季节性存货、销售和经营旺季(如零售业的销售旺季和春节期间等)的应收账款;永久性流动资产则是指那些即使企业处于低谷也仍然需要保留的、用于满足企业长期稳定需要的流动资产。

与流动资产按照用途划分的方法相对应,流动负债也可以分为临时性流动负债和自发性负债。临时性流动负债是指为了满足临时性流动资金需要所发生的债务,如商业零售企业春节前为满足节日销售需要,超量购入货物而形成的债务;食品制造企业为赶制季节性食品,大量购入某种原料而发生的借款等。自发性负债是指直接产生于企业持续经营中的负债,如商业信用和日常运营中产生的其他应付款及应付工资、应付利息、应付税金等。

2) 流动资产和流动负债的配合

营运资金筹集政策主要是研究如何安排临时性流动资产和永久性流动资产的资金来源,一般可分为配合型筹资政策、激进型筹集政策和稳健型筹资政策三种。

(1) 配合型筹资政策。配合型筹资政策的特点是,对于临时性流动资产的资金需要,运用临时性负债筹集;对于永久性流动资产和固定资产(统称为永久性资产,下同)的资金需要,运用长期负债、自发性负债和权益资本筹集。配合型筹资政策如图 6-1 所示。

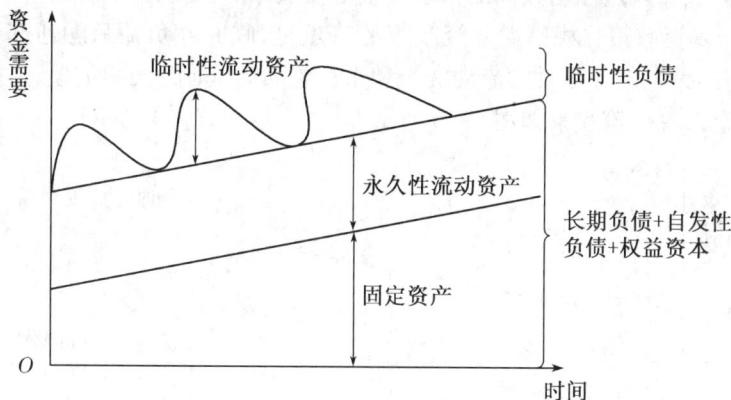

图 6-1　配合型筹资政策

配合型筹资政策要求企业临时性负债筹资计划严密,实现资金流动与预期安排相一致。在季节性低估时,企业应当除了自发性负债外没有其他流动负债。只有在临时性流动资产的需求达到高峰期时,企业才举借各种临时性债务。

这种筹资政策的基本思想是将资产和负债的期间相配合,以降低企业不能偿还到期债务的风险和尽可能降低债务的资本成本。但是,事实上,由于资产使用寿命的不确定性,往往达不到资产和负债的完全配合。例如,在企业生产高峰时,如果销售不理想,未能取得销售现金收入,便会发生偿还临时性负债的困难。因此,配合型筹资政策是一种理想的、对企业有着较高的资金使用要求的营运资金筹集政策。

（2）激进型筹资政策。激进型筹资政策的特点是,临时性负债不但融通性流动资产的资金需要,还解决部分永久性资产的资金需要。该筹资政策如图 6-2 所示。

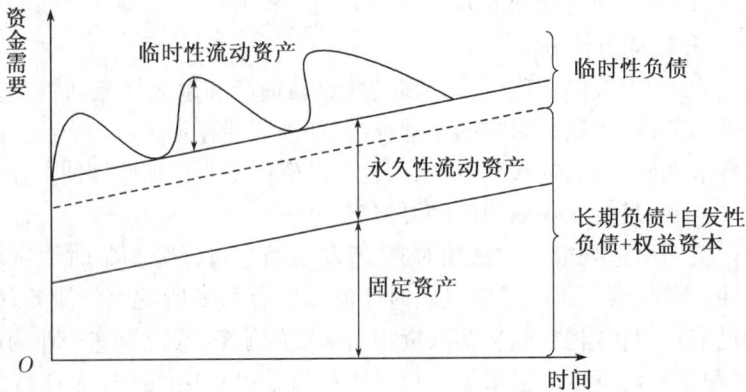

图 6-2　激进型筹资政策

激进型筹资政策下,临时性负债在企业全部资金来源中所占比重大于配合型筹资政策。由于临时性负债的资本成本一般低于长期负债和权益资本的资本成本,所以该政策下企业的资本成本较低。但另一方面,为了满足永久性资产的长期资金需要,企业必须要在临时性负债到期后重新举债或申请债务展期,这样企业便会经常地举债还债,从而加大筹资困难和风险,还可能面临由于短期负债利率的变动而增加企业资本成本的风险。所以,激进型筹资政策是一种收益性和风险性均较高的营运资金筹资政策。

（3）稳健型筹资政策。稳健型筹资政策的特点是,临时性负债只融通部分临时性流动资产的资金需要,另一部分临时性流动资产和永久性资产,则由长期负债、自发性负债和权益资本作为资金来源。该政策如图 6-3 所示。

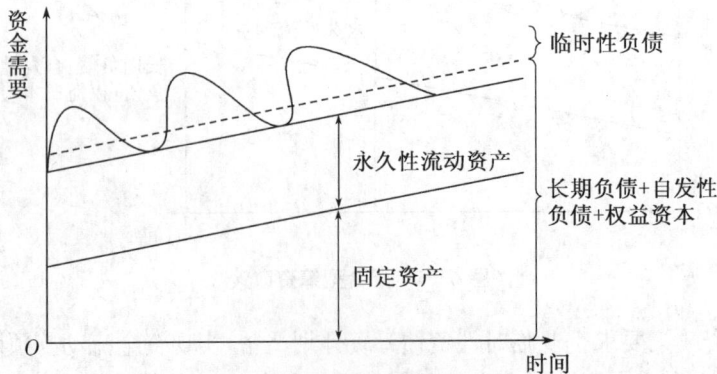

图 6-3　稳健型筹资政策

与配合型筹资政策相比,稳健型筹资政策下,临时性流动负债占企业全部资金来源的比重较小,所以企业无法偿还到期债务的风险较低,同时蒙受短期利率变动损失的风险也较低。然而,另一方面,由于长期负债资本成本高于临时性负债资本成本,以及经营淡季时仍需负担长期负债利息,从而降低了企业的收益。所以,稳健型筹资政策是一种风险性和收益性均较低的营运资金筹集政策。

一般地说,如果企业能够驾驭资金的使用,采用收益和风险均较为适中的配合型筹资政策是有利的。

6.2　现金管理

现金是指在生产过程中暂时停留在货币形态的资金,包括库存现金、各种形式的银行存款和银行本票、银行汇票等。现金是可以立即投入流动的交换媒介,其首要特点是普遍的可接受性,即可以有效地立即用来购买商品、货物、劳务或偿还债务。

6.2.1　现金管理的目标

1. 企业持有现金的动机

1) 交易性动机

交易性动机是指持有现金以满足企业日常支付的需要,如购买原材料、支付工资、偿付到期债务、缴纳税款等。尽管企业在经营中也取得收入,但由于企业的现金收入与现金支出在时间和数量上经常不同步,企业必须维持适当的现金余额,才能使业务活动正常地进行下去。

2) 预防性动机

预防性动机是指持有现金以防止意外事件的发生对现金的需求。企业预计的现金需要量一般是指正常情况下的数量,但有很多意外事件(如生产事故、主要客户未能及时付款等)会引起企业现金支出的增加,从而打破企业的现金收支计划,使现金收支出现不平衡。企业留存必要的现金,可以使这些意想不到的支出得到妥善安排。

3) 投机性动机

投机性动机是指持有现金以用于不寻常的购买机会或投资机会。比如,遇到廉价原材料或其他资产供应的机会,或在股票市场、债券市场、期货市场、外汇市场经常会出现相对低位而出现逢低买入的机会。如果企业有足够的现金,便可用于购买或投资,以获得意想不到的收益。

除了上述三种基本的现金持有动机外,企业也会基于满足将来某一特定要求或者为在银行维持补偿性余额等其他原因而持有现金。

2. 企业持有现金的成本

企业为满足各种需求动机而持有一定量的现金是必然的,但并非越多越好,因为企业持有一定量的现金是有成本发生的,这些成本包括现金的管理成本、机会成本、转换成本和短缺成本。

1) 管理成本

管理成本是指企业因持有现金而发生的与之相关的管理费用,如管理人员的工资、福利费、安全设施的购建费等。在一定的现金持有量范围内,管理现金所需的人员、设施等保持不变,现金的管理成本便是一种固定成本,与现金持有量之间无明显的比例关系。当现金持有量突破这一数量范围时,现金的管理成本将随着现金管理人员、安全设施等的增加而增加,但它会在新的现金持有量范围内固定下来。

2) 机会成本

机会成本是指企业因持有现金而丧失的再投资收益。企业持有现金时,必然不能获得将现金投放出去而获得的投资收益,从而形成持有现金的机会成本,其在数额上等于现金的持有量与相应的投资收益率的乘积。在投资收益率一定的情况下,现金的机会成本与现金持有量之间存在正向的比例关系。现金持有量越多,机会成本越大;反之则越少。

3) 转换成本

转换成本是指企业用现金购买有价证券或转让有价证券时所支付的现金交易成本,如证券交易的印花税、手续费、过户费、委托买卖的佣金等。现金转换成本的金额等于现金的转换次数与每次转换成本的乘积。一般来说,每次的转换成本是固定不变的,现金的转换成本与转换次数之间存在线性相关关系,转换次数越多,转换成本越高。考虑到"转换次数等于年现金需要量除以现金持有量",在年现金需要量一定的情况下,现金持有量越少,转换次数越多,转换成本就会越高;反之,则越低。

4) 短缺成本

短缺成本是企业现金持有量不足时,因现金不能满足需要而遭受的损失或为此付出的代价,如因资金不足不能及时购买原材料而发生生产中断,并造成停工损失;因资金不足不能及时偿还债务而发生的信用损失等。短缺成本不考虑其他资产的变现能力,仅就不能以充足的现金满足各种现金需要而言。企业持有的现金越多,出现短缺的可能性越小,为此遭受的损失或付出的代价就会越小;反之则越大。也就是说,现金的短缺成本与现金持有量之间存在反向的比例关系。

3. 现金管理的目标

作为流动性最强的资产,现金的直接报酬率几乎为 0,而在通货膨胀的经济环境下,现金的实际报酬率为负。这意味着企业应尽可能少地留存现金,即使不将其投入本企业的经营周转,也尽可能多地投资于能产生相对较高收益的其他资产,但企业留存现金太少,又可能出现现金短缺而影响生产经营活动。

因此,企业现金管理的目标主要在于如何在现金的流动性和收益性之间做出合理选择。即在保证企业正常开展经营活动的前提下,尽可能地降低现金占用量,并从暂时闲置的现金中获得最大的投资收益。也就是说,在保证企业正常开展经营活动的前提下,尽可能保持现金占用量。

根据现金管理的目标可以确定现金管理的主要内容有以下几个方面:

(1) 编制现金计划或预算,以便合理估计未来的现金需求;

(2) 用特定的方法确定适当的目标现金余额或最佳现金持有量;

(3) 对日常的现金收支进行监管,有效地控制现金收支。

6.2.2 最佳现金持有量的确定

现金作为企业生产经营中必不可少的资产,其数额过多会降低企业的盈利水平;其数额过少,又可能出现流动性不足。这样,就需要根据企业对现金的需求情况,确定理想的现金

持有量,即最佳现金持有量。以下是几种常用的确定最佳现金持有量的方法:

1. 现金周转模式

现金周转模式是根据现金周转期来确定最佳现金持有量的一种方法。现金周转期是指从现金投入生产经营活动开始,到收回现金为止平均所需的时间。在企业全年现金需求总量一定的情况下,现金周转期越短,则企业所需现金持有量就越小。以现金周转模式确定最佳现金持有量的步骤如下。

(1) 确定现金周转期。现金周转期的计算方式如下:

$$现金周转期＝应收账款周转期－应付账款周转期＋存货周转期$$

其中,应收账款周转期是指从应收账款发生开始到收回应收账款平均所需的时间;应付账款周转期是指从收到尚未付款的材料开始到偿还货款支付现金所需的时间;存货周转期是指从生产投入材料开始到产品出售为止所需的时间。

(2) 确定现金周转率。现金周转期就是现金周转一次所需的天数。根据现金周转期可以计算出现金周转率,即在一年中现金周转的次数。其计算公式如下:

$$现金周转率＝360÷现金周转期$$

(3) 确定现金最佳持有量。在确定企业的全年现金需求总量后,可以根据现金周转期或者现金周转率来计算最佳现金持有量。其计算公式如下:

$$最佳现金持有量＝年现金需求总量÷现金周转率$$

【例 6-1】　某企业的材料采购和产品销售都采用赊销方式,其应收账款周期为 60 天,应付账款周转期为 46 天,存货周转期为 58 天。预计该企业 2019 年的现金需求总量为 720 万元。

要求:以现金周转模式确定该企业 2019 年的最佳现金持有量。

解:首先,计算该企业的现金周转期。

现金周转期＝60－46＋58＝72(天)

其次,计算该企业的现金周转率。

现金周转率＝360÷72＝5(次)

最后,确定该企业 2019 年的最佳现金持有量。

最佳现金持有量＝720÷5＝144(万元)

以现金周转模式确定最佳现金持有量,该方法简单明了,但要求企业的生产经营活动保持相对稳定,并且要保持长期稳定的信用政策,否则计算出的最佳现金持有量就是不确定的。

2. 成本分析模式

成本分析模式是根据持有现金的相关成本来确定最佳现金持有量的一种方法。该模式考虑的持有成本包括持有现金的机会成本、管理成本和短缺成本,使这三项成本之和最小的现金持有量,就是最佳现金持有量。由于持有现金的机会成本为现金持有量与有价证券收益率之积,所以它与现金持有量成正比;管理费用具有固定成本的属性,不随现金持有量变化;而现金短缺成本与现金持有量呈反比例变化,如图 6-4 所示。

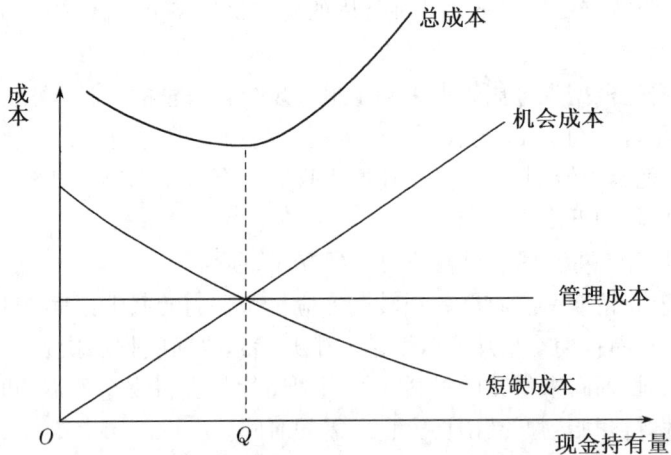

图 6-4　成本分析模式下的最佳现金持有量

从图 6-4 中可以看出,总成本曲线呈抛物线,抛物线的最低点即为总成本的最低点,其所对应的现金持有量便是最佳现金持有量。在实际工作中,最佳现金持有量的确定,可先分别计算出各种方案的机会成本、管理成本和短缺成本,再从中选出使总成本之和最小的现金持有量。

【例 6-2】　某企业有四种现金持有方案,假设机会成本率即该企业的资本收益率为 12%,它们各自的机会成本、管理成本和短缺成本如表 6-1 所示。

表 6-1　现金持有方案　　　　　　　　　　　　　　元

方案\项目	甲	乙	丙	丁
现金持有量	25 000	50 000	75 000	100 000
机会成本	3 000	6 000	9 000	12 000
管理成本	20 000	20 000	20 000	20 000
短缺成本	12 000	6 750	2 500	0

这四种方案的总成本计算结果如表 6-2 所示。

表 6-2　现金持有总成本　　　　　　　　　　　　元

方案\项目	甲	乙	丙	丁
机会成本	3 000	6 000	9 000	12 000
管理成本	20 000	20 000	20 000	20 000
短缺成本	12 000	6 750	2 500	0
总成本	35 000	32 750	31 500	32 000

将以上各方案的总成本加以比较可知,丙方案的总成本最低,故丙方案的 75 000 元为该企业的最佳现金持有量。

3. 存货决策模式

确定最佳现金持有量的存货决策模式又称为鲍莫模式,是由美国经济学家威廉·鲍莫于 1952 年首先提出的。考虑到企业的现金持有非常类似于存货,可以借用存货的经济订货量模型来确定企业的最佳现金持有量。

利用存货决策模式确定最佳现金持有量的假设前提条件如下:

(1) 一定时期的现金需求总量确定;

(2) 每天的现金需求量均匀稳定并可预测;

(3) 预测期企业不发生现金短缺,并可以通过出售有价证券来补充现金。由于现金每天的需求量均匀稳定,因此每次变现有价证券后现金持有量达到最高点。随着每天现金的耗用,现金持有量呈直线下降的趋势,当现金持有量下降为 0 时,再变现一批有价证券,现金持有量又重新恢复到最高点,如此循环。因此,平均的现金持有量可以按每次有价证券变现数量的 1/2 计算。其具体的现金变动模式如图 6-5 所示。

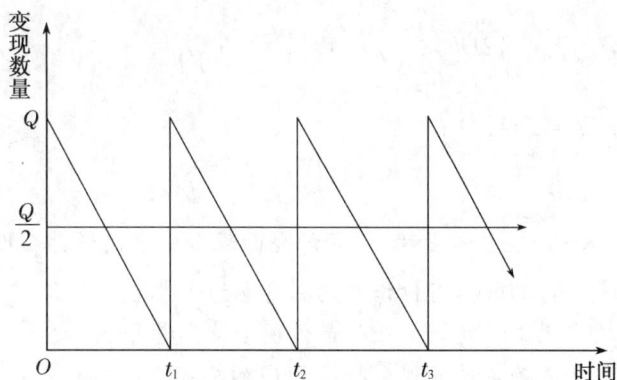

图 6-5　现金持有量的变动

这样一来,若不考虑大体为固定不变的管理成本,与最佳现金持有量相关的成本主要包括机会成本和转换成本。我们知道,企业持有现金的机会成本与现金持有量成正比,持有量越大,持有现金的机会成本就越高;而现金的转换成本(企业将有价证券转换为现金所发生的费用)则与现金及有价证券的转换次数有关。在全年现金需求总量一定的情况下,现金的持有量越大,现金与有价证券的转换次数就越少。这样,现金的机会成本与转换成本就呈反方向变化。机会成本与转换成本之和最低时的现金持有量即为企业的最佳现金持有量。存货决策模式的最佳现金持有量可以用图 6-6 所示。

假设 C 为持有现金的总成本,i 为持有现金的机会成本率,b 为现金与有价证券的转换成本,D 为一定时期的现金需求总量,Q 为最佳现金持有量,则持有现金的总成本可用以下公式表示:

$$C = \frac{Q}{2}i + \frac{D}{Q}b$$

通过一次求导可得:

$$C' = \left(\frac{Q}{2}i + \frac{D}{Q}b\right)' = \frac{i}{2} - \frac{Db}{Q^2}$$

令 $C' = 0$,即 $\frac{i}{2} - \frac{Db}{Q^2} = 0$,求得最佳现金持有量为:

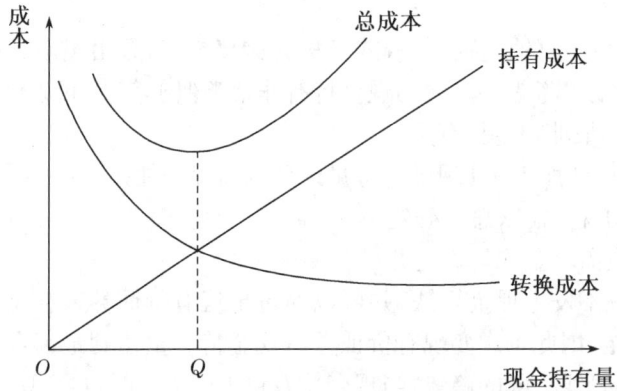

图 6-6　存货决策模式下的最佳现金持有量

$$Q=\sqrt{\frac{2Db}{i}}$$

将最佳现金持有量 $Q=\sqrt{\dfrac{2Db}{i}}$ 代入 $C=\dfrac{Q}{2}i+\dfrac{D}{Q}b$，可求得：

有价证券交易次数 $=\dfrac{D}{Q}=\sqrt{\dfrac{Di}{2b}}$

最低总成本 $=\sqrt{2Dbi}$

【例 6-3】　某企业的现金流量稳定，预计全面现金需求总量为 200 000 元，现金与有价证券的转换成本每次为 100 元，有价证券的利息率为 10%。

要求：采用存货决策模式确定该企业的最佳现金持有量。

解：根据存货决策模式确定最佳现金持有量 Q 的公式为：

$$Q=\sqrt{\frac{2Db}{i}}=\sqrt{\frac{2\times200\,000\times100}{10\%}}=20\,000(元)$$

4. 随机模式

对企业来讲，现金需求量往往波动较大且难以预知，但企业可以根据历史经验和现实需要，测算出一个现金持有量的控制范围，即制定出现金持有量的上限和下限，将现金量控制在上、下限之内。当现金持有量达到控制上限时，用现金购入有价证券，使现金持有量下降；当现金持有量降到控制下限时，则抛售有价证券换回现金，使现金持有量回升。若现金量在控制的上、下限之内，则不必进行现金与有价证券的转换，保持它们各自的现有存量。这种对现金持有量的控制见图 6-7。

从图 6-7 中可以看到，企业的现金存量（表现为现金每日余额）是随机波动的。当其达到 A 点时，即达到了现金控制的上限（H 线），企业应用现金购买有价证券，使现金持有量回落到现金返回线（R 线）的水平；当现金存量降至 B 点时，即达到了现金控制的下限（L 线），企业则应转让有价证券换回现金，使其存量回升至现金返回线的水平。现金存量在上、下限之间的波动属于控制范围内的变化，是合理的，不予理会。以上关系中的上限 H、现金返回线 R 可按下列公式计算：

$$R=\left(\frac{3b\delta^{2}}{4i}\right)^{\frac{1}{3}}+L$$

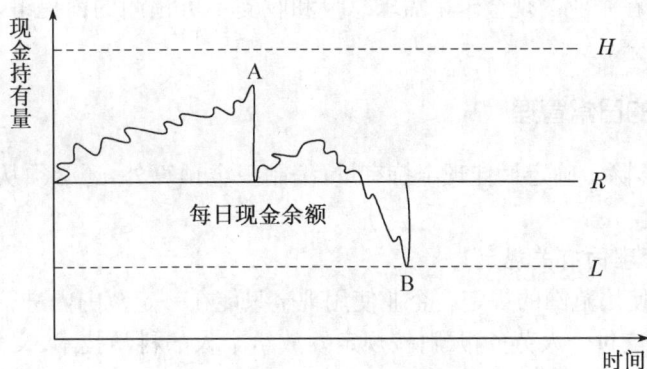

图 6-7 现金持有量的随机模式

$$H = 3R - 2L$$

式中，b 为每次有价证券的固定转换成本；i 为有价证券的日利息率；δ 为预期每日现金余额变化的标准差(可根据历史资料测算)。

现金持有量控制下限 L 的确定，则要受到企业每日的最低现金需要、管理人员的风险承受倾向等因素的影响。

【例 6-4】 假设某公司有价证券的年利率为 9%，每次固定转换成本为 50 元，公司认为任何时候其银行活期存款及现金余额均不能低于 1 000 元，又根据以往经验测算出现金余额波动的标准差为 800 元。试计算该公司最优现金返回线和现金控制上限。

解：有价证券日利率＝9%÷360＝0.025%

$$R = \left(\frac{3b\delta^2}{4i}\right)^{\frac{1}{3}} + L = \left(\frac{3 \times 50 \times 800^2}{4 \times 0.025\%}\right)^{\frac{1}{3}} + 1\,000 = 5\,579 (元)$$

$$H = 3R - 2L = 3 \times 5\,579 - 2 \times 1\,000 = 14\,737 (元)$$

这样，当该公司的现金余额达到 14 737 元时，即应以 9 158(14 737－5 579)元的现金去投资于有价证券，使现金持有量回落到 5 579 元；当该公司的现金余额降至 1 000 元时，则应转让 4 579(5 579－1 000)元的有价证券，使现金持有量回升至 5 579 元。这个过程可以用图 6-8。

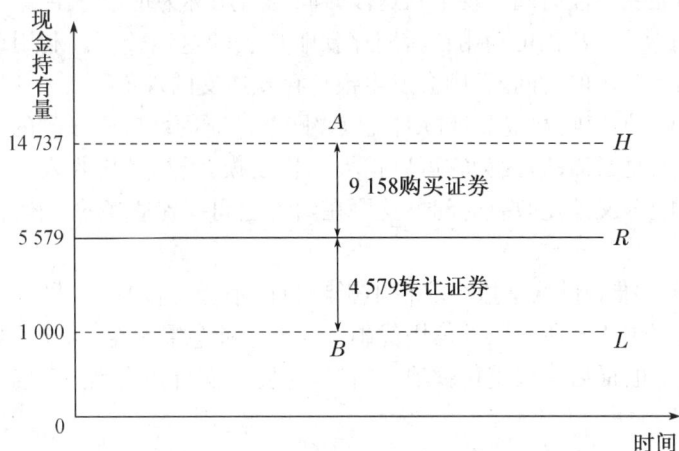

图 6-8 现金持有量的随机模式

随机模式建立在企业的现金未来需求总量和收支不可预测的前提下,因此计算出来的现金持有量比较保守。

6.2.3　现金的日常管理

在现金管理中,除了确定最佳现金持有量、编制现金预算外,还必须从以下几个方面加强现金的日常管理。

1. 遵守现金管理的有关规定

(1) 遵守现金使用范围的规定。企业使用现金只能在一定范围内进行,该范围包括:支付职工工资、津贴;支付个人劳务报酬;按规定发放给个人的科学技术、文化艺术、体育等各种奖金;支付个人劳保福利费用以及国家规定的对个人的其他支出;向个人收购农副产品和其他物资的价款;出差人员必须随身携带的差旅费;转账结算起点(1 000 元)以下的零星支出;中国人民银行确定需要支付现金的其他支出。

(2) 遵守库存现金限额的规定。企业库存现金由其开户银行根据企业的实际需要核定限额,一般以不超过 3～5 天的零星开支额为限。开户银行核定的限额企业必须遵守,超过库存限额的现金,出纳员必须及时将其送存银行。需要增减库存现金限额的,应当向开户银行提出申请,由开户银行核定。

(3) 钱、账分管,建立现金交接手续。出纳和会计必须分开,要做到管钱的不管账,管账的不管钱。出纳员和会计员分设,有利于互相牵制、互相配合、互相监督,保证现金资产的正确核算与安全。凡有现金收支必须坚持复核,在现金转移或出纳人员调换时,必须办理交接手续,做到责任清楚。

(4) 严格现金存取手续,不得坐支现金。开户单位收入的现金应于当日及时送存银行,当日送存银行确有困难的,由开户银行确定送存银行时间,企业不得从销售取得的现金中直接支付交易款。另外,企业不得将单位收入的现金以个人的名义存入银行。

2. 加强现金的收支管理

现金收支管理的目的在于提高现金使用效率,未达到这一目的的,应当做好以下几个方面工作。

(1) 利用现金浮游量。从企业开出支票、收票人收到支票并存入银行,至银行将款项划出企业账户,中间需要一段时间。现金在这段时间的占用称为现金浮游量。在这段时间里,尽管企业已开出了支票,却仍可动用在活期存款账户上的这笔资金。利用现金浮游量需要谨慎,一定要控制好使用的时间,否则会发生银行存款透支的现象。

(2) 加速收款。加速收款主要是指缩短应收账款的时间。应收账款的形成会增加企业资金的占用,但它又是必需的,因为它可以扩大销售规模,增加销售收入。问题在于如何既利用应收款吸引顾客,又缩短收款时间。这要在两者之间找到适当的平衡点,并实施妥善的收账策略。

(3) 推迟付款。推迟付款是指企业在不影响自己信誉的前提下,尽可能地推迟应付款的支付期,充分运用供货方所提供的信用优惠。如遇企业急需现金,甚至可以放弃供货方的折扣优惠,在信用期的最后一天支付款项。当然,这要权衡折扣优惠与急需现金之间的利弊得失而定。

3. 做好闲置资金的投资管理

现金流入与流出在时间上和数量上的同步往往是不易做到的,有时资金不足,有时也会出现暂时的资金剩余。在出现资金剩余时,可用于短期有价证券投资,以获取一定的收益;当资金不足时,可将这些有价证券变现,以满足经营业务的需要。若将暂时闲置的资金投资于有价证券,应优先考虑的是安全性和流动性,以便在需要现金时,能够迅速地将其变为现金,而不应过分追求收益性。

6.3 应收账款

应收账款是指因对外销售产品、材料、提供劳务及其他原因,应向购货单位或接受劳动的单位及其他单位收取的款项,即我们常说的"赊销"。它意味着卖方向买方提供商业信用。

6.3.1 应收账款管理的目标

1. 应收账款的功能

应收账款的功能是指应收账款在企业生产经营活动中的作用,主要表现为以下两个方面:

(1) 促进销售。在市场经济中,采用赊销方式为客户提供商业信用,可以提高企业产品的竞争力,促进产品销售,提高产品的市场占有率。赊销实际上等于向客户提供了一笔在一定期限内可以无偿使用的资金,这对于购买方来说具有很大的吸引力。

(2) 减少存货。赊销促进产品的销售,自然就减少了企业库存商品的数量,加快了企业存货的周转速度,并进一步降低了与存货有关的管理费用、仓储费用、保险费等各方面的支出。相对于存货因仓储、保管等发生的费用支出而言,企业应收账款所发生的相关费用还是比较少的。

2. 应收账款的成本

应收账款的存在有利于扩大销售,降低存货,变持有存货为持有应收账款,节约存货上的各项支出,但同时也将为应收账款的存在付出一定代价。应收账款的成本主要包括以下几个方面:

(1) 机会成本。应收账款的机会成本是指企业的资金因被占用在应收账款上而丧失的其他投资收益,通常用投资于有价证券的收益率来表示。机会成本的大小与应收账款平均占用的资金数量密切相关,赊销规模越大,应收账款占用的资金越多,应收账款的机会成本就越大;反之则越小。

(2) 管理成本。应收账款的管理成本是指企业对应收账款进行管理所发生的费用支出,主要包括对客户的资信调查费用、应收账款簿记录费用、催收账款发生的费用、其他用于应收账款的管理费用等。

(3) 坏账成本。应收账款的坏账成本是指因应收账款无法收回而可能给企业造成的经济损失。这种成本一般与应收账款的数量成正比,并与企业的信用政策有关。一般来说,过于宽松的信用政策比较容易产生坏账。

3. 应收账款管理的目标

在激烈的市场竞争中,企业不得不形成应收账款,否则将会使企业在竞争中处于十分不利的地位。此外,应收账款的存在又会给企业带来一些负面影响,如果不加强应收账款的控制,也会给企业带来重大的损失。

应收账款是企业为了扩大销售而进行的一项资金投放。应收账款管理的关键是控制应收账款的规模,而在经营能力一定的情况下,应收账款的规模又主要取决于企业的信用政策。由此来看,应收账款管理的目标,就是在比较应收账款信用政策所增加的盈利与这种政策的成本的基础上,指定合理的信用政策,并从中获得最大收益。

6.3.2 信用政策的确定

信用政策即应收账款管理政策,是指企业对应收账款进行规划与控制所做的原则性规定。信用政策是企业财务政策的一个重要组成部分,主要包括信用标准、信用条件和收账政策等内容。

1. 信用标准

信用标准是指客户获得企业商业信用所应具备的条件。如果客户的财务能力未能达到企业规定的标准,便不能享受企业的商业信用或只能享受较低的信用优惠。企业在确定信用标准时,应充分考虑多种因素的影响。合理、可行的信用标准必须涉及以下五个方面的内容(通常称为"5C"标准)。

(1)品质(character)。这一标准主要是针对客户是否自觉遵守还款协议而言的。企业必须设法了解客户过去的付款记录,看其是否有按期如数付款的一贯做法,及与其他供货企业的关系是否良好,以此评价其品质信用的高低。

(2)能力(capacity)。这一标准主要针对客户的偿债能力而言,主要考察其流动资产的数量和质量。流动资产越多,其转换为现金支付款项的能力越强。同时还要看其流动资产的质量,看是否有存货过多、过时或质量下降,影响其变现能力和支付能力的情况。

(3)资本(capital)。这一标准主要针对客户的财务实力和财务状况而言,表明客户可能偿还债务的背景。一般可根据客户的资产价值、所有者权益与负债水平等情况进行考核评价。

(4)抵押(collateral)。这一标准主要是针对客户拒付款项或无力支付款项时能被用作抵押的资产而言的。这一点对于不知底细或信用状况有争议的客户尤为重要。如果这类客户不能提供足够的抵押担保,就不能向他们提供商业信用。

(5)条件(conditions)。这一标准只针对可能影响客户付款能力的经济环境而言,万一出现经济不景气,会对客户的付款产生什么影响,由此需要了解客户在过去困难时期的付款历史。如果客户从事生产经营的外部经济环境较好,那么其财务状况和还款能力都相对要好。

2. 信用条件

信用条件即信用规定,是指企业接受客户信用订单时所提出的具体付款条件,主要包括信用期限和现金折扣。信用条件的表示通常采用如"3/20、2/30、$n/40$"的符号形式,其含义为,20天内付款,可享受3%的现金折扣优惠,即只需支付原价的97%;30天内付款,可享受2%的现金折扣优惠;40天为付款的最后信用期限,此时付款无优惠。信用期限越长,现金折扣比率越高,越有利于增加销售,但同时又会增加应收账款的机会成本、坏账成本和现金折扣成本等。

(1)信用期限。信用期限是企业提供给客户从购买货物到支付货款的限定时间。客户必须在信用期限内支付货款,超过信用期限就属于违约。信用期限是企业信用政策的一项重要内容,对企业的产品销售及应收账款的资金占用都会产生影响。如果延长信用期限,可以在一定程度上扩大产品销售量,但是也会相应地延长应收账款的平均收账期,增加应收账款的资金占用额,引起应收账款成本的增加。因此,企业必须权衡利弊,确定合理的信用期限。一般来说,如果企业延长信用期限所增加的边际收入大于增加的边际成本,就可以采用延长期限的信用条件;否则,就不应当延长信用期限。

(2)现金折扣。现金折扣是企业提供给客户在规定的优惠期内支付货款所享受的价格扣减。采用现金折扣的目的是为了鼓励客户尽快支付货款,这种措施可以大大地缩短应收账款的平均收现期,降低应收账款成本,提高资金周转速度,但现金折扣减少了产品的实际销售收入。因此,是否提供客户现金折扣及提供多大比例的现金折扣,直接关系到企业的收益。企业在确定现金折扣时,应当比较提供现金折扣的成本和收益。如果提供现金折扣的成本小于其带来的收益,提供的现金折扣就是合理的;否则,提供的现金折扣就是不合理的。

不论是信用期限还是现金折扣,都可能给企业带来收益,但也会增加成本。当企业给客户提供某种信用条件时,应当考虑其所能带来的收益与成本孰高孰低,权衡利弊,做出抉择。

【例6-5】 某企业的销售利润率为20%,同期有价证券的年利息率为15%。在信用标准一定的情况下,现有两种信用条件可供选择。两种信用条件的有关资料如表6-3所示。试计算分析该企业采用哪一种信用条件更好。

表6-3 两种不同信用条件下的有关资料

项 目	A方案	B方案
信用条件	无现金折扣,50天内付清	$3/30,n/50$
销售收入	100 000	150 000
应收账款的平均收现期/天	75	60
需付现金折扣的比例/%	0	40%
应收账款的管理成本	1 200	850

A方案的销售利润＝100 000×20%＝20 000(元)

A方案应收账款的机会成本＝100 000×15%×75÷360＝3 125(元)

B方案的销售利润＝150 000×20%＝30 000(元)

B方案应收账款的机会成本＝150 000×15%×60÷360＝3 750(元)

A方案的现金折扣成本＝0

B方案的现金折扣成本＝150 000×3%×40%＝1 800(元)

根据表6-3的资料计算两种信用条件对利润的影响,如表6-4所示。

表 6-4　两种不同信用条件下的利润计算　　　　　　　　　　　　　元

项目	A 方案	B 方案	差额
销售利润	20 000	30 000	10000
应收账款机会成本	3 125	3 750	625
现金折扣成本	0	1 800	1 800
应收账款管理成本	1 200	850	-350
应收账款成本总额	4 325	6 400	2 075
利润额	15 675	23 600	7 925

从表 6-4 可知,选择 A 方案可以实现 15 675 元利润,而选择 B 方案可以实现 23 600元利润,比 B 方案多 7 925 元。因此,选择 B 方案更好,即采用带有现金折扣的信用条件。

3. 收账政策

企业在决定向客户提供商业信用时,实际上就已经承担了客户违反信用条件、拖欠货款的风险。因此,企业在制定信用政策时,就应当考虑到客户违反规定的信用条件、拖欠货款时的收款政策。对于拖欠的应收账款,无论企业采用何种收款方式进行催收,都要付出一定的代价,即收账费用,如收账发生的邮电通信费用、收账人员的差旅费用、法律诉讼费等。严格的收账政策,有利于尽快收回账款,减少应收账款的资金占用,减少坏账损失;但严格的收账政策不利于竞争和扩大销售额。

因此,在确定收账政策时,必须比较增加的收账成本与减少的应收账款成本的大小。一般来说,收账费用支出越多,坏账成本越少,但这两者并不一定是线性关系。开始花费一些收账费用,坏账成本的减少幅度很小;继续增加收账费用,应收账款的坏账成本会明显降低。如图 6-9 所示。

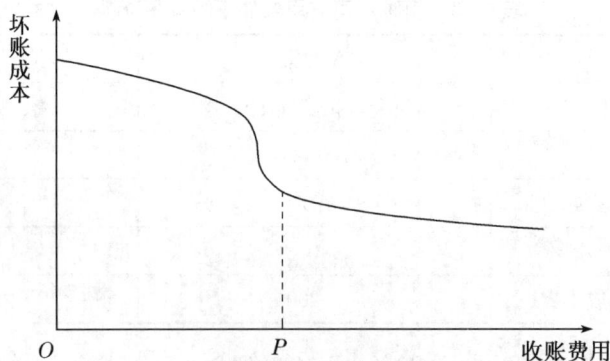

图 6-9　不同收账政策下的收账费用和坏账成本

从图 6-9 可以看出,当收账费用增加到 P 点后,继续增加收账费用,坏账成本不再明显降低,此时,继续增加收账费用,收效甚微。因此,收账费用有一个最佳点,企业应比较不同收账政策下的收账费用和坏账成本,以确定最佳的收账政策。

6.3.3 应收账款的日常管理

应收账款作为一种商业信用具有很大的风险,为保证所确定的信用政策能够得到有效实施,企业还应做好应收账款的日常管理,做到事前预防、事中监控、事后管理,对应收账款进行全过程、全方位管理。

1. 事前预防

(1)建立销售责任制和赊销审批制。对应收账款的回收,应明确规定谁经办、谁负责,对销售人员实行销售量与货款回笼双向考核,建立催收账款的奖惩制度。此外,企业还应明确规定各级销售人员拥有的赊销权限,对于权限以外的赊销必须报请批准。

(2)加强合同的管理和审查。与客户商谈业务的情况,应及时以协议或书面合同的形式记录下来,以制约少数客户的赖账行为,并为日后的诉讼提供法律凭据。对销售合同的审查主要考察合同标的是否正确完整、价格和结算方式是否合理、违约责任是否明确等方面。

(3)积极开展信用调查和信用评估工作。信用调查是获取客户信用资料的基础性工作,信用评估则是根据信用调查收集到的信用资料,采用一定的方法来估计客户的信用状况。只有了解客户的信用状况,才能正确制定和及时调整对客户的信用政策。

2. 事中监控

应收账款一旦发生,赊销企业就必须考虑如何按期足额收回的问题。一般来讲,拖欠时间越长,款项收回的可能性越小。对此,企业应实施严密的监督,随时掌握回收情况。实施对应收账款收回情况的监督,可以通过编制账龄分析表进行。

账龄分析表是根据应收账款发生时间(账龄)的长短而编制的表格,其一般格式如表6-5所示。其中,第1列为应收账款账龄情况,第1行一次列出的项目为各账龄类别的客户数量、欠款金额及欠款金额在应收账款总额中所占的百分比。

表6-5 应收账款账龄分析表

2018 年 12 月 31 日 　　　　　　　　　　　　千元

应收账款账龄	客户数量/	欠款金额	比例/%
信用期以内	180	80	40
超过信用期 1～20 天	100	38	19
超过信用期 21～40 天	55	22	11
超过信用期 41～60 天	28	20	10
超过信用期 61～80 天	20	18	9
超过信用期 81～100 天	11	12	6
超过信用期 100 天以上	6	10	5
合　计	400	200	100

利用账龄分析表,企业可以了解以下情况:

(1)有多少欠款可能很快追回(尚未超过信用期或超过信用期在 20 天以内);

(2)有多少欠款可能很难追回(超出信用期较长,在 21～100 天之间);

(3)有多少欠款可能成为坏账(超出信用期很长,在 100 天以上)。

在此基础上,企业可制定相应的具体措施,对信用期内的欠款继续跟踪;对信用期以外的欠款及时催讨;对超过信用期较长的欠款要考虑产生坏账的可能,及时调整信用政策。

3. 事后管理

(1) 做好悬账、呆账的清算工作。悬账是指公司与客户因业务纠纷而引起结算过程中断,从而暂时无法收回的账款,常由客户拒付而引起。呆账是指公司长期逾期未清账款。悬账和呆账拖延得越久,越有可能会转变为坏账。企业应加强悬账和呆账的清算工作,根据账龄分析表确定收账政策,对超过信用期时间长短不同的应收账款采取不同的催收方式进行催讨工作,特别要防止应收账款账龄超过两年的情况,规避可能发生的损失。

(2) 坏账损失的处理。坏账损失有时无法避免,为了使公司的收入和费用相匹配,企业常按期预提坏账准备金。企业可根据具体情况,采用应收账款余额百分比法、账龄分析法、个别认定法等方法先预提坏账准备,计入当期的资产减值损失;在实际发生坏账时,再冲减坏账准备金。至于每期计提坏账准备的比例,企业应根据各项应收账款回收可能性的大小予以确定。对于客户确实遇到困难,无力偿还欠款的要及时同对方达成清算协议,重新安排债务关系,把坏账损失降到最低程度。

6.4　存　货

存货是指企业在生产经营过程中为生产或销售而储备的物资,包括库存中的、加工中的以及在用的各种商品、材料、燃料、包装物、低值易耗品、在产品、产成品等。由于存货一般在流动资产中所占的比重较大,因此,存货管理在营运资产管理中占有非常重要的地位。

6.4.1　存货管理的目标

1. 存货的功能

存货的功能是指存货在生产经营活动中的作用,主要表现为以下几个方面:

(1) 保证生产或销售的需要。在实际生产或销售过程中,企业很少能够做到随时购入生产或销售所需的物资。这不仅因为市场会不时出现断档,买不到所需物资,还因为企业与购货点之间存在一定的距离,需要必要的途中运输及可能出现的运输故障。为了避免生产或销售因物资短缺而出现停顿,造成损失,企业须储存一定量的存货。

(2) 降低进货成本。零售物资的价格往往要高于批发购买的价格,为了节约购进成本,所以多购进存货。但是过多的存货要占用较多的资金,并且会增加管理存货的费用,如仓储费、保险费、维护费、管理人员工资等。另外,存货占用资金也是有成本的,如不能进行其他投资而丧失的损失等。

(3) 安全储备的要求。在市场经济中,存在许多不确定性因素,如市场上原材料供应紧张、通货膨胀等,这些不确定性因素会增加企业经营的风险。为了减少这种风险,防止意外事故发生而影响企业正常的生产经营活动,企业应当进行存货储备,以备不时之需。

2. 存货的成本

企业储备一定数量的存货是必需的,但存货过多也会影响企业的经济效益,因为采购、储存存货要发生各种费用支出。一般来说,存货成本主要包括以下几个方面。

(1) 采购成本。采购成本是构成成本本身价值的成本,主要包括买价、运杂费等。采购成本总额是采购数量与单位采购成本的乘积,一般与采购数量成正比。在存货市价稳定的情况下,如果一定时期的存货总需求量是固定的,则存货的总采购成本也是固定的,与采购批次及每批的采购量无关。

(2) 订货成本。订货成本是指企业为组织订购存货而发生的各种费用支出,如为订货而发生的差旅费、邮资、通信费、专设采购机构的经费等。订货成本按其总额与订货次数的关系分为变动性订货成本和固定性订货成本。变动性订货成本与订货次数成正比,而与每次订货数量关系不大,如采购人员的差旅费、通信费等;固定性订货成本与订货次数无关,如专设采购机构的经费支出等。

(3) 储存成本。储存成本是指在存货储存过程中发生的各种费用支出,如仓储费、保管费、保险费、存货残损变质损失、仓库折旧费和维修费等。存货的储存成本可分为变动性储存成本和固定性储存成本。变动性储存成本与储存存货的数量成正比,如保险费、存货残损变质损失等;固定性储存成本与存货的储存数量无关,如仓库折旧费、仓库保管人员的固定月工资等。

(4) 短缺成本。短缺成本是指由于存货数量短缺不能及时满足企业生产和销售的需要而给企业造成的经济损失。存货的短缺成本与存货的数量成反比,存货数量越多,存货的短缺成本就越小;反之,则越大。

3. 存货管理的目标

企业持有充足的存货,不仅有利于生产过程的顺利进行,节约采购成本与生产时间,而且能够迅速地满足客户各种订货的需要,从而为企业的生产与销售提供较大的机动性,避免因存货不足带来的机会损失。然而,存货的增加必然要占用更多的资金(即存货的机会成本),而且存货的储存与管理费用也会增加,影响企业获利能力的提高。

因此,进行存货管理,就要尽力在存货的功能(收益)与存货成本之间进行利弊权衡,在充分发挥存货功能的同时降低成本,增加收益,实现两者的最佳组合。这也就是存货管理的目标。

6.4.2　经济订货量的计算

按照存货管理的目标,企业需要确定并保持合理的存货量,而控制存货量的关键在于确定存货的经济订货量。如果每次材料的采购数量是合理的,在产品、产成品的生产批量是恰当的,就可以使存货占用数量在绝大程度上得到有效的控制。存货的经济订货量是指在保证企业生产经营活动正常进行的情况下,能使企业一定时期内的存货的相关总成本达到最低的进货批量或生产批量。

1. 经济订货量的一般模型

影响存货总成本的因素很多,为了解决比较复杂的问题,有必要简化或舍弃一些变量,先研究解决简单的问题,然后再扩展到复杂的问题。存货经济订货量的一般模型假设存在以下基本前提:

(1) 企业一定时期内存货的需求量均匀稳定,并且能准确预测;

(2) 企业能够及时补充存货,即需要订货时便可立即取得存货;

(3) 每次订货可以集中到货,而不是陆续供应;

(4) 不允许缺货,即除去缺货成本;

(5) 存货的价格稳定,并且不存在数量折扣;

(6) 所需资金、市场供应及仓储条件不受限制,不会因买不到存货或存货没地方存放而影响其他。

在上述假设的情况下,由于存货每天需要量均匀稳定,因此每次到货后存货量达到最高点,随着每天存货的耗用,存货量呈直线下降的趋势,当存货降至 0 时,提出要货,并且立即到货,存货量又重新恢复到最高点,如此循环往复。因此,平均的存货量可以按每次订货量的 1/2 计算。

此外,在上述假设的情况下,在存货经济订货量决策基本模型中,采购成本、缺货成本、订货固定成本和储存固定成本与存货订货量的决策是无关的,属于无关成本,可以不予以考虑。这样,在存货经济订货量决策的基本模型中,相关的成本只包括储存变动成本和订货变动成本。其中,订货变动成本与每次订货量成反比,储存变动成本与每次订货量成正比。从节约订货变动成本的角度来说,要求每次订货量越多越好;从节约储存变动成本的角度来说,则要求每次订货量越少越好。

设 D 为一定时期存货需求总量,Q 为每次订货量,K_C 为单位储存变动成本,K 为每次变动订货成本,T 为存货相关总成本,则:

$$T=\frac{DK}{Q}+\frac{QK_C}{2}$$

当 D、K、K_C 为常数时,T 的大小取决于 Q。经济订货量基本模型下,经济订货量就是能够使一定时期内的存货相关总成本 T 为最低的每次订货量。为了求得 T 的极小值,对其求导如下:

$$T'=\left(\frac{DK}{Q}+\frac{QK_C}{2}\right)'=\frac{K_C}{2}-\frac{DK}{Q^2}$$

令 $T'=0$,即 $\frac{K_C}{2}-\frac{DK}{Q^2}=0$,可得:

$$Q^*=\sqrt{\frac{2DK}{K_C}}$$

Q^* 即为经济订货量。

进一步地,可以得出:

每年最佳订货次数 $N^*=\dfrac{D}{Q^*}=\dfrac{D}{\sqrt{\dfrac{2DK}{K_C}}}=\sqrt{\dfrac{DK_C}{2K}}$

与经济订货量有关的存货总成本 $T=\dfrac{DK}{Q^*}+\dfrac{Q^*K_C}{2}=\sqrt{2DKK_C}$

【例 6-6】 某企业每年耗用某种材料 3 600 千克,该材料单位采购成本为 20 元,每次订货成本为 400 元,平均储存变动成本为 8 元。

要求:计算该材料的经济订货量。

解: 经济订货量 $Q^*=\sqrt{\dfrac{2DK}{K_C}}=\sqrt{\dfrac{2\times 3\ 600\times 400}{8}}=600$(千克)

经济订货批次 $N^*=3\ 600\div 600=6$(次)

相关总成本 $T=\dfrac{DK}{Q^*}+\dfrac{Q^*K_C}{2}=\sqrt{2DKK_C}=\sqrt{2\times3\,600\times400\times8}=4\,800(元)$

2. 有数量折扣的经济订货量

在实际工作中,供应商为了鼓励客户一次大量购买,有时给客户提供不同程度的数量折扣,即当客户的一次采购批量达到一定数量时,可以给予价格上的优惠,一次订货量越大,价格折扣也越大。在这种情况下,确定存货经济订货量不仅要考虑订货成本和储存成本,还要考虑采购成本。

根据经济订货量的基本模型,当每次订货量为不考虑数量折扣的经济订货量时,订货变动成本和储存变动成本为最低;当订货量越大于或小于不考虑数量折扣的经济订货量时,订货变动成本和储存变动成本总额越高。因此,在数量折扣起点大于不考虑数量折扣的经济订货量时,只需在以数量折扣起点为订货量的相关总成本与不考虑数量折扣的经济订货量的相关总成本之间做比较,其中总成本最低的订货量即为经济订货量。有数量折扣的经济订货量一般按以下步骤进行决策:

第一,按照存货经济订货的基本模型计算在没有数量折扣情况下的经济订货量及存货总成本。

第二,按照不同数量折扣的不同优惠价格,计算在不同折扣起点数量订货的相关总成本。

第三,比较不考虑数量折扣的经济订货量与各折扣起点订货量下的存货总成本,其中总成本最低的批量就是最佳订货量。

【例 6-7】 某企业每年耗用某种材料 9 600 千克,单价为 10 元,每次订货成本为 400 元,单位存货年平均储存变动成本为单价的 30%。供货单位提出,如果一次订货 2 400 千克,在价格上可以享受 2% 的折扣;如果一次订货 4 800 千克,在价格上可享受 3% 的折扣。

要求: 确定该材料的经济订货量。

解: 第一步:计算不存在折扣情况下的经济订货量(Q)及其相关总成本(T)。

经济订货量 $Q^*=\sqrt{\dfrac{2DK}{K_C}}=\sqrt{\dfrac{2\times9\,600\times400}{10\times30\%}}=1\,600(千克)$

相关总成本 $T=\sqrt{2DKK_C}+D\times U=\sqrt{2\times9\,600\times400\times10\times30\%}+9\,600\times10=100\,800(元)$

第二步:分别计算一次订货量为 2 400 千克和 4 800 千克时的相关总成本。

当 $Q=2\,400$ 千克时:

单位储存变动成本 $=10\times(1-2\%)\times30\%=2.94(元)$

相关总成本 $T=9\,600\times400\div2\,400+2400\times2.94\div2+9\,600\times10\times(1-2\%)=99\,208(元)$

当 $Q=4\,800$ 千克时:

单位储存变动成本 $=10\times(1-3\%)\times30\%=2.91(元)$

相关总成本 $T=9\,600\times400\div4\,800+4\,800\times2.91\div2+9\,600\times10\times(1-3\%)=100\,904(元)$

第三步:比较总成本并确定最佳经济订货量。

由于订货量为 2 400 千克时的存货总成本最低,因此应按 2 400 千克组织订货。

3. 一次订货分批送货情况下的经济订货量

经济订货量的基本模型假设每次订货后集中一次到货,而实际上订货后供应商可能分批送货。分批送货一般是订货间隔期内分次平均供应,设 M 为每次订货的送货次数,则存货相关总成本为:

$$T=\frac{DK}{Q}+\frac{QK_c}{2M}$$

经济订货量是能够使一定时期存货相关总成本 T 为最低的每次订货量。当 D、K、K_c、M 为常数时,T 的大小取决于 Q。为了求得 T 的极小值,对其求导如下:

$$T'=\left(\frac{DK}{Q}+\frac{QK_c}{2M}\right)=\frac{K_c}{2M}-\frac{DK}{Q^2}$$

令 $T'=0$,即 $\frac{K_c}{2M}-\frac{DK}{Q^2}=0$,可得:

$$Q^*=\sqrt{\frac{2DKM}{K_c}}$$

Q^* 即为一次订货分批送货情况下的经济订货量。

【例 6-8】 某企业每年耗用某种材料 10 800 千克,该材料每次订货成本为 400 元,单位存货年平均储存变动成本为 6 元。通过与供货商协商,每次订货分 4 次平均供货。

要求:确定该材料的经济订货量。

解: 该材料的经济订货量 $Q^*=\sqrt{\frac{2DKM}{K_c}}=\sqrt{\frac{2\times10\ 800\times400\times4}{6}}=2\ 400$(千克)

该材料与经济订货批量有关的存货相关总成本 $T=10\ 800\times400\div2\ 400+2\ 400\times6\div(2\times4)=3\ 600$(元)

该材料的全年经济订货次数 $N^*=10\ 800\div2\ 400=4.5$(次)

4. 订货提前期、再订货点情况下的经济订货量

经济订货量的基本模型假设可以立即到货,实际上企业的存货不能做到随用随时补充,因此不能等到存货用完再去订货,而需要在没有用完时提前订货。在提前订货的情况下,企业再次发出订货单时尚有的存货库存量称为再订货点。这样,当等到下批订货到达时,原有存货刚好用完。此时,与存货有关的每次订货批量、订货次数、订货间隔时间等并无变化。也就是说,订货提前期对经济订货量并无影响,只不过在达到再订货点时及时发出订货单罢了。

设 R 为再订货点;d 为每天平均需要量;L 为订货提前期。如果不考虑保险储备,再订货点的计算公式如下:

$$R=L\times d$$

然而,实际上每天存货的需要量可能是不均匀的,存货在途时间也可能由于种种原因被拖延。因此,在确定再订货点时应当考虑必要的保险储备。保险储备是为了防止存货耗用突然增加或交货延期而建立的最低储备量,它取决于订货提前期及每天存货需求的变化情况。在不允许缺货的情况下,保险储备的计算公式如下:

$$u=(m-d)\times L$$

式中,m 为每天最大需要量,u 为保险储备量。

即如果考虑保险储备,再订货点的计算公式如下:

$$R=L\times d+u=m\times L$$

【例 6-9】　某企业每天正常耗用某种材料 50 千克,该材料从发出订单到货物验收入库需要 15 天,该材料每天最大需要量估计为 100 千克。试计算该材料的保险储备量和再订货点。

解:该材料的保险储备量 $u=(m-d)\times L=(100-50)\times 15=750$(千克)

该材料的再订货点 $R=L\times d+u=50\times 15+750=1\ 500$(千克)

6.4.3　存货的日常管理

存货的日常管理是指企业在生产经营过程中,按照存货资金计划的要求,对存货的采购、使用和销售情况进行组织、调节和控制。加强存货的日常管理对于改善企业生产经营活动,提高资金使用效率具有重要的作用。

1. 存货的归口分级管理

存货的归口分级管理是实现存货资金管理责任制的一个重要方法。企业的存货以各种形态分布在生产经营的各个环节,由从事供、产、销活动的各有关职能部门和职工掌握和使用。

如果各职能部门都能参与进来,必将有利于存货的管理。《企业财务通则》规定,企业应当建立健全存货管理制度,规范存货采购审批、执行程序,根据合同的约定及内部审批制度支付货款。存货归口分级管理的基本做法如下。

1) 财务部门在企业经营者的领导下,对存货资金实行统一管理

财务部门作为一个职能部门,掌握着整个企业存货资金的占用、耗用和周转情况。财务部门对存货资金的集中统一管理,可实现资金使用的综合平衡,加速资金周转。其主要工作内容包括:根据财务制度和企业具体情况,制定资金管理的各种制度,认真测算原材料、在产品、产成品的资金占用定额,汇总编制存货资金计划;将有关计划指标进行分解,归口到供、产、销等部门具体负责;对各部门的资金运用情况进行检查、分析和考核。

2) 实行存货资金的归口管理

按照资金使用和资金管理相结合、物资管理和资金管理相结合的原则,将存货管理归口到各个部门。每项资金由哪个部门使用,就归哪个部门管理。其具体的分工为:供应部门对原材料、燃料、包装物等占用的资金进行管理;生产部门对在产品和自制半成品占用的资金进行管理;销售部门对产成品占用的资金进行管理;工具部门对工具用具占用的资金进行管理;维修部门对修理用备件占用的资金进行管理。

3) 实行存货资金的分级管理

归口到各个部门的资金还要根据资金计划指标层层分解,落实到具体的仓库、车间、班组等基本单位,实行分级管理。其具体分解过程可按如下方式进行:将原材料资金计划指标分配给供应计划、材料采购、仓储管理、整理准备等各业务组管理;将在产品资金计划指标分配给各车间、半成品库管理;将产成品资金计划指标分配给销售、仓库保管、产品发运各业务组管理。

2. 存货的 ABC 分类管理

ABC 分类管理是由意大利经济学家巴雷特于 19 世纪首创的,经过一个多世纪的发展

和完善,现已广泛用于存货管理、成本管理和生产管理,是企业管理中常用的一种方法。它主要是针对企业尤其是中大型企业,存货数目繁多,但价值却千差万别,有的价值很高,有的却不值几文。如果不分主次,实行统一管理,必将浪费资源,达不到有效控制存货的目的。该方法充分考虑了企业中存货的种类繁多但价值不等的特点,是一种重点管理方法,可以帮助企业分清管理的主次,进而降低人力、物力支出,提高经济效益。ABC 分类管理方法的一般程序是,首先,计算每种存货所占用的资金占全部存货资金额的比重,并按大小排序。其次,按照金额标准和品种数量标准,将企业的存货划分为 A、B、C 三类。通常情况是,品种少但资金占用较多的存货为 A 类,此类存货的品种数量约占全部存货品种数量的 5%～20%,但其资金占用比例为 60%～80%;种类繁多但资金占用不多的存货为 C 类,此类存货的品种数量约占全部存货品种数量的 60%～70%,但其资金占用比例为 5%～15%;介于 A 类和 C 类之间的存货是 B 类存货,此类存货的品种数量约占全部存货品种数量的 20%～30%,但其资金占用比例为 15%～30%。最后,针对不同类别的存货实施不同的管理。对 A 类存货进行重点规划和控制,对 B 类存货作次重点管理,对 C 类存货只进行一般管理。

3. 存货的 JIT 管理

JIT 是"Just in Time"的缩写,中文意思是准时生产系统,又称无库存生产方式、零库存或者超级市场生产方式。JIT 生产方式是丰田汽车公司在逐步扩大其生产规模、确立规模生产体制的过程中诞生和发展起来的。在 20 世纪 70 年代发生石油危机以后,市场环境发生巨大变化,许多传统生产方式的弱点日渐明显。采用 JIT 生产方式的丰田汽车公司的经营绩效与其他汽车制造企业的经营绩效开始拉开距离,JIT 生产方式的优势开始引起人们的关注和研究。JIT 生产方式作为一种在多品种小批量混合生产条件下以高质量、低消耗进行生产的方式,是在实践中摸索、创造出来的。

JIT 的核心是追求一种零库存、零浪费、零不良、零故障、零灾害、零停滞的较为完美的生产系统。JIT 生产方式的特点是零库存,并能够快速地应对市场的变化。JIT 生产方式要做到用一半的人员和生产周期、一半的场地和产品开发时间、一半的投资和少得多的库存,生产出品质更高、品种更为丰富的产品。JIT 生产方式考虑的是将其看作是一种理想的生产方式,不断地追求零库存,零库存可以无限接近,但永远也达不到,这样就可以不断地降低库存,对所暴露出的一些问题进行改进。经过如此周而复始的优化,将库存降低到最低水平。另外,JIT 是一个不断改进的动态过程,不是一朝一夕就可以完成的,需要企业不断地持续改善才能达到目标。当然,JIT 要真正发挥作用,必须满足一些条件,如采购的效率要高;产品的质量要可靠;要有一套十分准确的生产和存货信息系统和一个有效率的存货处理系统等。

4. 存货的 MRPⅡ管理

MRPⅡ(manufacturing resource planning,制造资源计划)是在 MRP(material requirement planning,物资需求计划)基础上发展起来的以计算机为核心的闭环管理系统。它能动态监察到供、产、销的全部生产过程,在寻求最有效地配置企业资源的同时实现库存减少,优化库存的管理目标,并保证企业经济、有效地运行。其基本原理是以计划拉动供给,即借助计算机的运算能力,根据市场预测和企业以前的经营状况,做出对未来产品需求量和品种的估计,制订产品的生产计划,然后据以倒推出物资的采购数量、品种和时间等。同时,为缓和事先计划的延迟,企业往往事先定好提前期及批量,并储备一定的在产品存货。也就

是说,MRP II允许一定数量的存货存在。对于市场需求稳定且竞争不激烈的企业而言,MRP II优化了企业的成本控制和资源配置,能够在不影响企业正常运营的条件下达到最优存货,减少存货占用资金,降低存货损耗和持有成本,使存货发挥最大效率。

本章小结

营运资金是指在企业生产经营活动中占用在流动资产上的资金或者是企业投资在流动资产上的资金。营运资金的管理既包括流动资产管理,也包括流动负债管理。本章重点介绍流动资产管理。流动资产管理主要表现为现金管理、应收账款管理和存货管理。

现金的主要特点是普遍的可接受性。企业持有现金主要是为了满足交易性需求、预防性需求和投机性需求。但持有现金会发生一系列的成本,如管理成本、机会成本、短缺成本和转换成本。确定最佳现金持有量的方法有现金周转模式、成本分析模式、存货决策模式和随机模式等。

企业持有应收账款主要是为了促进销售和降低存货,但持有应收账款也会带来一系列的成本。企业对应收账款进行管理,首先要制定合理的信用政策,信用政策包括信用标准、信用条件和收账政策三个方面。应收账款产生后,要加强应收账款日常管理,主要包括对应收账款回收情况的监控、对坏账损失的事先准备和收账管理。

企业持有存货主要是为了保证生产或销售的经营需要,降低存货购进价格和安全储备的要求。但持有存货同样会产生一系列的成本,如订货成本、采购成本、储存成本和缺货成本。加强存货管理的常用方法是确定存货的经济订货批量,建立经济订货批量模型,同时结合实际对模型进行扩展。存货日常管理中常用的方法有归口分级管理、ABC 分类管理、JIT 管理和 MRP II 管理。

关键术语

营运资金　信用标准　信用条件　信用期限　现金折扣　账龄分析　收账政策　经济订货批量　再订货点　保险储备

思考与练习题

1. 思考题

(1) 营运资金有哪些特点? 如何把握营运资金的筹集政策?

(2) 现金管理、应收账款管理和存货管理的目标分别是什么? 它们有什么共同点?

(3) 企业为什么需要持有一定量的现金? 持有现金会发生哪些成本?

(4) 确定最佳现金持有量的模型有哪些? 你认为哪种模型比较实用?

(5) 现金日常管理应该注意哪些问题?

(6) 企业在制定具体的信用政策时要考虑哪些因素? 如何制定科学的信用政策?

(7) 企业为什么需要储存一定数量的存货? 储存存货会发生哪些成本?

(8) 如何确定存货的经济订货批量? 经济订货批量模型的建立需要哪些假设前提?

2. 练习题

1) 单项选择题

(1) 下列不属于流动负债的特点的是( )。

    A. 融资速度快   B. 财务弹性高   C. 筹资成本较低   D. 拥有管理权

(2) 下列关于营运资金管理的说法中,不正确的是( )。

    A. 营运资金的管理既包括流动资产的管理,也包括流动负债的管理

    B. 流动资产是指可以在 1 年以内或超过 1 年的一个营业周期内变现或运用的资产

    C. 流动资产具有占用时间短、周转快、易变现等特点

    D. 流动资产又称为短期负债,具有成本低、偿还期短等特点

(3) 以下营运资金筹集政策中,短期资金占全部资金来源比重最大的是( )。

    A. 配合型筹资政策   B. 激进型筹资政策

    C. 保守型筹资政策   D. 稳健型筹资政策

(4) 如果企业现金持有量( ),现金的机会成本就( ),转换成本就( )。应选择的正确答案为( )。

    A. 大 高 低   B. 大 高 高   C. 大 低 低   D. 小 低 低

(5) 在最佳现金持有量的存货决策模式中,应考虑的相关成本主要有( )。

    A. 机会成本和转换成本   B. 转换成本和短缺成本

    C. 机会成本和短缺成本   D. 持有成本和短缺成本

(6) 企业为了使其持有的交易性现金余额降到最低,可采取( )的方法。

    A. 使用现金浮游量   B. 推迟应付款的支付

    C. 力争与现金流量同步   D. 加速收款

(7) 在应收账款管理中,下列说法中不正确的是( )。

    A. 应收账款的主要功能是增加销售和减少存货

    B. 应收账款的成本主要包括机会成本、管理成本和坏账成本

    C. 监管逾期账款和催收账款的成本会影响公司的利润

    D. 信用期的确定,主要分析改变现行信用期对成本的影响

(8) 某企业购入原材料 50 000 元,供货方规定的信用条件为"3/10,1/20,$n/30$",若在第 18 天付款,则该企业实际支付的货款为( )元。

    A. 49 500   B. 50 000   C. 48 500   D. 49 000

(9) 经济订货量是指( )。

    A. 订货成本最低的采购批量   B. 储存成本最低的采购批量

    C. 存货总成本最低的采购批量   D. 缺货成本最低的采购批量

(10) 某企业全年耗用某材料 8 000 千克,该材料单价为 40 元,一次订货成本为 50 元,年单位储存成本为 5 元,则全年最佳订货次数为( )次。

    A. 400   B. 20   C. 16   D. 8

(11) 某企业的现金收支状况比较稳定,全年的现金需要量为 200 000 元,每次转换有价证券的固定成本为 400 元,有价证券的年利率为 10%,则达到最佳现金持有量的全年转换成本是( )元。

    A. 10 000   B. 2 000   C. 30 000   D. 40 000

(12) 下列各项中,属于应收账款的机会成本的是(　　)。

    A. 客户资信调查费用　　　　　　　B. 坏账损失

    C. 收账费用　　　　　　　　　　　D. 应收账款占用资金的应计利息

(13) 下列对应收账款信用期限的叙述中,正确的是(　　)。

    A. 信用期限越长,企业坏账风险越小

    B. 信用期限越长,表明客户享受的信用条件就越优越

    C. 延长信用期限,不利于销售收入的扩大

    D. 信用期限越长,应收账款的机会成本越低

(14) 某企业赊购的信用条件为 10 天内付款,可享受 5% 的价格优惠;20 天内付款,可享受 3% 的价格优惠;付款的最后期限为 30 天。这一信用条件可简略表示为(　　)。

    A. $10/5$、$20/3$、$30/n$　　　　　　B. $5/10$、$20/3$、$n/30$

    C. $5/10$、$3/20$、$n/30$　　　　　　D. $10/5$、$3/20$、$30/n$

(15) 采用 ABC 分类管理法对存货进行管理时,应当重点管理的是(　　)。

    A. 品种比重低、金额比重高的存货　B. 品种比重高、金额比重高的存货

    C. 品种比重低、金额比重低的存货　D. 品种比重高、金额比重低的存货

2) 多项选择题

(1) 企业为交易动机持有的现金可用于(　　)。

    A. 缴纳税款　　　B. 证券投机　　　C. 支付工资　　　D. 灾害补贴

(2) 利用成本分析模式确定最佳现金持有量时,需要考虑的成本费用项目有(　　)。

    A. 管理成本　　　B. 机会成本　　　C. 转换成本　　　D. 短缺成本

(3) 确定最佳现金持有量的存货决策模式下涉及的成本有(　　)。

    A. 转换成本　　　B. 机会成本　　　C. 管理成本　　　D. 短缺成本

(4) 在现金管理中,下列说法中正确的有(　　)。

    A. 拥有足够的现金对于降低企业风险、增强企业资产的流动性和债务的可清偿性有着重要的意义

    B. 企业持有现金的目的只是应付日常的业务活动

    C. 一个希望尽可能减少风险的企业倾向于保留大量的现金余额,以应付其交易性需求和大部分预防性资金需求

    D. 除了交易动机、预防动机和投机动机外,许多公司持有现金是作为补偿性余额

(5) 一般情况下,企业提供比较优惠的信用条件,可以增加商品的销售量,但也会付出一定代价,主要有(　　)。

    A. 应收账款的机会成本　　　　　　B. 应收账款的坏账成本

    C. 收账费用　　　　　　　　　　　D. 现金折扣成本

(6) 存货经济订货量的一般模型假设存在的条件是(　　)。

    A. 无缺货现象

    B. 存货的价格稳定,并且不存在数量折扣

    C. 企业一定时期内存货的需求量均匀稳定,并且能准确预测

    D. 每次订货可以集中到货,而不是陆续供应

(7) 存货的成本包括(　　)。

A. 采购成本   B. 订货成本   C. 储存成本   D. 短缺成本

（8）企业制定信用标准时应予以考虑的因素有（   ）。

     A. 同行业竞争对手的情况   B. 企业自身的资信程度

     C. 客户的资信程度   D. 企业承担违约风险的能力

（9）缩短信用期可能会使（   ）。

     A. 销售额下降   B. 应收账款占用资金降低

     C. 收账费用降低   D. 坏账损失降低

（10）下列关于存货的 ABC 分类管理法的表述中，正确的是（   ）。

     A. 它是由意大利经济学家巴雷托于 19 世纪首创的

     B. 根据存货的品种比重和金额比重将存货划分为 A、B、C 三类，区别对待，分类
        管理

     C. 一般来说，C 类存货占存货品种比重低、金额比重高，应当列为重点管理

     D. 一般来说，A 类存货占存货品种比重低、金额比重高，应当列为重点管理

3）判断题

（1）企业营运资金余额越大，说明企业风险越小，收益率越高。   （   ）

（2）在应收账款管理中，信用政策必须明确地规定三个内容，即信用标准、信用条件和
收账政策。   （   ）

（3）如果某企业存货周转期为 40 天，应收账款周转期为 30 天，应付账款周转期为 35
天，则现金周转期＝40＋30－35＝35 天。   （   ）

（4）企业提供现金折扣可以相对地减少收账费用和坏账损失。   （   ）

（5）在现金持有量的随机模式控制中，现金余额波动越小的企业，越需要关注有价证券
投资的流动性。   （   ）

（6）在存货决策模式下，持有现金的机会成本与转换成本相等时的现金持有量为最佳
现金持有量。   （   ）

（7）一般来讲，当某种存货的品种数量比重达到 70% 左右时，应将其划分为 A 类存货
进行重点管理。   （   ）

（8）存货管理的目标是在存货成本和存货收益之间进行权衡，达到两者的最佳结合。
                                                                          （   ）

（9）赊销是扩大销售的有力手段之一，企业应尽可能放宽信用条件，增加赊销量。
                                                                          （   ）

（10）通过编制账龄分析表，可以了解各客户的欠款金额、欠款期限和偿还欠款的可能
时间。   （   ）

（11）制定信用标准时，若企业承担违约风险的能力较强，则可以制定比较低的信用
标准。   （   ）

（12）收账费用有一个最佳点，企业应比较不同收账政策下的收账费用和坏账成本，以
确定最佳的收账策略。   （   ）

（13）在有关现金折扣业务中，"1/10"表示若付款方在 1 天内付款，可以享受 10% 的价
格优惠。   （   ）

（14）建立保险储备是为了防止需求增大或送货延迟而发生缺货。   （   ）

(15) 经济订货量是使企业存货的订货成本、储存成本和缺货成本之和最低的进货批量。 （　　）

4) 业务题

习题一

【资料】假设某企业现金收支平衡，预计全年（按360天计算）现金需求量为250 000元，现金与有价证券的转换成本为每次500元，有价证券年利率为10%。

【要求】

(1) 计算最佳现金持有量；

(2) 计算最佳现金持有量下的全面有价证券交易次数和有价证券交易间隔期。

习题二

【资料】某企业年需用甲材料250 000千克，单价10元/千克，每次订货成本为320元/次，单位存货年储存成本为0.1元/千克。

【要求】

(1) 计算该企业的经济订货批量；

(2) 计算经济订货批量平均占用的资金；

(3) 计算经济订货批量的存货相关总成本。

习题三

【资料】某公司每年需用某种材料6 000件，每次订货成本为150元，每件材料的年储存成本为5元，该种材料的采购价为20元/件，一次订货量在2 000件以上时可获2%的折扣，在3 000件以上时可获5%的折扣。

【要求】该公司每次采购该材料多少时成本最低？

第7章
利润分配管理

本章内容提要

利润是企业在一定时期内生产经营活动所取得的最终的财务成果,反映企业的经营业绩情况。利润通常是评价企业管理当局业绩的一项重要指标,也是投资者、债权人等做出投资决策、信贷决策等的重要参考指标。通过本章的学习,要求学生了解利润分配的原则和程序、股利政策的基本理论;熟悉并掌握影响股利政策的因素、股利政策的类型、股利的种类及发放程序。

7.1 利润分配的原则和程序

利润分配关系着国家、企业、职工及所有者各方面的利益,是一项政策性较强的工作,必须严格按照国家的法规和制度执行。利润分配的结果,形成了国家的所得税收入、投资者的投资报酬和企业的留用利润等不同的项目。由于税法具有强制性和严肃性,缴纳税款是企业必须履行的义务,从这个意义上看,财务管理中的利润分配,主要指企业的净利润分配,利润分配的实质就是确定给投资者分红与企业留用利润的比例。

7.1.1 利润的构成

企业实现利润是利润分配的前提。合理地进行利润分配的前提条件是正确确认企业的利润总额。利润包括收入减去费用后的净额、直接计入当期利润的利得和损失等。其中收入减去费用后的净额反映的是企业日常活动的业绩;直接计入当期利润的利得和损失反映的是企业非日常活动的业绩。企业的利润主要是指利润总额和净利润。利润的构成用公式表示如下:

利润总额＝营业利润＋营业外收入－营业外支出＋投资收益＋以前年度损益调整
净利润＝利润总额－所得税费用

7.1.2 利润分配的原则

利润分配关系到企业、投资者等有关各方的利益,涉及企业的生存与发展。因此,企业在利润分配过程中,应遵循以下原则:

(1) 依法分配原则。国家有关法律、法规对企业利润分配的基本原则、一般次序和重大比例做了较为明确的规定,其目的是保障企业利润分配的有序进行,维护企业和所有者、债权人以及职工的合法权益,促使企业增加积累,增强风险防范能力。国家有关利润分配的法律和法规主要有《公司法》《外商投资企业法》等,企业在利润分配中必须切实执行上述法律、法规。

（2）资本保全原则。利润的分配是对经营中资本增值额的分配,不是对资本金的返还。按照这一原则,一般情况下,企业如果存在尚未弥补的亏损,应首先弥补亏损,再进行其他分配。

（3）充分保护债权人利益原则。债权人的利益按照风险承担的顺序及其合同契约的规定,企业必须在利润分配之前偿清所有债权人到期的债务,否则不能进行利润分配。同时,在利润分配之后,企业还应保持一定的偿债能力,以免产生财务危机,危及企业生存。此外,企业在与债权人签订某些长期债务契约的情况下,其利润分配政策还应征得债权人的同意或审核方能执行。

（4）多方及长短期利益兼顾原则。利润分配涉及投资者、经营者、职工等多方面的利益,企业必须兼顾,并应尽可能地保持稳定的利润分配。在企业获得稳定增长的利润后,应增加利润分配的数额和百分比。同时,由于发展及优化资本结构的需要,除依法必须留用的利润外,企业仍可以出于长远发展的考虑,合理留用利润。在积累与消费关系的处理上,企业应贯彻积累优先的原则,合理确定提取盈余公积金和分配给投资者利润的比例,使利润分配真正成为促进企业发展的有效手段。

7.1.3　影响利润分配的因素

企业的利润分配涉及企业相关各方的切身利益,受众多不确定因素的影响,在确定分配政策时,应当考虑各种相关因素的影响,主要包括法律、公司、股东及其他因素。

1. **法律因素**

为了保护债权人和股东的利益,法律对公司的利润分配做出如下规定:

（1）资本保全约束。规定公司不能用资本（包括实收资本或股本和资本公积）发放股利,目的在于维持企业资本的完整性,保护企业完整的产权基础,保障债权人的利益。

（2）资本积累约束。规定公司必须按照一定的比例和基数提取各种公积金,股利只能从企业的可供分配利润中支付。此处的可供分配利润包含公司当期的净利润按照规定提取各种公积金后的余额和以前累积的未分配利润。另外,在进行利润分配时,一般应当贯彻"无利不分"的原则,即当企业出现年度亏损时,一般不进行利润分配。

（3）超额累积利润约束。由于资本利得与股利收入的税率不一致,如果公司为了避税而使得盈余的保留大大超过了公司目前及未来的投资需要,将被加征额外的税款。

（4）偿债能力约束。要求公司考虑现金股利分配对偿债能力的影响,确定再分配后仍能保持较强的偿债能力,以维持公司的信誉和借贷能力,从而保证公司的正常资金周转。

2. **公司因素**

公司基于短期经营和长期发展的考虑,在确定利润分配政策时,需要关注以下因素。

（1）现金流量。由于会计规范的要求和核算方法的选择,公司盈余与现金流量并非完全同步,净收益的增加不一定意味着可供分配的现金流量的增加。公司在进行利润分配时,要保证正常的经营活动对现金的需求,以维持资金的正常周转,使生产经营得以有序进行。

（2）资产的流动性。企业现金股利的支付会减少其现金持有量,降低资产的流动性,而保持一定的资产流动性是企业正常运转的必备条件。

（3）盈余的稳定性。一般来讲，公司的盈余越稳定，其股利支付水平也就越高。

（4）投资机会。如果公司的投资机会多，对资金的需求量大，那么它就很可能会考虑采用低股利支付水平的分配政策；相反，如果公司的投资机会少，对资金的需求量小，那么它就很可能倾向于采用较高的股利支付水平。此外，如果公司将留存收益用于再投资所得的报酬低于股东个人单独将股利收入投资于其他投资机会所得的报酬，公司就不应多留留存收益，而应多发股利，这样有利于股东价值的最大化。

（5）筹资因素。如果公司具有较强的筹资能力，随时能筹集到所需资金，那么它会具有较强的股利支付能力。另外，留存收益是企业内部筹资的一种重要方式，它同发行新股或举债相比，无须花费筹资费用，同时增加了公司权益资本的比重，降低了财务风险，便于低成本取得债务资本。

（6）其他因素。由于股利的信号传递作用，公司不宜经常改变其利润分配政策，应保持一定的连续性和稳定性。此外，利润分配政策还会受到其他公司的影响，如不同发展阶段、不同行业的公司股利支付比例会有差异，这就要求公司在进行政策选择时要考虑发展阶段以及所处行业状况。

3. 股东因素

股东在控制权、收入和税负方面的考虑也会对公司的利润分配政策产生影响。

（1）控制权。现有股东往往将股利政策作为维持其控制地位的工具。企业支付较高的股利导致留存收益减少，当企业为有利可图的投资机会筹集所需资金时，发行新股的可能性增大，新股东的加入必然稀释公司的控制权。所以，股东会倾向于较低的股利支付水平，以便从内部的留存收益中取得所需资金。

（2）稳定的收入。如果股东以现金股利来维持生活，他们往往要求企业能够支付稳定的股利，而反对过多的留存。

（3）避税。由于股利收入的税率要高于资本利得的税率，一些高股利收入的股东出于避税的考虑而往往倾向于较低的股利支付水平。

4. 其他因素

（1）债务契约。一般来说，股利支付水平越高，留存收益越少，企业的破产风险加大，就越有可能损害到债权人的利益。因此，为了保证自己的利益不受侵害，债权人通常都会在债务契约、租赁合同中加入关于借款企业股利政策的限制条款。

（2）通货膨胀。通货膨胀会带来货币购买力水平下降，导致固定资产重置资金不足，此时，企业往往不得不考虑留用一定的利润，以便弥补由于购买力下降而造成的固定资产重置资金缺口。因此，在通货膨胀时期，企业一般会采取偏紧的利润分配政策。

7.1.4 利润分配程序

按照我国《公司法》《企业财务通则》等法律法规的规定，企业实现的利润总额，首先应依照税法规定向国家缴纳企业所得税，税后净利润应当按照下列基本程序进行分配。

1. 弥补以前年度亏损

企业当年实现的净利润，首先应按照规定弥补以前年度发生的亏损。也就是将本年度实现的净利润与前期未分配利润或未弥补亏损合并，计算出本年累计盈利或累计亏损。企

业弥补以前年度亏损,应按以下顺序进行:

(1) 税前利润弥补。根据我国现行财务和税收制度的规定,企业发生的年度亏损,可以用下一年的税前利润弥补,下一年度税前利润不足弥补的,可以延续在 5 年内用税前利润弥补。

(2) 税后利润弥补。企业本年度发生的亏损,当连续 5 年用税前利润弥补后,仍不足弥补的,从第 6 年起,应当用税后利润弥补。

(3) 盈余公积弥补。企业发生的亏损,依照税法的规定进行弥补后仍有未弥补亏损的,由董事会提议,经股东大会或类似权力机构批准,可以用所提取的盈余公积来弥补。

(4) 资本公积弥补。企业的资本公积从其形成来源看,不是由企业实现的利润转化而来的,本质上应当属于投入资本范畴。因此,它与留存收益有根本的区别。在我国,资本公积用来转增资本,但在具体工作中因现实需要,经过国家批准,国有企业的资本公积可以用来弥补政策性重大亏损。

2. 提取盈余公积金

经计算有本年累计盈利的,按本年净利润抵减年初累计亏损后的余额,计提 10% 比例的法定公积金,累计提取的公积金总额达到注册资本 50% 以后,可以不再提取。该项资金主要用于弥补亏损、转增资本和派发股利。需要说明的是,提取法定公积金的基数,不是累计盈利,也不一定是本年的税后利润。只有在年初没有未弥补亏损的情况下,才能按本年净利润计算提取数。

3. 提取公益金

公益金是企业从净利润中提取的用于企业职工集体福利的资金,如建造职工宿舍、食堂、托幼设施、医疗保健设施等,但不能以任何形式发放给职工个人。企业按照规定的比例(5%~10%)从净利润中提取公益金,用于职工集体福利时,应当将其转入任意盈余公积。

4. 向投资者分配利润或股利

企业在按照上述程序弥补亏损、提取公积金之后,所余当年利润与以前年度的未分配利润构成可供分配的利润,企业可以根据股利政策向股东分配利润或股利。如果企业当年无盈利,一般不得分配利润或股利。但股份有限公司当年无利润的,在经股东大会特别决议后,可以按不超过股票面值 6% 的比例用积累的公积金分配股利。

7.2 股利理论

股利理论是研究股利分配与企业价值、股票价格之间的关系,探讨企业应当如何制定股利政策的基本理论。在股份有限公司的利润分配实践中常常会遇到如下重要的问题:企业应当支付多少股利? 如何确定现金股利与留存收益之间的比例? 企业发放股利是否会影响企业价值? 股东态度如何? 根据对股利分配与企业价值、股票价格之间关系认识的不同,股利理论可分为两大派别,即股利无关论和股利相关论。

7.2.1 股利无关论

股利无关论(MM 理论)是由美国学者米勒(Miller)和莫迪格莱尼(Modigliani)于 1961

年在《股利政策、增长和股票价值》一文中提出的。该理论认为,股利政策对企业的股票价格或资金成本没有任何影响,即股利政策与企业价值无关,企业的价值完全是由企业自身的未来获利能力和风险水平决定的,它取决于企业的投资政策,而不是取决于股利分配比例的高低。因此,企业未来是否分配股利,如何分配都不会影响企业目前的价值,也不会影响股东财富总额。根据股利无关论,投资者不会关心企业股利的分配情况,在企业有良好投资机会的情况下,如果股利分配较少,留存收益较多,投资者可以通过出售股票换取现金来自制股利;如果股利分配较多,留存收益较少,投资者获得现金股利后可寻求新的投资机会,而企业可以通过发行新股筹集所需资本。

7.2.2 股利相关论

股利相关论认为,企业的利润分配会影响企业价值和股票价格,因此,企业价值与股利政策是相关的。该理论的流派比较多,其中的代表性观点主要有"一鸟在手"理论、信号传递理论、代理理论、税收差别理论等。

1. "一鸟在手"理论

"一鸟在手"理论是由万伦·戈登和约翰·林特纳首先提出的。这一说法来源于英国一句格言:"双鸟在林,不如一鸟在手。"这一理论认为,由于企业未来的经营活动存在诸多不确定性因素,投资者会认为现在获得股利的风险低于将来获得资本利得的风险,相对于资本利得而言,投资者更加偏好现金股利,因此,出于对风险的回避,股东更喜欢确定的现金股利,这样企业如何分配股利就会影响股票价格和企业价值,即公司价值与股利政策是相关的。当企业支付较少的现金股利而留存收益较多时,就会增加投资的风险,股东要求的必要报酬率就会提高,从而导致公司价值和股票价格下降;当企业支付较多的现金股利而留存收益较少时,就会降低投资风险,股东要求的必要报酬率就会降低,从而促使公司价值和股票价格上升。

2. 信号传递理论

信号传递理论认为,支付股利是在向投资者传递企业的某种信息,因为投资者与企业管理者存在着明显的信息不对称。管理者对企业未来投资机会和收益的信息,比投资者要了解得更具体。企业的股利分配是投资者获取信息的重要途径。投资者通过对这些信息的分析来判断企业未来盈利能力的变化趋势,以决定是否购买其股票,从而引起股票价格的变化。因此,股利政策的改变会影响股票价格变化。如果企业提高股利支付水平,等于向市场传递了利好信息,投资者会认为企业的未来盈利水平将提高,管理层对企业未来发展前景有信心,从而购买股票引起股票价格上涨;如果企业以往的股利水平比较稳定,突然降低股利,就等于向市场传递了利空信息,投资者会对企业做出悲观的判断,从而出售股票导致股票价格下跌。根据信号传递理论,稳定的股利政策向外界传递了企业经营状况稳定的信息,有利于企业股票价格的稳定。因此,企业在制定股利政策时,应当考虑市场的反应,避免传递易于被投资者误解的信息。

3. 代理理论

代理理论认为,股利政策有助于减缓管理者与股东之间的代理冲突。即股利政策是协调股东与管理者之间代理关系的一种约束机制。股利的支付能够有效降低代理成本。因为,股利的支付减少了管理者对自由现金流量的支配权,这在一定程度上可以抑制企业管理者的过度投资或在职消费行为,从而保护外部投资者的利益。较多的现金股利发放,减少了内部融资,导致企业进入资本市场的监督减少了代理成本。因此,高水平的股利政策降低了企业的代理成本,但同时增加了外部融资成本,理想的股利政策应当使两种成本之和最小。

4. 税收差别理论

税收差别理论认为,由于普遍存在的税率和纳税时间的差异,资本利得收入比股利收入更有助于实现收益最大化目标,企业应当采用低股利政策。一般来说,对资本利得收入征收的税率低于对股利收入征收的税率。即使两者没有税率上的差异,由于投资者对资本利得收入纳税时间的选择更具有弹性,投资者仍可以享受延迟纳税带来的收益差异。

7.3 股利政策

7.3.1 股利政策的类型及选择

股利政策是为指导企业股利分配活动而制定的一系列制度和策略,主要包括股利支付水平以及股利分配方式等内容。股利政策由企业在遵守国家有关法律、法规的前提下,根据企业具体情况制定的。股利政策既要保持相对稳定,又要符合企业财务目标和发展目标。不同的股利政策会影响到企业当期现金流量和内部筹资的水平,并影响到企业筹资方式的选择。因此,从某种程度上说,股利政策也是企业筹资政策的重要组成部分。在实际工作中,通常有剩余股利政策、固定或稳定增长的股利政策、固定股利支付率股利政策、低正常股利加额外股利政策可供选择。

1. 剩余股利政策

剩余股利政策是指在企业或企业集团有着良好的投资机会时,根据目标资本结构测算出必需的权益资本与既有权益资本的差额,首先将税后利润满足权益资本的需要,然后将剩余部分作为股利发放。其基本步骤如下:

(1) 设定目标资本结构,即确定权益资本与债务资本的比例。在此资本结构下,综合资本成本应接近最低状态。

(2) 确定目标资本结构下投资必需的权益资本及现有权益资本之间的差额。

(3) 最大限度地使用税后利润以满足投资及资本结构调整对权益资本追加的需要。

(4) 对于剩余税后利润,如果没有其他方面的需要,可结合现金支付能力考虑股利的派发。

剩余股利政策一般适用于公司的初创阶段。

【例 7-1】 假定某企业某年提取了公积金、公益金后的税后净利润为 1 000 万元,第 2 年的投资计划所需资金为 1 200 万元,企业的目标资本结构为权益资本和负债资本各占 50%,按照目标资本结构的要求,计算该企业投资方案所需的权益资本数额、当年可以发放的股利额。

解: $1\,200 \times 50\% = 600$(万元)

企业当年全部可用于分配股利的盈余为 1 000 万元,可以满足上述投资方案所需的权益资本数额并有剩余,剩余部分再作为股利发放。

当年可以发放的股利额＝1 000－600＝400(万元)

假定该企业当年发行在外的普通股为1 000万股,那么:

每股股利＝400÷1 000＝0.4(元)

采用剩余股利政策意味着企业只将剩余的盈余用于股利发放。这样做的根本理由是为了保持理想的资本结构,使加权平均资本成本最低。如上例中,如果企业不按剩余股利政策发放股利,将可向股东分配的1 000万元全部用于投资或全部作为股利发放给股东,然后再去筹措资金,这些做法都会破坏目标资本结构,导致综合资本成本的提高,不利于企业价值的提高。

2. 固定股利或稳定增长股利政策

这种股利政策要求企业在较长时期内支付固定的股利额,只有当企业对未来利润增长确有把握,并且这种增长被认为是不会发生逆转时才增加每股股利额。稳定的股利政策在企业收益发生一般的变化时并不影响股利的支付,而是使其保持稳定的水平。实行这种股利政策是支持股利相关论的,认为企业的股利政策会对公司股票价格产生影响,股利的发放是向投资者传递企业经营状况的某种信息。实施这种股利政策的理由如下。

(1) 股利政策向投资者传递重要的信息。如果公司支付的股利稳定,就表明该公司的经营业绩比较稳定,经营风险较小,这样可使投资者要求的股票必要报酬率降低,有利于股票价格上升;如果公司的股利政策不稳定,股利忽高忽低,这就给投资者传递公司经营不稳定的信息,从而导致投资者对风险的担心,会使投资者要求的股票报酬率提高,进而使股票价格下降。

(2) 稳定的股利政策有利于投资者有规律地安排股利收支,特别是那些希望每期能有固定收入的投资者更欢迎这种股利政策。忽高忽低的股利政策可能会降低他们对这种股票的需求,这样也会使股票价格下降。

(3) 如果公司确定一个稳定的股利增长率,这样实际上是传递给投资者该公司经营业绩稳定增长的信息,可以降低投资者对公司风险的担心,从而使股票价格上升。

(4) 采用稳定的股利政策。为了维持稳定的股利水平,有时可能会使某些投资方案延期,或者使公司资本结构暂时偏离目标资本结构,或者通过发行新股来筹集资金。尽管这样可能会延迟投资时机或者使资本成本上升,但是持稳定股利政策观点者认为,这也要比减发股利或者降低股利增长率有利得多,因为突然降低股利,会使投资者认为该公司经营出现困难,业绩在下滑,可能使股票价格快速下跌,这样对公司更有利。

然而,应当看到,尽管这种股利政策有其股利稳定的优点,但它也可能会给公司造成较大的财务压力,特别是在公司净利润下降或现金紧张时,公司为了保证股利的照常支付,容易导致资金的短缺,财务状况恶化,在非常时期可能必须降低股利额。所以,这种股利政策一般适合经营比较稳定的企业采用。

3. 固定股利支付率股利政策

这是一种变动的股利政策,企业每年都从净利润中按固定的股利支付率发放股利。持这种股利政策者相信只有维持固定的股利支付率,才算真正公平地对待每一位股东,他们信守的格言是"公司赚2元钱,1元分给股东,1元留存公司"。这一股利政策使企业的股利支付与企业的盈利状况息息相关,如果盈利状况好,那么每股股利额就增加,如果盈利状况不好,那么每股股利额就会下降,股利随经营业绩"水涨船高"。这种股利政策不会给公司造成较大的财务负担,但其股利可能变动较大,忽高忽低,这样可能传递给投资者该公司经营不稳定的信息,容易使股票价格产生较大的波动,不利于树立良好的企业形象。有人认为这种股利政策不可能使企业的价值达到最大,所以反对这种股利政策。固定股利支付率政策只是比较适用于那些处于稳定发展并且财务状况也比较稳定的公司。

4. 低正常股利加额外股利政策

这是一种介于稳定股利政策与变动股利政策之间的折中的股利政策。这种股利政策每期都支付稳定的较低的正常股利额,当企业盈利较多时,再根据实际情况发放额外股利。这种股利政策具有较大的灵活性,在公司盈利较少或者投资需要较多资金时,可以只支付较低的正常股利,这样既不会给公司造成较大的财务压力,又保证股东定期得到一笔固定的股利收入;在公司盈利较多且不需要较多投资资金时,可以向股东发放额外股利。低正常股利加额外股利政策,既可以维持股利一定程度的稳定性,又有利于使企业的资本结构达到目标资本结构,使灵活性与稳定性较好地相结合。对那些盈利随着经济周期而波动较大的公司或者盈利与现金流量很不稳定时,低正常股利加额外股利政策也许是一种不错的选择。

7.3.2　影响股利政策的因素

股利政策是股份有限公司财务管理的一项重要内容,不仅仅是对投资收益的分配,而且关系到公司的投资、筹资及股票价格等各个方面。因此,制定一个正确、稳定的股利政策是非常重要的。一般来说,在制定股利政策时应当考虑到以下因素的影响。

1. 法律约束因素

为了保护债权人和股东的利益,许多国家对股利的支付制定了大量法规。

(1) 资本保全和积累限制。股利的支付不能减少资本,如果一个公司的资本已经减少或因支付股利而引起资本减少,则不能支付股利。决不允许让投入资本以股利的形式返还给股东,以免损害债权人的利益。而且企业必须从税后利润中提取 10% 的法定盈余公积金,只有当企业提取的法定公积金达到注册资本的 50% 时才可以不再提取。

(2) 无力偿还的限制。如果一个公司已经无力偿还或因支付股利将使它失去偿债能力,则不准支付股利。

(3) 利润约束。即企业弥补亏损后的累积税后利润为正数时,企业才可以发放股利。

(4) 现金的现值。有些国家的法规规定,禁止公司过度保留盈余。如果一个公司盈余的保留数额超过目前及未来的投资很多,则可以看作是过度保留,要受到法律的限制。这主要是为了避免公司逃税而过度保留盈余。因为资本利得与股利收入的税率不一致,如果公司通过保留盈余来增加其股票价格,则可使股东避税。目前,我国法律对公司累积利润尚未做出限制性规定。但是随着我国法律体系的逐步完善,这一问题必将得到解决。

2. 债务契约因素

债务契约是指债权人为了防止企业过多发放股利,影响其偿债能力,增加债务风险,而以契约的形式限制企业现金股利的分配。

(1) 规定每股股利的最高限额。

(2) 规定未来股息只能用贷款协议签订以后的新增收益来支付,而不能动用签订协议之前的留存利润。

(3) 规定企业的流动比率、利息保障倍数低于一定标准时,不得分配现金股利等。

3. 公司自身因素

公司自身因素的影响是指股份公司内部的各种因素及其面临的各种环境、机会对其股利政策产生的影响。

（1）现金流量。企业在经营活动中必须有充足的现金，否则就会发生支付困难。公司在分配现金股利时，必须要考虑到现金流量及资产的流动性，过多地分配现金股利会减少公司的现金持有量，影响企业未来的支付能力，甚至可能会出现财务困难。

（2）举债能力。举债能力是企业筹集资金能力的一个重要方面，不同的企业在资本市场上的举债能力会有一定的差异。公司在分配现金股利时，应当考虑到自身的举债能力，如果举债能力较强，在企业缺乏资金时，能够较容易地在资本市场上筹集到资金，则可以采取比较宽松的股利政策；如果举债能力较差，就应当采取比较紧缩的股利政策，少发放现金股利，留有较多的公积金。

（3）投资机会。企业的投资机会也是影响股利政策的一个非常重要的因素。在企业有良好的投资机会时，企业就应当考虑少发放现金股利，增加留存利润，用于再投资，这样可以加速企业的发展，增加企业未来的收益，这种股利政策往往也易于为股东所接收。在企业没有良好的投资机会时，往往倾向于多发放现金股利。

（4）资本成本。资本成本是企业选择筹集资金方式的基本依据，留用利润是企业内部筹资的一种重要方式，它同发行新股或者举借债务相比，具有成本低、隐藏性好的优点。合理的股利政策实际上是要解决分配与留用的比例关系，以及如何合理、有效地利用利润的问题。如果企业一方面大量地发放现金股利，另一方面又要通过资本市场筹集较高的资金，这无疑有悖于财务管理的基本原则。所以，在制定股利政策时，应当充分考虑到企业对资金的需求及企业的资本成本等问题。

4. 股东因素

股利政策必须经过股东大会决议通过才能实施，股东对公司股利政策具有举足轻重的影响。

（1）纳税因素。企业的股利政策受股东应纳税状况的影响。如果一个企业拥有很大比例的因达到个人所得税的某种界限而按高税率课税的富有股东，则其股利政策将倾向于多留盈余、少发股利。由于股利收入的税率高于资本利得的税率，因而这种多留少发的股利政策可以给这些富有股东带来更多的资本利得收入，从而达到少缴纳所得税的目的。相反，如果一个企业的绝大部分股东是低收入阶层，其所适用的个人所得税税率比较低，这些股东就会更重视当期的股利收入，宁愿获得没有风险的当期股利，而不愿冒风险去获得以后的资本利得。因而，对这类股东而言，税负并不是他们关心的内容，他们更喜欢较高的股利支付率。

（2）控制权。现有股东往往将股利政策作为维持其控制权地位的工具。企业支付较高的股利导致留存收益的减少，当企业为有利可图的投资机会筹集所需资金时，发行新股的可能性增大，新股东的加入必然稀释企业的控制权。所以，股东会倾向于较低的股利支付水平，以便从内部的留存收益中取得所需资金。

（3）股东的投资机会。企业通常会利用留存利润进行再投资，股东也有利用现金股利进行再投资的机会。基于股东财富最大化考虑，如果企业的再投资利润率低于股东个人再投资利润率，那么企业就应该尽可能地把盈利以现金的形式分派给股东。

5. 行业因素

不同行业的股利支付率存在系统性差异。有调查研究显示,成熟行业的股利支付率通常比新兴行业高;公用事业的企业大多实行高股利支付率政策,而高科技行业的企业股利支付率通常较低。

7.3.3　股利形式

1. 现金股利

现金股利是以现金支付的股利,是股利支付的最主要方式。公司支付现金股利除了要有累计盈余(特殊情况下,可用弥补亏损后的盈余公积金支付)外,还要有足够的现金。

2. 财产股利

财产股利是以现金以外的财产支付的股利,主要包括实物股利和证券股利。其中,实物股利是把公司拥有的实物资产用于支付股利,由于实物资产不便于分配和携带,极少采用;而证券股利指的是公司拥有的其他企业的有价证券,如股票、债券等,作为股利支付给股东。

3. 负债股利

负债股利是公司以负债支付的股利,通常以公司的应付票据支付给股东,特殊情况下也可发行公司债券以抵付股利。这种形式会增加公司的负债,改变公司的资本结构。

4. 股票股利

股票股利是以增发股票作为股利的支付方式。对公司而言,股票股利不需要使用公司的资金,不会导致公司资产的流出或负债的增加,同时,股票股利也不增加公司的资产,不直接增加股东的财富,即股东权益总额,但会引起股东权益各项目的结构发生变化。对股东而言,发放股票股利只是增加了股东持有股票的股数,并没有现实股利收入,带有一定的“欺诈性”。

7.3.4　股利支付的程序

在我国,股份制企业的股利支付必须遵循法定的程序,按照日程来进行。一般情况下,先由董事会提出分配预案,然后提交股东大会决议通过才能进行分配。股东大会决议通过分配预案后,要向股东宣布发放股利的方案,并确定股权登记日、除息日和股利发放日。

1. 股利宣告日

股利宣告日即股东大会决议通过并由董事会宣布发放股利的日期。在宣告分配方案的同时,要公布股权登记日、除息日和股利发放日。通常,股份制企业都应当定期宣布发放股利。我国股份制企业一般是一年发放一次或两次股利,即在年末和年中分配。在西方国家,股利通常是按季支付。

2. 股权登记日

股权登记日即有权领取本期股利和股东资格登记截止日期。规定股权登记日是为了确定股东能否领取股利的日期界限,因为股票是经常流动的,所以确定这个日期是非常有必要的。凡是在股权登记日这一天登记在册的股东都有资格领取本期股利,而在这一天之后登记在册的股东,即使是在股利发放日之前买到的股票,也无权领取本次分配的股利。

3. 除息日

除息日又叫除权日,是指股票购买者不再享有取得最近一期宣告的股利的权利的第一天。在除息日之前购买的股票才能领取本次股利,而在除息日当天或是以后购买的股票,则不能领取本次股利。由于失去了"付息"的权利,除息日的股票价格会下跌。

4. 股利支付日

股利支付日也称股利发放日或付息日,是企业按照公布的分红方案将股利正式发放给股权登记日在册的股东的日期。

【例 7-2】 某股份有限公司为一家上市公司,于 2019 年 4 月 8 日公布 2018 年度的最后分红方案,其公告如下:"2018 年在上海召开的股东大会,通过了董事会关于每股分派 0.25 元的 2018 年股息分配方案。股权登记日为 4 月 23 日,除息日为 4 月 24 日,股东可在 5 月 8 日至 23 日之间通过上海交易所按交易方式领取股息。特此公告。"

该公司的股利支付程序如图 7-1 所示。

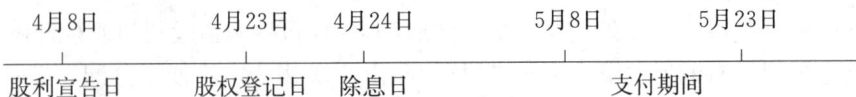

图 7-1 股利支付的程序

7.4 股票股利和股票分割

7.4.1 股票股利

1. 股票股利的含义

股票股利是公司以发放的股票作为股利的支付方式,是一种特殊形式的股利。用于发放股票股利的,除了当年可供分配的利润外,还有公司的盈余公积和资本公积。

股票股利并不直接增加股东的财富,不会导致公司资产的流出或负债的增加,因为不是公司资金的使用,同时也并不因此而增加公司的财产,不改变每位股东的股权比例。发放股票股利后,通常公司每股市价和每股收益会降低,资产负债表中股东权益总额不变,但股东权益各账户的余额和股东权益各账户之间的比例关系会发生变化(即将资金从留存盈余账户转移到其他所有者权益账户)。

【例 7-3】 某上市公司日前宣布发放股票股利,《配股说明书》中规定:"本次配股以 2018 年 12 月 31 日公司总股本(全部为普通股)5 000 万股为基数,按每 10 股配 2 股的比例向全体普通股股东配售,可配售股份总额为 1 000 万股。"公司股票面值为 1 元,目前股票市价为 12 元,发放股票股利前公司的股东权益情况见表 7-1。

要求:计算发放股票股利后公司股东权益各项目的金额。

表 7-1 发放股票股利前的股东权益　　　　万元

股东权益项目	金额
普通股	5 000
资本公积	1 000
未分配利润	14 000
股东权益合计	20 000

解:计算如下:

(1) 由发放股票股利的会计分录可知,随着股票股利的发放,须减少"未分配利润"项目的金额,同时增加"普通股"项目的金额。

"未分配利润"项目减少额＝12×5 000×20％＝12 000(万元)

(2) 由于股票面额(1 元)不变,发放 1 000 万股股票股利,即股票股利按面值记入"普通股"项目,所以:

"普通股"项目增加额＝1×1 000＝1 000(万元)

(3) 其余的应作为股票溢价增加"资本公积"项目。

"资本公积"项目增加额＝12 000－1 000＝11 000(万元)

发放股票股利后,公司股东权益各项目见表 7-2。

表 7-2　发放股票股利后的股东权益　　　　　　万元

股东权益项目	金额
普通股	6 000
资本公积	12 000
未分配利润	2 000
股东权益合计	20 000

由上例可见,发放股票股利后,股东权益总额不变,但股东权益结构(即各股东权益项目的构成比例)会发生变化。

2. 股票股利对每股收益和每股市价的影响

发放股票股利对每股收益和每股市价的影响,可以通过对每股收益、每股市价的调整直接计算出来。其计算公式如下:

$$发放股票股利后的股份总数＝N_0×(1+D_S)$$

$$发放股票股利后的每股收益＝\frac{E_0}{1+D_s}$$

$$发放股票股利后的每股市价＝\frac{P_0}{1+D_s}$$

式中,N_0 为发放股票股利前公司发行在外的股份总数;D_s 为股票股利发放率(即配股比例);E_0 为发放股票股利前的每股收益;P_0 为股票股利发放前的每股市价。

值得注意的是,股票的每股市价会受到公司业绩因素和非业绩因素(如股东心理)等的影响,以上公式中所指的发放股票股利后的每股市价,是指在其他因素不变的前提下,发放股票股利对公司产生影响后的每股市价。

【例 7-4】 基本资料同例 7-3,现假设该公司 2018 年度盈余为 12 000 万元。

要求:计算发放股票股利后的股份总数、每股收益、每股市价、公司股价总额。

解:发放股票股利后的股份总数＝5 000×(1+20％)＝6 000(万股)

发放股票股利前的每股收益＝12 000÷5 000＝2.4(元)

$$发放股票股利后的每股收益＝\frac{2.4}{1+20％}＝2(元)$$

$$发放股票股利后的每股市价＝\frac{12}{1+20\%}＝10(元)$$

发放股票股利前的股价总额＝发放股票股利前的股价×发放股票股利前的股份总数
$$＝12×5\ 000＝60\ 000(万元)$$

发放股票股利后的股价总额＝发放股票股利后的股价×发放股票股利后的股份总数
$$＝10×6\ 000＝60\ 000(万元)$$

其具体影响情况见表7－3。

表7－3 股票股利的影响

项目	发放前	发放后	有无影响
股份总数/万股	5 000	6 000	有
每股收益 EPS/元	2.4	2	有
每股市价/元	12	12÷(1＋20%)＝10	有(在其他因素不变的前提下)
股价总额/万元	60 000	60 000	无(在其他因素不变的前提下)

3. 股票股利的意义

1) 股票股利对股东的意义

(1) 有时公司发放股票股利后其股价并不构成比例下降,这时可使股东得到股票价值相对上升的好处。

(2) 发放股票股利通常是处于快速成长阶段的公司的股利发放行为,因此投资者往往认为发放股票股利预示着公司将会有较大发展,利润将大幅度增长,足以抵消增发股票带来的消极影响。

(3) 避免股东增加税收负担。对股东而说,现金股利需要缴纳所得税,而股票股利则不需要纳税,即使将来出售需要缴纳资本利得税,其税率也较低,这使得股东可以从中获得纳税上的好处。

2) 股票股利对公司的意义

(1) 保留现金。发放现金股利会使公司的现金大量减少,可能使公司由于资金短缺而丧失投资良机或增加公司的财务负担;而发放股票股利可使股东分享公司的盈余而无须分配现金,不仅不会减少公司现金持有量,而且使股东获得投资收益,有利于公司将更多的现金用于再投资和扩展业务。

(2) 在盈余和现金股利不变的情况下,发放股票股利可以增加公司流通在外的股份数,使公司股价降低至一个便于交易的范围之内,有利于吸引更多的中小投资者,减轻股市大户对股票的冲击。

(3) 发放股票股利往往会向社会传递公司将会继续发展的信息,从而提高投资者对公司的信心,在一定程度上稳定股票价格。

7.4.2 股票分割

1. 股票分割的含义

股票分割又称为股票拆细或拆股,是指将公司原来的面额较高的股票按一定比例拆分成新的面额较低的股票的经济行为,这个"比例"可称之为拆股比例,其数值大于1。

股票分割不直接增加股东的财富,不会导致公司资产的流出或负债的增加,不改变每位股东的股权比例。股票分割对公司的资本结构不会产生任何影响。实施股票分割后,公司发行在外的股份总数增加,每股市价和每股收益降低;而资产负债表中股东权益总额、股东权益各账户(股本、资本公积、留存收益)的余额、股东权益各账户之间的比例关系都保持不变。

2. 股票分割对每股收益和每股市价的影响

股票分割对公司发行在外的股份总数、每股收益、每股面额和每股市价的影响,可以通过对公司股票分割前的每股收益、每股市价和公司发行在外的股份总数的调整直接计算出来。其计算公式如下:

$$股票分割后发行在外的股份总数 = N_0 \times R_S$$

$$股票分割后的每股面额 = \frac{M_0}{R_S}$$

$$股票分割后的每股收益 = \frac{E_0}{R_S}$$

$$股票分割后的每股市价 = \frac{P_0}{R_S}$$

式中,N_0 为股票分割前发行在外的股份总数;R_S 为拆股比例(即 1 股原股票换成 R_S 股新股票);M_0 为股票分割前的股票面额;E_0 为股票分割前的每股收益;P_0 为股票分割前的每股市价。

注:以上公式中所说的股票分割后的每股市价,是指在其他因素不变的前提下,股票分割对公司产生影响后的每股市价。

【例7-5】 某公司 2018 年年底流通在外的普通股总数为 1 000 万股,股票面额为 5元,2018 年度净利润为 2 000 万元,目前公司股票市价为 10 元,现准备按 1 股换成 5 股的比例(即拆股比例是 5)进行股票分割。

要求:分析股票分割对股东权益总额和普通股、资本公积、未分配利润的影响;计算股票分割后的股份总数、股票面额、每股收益、每股市价、股价总额。

解:(1)股票分割不影响股东权益总额和资本公积、未分配利润等项目的金额,但会影响普通股股票的面额和股数。

(2)股票分割后发行在外的股份总数＝1 000×5＝5 000(万股)

股票分割后的每股面额＝5÷5＝1(元)

股票分割前的每股收益＝2 000÷1 000＝2(元)

股票分割后的每股收益＝2 000÷5 000＝0.4(元)

股票分割后的每股市价＝10÷5＝2(元)

股票分割前的股价总额＝10×1 000＝10 000(万元)

股票分割后的股价总额＝2×5 000＝10 000(万元)

股票分割对股份总数、股票面额、每股收益、每股市价、股价总额的影响见表 7-4。

表 7 - 4　公司股票分割对股份总数、每股收益、每股面额的影响　　　　　　元

项　　目	分割前	分割后	有无影响
股份总数/万股	1 000	5 000	有
股票面额	5	1	有
每股收益 EPS	2	0.4	有
每股市价	10	2	有(在其他因素不变的前提下)
股价总额/万元	10 000	10 000	无(在其他因素不变的前提下)

3. 股票分割的意义

(1) 股票分割会使公司每股市价降低,买卖该股票所必需的资金量减少,易于增加该股票在投资者之间的换手,并且可以使更多的资金实力有限的潜在股东变成持股的股东。因此,股票分割可以促进股票的流通和交易。

(2) 股票分割虽然没有给投资者带来现实的利益,但是投资者持有的股票数增加了,给投资者带来了今后可多分股息和取得更高收益的希望,即股票分割可以向投资者传递公司发展前景良好的信息,有助于提高投资者对公司的信心,从而有利于稳定公司价值。

(3) 股票分割可以为公司发行新股做准备。公司股票价格太高,会使许多潜在的投资者力不从心而不敢轻易对公司的股票进行投资。在新股发行之前,利用股票分割降低股票价格,可以促进新股的发行。

4. 股票分割与股票股利的区别

1) 股票分割与股票股利的联系和区别

从以上分析可以看出,股票分割与股票股利在对公司的每股市价、每股收益、资产负债表中股东权益总额等项目的影响都十分相似。当然,两者也存在一些区别,见表 7 - 5。

表 7 - 5　股票分割与股票股利的联系与区别

项　　目	股票股利	股票分割	备注
股权比例	不变	不变	
股东权益总额	不变	不变	
每股市价(股价)	下降	下降	股票分割的影响程度更大
每股收益	下降	下降	股票分割的影响程度更大
股份总数	增加	增加	股票分割的影响程度更大
股东权益各账户余额	发生变化	不变	
股东权益各账户之间的比例关系	发生变化	不变	
适用范围			见本表后面的内容
区分标准			见本表后面的内容

2) 股票分割与股票股利的区分标准

由于股票分割与股票股利的执行效果非常接近,如果没有一定的区分标准,很难把股票分割与股票股利区分开来。它们的区分标准一般要由国家证券管理等有关部门以法律、法

规等形式来确定。例如,有些国家证券交易机构规定,发放 25%以上的股票股利即属于股票分割。目前我国还没有这样的规定。

3) 股票分割与股票股利的适用范围

股票分割与股票股利都适合在公司股价相对比较高的时候采用,但考虑到两者对股价产生影响的程度不一样(股票分割的影响要大一些),所以两者的适用范围也有所不同。一般来讲,只有在公司股价暴涨且预期难以下降时,才采用股票分割的办法降低股价;而在公司股价上涨幅度不大时,往往通过发放股票股利将股价维持在理想的范围之内。

相反,若公司认为其股票的价格过低,为了提高股价,会采取反分割(也称股票合并)的措施。反分割是股票分割的相反行为,即将数股面额较低的股票合并为一股面额较高的股票。

7.5 股票回购

股票回购起源于西方资本主义发达国家,至今已有近百年的历史,现在已经成为世界各国公司法所普遍规定的制度,被上市公司广泛使用。1994 年,上海陆家嘴股份有限公司回购 2 亿股国家股,开创了我国上市股份回购实践的先河。

7.5.1 股票回购的含义及相关规定

股票回购也称股份回购,是指公司利用盈余所得后的积累资金(自有现金)或债务融资,通过一定方式,以一定的价格将其发行的流通在外的股票赎回的一种资本运作方式。公司可以将赎回的股票注销,也可以将其作为库藏股(发行以后又由公司购回加以保留的股票)。

我国《公司法》规定,一般情况下,公司不得收购本公司股份。但是,有下列情形之一的除外:① 减少公司注册资本。② 与持有本公司股份的其他公司合并。③ 将股份奖励给本公司职工。④ 股东因对股东大会做出的公司合并、分立决议持异议,要求公司收购其股份的。

7.5.2 股票回购的动机

公司回购股票的动机和原因很多,归纳起来,大致有以下几个方面。

1. 现金股利的替代

对公司来讲,派发现金股利会对公司产生未来的派现压力,而股票回购不会对公司产生未来的派现压力。因此,当公司有富余资金但又不希望通过派现方式进行分配的时候,股票回购可以作为现金股利的一种替代。在股票回购时,公司和股东都具有一定的选择性。对公司来说,如果采取公开市场回购方式进行股票回购,公司不必承担必须回购的义务;对股东来说,对于任何股票回购的出价,股东可根据自己对股票的价值判断决定是否要出售所持有的股票。

2. 提高每股收益

公司每股收益与流通在外的股份数是呈反比例关系(其计算公式为:每股收益=收益总额÷流通在外的股份数),有些公司出于提升自身形象、上市需求等方面的考虑,可能采取股票回购的方式来减少实际支付股利的股份数,从而提高每股收益指标。

3. 优化资本结构

股票回购可以改变公司的资本结构,提高财务杠杆水平。股票回购可以减少股东权益(所有者权益),从而提高产权比率。因此,当公司目前的产权比率低于最优产权比率(资本结构最优时的产权比率)时,公司就可以利用股票回购来优化公司的资本结构。

4. 传递真实的公司价值信息

由于信息不对称和预期差异,证券市场上的公司股票价格可能被低估,而过低的股价将会对公司产生负面影响。因此,如果公司认为股价被低估,可以回购本公司的股票,向市场传递真实的公司价值信息,以稳定或提高公司股价。

5. 保持对公司的控制权

股份公司的大股东为了保证其对公司的控制权不被改变或稀释,可能通过股票回购的方式来巩固或维持其在公司的控制权。

6. 防止敌意收购

股票回购有助于防止公司被外部单位进行恶意收购,因为股票回购可以使公司流通在外的股份数变少,股价上升,从而使收购方要获得控制公司的法定股份比例变得更为困难。

7.5.3 股票回购的影响

1. 股票回购对上市公司的影响

(1)股票回购时,公司需要支付大量的现金,容易造成资金紧张,降低公司资产流动性,影响公司的后续发展。

(2)公司进行股票回购,相当于股东退股和公司资本的减少,这在一定程度上削弱了对债权人利益的保障。

(3)股票回购容易导致公司操纵股价。公司回购自己的股票,容易导致其利用内幕消息进行炒作,或操纵财务信息,使投资者蒙受损失。

2. 股票回购对股东的影响

(1)与现金股利相比,股票回购可以节约股东个人的税收。从纳税的角度考虑,对现金股利应征收20%的个人所得税,而资本利得税的税率低于股利所得税税率,且只有增值的已实现的回购部分才征收资本利得税,所以通过出售所持有的股票收回现金比获得现金股利要少纳税。

(2)与现金股利相比,股票回购过程中股东有更多的选择权。股东对公司派发的现金股利没有是否接受的可选择性,而股东对股票回购具有选择权,需要现金的股东可选择卖出股票,而不需要现金的股东则可继续持有股票。

3. 股票回购的方式及其优、缺点

1)公开市场回购

公开市场回购是指公司与任何潜在投资者一样,在证券交易所按照公开的股票当前市场价格购买自己的股票。从美国的实践来看,大多数进行了股票回购的公司都采用了公开市场回购本公司的股票。

股票回购的优点是公司不用支付比市价更高的价格就能回购股票,有助于支撑公司的股价。

股票回购的缺点是有可能抬高公司股价,从而增加回购成本(包括回购股票的股价本身和相应的交易税、佣金等),通常无法在短期内完成回购任务。

2) 现金要约回购

现金要约回购是指以既定价格发出回购要约,平等地向全体股东提供出售所持有股票的机会。现金要约回购还可以细分为固定价格要约回购和荷兰式拍卖回购。

(1) 固定价格要约回购。固定价格要约回购即公司在特定时间发出以固定价格购买既定数量股票的要约,股东可以自行决定以此价格出售股票或继续持有股票。当回购的股票数量不足时,企业可取消回购计划或延长要约的有效期;如果股东提供的股票超过要约数量,对超额的部分,企业可以自行决定是否予以购买,并没有强制性地要求企业必须购买。

(2) 荷兰式拍卖回购。荷兰式拍卖回购起源于荷兰花卉拍卖所使用的方法,是指公司明确提出期望回购的股票数量和回购价格范围,股东在设定的价格范围内提出其所能接受的最低出售价格和愿意出售的股票数量,进行投标。公司汇总所有有效投标数量和价格,按照从低到高的顺序排列,根据计划回购数量确定最低回购价,支付给报价低于或等于该价格的股东。如果此类股东所提供的股票数量多于企业计划进行回购的数量,企业就可能按比例回购;如果提供的股票数量不足,企业可能取消此次回购,也可能以设定的价格购买股东提供的所有股票。

现金要约回购的优点是通常能在短期内完成回购任务,而且对股东来说,出售股票的机会是均等的。

现金要约回购的缺点是其成本通常比公开市场回购的成本要高(其中,固定价格要约回购的成本又高于荷兰式拍卖回购的成本);现金要约回购的定价通常比公开市场回购的定价要难(其中,固定价格要约回购的定价又比荷兰式拍卖回购的定价更难一些)。

3) 协议回购

协议回购又称为私下协议批量购买,是指在证券交易所外私下与持有本公司股票的股东协商购回本公司股份。协议回购通常作为公开市场收购方式的补充而非替代,尤其适合于公司希望从一个或几个主要股东手中回购一定数量的股票时采用。

协议回购的优点是,它比其他回购方式引起的市场关注要低,保密性较好,尤其适用于防止敌意收购和巩固控制权。

协议回购缺点是,它不利于稳定或抬高公司股价。

4) 交换要约

在这种回购方式下,公司通过向股东发售债券或优先股作为交换购回股东所持有公司的股票,通常是现金回购的替代方案。

交换要约的优点是,由于无需动用现金进行回购,因此可以减轻公司的现金压力。

交换要约的缺点是,由于两种证券的流动性不同,公司向股东提供流动性较差的证券作为交换,比现金回购要支付更高的对价作为补偿,成本相对较高。

5) 可转让出售权

可转让出售权是指实施股份回购的公司赋予股东在一定的期限内以特定价格向公司出售其所持股票的权利,该权利可以同所依附的股票相分离,并可以在市场上自由买卖和流通。认为股票价格低于此出售价格的股东会成为 TPR 的购买者,并接受回购要约;认为股票价格高于此价格的股东会继续持有股票并出售手中的 TPR。

可转让出售权的优点是,它赋予了股东更长时间的选择权,满足了各类股东的不同要求;通常能够以既定的价格完成回购任务;可转让出售权的发行数量限制了股东出售股票的数量,避免了股东过度接受要约的风险。

可转让出售权的缺点是,其回购成本一般较高。

本章小结

利润是指企业在一定会计期间的经营成果。企业利润总额包括营业利润、直接计入当期利润的利得和损失等。净利润也称为税后利润,是指企业缴纳所得税后形成的利润。

利润分配是企业财务活动的重要内容,旨在解决如何将企业的净利润在投资者和企业用于再投资的留存收益之间进行分配。利润分配关系到国家、企业、投资者、债权人、经营者以及职工等多方面的利益,企业利润分配管理的质量对各方面的经济利益都会产生一定的影响。利润分配中必须遵循正确的原则,参照国际惯例,规范分配程序。

股利政策是指以公司发展为目标,在权衡企业近期利益与长远利益和平衡企业内外部相关各方利益的基础上,对于净利润在提取了各种公积金后如何在发放股利和留存公司用于将来再投资两者之间进行分配而采取的基本态度和方针政策。其基本理论主要有两种股利理论,即股利相关论和股利无关论。一般来说,在制定股利政策时应当考虑法律因素、债务契约因素、公司自身因素和股东因素等几个方面,从剩余股利政策、固定或稳定增长的股利政策、固定股利支付率股利政策、低正常股利加额外股利政策四种类型中选择合适的股利政策。在发放股利时,可采取现金股利或财产股利、股票股利、负债股利等方式。此外,公司可通过股票分割或股票回购来达到调整股票市价的目的。

关键术语

利润 股利政策 股利无关论 股利相关论 剩余股利政策 固定或稳定增长的股利政策 固定股利支付率股利政策 低正常股利加额外股利政策 现金股利 财产股利 股票股利 负债股利 股票分割 股票回购

思考与练习题

1. 思考题

(1) 企业利润总额是如何形成的? 利润分配程序包括哪几个步骤?

(2) 影响股利政策制定的相关因素有哪些?

(3) 在股利分配实务中,公司经常采用的股利政策有哪些? 公司应如何结合实际加以应用?

(4) 常见的股利方式有哪些? 股利支付程序包括哪几个步骤?

(5) 股票股利和股票分割的区别有哪些?

(6) 股票回购的方式有哪些?

2. 练习题

1) 单项选择题

(1) 公司的法定盈余公积金应当从（　　）中提取。

　　A. 利润总额　　　　B. 税后净利润　　　　C. 营业利润　　　　D. 营业收入

(2) 企业当年可以不提取法定盈余公积金的标志是,当年盈余公积金累计额达到企业注册资本的（　　）。

　　A. 10%　　　　　　B. 5%　　　　　　　C. 15%　　　　　　D. 50%

(3) 某企业在选择股利政策时,以代理成本和外部融资成本之和最小化为标准。该企业所依据的股利理论是（　　）。

　　A. "一鸟在手"理论　B. 信号传递理论　　C. MM 理论　　　D. 代理理论

(4) 有观点认为,要想获得减税效应,应采用低股利支付率。这种理论观点是指（　　）。

　　A. 股利无关论　　　B. "一鸟在手"理论　C. 税收差别理论　D. 代理理论

(5)（　　）股利政策可能给公司造成较大的财务负担。

　　A. 剩余　　　　　　　　　　　B. 固定股利支付率

　　C. 固定或稳定增长　　　　　　D. 低正常股利加额外

(6) 在下列股利分配政策中,能保持股利与收益之间一定的比例关系,并体现多盈多分、少盈少分、无盈部分原则的是（　　）。

　　A. 剩余股利政策　　　　　　　B. 固定或稳定增长股利政策

　　C. 固定股利支付率政策　　　　D. 低正常股利加额外股利政策

(7) 在确定企业收益分配政策时,应当考虑相关因素的影响。下列各项中,属于应该考虑的股东因素是（　　）。

　　A. 投资机会　　　B. 资本保全　　　C. 筹资成本　　　D. 债务契约

(8) 下列说法中,不正确的是（　　）。

　　A. "一鸟在手"理论认为,投资者更喜欢现金股利而不愿意将收益留存在公司内部

　　B. 信号传递理论认为,在信息不对称的情况下,公司可以通过股利政策向市场传递有关公司未来盈利能力的信息,从而影响公司的股价

　　C. 所得税差异理论认为,由于普遍存在税率的差异及纳税时间的差异,因此,企业应当采用高股利政策

　　D. 代理理论认为,股利政策是协调股东与管理者之间代理关系的一种约束机制

(9) 下列关于股票股利和股票分割共同点的说法中,不正确的是（　　）。

　　A. 均可以促进股票的流通和交易　　B. 均有助于提高投资者对公司的信心

　　C. 均会改变股东权益内部结构　　　D. 均可以有效防止公司被恶意控制

(10) 下列关于股票回购的说法中,不正确的是（　　）。

　　A. 容易导致公司操纵股价

　　B. 公开市场回购会增加回购成本

　　C. 溢价的存在使得回购要约的执行成本较高

　　D. 协议回购是指公司以协议价格直接向几个主要股东回购股票

(11) 公司在不同的成长阶段适用不同的股利政策,下列各项中,适用固定股利支付利

率政策的是(　　　)。

    A. 公司成熟阶段　　　　　　　　　B. 公司快速发展阶段

    C. 公司初创阶段　　　　　　　　　D. 公司衰退阶段

(12) 下列关于股票股利的说法中,不正确的是(　　　)。

    A. 不会导致公司的财产减少

    B. 会增加流通在外的股票数量

    C. 不会改变公司股东权益总额,但会改变股东权益的构成

    D. 会提高股票的每股价值

(13) 股票分割又称为股票拆细,即将一股面值较大的股票拆分成几股面值较小的股票的行为。下列说法中不正确的是(　　　)。

    A. 股票分割对公司的资本结构不会产生任何影响

    B. 股东权益的总额不变

    C. 股东权益内部结构会发生变化

    D. 会使发行在外的股票总数增加

(14) 股票回购对上市公司的影响不包括(　　　)。

    A. 容易导致资产流动性降低,影响公司的后续发展

    B. 在一定程度上巩固了对债权人利益的保障

    C. 损害公司的根本利益

    D. 容易加剧公司行为的非规范化,使投资者蒙受损失

(15) 下列股利支付形式中,与现金股利无关的是(　　　)。

    A. 现金股利　　　B. 财产股利　　　C. 负债股利　　　D. 股票股利

2) 多项选择题

(1) 下列关于收益分配的说法中,正确的有(　　　)。

    A. 企业的收益分配必须依法进行

    B. 企业的收益分配是对投资者投入的资本所进行的分配

    C. 企业进行收益分配时,应当统筹兼顾

    D. 企业进行收益分配时,应当正确处理分配与积累的关系

(2) 股利相关理论认为,企业的股利政策会影响股票价格。其主要观点包括(　　　)。

    A. "一鸟在手"理论　　　　　　　　B. 信号传递理论

    C. 代理理论　　　　　　　　　　　D. 所得税差异理论

(3) 影响股利政策的因素有(　　　)。

    A. 法律因素　　　B. 债务契约因素　　　C. 公司自身因素　　D. 股东因素

(4) 下列关于收益分配的说法中,正确的有(　　　)。

    A. 应当遵循的原则之一是投资与收益对等

    B. 不允许用资本金分配

    C. 应当充分考虑股利政策调整有可能带来的负面影响

    D. 债权人不会影响公司的股利政策

(5) 下列关于固定股利支付率政策的说法中,正确的有(　　　)。

    A. 传递的信息容易成为公司的不利因素

    B. 从企业支付能力的角度看,这是一种不稳定的股利政策

    C. 比较适用于那些处于稳定发展阶段且财务状况也较稳定的公司

    D. 容易使公司面临较大的财务压力

(6) 下列股利政策中,先确定股利数额,后确定留存收益数额的有(　　)。

    A. 剩余股利政策　　　　　　　　　　B. 固定或稳定增长的股利政策

    C. 固定股利支付率政策　　　　　　　D. 低正常股利加额外股利政策

(7) 股份制企业股利支付的一般形式有(　　)。

    A. 现金股利　　　B. 股票股利　　　C. 财产股利　　　D. 负债股利

(8) 在决定是否对股东派发股利以及确定股利支付率时,需要考虑的因素包括(　　)。

    A. 企业所处的成长周期　　　　　　　B. 企业的筹资能力及筹资成本

    C. 股东偏好　　　　　　　　　　　　D. 企业的资本结构

(9) 发放股票股利的优点包括(　　)。

    A. 可以在心理上给股东以从公司取得投资回报的感觉

    B. 通过发放股票股利可以适当降低股价水平,促进公司股票的交易和流通

    C. 可以降低发行价格,有利于吸引投资者

    D. 可以使股份更为分散,有效地防止公司被恶意控制

(10) 股票回购是指上市公司出资将其发行的流通在外的股票以一定价格购买回来予以注销或作为库藏股的一种资本运作方式。在证券市场上,股票回购的动机包括(　　)。

    A. 现金股利的替代

    B. 提高每股收益

    C. 传递公司的信息以稳定或提高公司的股价

    D. 改变公司的资本结构

3) 判断题

(1) 剩余股利政策是指在企业或企业集团有着良好的投资机会时,根据目标资本结构测算出必需的权益资本与既有权益资本的差额,首先将税后利润满足权益资本的需要,然后将剩余部分作为股利发放。　　　　　　　　　　　　　　　　　　　　(　　)

(2) 代理理论认为高股利支付政策有助于降低企业的代理成本和外部融资成本。

(　　)

(3) 相对来说,对于那些盈利水平随着经济周期而波动较大的公司或行业,低正常股利加额外股利政策是一种不错的选择。　　　　　　　　　　　　　　　(　　)

(4) 法定盈余公积金可用于弥补亏损,扩大公司生产经营或转增资本。　　(　　)

(5) 对于投资者来说,与现金股利相比,股票股利具有更大的灵活性。　　(　　)

(6) 投资者在股利宣告日以后购买股票就不会得到最近一次股利。　　　(　　)

(7) 企业的法定盈余公积金是按利润总额的 10% 计提的。　　　　　　(　　)

(8) 股东的外部投资机会也会影响到企业股利政策的制定。　　　　　　(　　)

(9) 股票股利是企业股利支付的最主要方式。　　　　　　　　　　　　(　　)

(10) 企业的利润分配工作必须遵循一定的原则和程序。　　　　　　　(　　)

(11) 公司自身的现金流量、筹资能力、投资机会、盈利状况等因素都会影响到其股利政策的制定。　　　　　　　　　　　　　　　　　　　　　　　　　(　　)

（12）除息日是指股票购买者不再享有取得最近一期宣告的股利的权利的第一天。

（ ）

（13）一般情况下，股票股利和股票分割后都使得公司的每股收益和每股市价下降。

（ ）

（14）公司实行股票回购后，可以将赎回的股票注销，也可以将其作为库藏股。（ ）

（15）协议回购有利于稳定或抬高公司股价。（ ）

4) 业务题

习题一

【资料】某公司成立于 2017 年 1 月 1 日，2017 年度实现的净利润为 1 000 万元，分配现金股利 550 万元，提取盈余公积 450 万元（所提盈余公积均已指定用途）。2018 年实现的净利润为 900 万元（不计提盈余公积）。2019 年计划增加投资，所需资金为 700 万元。假定公司目标资本结构为自有资金占 60%，借入资金占 40%。

【要求】

（1）在保持目标资本结构的前提下，计算 2019 年投资方案所需的自有资金额和需要从外部借入的资金额。

（2）在保持目标资本结构的前提下，如果公司执行剩余股利政策，计算 2018 年度应分配的现金股利。

（3）在不考虑目标资本结构的前提下，如果公司执行固定股利政策，计算 2018 年度应分配的现金股利、可用于 2019 年投资的留存收益和需要额外筹集的资金额。

（4）在不考虑目标资本结构的前提下，如果公司执行固定股利支付率政策，计算该公司的股利支付率和 2018 年度应分配的现金股利。

（5）假定公司 2019 年面临着从外部筹资的困难，只能从内部筹资，不考虑目标资本结构，计算在此情况下 2018 年度应分配的现金股利。

第8章
财务控制

本章内容提要

本章主要介绍了财务控制概述、责任中心及其业绩评价和内部转移价格。通过本章的学习,要求学生了解财务控制的含义、责任中心的含义、内部转移价格的含义及其制定;掌握责任中心的业绩考核指标。

8.1 财务控制概述

8.1.1 财务控制的含义、特征及作用

财务控制是指利用财务反馈信息,按照一定的程序与方式,对企业各项财务活动进行调节、监督和控制,以保证企业各部门和人员能全面落实和实现财务预算的整个过程。现代财务理论认为,企业理财的目标以及它所反映的企业目标是股东财富最大化(在一定条件下也就是企业价值最大化)。财务控制总体目标是在确保法律法规和规章制度贯彻执行的基础上,优化企业整体资源综合配置效益,厘定资本保值和增值的委托责任目标与其他各项绩效考核标准来制定财务控制目标,是企业理财活动的关键环节,也是确保实现理财目标的根本保证,所以财务控制将服务于企业的理财目标。从工业化国家发展的经验来看,企业的财务控制存在着宏观和微观两种不同模式。其中,财务的宏观控制主要借助于金融、证券或资本市场对被投资企业直接实施影响来完成,或者通过委托注册会计师对企业实施审计来进行,前者主要反映公司治理制度、资本结构以及市场竞争等对企业的影响,后者实际上是外部审计控制。

财务控制的特征有以下几个方面。

1. **价值控制**

财务控制对象是以实现财务预算为目标的财务活动。它是企业财务管理的重要内容,财务管理以资金运动为主线,以价值管理为特征,决定了财务控制必须实行价值控制。

2. **综合控制**

财务控制以价值为手段,可以将不同部门、不同层次和不同岗位的各种业务活动综合起来,实行目标控制。

财务控制必须确保企业经营的效率性和效果性、资产的安全性、经济信息和财务报告的可靠性。财务控制的作用主要有三个方面,一是有助于实现企业经营方针和目标。财务控

制既是工作中的适时监控手段,也是评价标准。二是保护企业各项资产的安全和完整,防止资产流失。三是保证业务经营信息和财务会计资料的真实和完整性。

8.1.2 财务控制、内部控制与会计控制

财务控制是内部控制的一个重要组成部分,是内部控制的核心,是内部控制在资金和价值方面的体现。内部控制按照其特点,可以分为管理控制和会计控制,财务控制是管理控制中的一种。管理控制与会计控制是并列的,管理控制是保证经营决策、方针的贯彻执行,与促进经济活动的效率性、效果性的实现有关的控制,而会计控制是对以提供客观有用的会计信息为主的经济信息系统的控制。管理控制与会计控制又是相辅相成的,会计控制为管理控制提供会计信息支持,而管理控制反过来影响会计控制的效率与效果。财务控制是管理控制的一部分,而且是管理控制中与会计控制联系得最紧密的一部分,会计信息可以直接作用于财务控制活动中。因此,财务控制与内部控制是部分与整体的关系,与会计控制是相对平衡的关系。它们的具体关系参见图8-1。

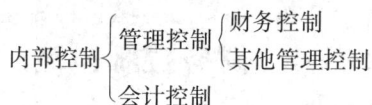

内部控制 { 管理控制 { 财务控制 / 其他管理控制 } 会计控制 }

图 8-1 财务控制、内部控制、会计控制的关系

8.1.3 财务控制的基本原则

1. 经济性原则

实施财务控制总是有成本发生的,企业应根据财务管理目标的要求,有效地组织企业日常财务控制,只有当财务控制所取得的收益大于其代价时,这种财务控制措施才是必要的、可行的。

2. 归口分级管理原则

该原则要求划分责任单位,对财务指标实行归口管理;逐层分解落实财务指标,实行分级管理。

3. 目标管理及责任落实原则

企业的目标管理要求已纳入财务预算,将财务预算层层分解,明确规定有关方面或个人应承担的责任控制义务,并赋予相应的权利,使财务控制目标和相应的管理措施落到实处,成为考核的依据。

4. 可控性原则

该原则要求归口分级管理的财务指标必须是有关责任单位或责任人能施以重要影响或者能加以控制的责任指标;否则,责权利相结合原则将无法落到实处。

5. 例外管理原则

企业日常财务控制涉及企业经营的各个方面,财务控制人员要将注意力集中在那些重要的、非常规的预算执行差异上。通过例外管理,一方面,可以通过分析脱离预算的原因来达到日常控制的目的;另一方面,可以检验预算的制定是否科学合理。

8.1.4 财务控制的分类

财务控制可以按照以下不同的标志进行分类：

1. 按照财务控制的内容分类

按照财务控制的内容不同，财务控制可分为一般控制和应用控制两类。

一般控制是指对企业财务活动赖以进行的内部环境所实施的总体控制，因而也称为基础控制或环境控制。

应用控制是指直接作用于企业财务活动的具体控制，也称为业务控制。

2. 按照财务控制的功能分类

财务控制按照其功能不同，可分为预防性控制、侦查性控制、纠正性控制、指导性控制和补偿性控制。

判断一项控制措施到底属于哪种类型，主要是看采取这项控制措施的设计意图。

3. 按照财务控制的时序分类

财务控制按照其时序不同，可分为事先控制、事中控制和事后控制三类。

事先控制是指企业单位为防止财务资源在质和量上发生偏差，而在行为发生之前所实施的控制。

事中控制是指财务收支活动发生过程中所进行的控制。

事后控制是指对财务收支活动的结果所进行的考核及其相应的奖罚。

4. 按照财务控制的主体分类

财务控制按照其主体不同，可分为出资者财务控制、经营者财务控制和财务部门的财务控制三类。

出资者财务控制是为了实现其资本保全和资本增值目标而对经营者的财务收支活动所进行的控制。

经营者财务控制是为了实现财务预算目标而对企业及各责任中心的财务收支活动所进行的控制。

财务部门的财务控制是财务部门为了有效地组织现金流动，通过编制现金预算、执行现金预算，对企业日常财务活动所进行的控制。

5. 按照财务控制的依据分类

财务控制按照其依据不同，可分为预算控制和制度控制两类。

预算控制是指以财务预算为依据，对预算执行主体的财务收支活动进行监督、调整的一种控制形式。

制度控制是指通过制定企业内部规章制度，并以此为依据约束企业和各责任中心财务收支活动的一种控制形式。

6. 按照财务控制的对象分类

财务控制按照其对象不同，可分为收支控制和现金控制（或货币资金控制）两类。

收支控制是对企业和各责任中心的财务收入活动和财务支出活动所进行的控制。

现金控制是对企业和各责任中心的现金流入和现金支出所进行的控制。

7. 按照财务控制的手段分类

财务控制按照其手段不同，可分为定额控制和定率控制，也可称为绝对控制和相对控制。

定额控制是指对企业和各责任中心采用绝对额指标进行控制。

定率控制是指对企业和各责任中心采用相对比率指标进行控制。

8.1.5　财务控制的方式

1．组织规划控制

根据财务控制的要求，企业在确定和完善组织结构的过程中，应当遵循不相容职务相分离的原则。该原则是指一个人不能兼任同一部门财务活动中的不同职务。单位的经济活动通常划分为五个步骤，即授权、签发、核准、执行和记录。如果上述每一步骤由相对独立的人员或部门实施，就能够保证不相容职务的分离，便于财务控制作用的发挥。

2．授权批准控制

授权批准控制是指对单位内部部门或职员处理经济业务的权限所进行的控制。单位内部某个部门或某个职员在处理经济业务时，必须经过授权批准才能进行，否则就无权审批。授权批准控制可以保证单位既定方针的执行和限制滥用职权。授权批准的基本要求是，首先，要明确一般授权与特定授权的界限和责任；其次，要明确每类经济业务的授权批准程序；再次，要建立必要的检查制度，以保证经授权后所处理的经济业务的工作质量。

3．预算控制

预算控制是财务控制的一个重要方面。它包括融资、采购、生产、销售、投资、管理等经营活动的全过程。其基本要求是，第一，所编制预算必须体现单位的经营管理目标，并明确责任；第二，预算在执行中应当允许经过授权批准对预算进行调整，以便预算更加切合实际；第三，应当及时或定期反馈预算的执行情况。

4．实物资产控制

实物资产控制主要包括限制接近控制和定期清查控制两种。限制接近控制是控制对实物资产及与实物资产有关的文件的接触，如现金、银行存款、有价证券和存货等，除出纳人员和仓库保管人员外，其他人员则限制接触，以保证资产的安全；定期清查控制是指定期进行实物资产清查，以保证实物资产实有数量与账面记载相符，若账实不符，应查明原因，及时处理。

5．成本控制

成本控制分粗放型成本控制和集约型成本控制。粗放型成本控制是指从原材料采购到产品的最终售出所进行控制的方法。它具体包括原材料采购成本控制、材料使用成本控制和产品销售成本控制三个方面。集约型成本控制，一是通过改善生产技术来降低成本；二是通过产品工艺的改善来降低成本。

6．风险控制

风险控制就是尽可能地防止和避免出现不利于企业经营目标实现的各种风险。在这些风险中，经营风险和财务风险显得极为重要。经营风险是指因生产经营方面的原因给企业盈利带来的不确定；而财务风险又称筹资风险，是指由于举债而给企业财务带来的不确定性。由于经营风险和财务风险对企业的发展具有很大的影响，所以企业在进行各种决策时，必须尽力规避这两种风险。如企业举债经营，尽管可以缓解企业运转资金短缺的困难，但由于借入的资金需还本付息，到期一旦企业无力偿还债务，必然使企业陷入财务困境。

7. 审计控制

审计控制主要是指内部审计。它是对会计的控制和再监督。内部审计是在一个组织内部对各种经营活动与控制系统的独立评价,以确定既定政策的程序是否贯彻,建立的标准是否有利于资源的合理利用,以及单位的目标是否达到。内部审计的内容十分广泛,一般包括内部财务审计和内部经营管理审计。内部审计对会计资料的监督、审查,不仅是财务控制的有效手段,也是保证会计资料真实、完整的重要措施。

8.1.6　财务控制的基础

财务控制的基础是指进行财务控制所必须具备的基本条件,主要包括以下几个方面。

1. 组织控制

财务控制的首要基础是围绕控制目标所建立的组织机构,以保证控制的有效性。例如,为了确定财务预算,应建立相应的决策和预算编制机构;为了组织和实施日常财务控制,应建立相应的监督、协调、仲裁机构;为了便于内部结算,应建立相应的内部结算组织;为了考评预算的执行结果,应建立相应的考评机构。在实践过程中,可根据需要,将这些机构的职能合并到企业的常设机构中或者将这些机构的职能进行归并。

2. 制度基础

内部控制制度是指企业为了顺利实施控制过程所进行的组织机构的设计、控制手段的采取及各种措施的制定。这些方法和措施用于检查财务预算目标的制定、会计信息的准确性和可靠性,以提高控制效率;同时围绕财务预算的执行,建立相应的保证措施或制度,如人事制度、奖罚制度等。

3. 预算目标

健全的财务预算目标是进行财务控制的依据,财务预算能够满足企业经营目标的要求,同时又能使决策目标具体化、系统化、定量化。量化的财务预算目标可以成为日常控制和业绩考核的依据。财务预算目标应层层分解落实到各责任中心,使之成为控制各责任中心经济活动的标准。财务预算目标的制定应客观、务实,若财务预算所确定的目标严重偏离实际,财务控制就无法达到预定的目的。

4. 会计信息

准确、及时、真实的信息是财务控制实施过程中的基本保障。财务控制必须以会计信息为前提。首先,财务预算总目标的执行情况必须通过企业的汇总会计核算资料予以反映,通过这些会计资料可以了解、分析企业财务预算总目标的执行情况、存在的差异及其原因,并提出相应的纠偏措施。其次,各责任中心财务预算目标的执行情况也是通过各自的会计核算资料予以反映的,通过这些会计资料可以分析各责任中心财务预算目标的完成情况,为考核各责任中心的工作业绩和正确地进行财务控制提供依据。

5. 信息反馈系统

财务控制是一个动态的控制过程,要确保财务预算目标的贯彻实施,必须要对各责任中心执行预算的情况进行跟踪监控,不断调整执行偏差,以确保控制过程下情上报、上情下达。为保证信息反馈系统中的信息真实、可靠,还必须建立起相应的信息审查机构和责任制度。

6. 奖励制度

奖励制度是保证控制系统长期有效运行的重要因素。奖励分为正奖励和负奖励。正奖励是通过表扬、提升、加薪等从正面激励人们努力工作;负奖励是通过批评等方式所进行的惩罚。在利用奖励制度来保证财务控制顺利实施的过程中,要注意结合各责任中心的财务预算目标,建立公平、合理的奖励标准;同时,要建立严格完善的考评机制,保证奖罚分明。

8.2 责任中心及其业绩考核

8.2.1 责任中心的含义与特征

1. 责任中心的含义

责任中心是指具有一定的管理权限,并承担相应经济责任的企业内部责任单位,是责权利结合的实体。责任中心就是将企业经营体分割成拥有独自产品或市场的几个绩效责任单位,然后将总的管理责任授权给这些单位,将这些单位处于市场竞争环境之下,通过客观性的利润计算,实施必要的业绩衡量与奖惩,以期达成企业设定的经营成果的一种管理制度。

2. 责任中心的特征

它是一个责权利相结合的实体;具有承担责任的条件;责任和权利皆可控;有一定经营业务和财务收支活动;便于进行责任会计核算。

8.2.2 责任中心的分类

对各级主管人员的业绩评价,应以其对企业完成的目标、计划中的贡献和履行职责中的成绩为依据。他们所主管的部门和单位有不同的职能,按其责任和控制范围的大小,这些责任单位可划分为成本中心、利润中心和投资中心。

1. 成本中心

1) 成本中心的含义

一个责任中心,如果不形成或者不考核收入,而着重考核所发生的成本和费用,这类中心称为成本中心。成本中心是指只对成本或费用负责的责任中心。成本中心的范围最广,只要有成本费用发生的地方,都可以建立成本中心,从而在企业形成逐级控制、层层负责的成本中心体系。

成本中心往往是没有收入的。例如,一个生产车间,它的产品或半成品并不由自己出售,没有销售职能,没有货币收入。有的成本中心可能有少量收入,但不成为主要的考核内容。例如,生产车间可能会取得少量外协加工收入,但这不是它的主要职能,不是考核车间的主要内容。一个成本中心可以由若干个更小的成本中心所组成。例如,一个分厂是成本中心,它由几个车间所组成,而每个车间还可以划分为若干个工段,这些工段是更小的成本中心,任何发生成本的责任领域,都可以确定为成本中心。大的成本中心可能是一个分公司,小的成本中心可能是一台卡车和两个司机组成的单位。成本中心的职责是用一定的成本去完成规定的具体任务。

2) 成本中心的类型

成本中心有两种类型,即标准成本中心和费用中心。

标准成本中心必须是所生产的产品稳定而明确,并且是已经知道单位产品所需要的投入量的责任中心。通常,标准成本中心的典型代表是制造业工厂、车间、工段、班组等。在生产活动中,每个产品都可以有明确的原材料、人工和间接制造费用的数量标准和价格标准。任何一种重复性的活动都可以建立标准成本中心,只要这种活动能够计量产出的实际数量,并且能够说明投入与产出之间可望达到的函数关系。因此,各种行业都可能建立标准成本中心。银行业根据经手支票的多少,医院根据接收检查或放射治疗的人数,快餐业根据售出的盒饭的多少,都可以建立标准成本中心。

费用中心适用于那些产出物不能用财务指标来衡量,或者投入和产出之间没有密切关系的单位。这些单位包括一般行政管理部门、研究开发部门以及某些销售部门。一般行政管理部门的产出难以度量,研究开发和销售活动的投入量与产出量之间没有密切的关系。对于费用中心,唯一可以准确计量的是实际费用,无法通过投入和产出的比较来评价其效果和效率,从而限制无效费用的支出。因此,费用中心也被称为无限制的费用中心。

3) 成本中心的考核指标

成本中心的考核指标是既定产品质量和数量条件下的标准成本。标准成本中心不需做出价格决策、产量决策或产品结构决策,这些决策由上级管理部门做出,或授权给销货单位做出。标准成本中心的设备和技术决策由管理部门做出,而不是由成本中心的管理人员自己决定。因此,标准成本中心不对生产能力的利用程度负责,而只对既定产量的投入量承担责任。如果标准成本中心的产品没有达到规定的质量,或没有按计划生产,则会对其他单位产生不利影响。因此,标准成本中心必须按规定的质量、时间标准和计划产量来进行生产。这个要求是"硬性"的,很少有伸缩余地。完不成上述要求,成本中心要受到批评甚至惩罚。过高的产量,提前产出造成积压,超产以后销售不出去,同样会给企业带来损失,也应视为未按计划进行生产。

费用中心考核指标的确定是一件困难的工作。由于缺少度量其产出的标准,以及投入和产出之间的关系不密切,运用传统的财务技术来评估费用中心的业绩比较困难。费用中心的业绩涉及预算、工作质量和服务水平。工作质量和服务水平的量化很困难,并且与费用支出关系密切。这正是费用中心与标准成本中心的主要差别。标准成本中心的产品质量和数量有良好的量化方法,如果能以低于预算水平的实际成本生产出相同的产品,则说明该中心业绩良好。而对于费用中心则不然,一个费用中心的支出没有超过预算,可能缘于该中心的工作质量和服务水平低于计划的要求。

通常,使用费用预算来评价费用中心的成本控制业绩。由于很难根据一个费用中心的工作质量和服务水平来确定预算数额,一个解决办法是考察同行业类似职能的支出水平。例如,有的企业根据销售收入的一定百分比来制定研究开发费用预算。尽管很难解释为什么研究开发费用与销售额具有某种因果关系,但是百分比法还是使人们能够在同行业之间进行比较。另一个办法是零基预算法,即详尽分析支出的必要性及其取得的效果,确定预算标准。还有许多企业依据历史经验来编制费用预算。这种方法虽然简单,但缺点也十分明显。管理人员为在将来获得较多预算,倾向于把能花的钱全部花掉。越是勤俭度日的管理人员,将越容易面临严峻的预算压力。预算的有利差异只能说明比过去少花了钱,既不表明达到了应有的节约程度,也不说明成本控制取得了应有的效果。因此,依据历史实际费用数额来编制预算并不是个好办法。从根本上说,决定费用中心的预算水平有赖于了解情况的专业人员的判断。上级主管人员应信任费用中心的经理,并与他们密切配合,通过协商确定适当的预算水平。在考核预算完成情况时，要利用有经验的专业人员对该费用中心的工作质量和服务水平做出有根据的判断，才能对费用中心的控制业绩做出客观评价。

2. 利润中心

1) 利润中心的含义

成本中心的决策权力是有限的。标准成本中心的管理人员可以决定投入，但产品的品种和数量往往要由其他人员来决定。费用中心为本企业提供服务或进行某一方面的管理。收入中心负责分配和销售产品，但不控制产品的生产。当某个责任中心被同时赋予生产和销售职能时，该中心的自主权就会显著增加，管理人员能够决定生产什么、如何生产、产品质量的水平、价格的高低、销售的办法，以及生产资源如何在不同产品之间进行分配等。这种责任中心出现在大型分散式经营的组织中，小企业很难或不必采用分散式组织结构，如果大企业采用集权式管理组织结构也不会使下级具有如此广泛的决策权。这种具有几乎全部经营决策的责任中心，可以被确定为利润中心。

一个责任中心，如果能同时控制生产和销售，既要对成本负责又要对收入负责，但没有责任或没有权力决定该中心资产投资的水平，因而可以根据其利润的多少来评价该中心的业绩，那么，该中心称为利润中心。

利润中心具有几乎全部经营决策权，通常被看成是一个可以用利润来衡量其一定时期业绩的组织单位。但是，并不是可以计量利润的组织单位都是真正意义上的利润中心。利润中心组织的真正目的是激励下级制定有利于整个公司的决策并努力工作。仅仅规定一个组织单位的产品价格并把投入的成本归集到该单位，并不能使该组织单位具有自主权或独立性。从根本目的上看，利润中心是指管理人员有权对其供货的来源和市场的选择进行决策的单位。一般说来，利润中心要向顾客销售其大部分产品，并且可以自由地选择大多数材料、商品和服务等项目的来源。根据这一定义，尽管某些企业也采用利润指标来计算各生产部门的经营成果，但这些部门不一定就是利润中心。把不具有广泛权力的生产或销售部门定为利润中心，并用利润指标去评价它们的业绩，往往会引起内部冲突或次优化，对加强管理反而是有害的。

2) 利润中心的类型

利润中心有两种类型，一种是自然的利润中心，它直接向企业外部出售产品，在市场上进行购销业务。例如，某些公司采用事业部制，每个事业部均有销售、生产、采购的职能，有很大的独立性，这些事业部就是自然的利润中心。另一种是人为的利润中心，它主要在企业内部按照内部转移价格出售产品。例如，大型钢铁公司分为采矿、炼铁、炼钢、轧钢等几个部门，这些部门的产品主要在公司内部转移，它们只有少量对外销售，或者全部对外销售由专门的销售机构完成，这些生产部门可视为利润中心并称为人为的利润中心。再如，企业内部的辅助部门，包括修理、供电、供水、供气等部门，可以按固定的价格向生产部门收费，这些部门可视为人为的利润中心。

3) 利润中心的考核指标

对利润中心进行考核的指标主要是利润。但是，也应当看到，任何一个单独的业绩衡量都不能反映出某个组织单位的所有经济效果，利润指标也是如此。因此，尽管利润指标具有综合性，利润计算具有强制性和较好的规范化程度，但仍然需要一些非货币的衡量方法作为补充，包括生产率、市场地位、产品质量、职工态度、社会责任、短期目标和长期目标的平衡等。

利润并不是一个十分具体的概念,在这个名词前边加上不同的定语,可以得出不同的概念。在评价利润中心的业绩时,至少有四种选择,即边际贡献、可控边际贡献、部门边际贡献和税前部门利润。

例如,某公司的某一部门的数据如下(单位:元):

部门销售收入	15 000
已销商品变动成本和变动销售费	10 000
部门可控固定成本	800
部门不可控固定成本	1 200
分配的公司管理费用	1 000

假设该部门的利润表数据如下:

收入	15 000
减:变动成本	10 000
(1)边际贡献	5 000
可控固定成本	800
(2)可控边际贡献	4 200
不可控固定成本	1 200
(3)部门边际贡献	3 000
公司管理费用	1 000
(4)部门税前利润	2 000

以边际贡献 5 000 元作为业绩评价依据不够全面。部门经理至少可以控制某些固定成本,并且在固定成本和变动成本的划分上有一定选择余地。以边际贡献为评价依据,可能导致部门经理尽可能多支出固定成本以减少变动成本支出,尽管这样做并不能降低总成本。因此,业绩评价时至少应包括可控制的固定成本。

以可控边际贡献 4 200 元作为业绩评价依据可能是最好的,它反映了部门经理在其权限和控制范围内有效使用资源的能力。部门经理可控制收入,以及变动成本和部分固定成本,因而可以对可控边际贡献承担责任。这一衡量标准的主要问题是可控固定成本和不可控固定成本的区分比较困难。如折旧、保险等,如果部门经理有权处理这些有关的资产,那么,它们就是可控的;反之,则是不可控的。又如,员工的工资水平通常由企业集中决定,如果部门经理有权决定本部门雇用多少职工,那么,工资成本是可控成本;如果部门经理既不能决定工资水平,又不能决定员工人数,则工资成本是不可控成本。

以部门边际贡献 3 000 元作为业绩评价依据,可能更适合评价该部门对企业利润和管理费用的贡献,而不适合于部门经理的评价。如果要决定该部门的取舍,部门边际贡献是有重要意义的信息。如果要评价部门经理的业绩,由于有一部分固定成本是过去最高管理层投资决策的结果,现在的部门经理很难改变,部门边际贡献超出了经理人员的控制范围。

以部门税前利润 2 000 元作为业绩评价的依据通常是不合适的。公司总部的管理费用是部门经理无法控制的成本,由于分配公司管理费用而引起部门利润的不利变化,不能由部门经理负责。不仅如此,分配给各部门的管理费用的计算方法常常是任意的,部门本身的活动和分配来的管理费用高低并无因果关系。普遍采用的销售百分比等方法,会使其他部门分配基数的变化影响本部门分配管理费用的数额。许多企业把所有的总部管理费用分配给下属部门，其目的是提醒部门经理注意各部门提供的边际贡献必须抵补总部的管理费用，否则企业作为一个整体就不会盈利。其实，通过给每个部门建立一个期望能达到的可控边际贡献标准，可以更好达到上述目的。这样，部门经理可集中精力增加收入并降低可控成本，而不必在分析那些他们不可控的分配来的管理费用上花费精力。

3. 投资中心

1）投资中心的含义

投资中心是指既要对成本、利润负责，又要对投资效果负责的责任中心。投资中心的经理所拥有的自主权不仅包括制定价格、确定产品和生产方法等短期经营决策权，而且还包括投资规模和投资类型等投资决策权。投资中心的经理不仅能控制除公司分摊管理费用外的全部成本和收入，而且能控制占用的资产，因此，不仅衡量其利润，而且要衡量其资产并把利润与其所占用的资产联系起来。

2）投资中心的考核指标

评价投资中心业绩的指标通常有以下三种。

（1）投资报酬率。投资报酬率是指部门边际贡献除以该部门拥有的资产额。它是最常见的考核投资中心业绩的指标。

【例 8-1】 假设某部门的资产额为 20 000 元，部门边际贡献为 4 000 元。计算该部门的投资报酬率。

解：投资报酬率＝4 000÷20 000＝20％

利用投资报酬率来评价投资中心业绩的优点在于，它是根据现有会计资料计算的，比较客观，可用于部门之间以及不同行业之间的比较。用它来评价每个部门的业绩，促使其提高本部门的投资报酬率，有助于提高整个企业的投资报酬率。

投资报酬率指标的不足也十分明显。部门经理会放弃高于资本成本而低于目前部门投资报酬率的机会，或者减少现有的投资报酬率较低但高于资金成本的某些资产，使部门的业绩获得较好评价，但却伤害了企业整体的利益。

例如，假设某企业的资金成本为 15％。部门经理面临一个投资报酬率为 17％的投资机会，投资额为 10 000 元，每年净利润为 1 700 元。尽管对整个企业来说，由于投资报酬率高于资本成本，应当利用这个投资机会，但是它却使这个部门的投资报酬率由过去的 20％下降到 19％，相关的计算如下：

投资报酬率＝（4 000＋1 700）÷（20 000＋10 000）＝19％

同样，当情况与此相反，假设该部门现有一项资产价值 5 000 元，每年获利 850 元，投资报酬率为 17％，超过了资金成本，部门经理却愿意放弃该项资产，以提高部门的投资报酬率，相关的计算如下：

投资报酬率＝（4 000－850）÷（20 000－5 000）＝21％

当使用投资报酬率作为业绩评价标准时，部门经理可以通过加大公式的分子或减少公式的分母来提高这个比率。实际上，减少分母更容易实现。这样做，会失去不是最有利但可以扩大企业总净利的项目。从引导部门经理采取与企业总体利益一致的决策来看，投资报酬率并不是一个很好的指标。

（2）剩余收益。为了克服由于使用比率来衡量部门业绩所带来的次优化问题，许多企

业采用绝对数指标来反映利润与投资之间的关系,这就是剩余收益指标。其计算公式如下:

剩余收益=部门边际贡献-部门资产应计报酬=部门边际贡献-部门资产×资本成本

利用剩余收益来评价投资中心业绩的主要优点是,可以使业绩评价与企业的目标协调一致,引导部门经理采纳高于企业资本成本的决策。

根据前面的资料计算如下:

目前部门剩余收益=4 000-20 000×15%=1 000(元)

采纳增资方案后剩余收益=(4 000+1 700)-(2 000+10 000)×15%=1 200(元)

采纳减资方案后剩余收益=(4 000-850)-(20 000-5 000)×15%=900(元)

由以上计算结果可知,部门经理会采纳增资的方案而放弃减资的方案,这正是与企业总目标相一致的。

采用剩余收益指标还有一个好处,就是允许使用不同的风险调整资本成本。从现代财务理论来看,不同的投资有不同的风险,要求按风险程度来调整其资本成本。因此,不同行业部门的资本成本不同,甚至同一部门的资产也属于不同的风险类型。例如,现金、短期应收账款的风险有很大区别,要求有不同的资本成本。在使用剩余收益指标时,可以对不同部门或不同资产规定不同的资本成本百分数,使剩余收益这个指标更加灵活。而投资报酬率评价方法并不区别不同资产,无法分别处理风险不同的资产。

当然,剩余收益是绝对数指标,不便于不同部门之间的比较。规模大的部门容易获得较大的剩余收益,而它们的投资报酬率并不一定很高。

(3) 现金回收率。在目前的实践中,投资评估的标准与业绩评价的标准之间不存在直接联系,前者以现金流为基础,后者以收益为基础。一个通过现金流量分析被认为足够好的项目被决定采纳了,因其有较好的净现值、内含报酬率和回收期。这个项目执行以后,往往是另外建立一套以收益为基础的指标,如投资报酬率和剩余收益。为了使项目评估和业绩评估趋于一致,可以将业绩评价改为以现金流为基础。

以现金流为基础的业绩评价指标是现金回收率和剩余现金流量。

现金回收率=营业现金流量÷总资产

公式中的分子是年现金收入与现金支出的差额,分母是部门资产的历史成本平均值。

【例 8-2】 假设某企业营业的现金流为 5 000 万元,资产的历史成本平均值为 20 000元。计算该企业的现金回收率。

解:现金回收率=5 000÷20 000=25%

如果各年的现金流量相同,则现金回收率为回收期的倒数。对于长期资产来说,例如,寿命在 15 年以上的资产,现金回收率近似于内含报酬率,即接近实际的投资报酬率。因此,这个指标可以检验投资评估指标的实际执行结果,减少为争取投资而夸大项目获利水平的现象。

由于现金回收率是一个相对数指标,也会引起部门经理投资决策的次优化,出现与投资报酬率类似的缺点。为了克服这个缺点,可以同时使用剩余现金流量来评价部门业绩。相关计算公式如下:

剩余现金流量=经营现金流入-部门资产×资金成本率

【例 8-3】 假设承例 8-2 的资料,假设该企业的资金成本率为 15%。计算该企业的剩余现金流量。

解：剩余现金流量＝5 000－20 000×15％＝2 000(元)

8.3 内部转移价格

8.3.1 内部转移价格的含义

内部转移价格是指企业内部各责任中心之间转移中间产品或相互提供劳务,而发生内部结算和进行内部责任结转所使用的计价标准。

分散经营的组织单位之间相互提供产品或劳务时,需要制定一个内部转移价格。转移价格对于提供产品或劳务的生产部门来说表示收入,对于使用这些产品或劳务的购买部门来说则表示成本。因此,转移价格会影响两个部门的获利水平,使得部门经理非常关心转移价格的制定。

8.3.2 内部转移价格制定的目的

制定转移价格的目的有两个,即防止成本转移带来的部门间责任转嫁,使每个利润中心都能作为单独的组织单位进行业绩评价;作为一种价格引导下级部门采取明智的决策,生产部门据此确定提供产品的数量,购买部门据此确定所需要的产品数量。但是,这两个目的往往有矛盾。能够满足评价部门业绩的转移价格,可能引导部门经理采取并非对企业最理想的决策;而能够正确引导部门经理的转移价格,可能使某个部门获利水平很高而另一个部门亏损。很难找到理想的转移价格来兼顾业绩评价和制定决策,而只能根据企业的具体情况选择基本满意的解决办法。

8.3.3 内部转移价格的制定原则

1. 全局性原则

采用内部转移价格的各单位从属于同一个企业,企业的总利益是一致的。制定内部转移价格只是为了分清各单位的责任,有效地考核评价各单位的业绩。在这种情况下,企业制定内部转移价格,要从全局出发,使局部利益和整体利益协调统一,力争使企业整体利益最大化。

2. 公平性原则

内部转移价格的制定应公平、合理,防止某些单位因价格上的缺陷而获得或遭受一些额外的利益或损失。在商品经济条件下,商品交换是按等价原则进行的,高质高价、低质低价。如果制定的内部转移价格不合理,就会影响到单位的生产经营积极性。

3. 自主性原则

高层管理者不应干预各个单位经理自主决策。在企业整体利益最大化的前提下,各单位有一定的自主权,制定的内部转移价格必须为各方所接受。

4. 重要性原则

某些企业需要制定的内部转移价格的对象成百上千,如果事无巨细,都制定一个详细、准确价格,不但不必要,而且很难实施。因此,制定内部转移价格可对那些价高量大、耗用频繁的对象,尽可能科学计算,从严定价;对那些价低量小、不常耗用的对象,可以从简定价。

8.3.4 内部转移价格的形式

1. 市场价格

在中间产品存在完全竞争市场的情况下,市场价格减去对外的销售费用,是理想的转移价格。

由于企业为把中间产品销售出去,还需追加各种销售费用,如包装、发运、广告、结算等,因此,市场价格减去某些调整项目才是目前未销售的中间产品的价格。由于以市场价格为基础的转移价格,通常会低于市场价格,因此可以鼓励中间产品的内部转移。如果不考虑其他更复杂的因素,购买部门的经理应当选择从内部取得产品,而不是从外部采购。

如果生产部门在采用这种转移价格的情况下不能长期获利,企业最好是停止生产此产品,或尽量向外部市场销售这种产品。同样,如果购买部门以此价格进货而不能长期获利,则应停止购买而到外部去采购。这样做,对企业总体是有利的。

值得注意的是,外部供应商为了能做买卖可能先报一个较低的价格,同时期望日后抬高价格。因此,在确认外部价格时要采用可以长期保持的价格。另外,企业内部转移的中间产品比外购产品的质量有可能更有保证,并且更容易根据企业需要加以改进。因此,在经济分析无明显差别时,一般不应该依靠外部供应商,而应该鼓励利用自己内部的供应能力。

2. 以市场为基础的协商价格

如果中间产品存在非完全竞争的外部市场,可以采用协商的办法确定转移价格,即双方部门经理就转移中间产品的数量、质量、时间和价格进行协商并设法取得一致意见。

成功的协商转移价格依赖于以下条件:首先,要有一个某种形式的外部市场,两个部门经理可以自由地选择接受或是拒绝某一价格。如果根本没有可能从外部取得或销售中间产品,就会使一方或双方处于垄断状态,这样的谈判结果不是协商价格而是垄断价格。其次,在谈判者之间共同分享所有的信息资源。最后,最高管理层应进行必要的干预。虽然应尽可能让谈判双方自己来解决大多数问题,以发挥分散经营的优点,但是,对于双方谈判时可能导致的企业非最优决策,最高管理层要进行干预,对于双方不能自行解决的争论有必要进行调解。当然,这种干预必须是有限的、得体的,不能使整个谈判变成上级领导裁决一切问题。

协商价格往往浪费时间与精力,可能会导致部门间的矛盾,部门获利能力大小与谈判人员的谈判技巧有很大关系,这些是这种转移价格的缺陷。尽管如此,协商转移价格仍被广泛采用,它的好处是有一定的弹性,可以照顾双方利益并得到双方认可。少量的外购或外卖是有益的,它可以保证得到合理的外部价格信息,为协商双方提供一个可供参考的基准。

3. 变动成本加固定费用转移价格

这种方法要求中间产品的转移用单位变动成本来定价,与此同时,还应向购买部门收取固定费用,作为长期以低价获得中间产品的一种报偿。这样做,生产部门有机会通过每期收取固定费用来补偿其固定成本并获得利润;购买部门每期支付特定数额的固定费用之后,对于购入的产品只需支付变动成本,通过边际成本等于边际收入的原则来选择产量水平,可以使其利润达到最优水平。

按照这种方法,供应部门收取的固定费总额为期间固定成本预算额与必要的报酬之和,它按照各购买部门的正常需要量比例分配给购买部门。此外,为单位产品确定标准的变动成本,按购买部门的实际购入量计算变动成本总额。如果总需求量超过了供应部门的生产能力,变动成本不再表示需要追加的边际成本,则这种转移价格将失去其积极作用。反之,如果最终产品的市场需求量很少,购买部门需要的中间产品也变得很少,但它仍然需要支付固定费用。在这种情况下,市场风险全部由购买部门承担了,而供应部门仍能维持一定的利润水平,显得很不公平。实际上,供应和购买部门都受到最终产品市场的影响,应当共同承担市场变化引起的市场波动。

4. 全部成本转移价格

以全部成本或者全部成本加上一定利润作为内部转移价格,可能是最差的选择。它既不是业绩评价的良好尺度,也不能引导部门经理做出有利于企业的明智决策。它的唯一优点是简单。

首先,它以目前各部门的成本为基础,再加上一定百分比作为利润,在理论上缺乏说服力。以目前成本为基础,会鼓励部门经理维持比较高的成本水平,并据此取得更多的利润。越是节约成本的单位,越有可能在下一期被降低转移价格,使利润减少。另外,成本加成百分率的确定也是个困难问题。

其次,在连续式生产企业中,成本随产品在部门间流转,成本不断积累,使用相同的成本加成率会使后续部门利润明显大于前序部门。如果扣除半成品成本转移,则会因各部门投入原材料出入很大而使利润分布失衡。

因此,只有在无法采用其他形式转移价格时,才考虑使用全部成本加成办法来制定转移价格。

本章小结

财务控制是指利用财务反馈信息,按照一定的程序与方式,对企业各项财务活动进行调节、监督和控制,以保证企业各部门和人员能全面落实和实现财务预算的整个过程。财务控制是内部控制的重要组成部分,与会计控制是相对平衡的关系。

财务控制的特征有以价值形式为控制手段;以不同岗位、部门和层次的不同经济业务为综合控制对象;以控制日常现金流量为主要内容。

责任中心分为成本中心、利润中心和投资中心。

成本中心不考核收入,只考核所发生的成本和费用。成本中心有标准成本中心和费用中心两种类型。标准成本中心的考核指标是既定产品质量、数量条件下的标准成本。费用中心的考核指标是费用预算。

利润中心既要对成本负责又要对收入负责,但无权决定该中心资产投资水平。利润中心有自然的利润中心和人为的利润中心两种类型。利润中心的考核指标是利润。在评价利润中心业绩时,可控边际贡献适合对部门经理的评价,而部门边际贡献适合评价部门对企业利润和管理费用的贡献。

投资中心不仅能控制除所分摊的管理费用外的全部成本和收入,而且能控制所占用的资产。投资中心重要的考核指标通常有投资报酬率、剩余收益和现金回收率。投资报酬率作为评价业绩标准的优点是客观,但有可能引起部门利益与企业整体利益的冲突。剩余收益可以使部门业绩评价与企业的目标协调一致,但由于它是绝对数指标,故不便于不同部门间的比较。为使项目评估与业绩评估趋于一致,还可使用现金回收率和剩余现金流指标。

内部转移价格是指企业内部各责任中心之间转移中间产品或相互提供劳务,而发生内部结算和进行内部责任结转所使用的计价标准。

内部转移价格的制定形式有市场价格、以市场为基础的协商价格、变动成本加固定费转移价格和全部成本转移价格。

关键术语

财务控制　内部控制　会计控制　责任中心　成本中心　利润中心　投资中心　内部转移价格

思考与练习题

1. 思考题

(1) 什么是财务控制?

(2) 财务控制的特征有哪些?

(3) 财务控制的原则有哪些?

(4) 简述财务控制的具体分类。

(5) 财务控制的方式是什么?

(6) 财务控制必须具备的基础是什么?

(7) 什么是成本中心? 成本中心的考核指标有哪些?

(8) 什么是利润中心? 利润中心的考核指标有哪些?

(9) 什么是投资中心? 投资中心的考核指标有哪些?

(10) 什么是内部转移价格?

(11) 内部转移价格的制定原则有哪些?

(12) 简述内部转移价格的形式。

2. 练习题

1) 单项选择题

(1) 财务控制是(　　)的重要组成部分。

    A. 内部控制　　　　B. 外部控制　　　C. 价值控制　　　D. 资金控制

(2) 只有当财务控制所取得的收益大于其代价时,这种财务控制措施才是必要的。这体现了财务控制的(　　)原则。

    A. 归口分级管理原则　　　　　　　B. 经济性原则

    C. 可控原则　　　　　　　　　　　D. 例外管理原则

(3) 划分责任单位,逐层分解落实财务指标。这体现了财务控制的(　　)原则。

    A. 归口分级管理原则　　　　　　　B. 经济性原则

    C. 可控原则　　　　　　　　　　　D. 例外管理原则

(4) 财务指标必须是有关责任单位或责任人能施以重要影响或者能加以控制的责任指标。这体现了财务控制的(　　)原则。

    A. 归口分级管理原则　　　　　　　B. 经济性原则

    C. 可控原则　　　　　　　　　　　D. 例外管理原则

(5) 直接作用于企业财务活动的具体控制,称之为(　　)。

　　A. 一般控制　　　　B. 应用控制　　　　C. 预防控制　　　　D. 补偿性控制

(6) 对财务收支活动的结果所进行的考核及其相应的奖罚,体现了(　　)。

　　A. 事前控制　　　　B. 事中控制　　　　C. 事后控制　　　　D. 侦查性控制

(7) 为了实现其资本保全和资本增值目标而对经营者的财务收支活动进行的控制,是(　　)。

　　A. 出资者财务控制　　　　　　　　B. 经营者财务控制

　　C. 预算控制　　　　　　　　　　　D. 制度控制

(8) 以财务预算为依据进行的控制是(　　)。

　　A. 预算控制　　　　B. 制度控制　　　　C. 事前控制　　　　D. 事中控制

(9) 对会计的控制和再监督,体现的是(　　)。

　　A. 预算控制　　　　B. 成本控制　　　　C. 风险控制　　　　D. 审计控制

(10) 一个责任中心着重考核所发生的成本费用,是(　　)。

　　A. 成本中心　　　　B. 利润中心　　　　C. 投资中心　　　　D. 财务中心

(11) 投入和产出没有密切关系的单位,称之为(　　)。

　　A. 利润中心　　　　B. 投资中心　　　　C. 标准成本中心　　D. 费用中心

(12) 一个单位既对成本负责又对收入负责,称之为(　　)。

　　A. 成本中心　　　　B. 利润中心　　　　C. 投资中心　　　　D. 费用中心

(13) 下列属于利润中心的考核指标的是(　　)。

　　A. 投资报酬率　　　B. 剩余收益　　　　C. 现金回收率　　　D. 边际贡献

(14) 下列属于投资中心的考核指标的是(　　)。

　　A. 边际贡献　　　　　　　　　　　B. 可控边际贡献

　　C. 部门边际贡献　　　　　　　　　D. 投资报酬率

(15) 为了克服现金回收率这一指标的缺点,须同时使用(　　)。

　　A. 投资报酬率　　　B. 剩余现金流量　　C. 剩余收益　　　　D. 边际贡献

2) 多项选择题

(1) 财务控制的特征有(　　)。

　　A. 价值控制　　　　B. 资金控制　　　　C. 综合控制　　　　D. 制度控制

(2) 内部控制包括(　　)。

　　A. 会计控制　　　　B. 财务控制　　　　C. 外部控制　　　　D. 其他管理控制

(3) 财务控制按照其内容的不同,可分为(　　)。

　　A. 一般控制　　　　B. 应用控制　　　　C. 事前控制　　　　D. 事后控制

(4) 财务控制按照其功能不同,可分为(　　)。

　　A. 预防性控制　　　B. 纠正性控制　　　C. 指导性控制　　　D. 补偿性控制

(5) 财务控制按时序不同,可分为(　　)。

　　A. 事先控制　　　　B. 事中控制　　　　C. 事后控制　　　　D. 一般控制

(6) 财务控制的方式有(　　)。

　　A. 组织规划控制　　B. 授权批准控制　　C. 预算控制　　　　D. 审计控制

(7) 财务控制的基础有(　　)。

    A. 制度基础　　　　B. 预算目标　　　　C. 会计信息　　　　D. 奖励制度

(8) 责任中心包括(　　)。

    A. 成本中心　　　　B. 利润中心　　　　C. 投资中心　　　　D. 筹资中心

(9) 内部转移价格的制定原则有(　　)。

    A. 全局性原则　　　B. 公平性原则　　　C. 自主性原则　　　D. 重要原则

(10) 内部转移价格的形式有(　　)。

    A. 市场价格　　　　　　　　　　　　　B. 以市场为基础的协商价格

    C. 变动成本加固定费转移价格　　　　　D. 全部成本转移价格

3) 判断题

(1) 财务控制的特征有价值控制和综合控制。　　　　　　　　　　　　　　(　　)

(2) 内部控制是财务控制的组成部分。　　　　　　　　　　　　　　　　　(　　)

(3) 会计控制是内部控制的组成部分。　　　　　　　　　　　　　　　　　(　　)

(4) 经济性原则是指财务控制的收益要大于其代价。　　　　　　　　　　　(　　)

(5) 例外管理原则是指财务控制人员要将精力集中在常规事项上。　　　　　(　　)

(6) 财务控制按其功能不同,可分为一般控制和应用控制。　　　　　　　　(　　)

(7) 财务控制按其依据不同,可分为预算控制和制度控制。　　　　　　　　(　　)

(8) 财务控制按其手段不同,可分为收支控制和现金控制。　　　　　　　　(　　)

(9) 风险控制就是尽可能地防止出现不利于企业经营目标实现的各种风险。　(　　)

(10) 奖励制度是财务控制的基础之一。　　　　　　　　　　　　　　　　　(　　)

(11) 责任中心可以分为成本中心、利润中心和投资中心。　　　　　　　　　(　　)

(12) 成本中心既考核成本也考核收入。　　　　　　　　　　　　　　　　　(　　)

(13) 对利润中心进行考核的指标主要是利润。　　　　　　　　　　　　　　(　　)

(14) 投资中心只对投资效果负责。　　　　　　　　　　　　　　　　　　　(　　)

(15) 成功的协商转移价格依赖于最高管理层的必要干预。　　　　　　　　　(　　)

4) 业务题

习题一

【资料】某公司某一部门的数据资料如下:

部门销售收入	30 000 元
已销商品变动成本和变动销售费用	20 000 元
部门可控固定成本	1 600 元
部门不可控固定成本	2 400 元
分配的公司管理费用	1 000 元

【要求】

(1) 分别计算边际贡献、可控边际贡献、部门边际贡献和税前会计利润四个指标;

(2) 评价部门经理的业绩时用哪一个指标最好? 为什么?

习题二

【资料】假设某部门的资产额为 20 000 元,部门边际贡献为 4 000 元,企业的资本成本为 15%,部门经理面临一个投资报酬率为 17% 的投资机会,投资额为 10 000 元。

【要求】分别从投资报酬率和剩余收益的角度来分析,企业是否要采纳该投资方案。

第9章

财务分析

本章内容提要

本章主要介绍了财务分析的含义、主体与目的、原则与要求和财务分析的方法,以及偿债能力分析、营运能力分析、盈利能力分析和财务状况的综合分析。通过对本章的学习,要求学生了解财务分析的含义、主体与目的、原则与要求等;理解财务状况综合分析中的杜邦分析法和综合评分法;重点掌握偿债能力指标的计算与分析、营运能力指标的计算与分析、盈利能力指标的计算与分析。

9.1 财务分析概述

9.1.1 财务分析的含义

财务分析是指利用财务报表及其他有关资料,采用一系列专门的方法对企业财务状况、经营成果进行分析和评价。财务分析的基础资料是财务报表及其他有关资料,财务分析的目的可以概括为评价过去的经营业绩,衡量现在的财务状况,预测未来的发展趋势。

财务分析的最基本功能是将大量的报表数据转换成对特定决策有用的信息,以减少决策的不确定性。财务分析的起点是财务报表,分析使用的数据大部分来源于公开发布的财务报表,因此,财务分析的前提是正确理解财务报表。财务分析的结果是对企业的偿债能力、盈利能力和抵抗风险能力做出评价,或找出存在的问题。

一般认为,财务分析产生于19世纪末20世纪初。最早的财务分析主要是为银行服务的信用分析。当时,借贷资本在企业资本中的比重不断增加,银行家需要对贷款人进行信用调查和分析,借以判断客户的偿债能力。

资本市场形成后发展出盈利分析,财务分析由主要为贷款银行服务扩展到为投资人服务。随着社会筹资范围的扩大,非银行的贷款人和股权投资人增加,公众进入资本市场和债务市场,投资人要求的信息更为广泛。财务分析开始对企业的盈利能力、筹资结构、利润分配进行分析,发展出比较完善的外部分析体系。

公司组织发展起来以后,财务分析由外部分析扩大到内部分析,为改善内部管理服务。经理人员为改善盈利能力和偿债能力,以取得投资人和债权人的支持,他们开发了内部分析。内部分析不仅可以使用公开报表的数据,而且可以利用内部的数据进行分析,找出管理行为和报表数据的关系,通过管理来改善未来的财务报表。

9.1.2 财务分析的主体与目的

财务分析的内容非常宽泛,在每次具体的财务分析中,分析的侧重点、揭示的具体内容根据财务分析主体的不同而有所不同。财务分析主体是为达到特定目的而对企业财务状况和经营成果进行分析的单位和个人,主要包括投资者、债权人、经营者、供应商和客户、政府部门以及其他单位等。财务分析的目的受财务分析主体的制约,不同的财务分析主体进行财务分析的目的是不同的。

1. 企业投资者

企业投资者包括企业的所有者和潜在投资者,他们往往对是否继续持有对某一企业的投资或是否向某一企业投资进行决策。为此,他们需要了解企业的盈利能力、财务状况及现金流量,对企业的投资回报和投资风险做出估计和判断,他们主要关注的是企业未来的盈利能力和风险水平。

由于投资者的持股比例不同,他们对企业的控制力和影响力有着较大的不同,利益点存在差异。这种不同也直接导致了他们对企业财务状况关注重点的差异。对于控股股东和大股东而言,由于他们可以通过自己的努力直接或间接影响被持股企业管理层的人事安排、发展战略、投资决策、经营决策、利润分配等,这类股东往往关心与企业发展战略相关的财务信息,如企业的资产结构和资产质量、资本结构、长期获利能力等。而中小股东则更关心企业的短期经营业绩、股利分配政策等信息。

2. 企业债权人

企业的债权人包括短期债权人和长期债权人。一般来说,短期债权人更关心企业资产的流动性和企业支付短期债务的能力,对企业的长期获利能力并不十分关心。长期债权人关心企业贷款本金和利息能否按时支付,而企业能否按时偿还借款的本息是以企业未来的盈利能力和良好的现金流为基础的。因此,长期债权人不仅关心企业的偿债能力,也关心企业的盈利能力,会将偿债能力与盈利能力结合起来分析判断企业偿债能力的强弱。同时,由于长期债权人提供的贷款期限较长,企业的经营风险和财务风险将直接影响到其贷款是否可以按期偿还,所以他们也非常关心企业的经营风险和财务风险。

3. 企业管理者

企业管理者受托进行经营管理,应对受托财产的保值增值承担责任。他们负责企业的管理决策与日常的经营活动,进行资源的合理配置并努力提高资源的利用效率,目的是提高企业经济效益。

企业管理者进行财务分析的目的是综合的、多方面的,他们关心企业的盈利能力、营运能力和持续发展能力等各方面的财务信息,他们会进行盈利结果与原因分析、资本结构分析、营运状况与效率分析、经营风险与财务风险分析、支付能力与偿债能力分析等。通过这些分析,其目的是及时发现生产经营中存在的问题与不足,并采取有效措施加以解决,使企业不仅可以利用现有资源获得更多利润,而且能够保持盈利能力持续稳定增长。

4. 供应商和客户

供应商是企业商品或劳务的提供者,在赊购过程中,企业与供应商形成了商业信用关系。供应商需要分析受信企业的信用状况、偿债能力与风险程度,因此,供应商和贷款人类似,他们对企业的偿债能力和信用状况较为关注。

客户是企业商品的消费者,客户关心的是企业持续提供商品或劳务的能力、产品质量与后续服务能力等。因此,客户希望通过财务信息了解企业的销售能力和持续发展能力。

5. 企业雇员

企业雇员与企业存在长期稳定的关系,他们关心工作岗位的稳定性、获取劳动报酬的持续性、工作环境的安全性。因此,他们关注企业的盈利能力与发展前景。

6. 竞争对手

竞争对手希望获取关于企业的市场份额、盈利水平、成本费用等信息,以便于进行产品定价、产品结构调整、市场规划与决策。因此,他们对企业盈利能力、竞争战略等各方面的信息均感兴趣。

7. 行政管理与监督部门

国家行政管理与监督部门主要指工商、物价、财政、税务以及审计等部门。他们进行财务分析的目的,一方面是监督检查国家的各项经济政策、法规、制度在企业的执行情况;另一方面是保证企业财务会计信息和财务报告的真实性、准确性,为宏观决策提供可靠信息。

9.1.3 财务分析的原则与要求

1. 财务分析的原则

财务分析是财务管理工作的重要内容。为了保证财务分析的质量,充分发挥其重要作用,财务分析应按以下原则进行:

1) 从实际出发,坚持实事求是,反对主观臆断、结论先行,搞数字游戏。

2) 全面地看问题,坚持一分为二,反对片面地看问题。要兼顾成功经验与失败教训、有利因素与不利因素、主观因素与客观因素、经济问题与技术问题、外部问题与内部问题。

3) 注意事物的联系,坚持联系地看问题,反对孤立地看问题。要注意局部与全局的关系、偿债能力与盈利能力的关系、报酬与风险的关系。

4) 定量分析与定性分析相结合,坚持以定量分析为主。定性分析是定量分析的基础和前提,没有定性分析就弄不清本质、趋势和与其他事物的联系。定量分析是工具和手段,没有定量分析就弄不清数量界限、阶段性和特殊性。财务分析要透过数字看本质,没有数字就得不出结论。

2. 财务分析的要求

为了保证财务分析能更好地为企业管理决策服务,进行企业财务分析时要做到以下几点:

1) 财务分析所依据的信息资料要真实可靠

财务报表是财务分析的基本依据,如果财务报表不能真实地反映企业的财务状况和经营成果,那么,财务分析就不可能得出正确的结论。开展财务分析一定要以真实可靠的财务报表信息为基础。为此,企业必须做到会计核算的记录要真实、数据要准确、程序要规范,各个不同会计核算期间的核算方法要一致;财务报表的内容要齐全,编制方法要统一,各个不同会计核算期间财务报表的编制方法要相对稳定;会计核算和财务报表编制的方法有明显变动时,进行财务分析时应对有关数据进行调整,以利于正确进行评价。

2) 根据财务分析的目的正确选择财务分析的方法

在实际工作中,财务分析的具体目的不同,其方法也不一样。只有根据财务分析的具体目的选择适当的分析方法,才能收到预期的效果。为了正确选择财务分析的方法,分析人员必须做到开展财务分析前必须明确分析的目的;熟悉财务分析的方法和适用范围。只有这样,分析人员才能根据不同的目的正确选择相适应的方法,并加以灵活、准确地应用。

3) 根据多项财务指标的变化全面评价企业的财务状况和经营成果

影响企业财务指标变化的因素很多,有微观的与宏观的,有内部的与外部的,有主观的与客观的。在复杂多变的因素中,很难根据某项指标的变化全面评价企业的财务情况。因此,分析时应从多项指标的变化中掌握企业财务活动的规律性。为此,分析人员应做到绝对指标与相对指标相结合;横向指标与纵向指标相结合;目标标准与公认标准相结合。只有这样,才能得出正确的结论。

9.1.4　财务分析的方法

1. 比较分析法

比较分析法是指将某些财务指标与性质相同的指标标准进行对比,揭示企业财务状况和经营成果的一种分析方法。利用比较分析法,选择相关指标的评价标准,是非常重要的环节。在比较分析法中,通常采用的指标评价标准有以下几个:

1) 绝对标准

绝对标准是被普遍接受和公认的标准,无论哪个企业都是适用的。这些标准被应用得很普遍,因为利用这些标准能揭示企业财务活动与财务风险的一般状况。

2) 行业标准

行业标准就是以企业所在行业的特定指标数值作为财务分析对比的标准,可以是绝对数,也可以是相对数。在实际工作中的具体做法有多种,同行业公认的标准指标;同行业的先进水平指标;同行业的平均水平指标。通过与行业标准指标比较,有利于揭示本企业在本行业中的地位或与同行业的差距。

3) 目标标准

目标标准即财务管理的目标,是在分析影响财务指标的主、客观因素的基础上制定的。如果企业的实际财务指标达不到目标标准而产生差异,应进一步查明原因,以便改进财务管理工作。

4) 历史标准

历史标准可以是绝对数,也可以是相对数。在财务分析中,历史标准的具体运用方式有三种,即期末与期初对比;与历史同期对比;与历史最好水平对比。财务分析中采用历史标准有利于揭示企业财务状况和经营成果的变化趋势及存在的差距。

2. 比率分析法

比率分析法是指利用财务报表中两项相关数值的比率揭示企业财务状况和经营成果的一种分析方法。在财务分析中,比率分析法应用得比较广泛,因为只采用有关数值的绝对值对比不能深入揭示事物内在的矛盾,而采用相对值对比则能做到这一点。例如,甲、乙两个企业,年净利润均为 100 万元。甲企业的资产总额为 1 000 万元,乙企业的资产总额为 5 000 万元。如果仅从净利润的绝对值来看,可能会得出两个企业的盈利能力相同这个结论。而事实上,若结合两个企业的资产来看,甲企业利用 1 000 万元的资产创造出 100 万元的净利润,其资产报酬率为 10%;乙企业同样创造出 100 万元的净利润,利用的资产则是 5 000 万元,其资产报酬率为 2%。最终可以看出,甲企业的获利能力明显高于乙企业。可见,比率分析法更能恰当地评价企业的财务状况和经营成果。

经常用于财务分析的财务比率有相关比率、结构比率和动态比率。

1) 相关比率

相关比率是指同一时期财务报表中两项相关数值的比率。这一类比率包括反映偿债能力的比率,如资产负债率等;反映营运能力的比率,如存货周转率等;反映盈利能力的比率,如净资产收益率等。

2) 结构比率

结构比率是指财务报表中个别项目数值与全部项目总和的比率。这类比率揭示了部分与整体的关系,如存货与流动资产的比率、流动资产与全部资产的比率等。

3) 动态比率

动态比率是指财务报表中某个项目不同时期的两项数值的比率。这类比率又分为定基比率和环比比率,分别以不同时期的数值为基础揭示某项财务指标的变化趋势和发展速度。

在财务分析中,比率分析法往往要与比较分析法结合起来,才能更全面、更深入地揭示企业的财务状况、经营成果及其变动趋势。

3. 趋势分析法

无论是比较分析还是比率分析,如果只考虑某一期的数据,往往会受到偶然因素的影响,使财务分析的结论不可靠。为解决这一问题,需要在前两种方法的基础上进行趋势分析。

趋势分析是根据企业连续数期的财务报表,以选择的某一年份为基础,计算每一期各项目对基期同一项目的趋势百分比,形成一系列具有可比性的百分数或指数,以揭示企业财务状况和经营成果增减变动情况和趋势的一种分析方法。这种方法既可以用于对财务报表整体的分析,也可以用于对某些主要指标的发展趋势的分析。

采用趋势分析法通常要编制比较财务报表,将连续数期的同一财务报表并列在一起比较。其具体做法如下:

1) 编制绝对数比较财务报表

这种财务报表是按绝对金额编制的,即将一般财务报表的"金额栏"划分为若干期并填列若干期的金额,进行比较分析。

2) 编制相对数比较财务报表

这种财务报表是按相对数编制的,即将财务报表上的某一关键项目的金额当作 100%,再计算出其他项目对关键项目的百分比。然后把连续若干期按相对数编制的财务报表合并为一张财务报表,以反映各项目结构上的变化趋势。

9.2 偿债能力分析

9.2.1 偿债能力分析的目的与内容

财务安全是企业健康发展的基本前提,判断企业财务安全性的主要标准是企业的偿债能力。偿债能力是企业偿还本身所欠债务的能力。偿债能力分析的主要目的是揭示企业偿债能力的大小,从而判断企业财务风险的高低。企业偿债能力的强弱是决定企业财务状况和财务风险的重要因素之一,它会直接或间接地影响到包括管理者、股东、债权人等利益相关者的利益。而不同的利益相关者进行企业偿债能力分析的目的是不同的。

首先,股东进行偿债能力分析的目的是为了企业的长远发展。股东更看重企业的长期发展能力。而企业的长期发展能力不仅受盈利能力的影响,也受偿债能力的影响。如果企业能够按时偿还短期或长期债务,企业的持续经营就不会受到影响,可以长期顺利发展下去;如果企业不能如期偿还到期债务,那么其持续经营将受到影响,长期的成长价值就会削弱,直接影响股东的投资价值。

其次,管理者进行偿债能力分析的目的是为了确保生产经营的正常进行。企业的管理者要实现企业的经营目标,必须确保生产经营各环节的顺利进行,而各环节顺利进行的关键在于资金周转与循环的顺畅。企业偿债能力的好坏直接反映了企业资金循环状况,将直接影响到生产经营各环节的资金循环与周转。一旦出现不能偿债的情况,生产经营各环节的资金循环与周转就会中断,企业经营的持续性就会受到影响。因此,管理者通过财务分析能及时发现经营过程中存在的问题,并采取措施加以解决,实现生产经营的顺利进行。

最后,债权人进行偿债能力分析的目的是为了进行正确的借贷决策。及时收回本金并取得较高利息是债权人借贷要考虑的主要因素。债权人愿意借钱给企业的基本前提就是企业能够如期偿还借款本金并且支付约定利息,以确保债务的安全,而不愿意将资金借给一个偿债能力很差的企业。因此,债权人进行借贷决策时,必须深入分析企业的偿债能力。

企业偿债能力分析的内容受企业债务的构成内容和偿债所需资产的制约。不同的债务应该用不同的资产来偿还。一般来说,负债分为流动负债和长期负债;资产分为流动资产和非流动资产。因此,偿债能力分析通常分为短期偿债能力分析和长期偿债能力分析。

9.2.2 短期偿债能力分析

短期偿债能力分析是指企业偿还流动负债的能力。因为短期债务的偿还义务迫在眉睫,而且一旦不能按期偿还,企业可能面临被诉讼或被申请破产的危险,因此,在偿债能力管理当中,短期偿债能力的考察与分析被放在最重要的位置上。偿还短期债务须动用短期或立即可以变现的资产,因此,往往通过考察企业流动资产与短期债务的比例关系来分析企业的短期偿债能力。

1. 影响短期偿债能力的因素

1) 流动负债的规模与结构

流动负债的规模大小决定了企业所需要承担现时债务的多少。企业流动负债规模越大,为了偿还短期债务,需要有更多可以随时变现的流动资产,偿债负担就越重。

流动负债结构也是影响企业短期偿债能力的一个重要因素。流动负债一般由短期借款、应付及预收款项、应缴税费等组成。不同形式的流动负债,其偿还方式、偿还的紧迫性各不相同,要求相匹配的短期偿债能力因此也不同。例如,短期借款需要立即动用货币资金偿还,而为了清偿预收账款,企业只需准备足够的、符合合同要求的存货即可。此外,在流动负债中,各种债务的偿还期限是否集中,也会对企业的偿债能力造成影响。因此,在分析短期偿债能力时,除了注重短期债务的规模,也要关注短期债务的结构,才能科学准确地把握企业的短期偿债能力。

2) 流动资产的规模与结构

流动负债必须有足够的流动资产做保障,流动资产规模是影响短期偿债能力的一个重要指标。流动资产越多,企业短期偿债能力越强。如果现有流动资产不足以清偿流动负债,说明企业无法满足现时偿债要求,企业的经营将面临危险。

流动资产按变现能力可分为速动资产和存货两部分。流动资产不同项目的特性不同,流动性各异。速动资产的变现能力强,如货币资金可用于各种支付;交易性金融资产可立即转化为现金。而存货在流动资产中的流动性较差,变现时间较长,有些存货由于品种、质量等原因可能无法变现。如果存货在流动资产中所占比重过大,势必降低企业的短期偿债能力。因此,应具体分析不同的流动资产项目对短期偿债能力的影响。

3) 企业经营现金流量

企业负债的偿还方式可以分为两种,一种是以企业本身所拥有的资产来偿还;另一种是以新的负债来偿还,但最终都要以企业的资产特别是现金类资产来偿还。无论如何,现金流量都是决定企业偿债能力的重要因素。企业现金流量状况主要受经营状况和融资能力两方面的影响。在正常情况下,企业的经营业绩与现金流量应当一致。当企业经营业绩好时,就会有持续和稳定的现金流入,从根本上保障了债权人的利益;当企业经营业绩差时,其现金流入不足以抵补现金流出,造成营运资本缺乏,现金短缺,必然导致偿债能力下降。

2. 短期偿债能力指标的计算与分析

1) 营运资金

营运资金是指企业流动资产与流动负债之间的差额,是反映企业短期偿债能力的绝对数指标。其计算公式如下:

$$营运资金 = 流动资产 - 流动负债$$

【例 9 - 1】 某企业某年年末的流动资产是 700 万元,流动负债是 300 万元。计算该企业的营运资金。

解:营运资金 = 700 - 300 = 400(万元)

当营运资金为正值时,表明企业有能力用流动资产偿还全部短期债务;当营运资金为 0 或负值时,表明企业的流动资产已无力偿还全部短期负债,企业的短期资金周转将出现困难。营运资金越多,说明企业可用于偿还流动负债的资金余额充足,企业短期偿债能力越强。但是,并不是说营运资金越多越好。营运资金过多,说明企业有部分资金闲置,没有充分发挥效益,会影响获利能力。因此,营运资金应保持适当的数额。

2) 流动比率

流动比率是流动资产除以流动负债的比值。其计算公式如下:

$$流动比率＝流动资产÷流动负债$$

【例 9-2】　承例 9-1 的资料,计算该企业的流动比率。

解:流动比率＝700÷300＝2.33

企业能否偿还短期债务,要看有多少短期债务,以及有多少可变现偿债的流动资产。流动资产越多,短期债务越少,则偿债能力越强。如果用流动资产偿还全部流动负债,企业剩余的是营运资金,营运资金越多,说明企业不能偿还的风险越小。但是,营运资金是个绝对数,如果企业之间规模相差很大,绝对数之间的比较就失去了意义。而流动比率是流动资产和流动负债的比值,是个相对数,排除了企业规模不同的影响,更适合于企业之间以及本企业不同历史时期的比较。

一般认为,生产企业合理的最低流动比率是 2。这是因为流动资产中变现能力最差的存货金额约占流动资产总额的一半,剩下的流动性较大的流动资产至少要等于流动负债,企业的短期偿债能力才会有保证。

计算出来的流动比率只有和同行业的流动比率、本企业历史的流动比率相比较,才能知道这个比率是高还是低。但是,这种比较通常并不能说明流动比率为什么这么高或低,要找出过高或过低的原因还必须分析流动资产和流动负债所包含的内容以及经营上的因素。一般情况下,营业周期、流动资产中的应收账款数额和存货的周转速度是影响流动比率的主要因素。

3) 速动比率

流动比率虽然可以用来评价流动资产总体的变现能力,但短期债权人还希望获得比流动比率更进一步的有关变现能力的比率指标。这个指标被称为速动比率,也被称为酸性测试比率。速动比率是从流动资产中扣除存货部分,再除以流动负债的比值。其计算公式如下:

$$速动比率＝(流动资产－存货)÷流动负债$$

【例 9-3】　承例 9-1 的资料,若该企业当年年末的存货为 119 万元。计算该企业的速动比率。

解:速动比率＝(700－119)÷300＝1.94

之所以在计算速动比率时,将存货从流动资产中剔除,是因为在流动资产中存货的变现速度最慢;部分存货可能已报废损失但还未做处理;部分存货已抵押给某债权人;存货估价存在着成本与市价相差悬殊的问题。综上述原因,在不希望企业用变卖存货的办法还债,以及排除使人产生种种误解因素的情况下,把存货从流动资产中减去而计算出的速动比率所反映的短期偿债能力更加令人可信。

通常认为正常的速动比率为 1,低于 1 的速动比率被认为是短期偿债能力偏低。这仅是一般的看法,因为行业不同,速动比率会有很大差别,没有统一标准的速动比率。例如,采用大量现金销售的商店,几乎没有应收账款,大大低于 1 的速动比率是很正常的。相反,一些应收账款较多的企业,速动比率可能要大于 1。

另外,影响速动比率可信度的一个重要因素是应收账款的变现能力,账面上的应收账款不一定都能变成现金,实际坏账可能比计提的准备要多;季节性的变化可能使报表的应收账款数额不能反映平均水平。对于这些情况,外部财务报表使用人不易了解,而企业内部财务分析人员却有可能做出估计。

3. 影响短期偿债能力的其他因素

上述财务指标都可以从财务报表资料中获得。还有一些财务报表资料中没有反映出来的因素，也会影响企业的短期偿债能力，甚至影响更大。财务报表使用者多了解这方面的情况，有利于做出正确的判断。

1）增强短期偿债能力的因素

（1）可动用的银行贷款指标。银行已经同意、企业尚未办理贷款手续的银行贷款限额，可以随时增加企业的现金，提高支付能力。

（2）准备很快变现的长期资产。由于某种原因，企业可能将一些长期资产很快出售变为现金，增强短期偿债能力。

（3）偿债能力的声誉。如果企业的长期偿债能力一贯良好，有一定的声誉，在短期偿债能力方面出现困难时，可以很快通过发行债券和股票等办法解决资金的短缺问题，提高短期偿债能力。

2）减弱短期偿债能力的因素

未做记录的或有负债。或有负债是指由于可能发生的事项而导致的企业债务。企业某些大额的或有负债，如经济案件可能败诉引起的经济赔偿、产品售后可能发生的质量事故赔偿等，一旦变成事实，就会加重企业的债务负担，影响企业的短期偿债能力。

9.2.3 长期偿债能力分析

1. 影响长期偿债能力的因素

企业长期偿债能力是指企业按期支付长期债务利息和到期偿还长期债务本金的能力。资产是清偿长期债务的最终保障，盈利能力则是清偿长期债务的经营收益保障。一般情况下，不能以资产变现为长期债务的清偿提供保障，资产提供的保障是最后迫不得已的选择。即使如此，对债权人而言，考察长期债务规模与企业资产规模之间的对比关系，依然具有决策参考价值。因此，非流动负债规模、非流动资产规模、企业盈利能力是影响企业长期偿债能力的重要因素。

1）非流动负债的规模与结构

与流动负债相比，非流动负债具有偿还期限长、借款数额大、利息负担重等特点。企业举借非流动负债的主要目的，一是为了扩大经营规模而进行固定资产投资，如扩建厂房、购置机器设备等；二是运用财务杠杆为企业获取财务杠杆利益。非流动负债的多少直接反映了企业偿债压力程度，非流动负债越多，企业偿债压力越大。

非流动负债的期限结构是否与非流动资产的期限结构相匹配也很重要。企业资产期限和债务期限能匹配起来，一方面能减少企业的违约风险；另一方面可以使企业的现金资源达到最有效的配置。如果企业的债务期限比资产期限短，当债务到期时，企业可能没有足够的现金流来偿还债务；而如果债务期限比资产期限长，则可能因为企业资产已经不能获得收益但还要偿还债务，就会增加企业的违约风险；或因为到期资产产生了现金流而债务尚未到期，从而造成现金流的闲置。

2）非流动资产的规模与结构

企业的资产是企业负债的偿还保障，尤其是对非流动负债而言，非流动资产的规模和结构对企业长期偿债能力有着重要影响。由于大部分非流动负债在形成时是用非流动资产作抵押,抵押资产的规模决定着企业偿还非流动负债的能力。即使企业的资产没有作抵押,在债务到期时,如果没有足够的盈利来偿债,企业的全部资产都可用于偿债。因此,在非流动负债一定的情况下,企业资产越多,偿债能力越强。

3) 盈利能力

对正常经营的企业而言,非流动负债的偿还主要依靠企业的利润,否则,以企业资产偿还非流动负债势必缩小企业的生产经营规模,这不符合企业举借非流动负债的初衷。之所以举借非流动负债,是因为企业认为这有助于提高其盈利能力,可以用盈利水平提高获得的利润来偿还非流动负债。企业能否有足够的现金流来偿还非流动负债本息,取决于收入与费用配比的结果。虽然从短期看,报告利润与现金流并不一致,但从长期看,收入与费用最终都会表现为现金流量。因而,企业的盈利能力就成了决定其长期偿债能力的一个重要因素。

2. 长期偿债能力指标的计算与分析

企业资产是偿还企业债务的基本保障。从企业资产的角度评价企业长期偿债能力的指标有资产负债率、产权比率、有形净值债务率等。而盈利能力是清偿长期债务的经营收益保障,从盈利能力的角度评价企业长期偿债能力的主要指标是利息保障倍数。

1) 资产负债率

资产负债率是负债总额除以资产总额的百分比,也就是负债总额与资产总额的比例关系。资产负债率反映在总资产中,即有多大比例是通过借债来筹资的,也可以衡量企业在清算时保护债权人利益的程度。其计算公式如下:

$$资产负债率 = (负债总额 \div 资产总额) \times 100\%$$

【例 9-4】 某企业某年末负债总额为 1 060 万元,资产总额为 2 000 万元。试计算该企业的资产负债率。

解:资产负债率 = (1 060 ÷ 2 000) × 100% = 53%

这个指标反映了债权人提供的资本占全部资本的比例,因此也称之为举债经营比率。

从债权人的角度看,他们最关心的是贷给企业款项的安全程度,也就是能否按期收回本息。如果股东提供的资产与企业资本总额相比,只占较小的比例,则企业的风险将主要由债权人承担。因此,债权人希望债务比例越低越好,这样,企业偿债有保证,贷款不会有太大风险。

从股东的角度看,由于企业举债筹措的资金与股东提供的资金在经营中发挥同样的作用,所以,股东关心的是全部资本利润率是否超过借入款项的利率。因此,股东希望在全部资本利润率大于借款利率时,负债比例越大越好,否则,反之。

从经营者的立场看,如果举债很大,超出了债权人心理承受程度,则认为是不保险的,企业就借不到钱。如果企业不举债,或负债比例很小,说明企业畏缩不前,对前途信心不足。从财务管理的角度看,企业应当审时度势,全面考虑,在利用资产负债率制定借入资本决策时,必须充分估计预期的利润和增加的风险,在二者之间权衡利害得失,做出正确决策。

2) 产权比率

产权比率是负债总额与股东权益总额的比率,也叫作债务股权比率。其计算公式如下:

$$产权比率 = (负债总额 \div 股东权益) \times 100\%$$

【例 9-5】 承例 9-4 的资料,企业某年年末所有者权益总额为 940 万元。试计算该企业的产权比率。

解：产权比率＝(1 060÷940)×100％＝113％

产权比率反映了由债权人提供的资本与股东提供的资本的相对关系，即反映了企业基本财务结构是否稳定。一般来说，股东资本大于借入资本较好。从股东的角度来看，在通货膨胀加剧时期，企业多借债可以把损失和风险转嫁给债权人；在经济繁荣时期，多借债可以获得额外的利润；在经济萎缩时期，少借债可以减少利息负担和财务风险。产权比率高，是高风险、高报酬的财务结构；产权比率低，是低风险、低报酬的财务结构。该指标同时也表明债权人投入的资本受到股东权益保障的程度，或者说是企业清算时对债权人利益的保障程度。

资产负债率与产权比率具有共同的经济意义，两个指标可以相互补充。

3）有形净值债务率

有形净值债务率是企业负债总额与有形净值的百分比。有形净值是股东权益减去无形资产净值后的净值，即股东具有所有权的有形资产的净值。其计算公式如下：

$$有形净值债务率＝[负债总额÷(股东权益－无形资产净值)]×100％$$

【例9-6】 承例9-5的资料，该企业某年年末无形资产净值为6万元。试计算该企业的有形净值债务率。

解：有形净值债务率＝[1 060÷(940-6)]×100％＝113.5％

有形净值债务率实质上是产权比率的延伸，它更为谨慎、保守地反映了企业清算时债权人投入的资本受到股东权益保障的程度。所谓谨慎和保守，是因为该指标不考虑无形资产的价值，无形资产不一定能用来还债，为谨慎起见一律视为不能还债，将其从分母中扣除。

4）利息保障倍数

利息保障倍数是指企业息税前利润与利息费用的比率，用以衡量企业偿付借款利息的能力。其计算公式如下：

$$利息保障倍数＝息税前利润÷利息费用$$

公式中的"息税前利润"可以用"利润总额加利息费用"来测算。由于利润表中，没有单列利息费用，经常用财务费用来替代利息费用。

【例9-7】 某企业某年税后净收益为136万元，利息费用为80万元，所得税为64万元。试计算该企业的利息保障倍数。

解：利息保障倍数＝(136+64+80)÷80＝3.5

利息保障倍数反映了企业经营收益为所需支付的债务利息的多少倍。只要利息保障倍数足够大，企业就有充足的能力偿付利息。没有足够多的息税前利润，利息的支付就会发生困难。利用利息保障倍数来分析评价企业长期偿债能力，从静态看，该指标至少应大于1，否则说明企业偿债能力很差；从动态看，利息保障倍数提高，说明企业偿债能力在增强。

3. 影响长期偿债能力的其他因素

除了用上述指标可以分析评价企业长期偿债能力以外，还有一些没有在财务报表中充分披露的因素，也会影响到企业的长期偿债能力。

1）长期租赁

当企业急需某种设备或资产而又缺乏足够的资金时，可以通过租赁的方式解决。在融资租赁形式下，相应的租赁费作为长期负债处理，该因素已经包括在上述指标的计算之中。然而，当企业的经营性租赁比较大,期限比较长或具有经常性时,就形成了一种长期性筹资,这种长期性筹资虽然没有包括在长期负债中,但到期必须支付租金,会对企业的偿债能力产生影响。因此,如果企业经常发生经营租赁业务,应考虑租赁费用对企业长期偿债能力的负面影响。

2) 担保责任

担保责任的时间长短不一,有的涉及企业的长期负债,有的涉及企业的流动负债。在分析企业长期偿债能力时,应根据有关资料判断担保责任带来的潜在的长期负债问题。

3) 或有项目

或有项目的存在必须通过未来不确定的事项的发生或者不发生予以证实,一旦未来不确定的事项发生,必然会影响企业的财务状况。因此,企业不得不对它们予以足够的重视,在评价企业长期偿债能力时也要考虑它们的影响。

9.3 营运能力分析

9.3.1 营运能力分析的目的与内容

在激烈的市场竞争中,如何能够利用稀缺的经济资源创造更大的价值,是理性经济个体和组织追求的终极目标。从产出的角度而言,企业资金周转得越快,资产使用的效率越高,创造的增量价值就越多;从投入的角度来讲,企业营运能力越高,同样产出占用的资产就越少,意味着节约了资源,大幅度降低了资源的使用成本。因此,在一定条件下,营运能力的提高,一方面意味着投入的减少;另一方面意味着产出的增加,能提高企业的盈利能力,为企业创造更多的价值。所以,卓越的资产营运能力越来越成为企业的一项核心竞争力。

营运能力主要是指企业营运资产的效率与效益。企业营运资产的效率主要是指营运资产的周转率,即资产的产出额与资产占用额之间的比率。

企业营运能力分析的目的,就是通过计算分析企业资产经营效率与效益的指标,来评价企业资产经营的效果,发现在资产营运过程中存在的问题,为企业提高经济效益指明方向。

营运能力反映了企业对现有资产的管理水平和使用效率,体现了各种资产的运转能力。按照资产流动性进行划分,企业资产营运能力可以分为流动资产营运能力、非流动资产营运能力以及总资产营运能力等。

9.3.2 流动资产营运能力分析

1. 流动资产营运能力分析的内容

流动资产营运能力是指企业生产经营资金的周转速度,反映了流动资产的利用能力和利用效率。流动资产中应收账款和存货往往占有较大的比重,应收账款和存货的流动性将直接影响到企业的流动比率,也反映出企业管理流动资产的效率。因此,对流动资产营运能力的分析将侧重于对应收账款和存货管理水平的分析。反映流动资产周转情况的指标主要有应收账款周转率、存货周转率、营业周期、流动资产周转率等。

2. 流动资产营运能力指标的计算与分析

1) 应收账款周转率

应收账款周转率是指一定会计期间内营业收入与应收账款平均余额的比率,即企业年

度内应收账款转为现金的平均次数。它说明了应收账款流动的速度,即单位应收账款投资获得的营业收入。其计算公式如下:

$$应收账款周转率=营业收入÷平均应收账款$$

用时间表示的周转速度是应收账款周转天数,也叫平均应收账款回收期,表示企业从取得应收账款的权利到收回款项、转换为现金所需的时间。其计算公式如下:

$$应收账款周转天数=360÷应收账款周转率$$

【例9-8】 某企业某年度营业收入为3 000万元,年初应收账款余额为200万元;年末应收账款余额为400万元。试计算该企业的应收账款周转率、应收账款周转天数。

解:应收账款周转率=3 000÷[(200+400)÷2]=10(次)

应收账款周转天数=360÷10=36(天)

应收账款周转率和应收账款周转天数指标从不同角度反映了应收账款的周转速度。一般而言,应收账款周转率越高,平均收账期越短,说明企业的应收账款收回越快,表明企业占用的资金越少,应收账款转化为现金的效率越高,体现出企业管理应收账款的质量越高。否则,企业的营运资金会过多地呆滞在应收账款上,影响企业正常的资金周转。应收账款周转正常,对企业偿债能力是一种重要的保障,也表明短期偿债能力指标如流动比率和速动比率具有较高的可信度。但是,应收账款周转水平过高,也可能意味着企业的销售政策过严,不利于竞争。因此,分析应收账款周转的快慢及是否正常,还应该考虑企业的销售政策、竞争态势及行业平均水平。

2) 存货周转率

存货周转率是指营业成本与平均存货之间的比率,也称之为存货的周转次数。它是衡量和评价企业购入存货、投入生产、销售回收等各环节存货管理状况的综合性指标。其计算公式如下:

$$存货周转率=营业成本÷平均存货$$

用时间表示存货的周转速度就是存货周转天数。其计算公式如下:

$$存货周转天数=360÷存货周转率$$

【例9-9】 某企业某年度的营运成本为2 200万元,期初存货为321万元,期末存货为119万元。试计算该企业的存货周转率和存货周转天数。

解:存货周转率=2 200÷[(321+119)÷2]=10(次)

存货周转天数=360÷10=36(天)

一般来讲,存货周转速度越快,存货的占用水平越低,流动性越强,存货转换为现金或应收账款的速度越快。提高存货周转率可以提高企业的变现能力,而存货周转速度越慢则变现能力越差。

存货周转率(存货周转天数)指标反映了企业销售存货的效率,也反映了企业的销售能力。在正常条件下,保持合理的存货水平对企业的盈利能力有重要影响。一方面,存货水平过高会占用企业资金,形成低效率资产,降低企业的资产周转率和盈利水平;另一方面,如果存货水平过低,可能会出现存货满足不了生产销售需要的情况,同样影响企业的盈利能力。因此,存货指标的好坏不仅反映企业存货管理水平,也是整个企业管理的重要内容。存货周转率指标分析的目的是,从不同的角度和环节上找出存货管理中的问题,使存货管理在保证生产经营连续性的同时,尽可能少占用经营资金,提高资金的使用效率,增强企业短期偿债能力,促进企业管理水平的提高。

　　3)营业周期

　　营业周期是指从取得存货开始到销售存货并收回现金为止的时期,即企业的生产经营周期。营业周期的长短可以通过应收账款和存货的周转天数近似地反映出来。因此,可以由应收账款周转天数和存货周转天数之和简化计算营业周期。其计算公式如下:

$$营业周期＝应收账款周转天数＋存货周转天数$$

　　营业周期的长短对企业生产经营具有重要影响。营业周期每增加一天,就需要相应资金来负担额外的流动资产,因而营业周期的延长与企业借款规模的扩大往往并存。营业周期短,说明企业资产的流动性越强,资产的使用效率越高,资产的风险越低,其收益能力相应地也强。营业周期的长短还影响着企业资产规模和资产结构,营业周期越短,流动资产占用相对越少;反之,则相反。因此,分析企业的营业周期,并想办法缩短营业周期,对于增强资产的管理效果具有重要的意义。

　　4)流动资产周转率

　　流动资产周转率是指营业收入与全部流动资产平均余额的比值。其计算公式如下:

$$流动资产周转率＝营业收入÷平均流动资产$$

　　【例 9-10】　承例 9-8 的资料,该企业年初流动资产为 600 万元,年末流动资产为700 万元。试计算该企业的流动资产周转率。

　　解:流动资产周转率＝3 000÷[(600＋700)÷2]＝4.62(次)

　　流动资产周转率反映了企业流动资产的周转速度。周转速度越快,会相对节约流动资产,等于相对扩大了资产投入,增强了企业盈利能力;而延缓周转速度,需要补充流动资产参加周转,形成资金浪费,降低了企业盈利能力。

9.3.3　非流动资产营运能力分析

　　非流动资产包含的项目很多,对其营运能力的分析常用的指标有非流动资产周转率及固定资产周转率。

　　1. 非流动资产周转率的计算与分析

　　非流动资产周转率是指营业收入与非流动资产之间的比率。它反映了非流动资产的周转效率。其计算公式如下:

$$非流动资产周转率＝营业收入÷平均非流动资产余额$$

　　【例 9-11】　承例 9-8 的资料,该企业年初非流动资产为 1 000 万元,年末非流动资产为 1 300 万元。试计算该企业的非流动资产周转率。

　　解:非流动资产周转率＝3 000÷[(1 000＋1300)÷2]＝2.61(次)

　　2. 固定资产周转率的计算与分析

　　固定资产周转率是指营业收入与平均固定资产净值之间的比率。它反映了固定资产的周转效率。其计算公式如下:

$$固定资产周转率＝营业收入÷平均固定资产净值$$

　　【例 9-12】　承例 9-8 的资料,该企业年初固定资产净值为 900 万元,年末固定资产净值为 1 200 万元。试计算该企业的固定资产周转率。

解: 固定资产周转率＝3 000÷[(900＋1 200)÷2]＝2.86(次)

固定资产周转率反映了企业长期投入资本的报酬率。较高的固定资产周转率,表明企业固定资产投资得当,固定资产结构合理,固定资产利用效果好。

在进行固定资产周转率分析时,应以企业历史水平和同行业平均水平为标准进行对比分析,从中找出差距,努力提高固定资产周转速度。与同行相比,如果固定资产周转率较低,意味着企业生产能力过剩;固定资产周转率较高,可能是企业设备较好利用引起的,也可能是设备老化即将折旧完造成的。在后一种情况下,可能会引起较高的生产成本使企业实现的利润降低,使将来的更新改造更加困难。企业一旦形成固定资产过多的局面,除了想办法用以扩大销售之外,没有其他有效办法。但如果固定资产使用率很低,设备确实是多余的,就必须想办法处理,以提高固定资产配置效率。

9.3.4 总资产营运能力分析

企业总资产营运能力主要是指总资产周转率,是考察总资产营运效率的一项重要指标。

1. 总资产营运能力的影响因素分析

总资产周转率反映了企业全部投资产生收入的能力,其高低受各部分资产的利用效果的影响,如存货、应收账款、固定资产等。同时,企业实现营业收入的状况也对总资产营运能力形成重要影响。另外,企业在资本市场的融资行为以及并购活动等因素也会影响总资产的营运能力。如果企业在资本市场筹集的货币资金过多,而又没有适当的投资渠道,在一段时期内这笔资产处于闲置状态,无法为企业带来效益,自然会降低总资产的营运能力;企业大规模并购后,内部的整合也需要一定时间,这也会导致总资产周转率偏低。

2. 总资产营运能力指标的计算与分析

1) 总资产周转率

总资产周转率是指营业收入与平均总资产的比率。其计算公式如下:

$$总资产周转率＝营业收入÷平均资产总额$$

【例 9-13】 承例 9-8 的资料,该企业年初资产总额为 1 600 万元,年末资产总额为 2 000 万元。试计算该企业的总资产报酬率。

解: 总资产周转率＝3 000÷[(1 600＋2 000)÷2]＝1.67(次)

该指标反映了企业总资产的周转速度。企业总资产周转越快,反映了企业的销售能力越强。企业可以通过薄利多销的办法,加速资产的周转,带来利润绝对额的增加。

总之,各项资产的周转指标用于衡量企业运用资产赚取收入的能力,经常和反映盈利能力的指标结合在一起使用,可全面评价企业的盈利能力。

9.4 盈利能力分析

9.4.1 盈利能力分析的目的与内容

企业盈利能力是指企业在一定时期内赚取利润的能力。盈利能力指标是企业经营的各项指标中最为重要和综合的指标。首先,企业经营业绩的好坏最终都可以通过企业的盈利能力来反映;其次,企业的盈利能力与偿债能力和营运能力紧密相关,较强的营运能力和良好的偿债能力,会大大增强企业的盈利能力。所以,无论是企业的股东、债权人还是管理人员,都非常关心企业的盈利能力,并重视对利润及其变动趋势的分析和预测。

对企业盈利能力的分析可以从以下几个方面进行:资产经营盈利能力分析;商品经营盈利能力分析;上市公司盈利能力分析。

9.4.2　资产经营盈利能力分析

资产经营盈利能力分析是指企业通过资产运作获取利润的能力。反映资产经营盈利能力的指标主要是净资产收益率和总资产报酬率。

1. 净资产收益率

净资产收益率是指企业的净利润与平均净资产的比率,又称之为权益净利率。其计算公式如下:

$$净资产收益率=净利润÷平均净资产×100\%$$

【例 9-14】　某企业某年度净利润为 136 万元,年初净资产为 872 万元,年末净资产为 940 万元。试计算该企业的净资产收益率。

解:净资产收益率=136÷[(872+940)÷2]×100%=15%

净资产收益率是反映企业盈利能力的核心指标。因为企业的根本目标是所有者权益或股东价值最大化,而净资产收益率既可以直接反映资本的增值能力,又影响着企业股东价值的大小。该指标越高,反映企业盈利能力越强。

决定净资产收益率高低的因素有三个方面,即营业净利率、总资产周转率和权益乘数。影响营业净利率高低的因素分析,需要从营业额和营业成本两个方面进行。而对于总资产周转率,则需对影响总资产周转的各因素进行分析,如对流动资产周转率、应收账款周转率、存货周转率等有关资产各组成部分的使用效率进行分析。权益乘数主要受资产负债率的影响。因此,对净资产收益率指标的分析涉及前述各种指标,是所有比率中综合性最强、最具有代表性的一个指标。

2. 总资产报酬率

总资产报酬率是指企业息税前利润与平均总资产之间的比率。其计算公式如下:

$$总资产报酬率=息税前利润÷平均总资产×100\%$$

【例 9-15】　某企业某年利润总额为 200 万元,利息支出为 80 万元,年初总资产为 1 600 万元,年末总资产为 2 000 万元。试计算该企业的总资产报酬率。

解:总资产报酬率=(200+80)÷[(1 600+2000)÷2]=15%

把企业一定时期的息税前利润与企业的资产相比较,表明了企业资产利用的综合效果。企业的资产是由投资人投入或举债形成的。利润的多少与企业资产的多少、资产的结构、经营管理水平有着密切的关系。该指标值越高,表明企业资产的利用效率越高,说明企业在增加收入和节约资金使用等方面取得了良好的效果;否则,相反。为了正确评价企业经济效益的高低、挖掘提高利润水平的潜力,可以用该指标与本企业历史水平、同行业先进水平进行对比,并进一步找出影响该指标的不利因素,以提高企业总资产报酬率。

9.4.3 商品经营盈利能力分析

商品经营是相对于资产经营而言的。商品经营盈利能力分析不考虑企业的筹资或投资问题,只关注利润与收入、成本之间的比率关系。其常用的分析指标有营业净利率、营业毛利率。

1. 营业净利率

营业净利率是指净利润与营业收入的比率。其计算公式如下:

$$营业净利率=净利润÷营业收入×100\%$$

【例 9 - 16】 某企业某年度净利润为 136 万元,营业收入为 3 000 万元。试计算该企业的营业净利率。

解:营业净利率=136÷3 000×100%=4.53%

该指标反映了企业每 1 元营业收入带来的净利润是多少,表示营业收入的收益水平。从营业净利率的指标关系看,净利润额与营业净利率呈正比关系,而营业收入与营业净利率呈反比关系。企业在增加营业收入的同时,必须相应地获得更多的净利润,才能使营业净利率保持不变或有所提高。通过分析营业净利率的升降变动,可以促使企业在扩大销售的同时,注意改进经营管理,提高盈利水平。

2. 营业毛利率

营业毛利率是指毛利占营业收入的比率。其中,毛利是指营业收入与营业成本的差。其计算公式如下:

$$营业毛利率=[(营业收入－营业成本)÷营业收入]×100\%$$

【例 9 - 17】 承例 9 - 16 的资料,假设该企业营业成本为 2 200 万元。试计算该企业的营业毛利率。

解:营业毛利率=[(3 000－2 200)÷3 000]×100%=26.67%

该指标表示企业每一元营业收入扣除营业成本后,有多少钱可用于各项期间费用和形成盈利。营业毛利率是企业营业净利率的最初基础,没有足够大的毛利率便不能盈利。

9.4.4 上市公司盈利能力分析

由上市公司本身特点所决定,其盈利能力除了可以通过一般企业盈利能力的指标分析外,还可以进行一些特殊指标的分析,特别是一些与企业股票价格或市场价值相关的指标分析,如每股收益、每股净资产、市盈率、市净率等。

1. 每股收益

每股收益是指企业净利润与年末普通股总股数的比值。其计算公式如下:

$$每股收益=净利润÷年末普通股股份总数$$

【例 9 - 18】 某上市公司某年净利润为 1 500 万元,发行在外的普通股为 2 500 万股。试计算该公司的每股收益。

解:每股收益=1 500÷2 500=0.6(元/股)

该指标反映了企业每股发行在外的普通股所获得的净收益或需承担的净损失。它是衡量上市公司盈利能力和普通股股东获利水平及投资风险,预测企业成长潜力进而做出相关经济决策的一项重要财务指标。在分析时,可以进行企业间的比较,以评价该公司的相对盈利能力;可以进行不同时期的比较,了解该公司盈利能力的变化趋势;可以进行经营业绩和盈利预测的比较,掌握该公司的管理能力。

计算该指标时,要注意每股收益多,不一定多分红,还要看公司股利分配政策。

2. 每股净资产

每股净资产是指年末净资产(即股东权益)与年末普通股总股数的比值,也称为每股账面价值或每股权益。其计算公式如下:

$$每股净资产＝年末股东权益÷年末普通股股份总数$$

这里的"年末股东权益"是指扣除优先股权益后的余额。

【例 9-19】 某企业年末股东权益为 7 300 万元,普通股总股数为 2 500 万股。试计算该企业的每股净资产。

解: 每股净资产＝7 300÷2 500＝2.92(元/股)

该指标反映了企业发行在外的每股普通股所代表的净资产成本即账面权益。每股净资产在理论上提供了股票的最低价值。如果公司的股票价格低于净资产的成本,成本又接近变现价值,说明公司已无存在价值,清算是股东最好的选择。正因为如此,相关法律规定新建公司不允许股票折价发行。

3. 市盈率

市盈率是指普通股每股市价为每股收益的倍数。其计算公式如下:

$$市盈率＝普通股每股市价÷普通股每股收益$$

【例 9-20】 某上市公司每股市价为 6 元,每股收益为 0.6 元。试计算该公司的市盈率。

解: 市盈率＝6÷0.6＝10(倍)

该指标反映了企业投资人对每元净利润所愿支付的价格,可以用来估计股票的投资报酬和风险。它是市场对公司的共同期望指标,市盈率越高,表明市场对公司的未来越看好。在市价确定的情况下,每股收益越高,市盈率越低,投资风险越小;反之亦然。在每股收益确定的情况下,市价越高,市盈率越高,风险越大;反之亦然。仅从市盈率高低的横向比较来看,高市盈率说明公司能够获得社会信赖,具有良好的前景;反之亦然。

该指标不能用于不同行业公司的比较,充满发展机会的新兴行业的市盈率普遍较高,而成熟工业行业的市盈率普遍较低,这并不说明后者的股票没有投资价值。在每股收益很小或亏损时,市价不会降至 0,很高的市盈率往往不说明任何问题。市盈率的高低受到净利润和市价的影响,影响市价变动的因素很多,包括投机炒作等,因此,观察市盈率的长期趋势很重要。

4. 市净率

市净率是指普通股每股市价和普通股每股净资产的比值。其计算公式如下:

$$市净率＝普通股每股市价÷普通股每股净资产$$

【例 9-21】 某上市公司每股市价为 6 元,每股净资产为 2.92 元。试计算该公司的市净率。

解: 市净率＝6÷2.92＝2.05(倍)

该指标反映了企业投资者对企业每股净资产愿意出的价格。一般来说,市净率越高,说明投资者对每股净资产愿意出更高的价格来购买该公司股票,意味着企业资产质量越好,股票投资的风险越小;市净率越低,说明投资者对每股净资产只愿意出较低的价格来购买,意味着企业资产质量较差,股票投资的风险较大。通常,优质公司的市净率往往较高。当市净率达到3时,可以树立良好的公司形象。市价低于每股净资产的股票,就像售价低于成本的商品一样,属于"处理品"。当然,"处理品"也不是没有购买价值,问题在于该公司今后是否有转机,或者购入后经过资产重组能否提高获利能力。

9.5 财务状况的综合分析

9.5.1 财务状况综合分析的目的和特点

利用财务比率可以分析企业某一方面的状况,如企业的偿债能力、资产管理水平、企业获利能力等,但是,难以全面评价企业的财务状况和经营成果,不能揭示一个指标对其他指标的影响。要想对企业财务状况和经营成果有一个总的评价和绩效考核,就必须采用综合性的分析方法。

财务状况综合分析的目的表现在,第一,综合分析可以明确企业盈利能力、营运能力、偿债能力之间的相互关系,找出制约企业发展的"瓶颈"所在;第二,财务状况综合分析是财务综合评价的基础,通过综合分析有利于综合评价企业的经营业绩,明确企业在行业中的水平和地位。

财务状况综合分析与前述的单项分析相比,具有以下特点:首先,两者分析问题的方法不同。财务状况单项分析采用由一般到个别,把企业财务活动的总体分解为每个具体部分,然后逐一加以考查分析;而财务状况综合分析则是通过归纳综合,将个别财务现象从财务活动的总体上做出总结。其次,两者的本质特征不同。财务状况单项分析具有实务性和实证性,而财务状况综合分析具有高度的抽象性和概括性。最后,两者的重点和基准不同。财务状况单项分析把每个分析指标视为同等重要的地位来处理,难以考虑各种指标之间的相互关系;而财务状况综合分析强调各种指标有主辅之分,重点关注主要指标。

9.5.2 财务状况综合分析的方法

财务状况综合分析的方法常用的主要有杜邦分析法和综合评分法。

1. 杜邦分析法

杜邦分析法是利用各个财务比率指标之间的内在联系,对企业的财务状况进行综合分析的一种方法。这种方法由美国杜邦公司最先采用,故称为杜邦分析法。该方法以权益净利率(净资产收益率)为龙头,重点揭示企业获利能力及其前因后果。

$$权益净利率＝总资产净利率×权益乘数$$
$$＝营业净利率×资产周转率×权益乘数$$
$$权益乘数＝1÷(1－资产负债率)$$

其中的权益乘数表示企业的负债程度,权益乘数越大,表明企业的负债程度越高。通常的财务比率都是除数,除数的倒数叫乘数。其中的资产负债率是指全年平均资产负债率,即企业全年平均负债总额与全年平均资产总额的百分比。

【例 9－22】 某企业某年度年初负债总额为 800 万元,资产总额为 1 680 万元;年末负债总额为 1 060 万元,资产总额为 2 000 万元。试计算该企业的权益乘数。

$$\textbf{解:} 权益乘数 = 1 \div \left[1 - \frac{\frac{800 + 1\,060}{2}}{\frac{1\,680 + 2\,000}{2}} \times 100\% \right] = 1 \div (1 - 50.54\%) = 2.022$$

从上述公式来看,决定权益净利率高低的因素有三个方面,即营业净利率、资产周转率和权益乘数。这样分解后,可以把权益净利率这样一项综合性指标发生升、降的原因具体化,比只用一项综合性指标更能说明问题。用下图 9-1 能更准确地反映和理解杜邦财务分析体系的本质。

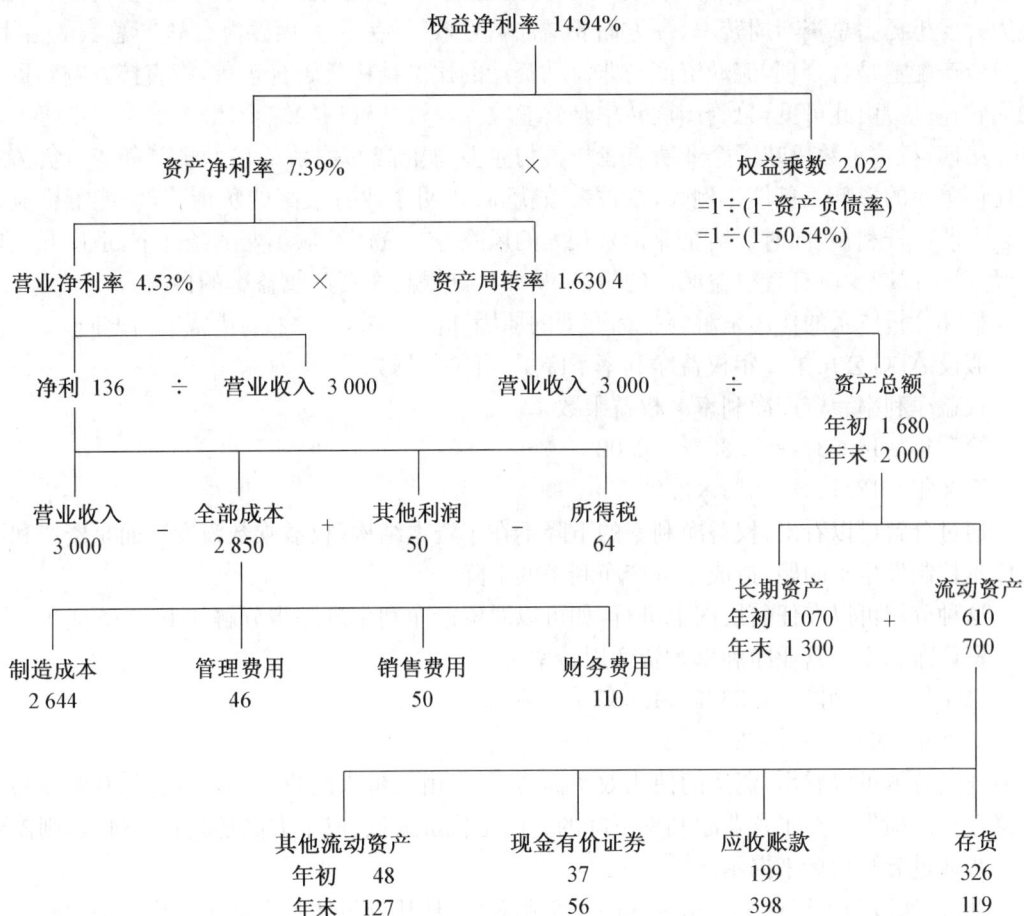

权益净利率 14.94%

资产净利率 7.39% × 权益乘数 2.022
=1÷(1-资产负债率)
=1÷(1-50.54%)

营业净利率 4.53% × 资产周转率 1.630 4

净利 136 ÷ 营业收入 3 000   营业收入 3 000 ÷ 资产总额
年初 1 680
年末 2 000

营业收入 － 全部成本 ＋ 其他利润 － 所得税
3 000   2 850   50   64

长期资产   流动资产
年初 1 070 ＋ 610
年末 1 300   700

制造成本   管理费用   销售费用   财务费用
2 644   46   50   110

	其他流动资产	现金有价证券	应收账款	存货
年初	48	37	199	326
年末	127	56	398	119

图 9-1 杜邦分析图

从杜邦分析图中,可以得到如下财务信息:

第一,权益净利率是一个综合性较强的财务分析指标,是杜邦分析图中的核心。它反映企业所有者投入资本的获利能力,说明企业筹资、投资、日常管理等各项财务活动的效果,不断提高权益净利率是使企业价值、所有者权益最大化的基本保证。而权益净利率指标的高低不仅取决于总资产报酬率,而且还取决于股东权益在总权益中的比重。这样分解后,就可以将权益净利率这一综合指标发生变化的原因具体化,比只用一项综合性指标更能说明问题。

第二,营业净利率反映了企业净利润与营业收入的关系,提高营业净利率是提高企业盈利能力的关键所在。要想提高营业净利率,一是要扩大营业收入;二是要降低成本费用。扩大营业收入具有重要意义,既利于提高营业净利率,又可提高总资产周转率。降低成本费用也是提高营业净利率的一个重要因素。从杜邦分析图可以看出一个企业成本费用的基本结构是否合理,从而找出降低成本费用的途径和加强成本费用控制的方法。如果企业财务费用支出过高,就要进一步分析其负债比率是否过高;如果管理费用过高,就要就一步分析其资金周转情况等。

第三,总资产周转率也是一项重要的财务指标,反映了企业运用资产以产生营业收入的能力。要想提高总资产周转率,一方面要增加营业收入;另一方面要降低资产总额的占用。企业资产配置是否合理,流动资产与非流动资产的比例结构是否合理等,将直接影响到资产的周转速度。由此可见,总资产周转率是营业收入与资产管理的综合体现。

第四,权益乘数反映了企业所有者权益与企业总资产的关系。它主要受资产与负债之间比例关系的影响。负债比例大,权益乘数就高,说明企业有较高的负债程度,能给企业带来较大的杠杆利益,同时也给企业带来较大的风险。在资产总额不变的条件下,适度开展负债经营,可以减少所有者权益所占的份额,从而达到提高净资产收益率的目的。

杜邦分析体系的作用是解释指标变动的原因和变动趋势,为采取措施指明方向。

假设 ABC 公司第 2 年权益净利率下降了,有关数据如下:

权益净利率＝资产净利率×权益乘数

第 1 年　14.93％＝7.39％×2.02

第 2 年　12.12％＝6％×2.02

通过分解可以看出,权益净利率的下降不在于资本结构(权益乘数没变),而是资产利用或成本控制发生了问题,造成了资产净利率的下降。

这种分解可以在任何层次上进行,如可以对资产净利率进一步分解如下:

资产净利率＝营业净利率×资产周转率

第 1 年　7.39％＝4.53％×1.630 4

第 2 年　6％＝3％×2

通过分解可以看出,资产的使用效率提高了,但由此带来的收益不足以抵补营业净利率下降造成的损失。至于营业净利率下降的原因是售价太低、成本太高还是费用过大,则需要进一步通过分解指标来揭示。

此外,通过与本行业平均指标或同类企业对比,杜邦分析体系有助于解释变动的原因。

假设 D 公司是一个同类企业,有关比较数据如下:

资产净利率＝营业净利率×资产周转率

ABC 公司:

第 1 年　7.39％＝4.53％×1.630 4

第 2 年　6％＝3％×2

D公司：

第 1 年　7.39％＝4.53％×1.630 4

第 2 年　6％＝5％×1.2

两个企业利润水平的变动趋势是一样的,但通过分解可以看出它们的原因各不相同。ABC公司是成本费用上升或售价下跌,而D公司是资产使用效率下降。

应当指出的是,杜邦分析法是一种分解财务比率的方法,而不是另外建立新的财务指标,可以用于各种财务比率的分解。它和其他财务分析方法一样,关键不在于指标的计算而在于对指标的理解和运用。

2. 综合评分法

在进行财务分析时,人们常常遇到的一个主要困难是在计算出各项财务比率后,无法判断其是正好满足需要,还是偏高或偏低。将所计算出的比率与企业历史水平或计划、定额相比,也只能看出企业自身的变化,很难评价其在市场竞争中的优劣地位。为了弥补这些缺点,沃尔评分法的先驱之一亚历山大·沃尔在20世纪初出版的《信用晴雨表研究》和《财务报表比率分析》中提出了信用能力指数的概念,把若干个财务比率用线性关系结合起来,以评价企业的信用水平。他选取了流动比率、净资产/负债、资产/固定资产、营业成本/存货、营业额/应收账款、营业额/固定资产、营业额/净资产这七种财务比率,确定其比重和标准比率,按照实际比率相比较,求出总评分。沃尔评分法在实践中的应用表明这种方法是行之有效的,但从理论上说,这种方法有一个缺点,就是没能证明为什么要选择这七个指标,而不是更多或更少的指标,或者选择别的财务比率;同时,在权数的选择方面,未能证明每个指标所占比重的合理性。

综合评分法由沃尔评分法演变而来,采用综合评分法时选取的财务比率要更多一些。对企业财务状况进行综合分析要遵循以下程序:

1) 选定评价企业财务状况的财务比率

在选择财务比率时,一要具有全面性,要求反映企业的偿债能力、营运能力和获利能力的三大类财务比率都应包括在内;二要具有代表性,即要选择能够说明问题的重要财务比率;三要具有变化方向的一致性,即当财务比率增大时,表示财务状况的改善;反之,当财务比率减小时,表示财务状况的恶化。

2) 根据各项指标的重要程度,确定其标准评分值即重要性系数

各项财务比率的标准评分值之和应等于100。各项财务比率评分值的确定是财务比率综合评分法的一个重要问题,它直接影响到对企业财务状况评分的多少。对各项财务比率的重要程度,不同的分析者会有截然不同的态度。但是,一般来说,应根据企业的经营活动性质、企业的生产经营规模、市场形象和分析者的目的等因素来确定。

3) 规定各项财务比率评分值的上限和下限

即规定财务比率最高评分值和最低评分值,这主要是为了避免个别财务比率的异常给总分造成不合理的影响。

4) 确定各项财务比率的标准值

财务比率的标准值是指各项财务比率在本企业现时条件下最理想的数值,亦即最优值。财务比率的标准值通常可以参照行业的平均水平,并经过调整后确定。

5) 计算企业在一定时期内各项财务比率的实际值

计算出各项财务比率实际值,并除以标准值从而得到关系比率。

6) 计算出各项财务比率的实际得分

各项财务比率的实际得分是各项比率和标准评分值的乘积。每项财务比率的得分都不得超过上限或下限,所有各项财务比率实际得分的合计数就是企业财务状况的综合得分。

企业财务状况的综合得分反映了企业综合财务状况是不是良好。如果综合得分等于或接近 100 分,说明企业的财务状况是良好的,达到了预先确定的目标;如果综合得分低于 100 分很多,说明企业的财务状况较差,应当采取适当的措施加以改善;如果综合得分超过了 100 分很多,就证明企业的财务状况非常理想。

下面利用某公司某年的财务数据,利用综合评分法对该企业的财务状况进行评价,评分结果如表 9-1 所示。

表 9-1 某公司某年度财务比率综合评分表

财务比率	评分	标准值	上/下限	实际值	关系比率	实际评分
	①	②	③	④	⑤=④÷②	⑥=①×⑤
流动比率	10	2.00	15/5	1.98	0.99	9.90
速动比率	10	1.20	15/5	1.29	1.08	10.80
资产/负债	12	2.10	18/6	2.17	1.03	12.36
存货周转率	10	6.5	15/5	6.6	1.02	10.20
应收账款周转率	8	13	12/4	12.72	0.98	7.84
总资产周转率	10	2.1	15/5	2.05	0.98	9.80
资产报酬率	15	31.5%	22.5/7.5	30.36%	0.96	14.40
股权报酬率	15	58.33%	22.5/7.5	57.19%	0.98	14.70
营业净利率	10	15%	15/5	14.79%	0.99	9.90
合　计	100	—	—	—	—	99.90

根据上表的财务比率综合评分,该公司的财务状况的综合得分为 99.90 分,非常接近 100 分,说明该公司的财务状况是良好的,与选定的标准基本一致。

综合评分法的关键之处在于评分和标准值的确定。只有长期连续实践,不断修正,才能取得较好效果。

本章小结

财务分析是指利用财务报表及其他有关资料,采用一系列专门的方法对企业财务状况、经营成果进行分析和评价。财务分析的目的可以概括为评价过去的经营业绩,衡量现在的财务状况,预测未来的发展趋势。

财务分析主体主要包括投资者、债权人、经营者、供应商和客户、政府部门以及其他单位等。财务分析的方法主要有比较分析法、比率分析法和趋势分析法。

企业财务分析通常包括偿债能力分析、营运能力分析、盈利能力分析及财务状况综合分析这几个方面。

偿债能力分析包括短期偿债能力分析和长期偿债能力分析。短期偿债能力分析的指标有营运资金、流动比率和速动比率。长期偿债能力分析的指标有资产负债率、产权比率、有形净值债务率和利息保障倍数。

营运能力分析包括流动资产营运能力分析、非流动资产营运能力分析和总资产营运能力分析。流动资产营运能力分析的指标有应收账款周转率、存货周转率、营业周期。非流动资产营运能力分析的指标有非流动资产周转率、固定资产周转率。总资产营运能力分析的指标有总资产周转率。

盈利能力分析包括资产经营盈利能力分析、商品经营盈利能力分析和上市公司盈利能力分析。资产经营盈利能力分析的指标有权益净利率、总资产报酬率。商品经营盈利能力分析的指标有营业净利率、营业毛利率。上市公司盈利能分析的指标有每股收益、每股净资产、市盈率、市净率。

财务状况综合分析的方法常用的主要有杜邦分析法和综合评分法。杜邦分析法是一种分解财务比率的方法,侧重于解释指标变动的原因和趋势;综合评分法有助于评价企业在行业中的优劣地位,但关键技术在于评分和标准值的确定。

关键术语

财务分析　偿债能力　资产负债率　利息保障倍数　应收账款周转率　存货周转率
营业周期　固定资产周转率　营运能力　盈利能力　权益净利率　营业净利率　每股收益
市盈率　市净率　综合分析　杜邦分析法　综合评分法

思考与练习题

1. 思考题

(1) 什么是财务分析? 财务分析的主体有哪些?

(2) 财务分析的方法有哪些?

(3) 影响企业短期偿债能力的因素有哪些?

(4) 影响企业长期偿债能力的因素有哪些?

(5) 如何关注表外因素对企业偿债能力的影响?

(6) 影响流动资产周转率的因素有哪些?

(7) 影响非流动资产周转率的因素有哪些?

(8) 为什么说净资产收益率是反映企业盈利能力的核心指标?

(9) 上市公司盈利能力指标与一般企业的盈利能力指标有什么区别?

(10) 与财务状况单项分析相比,财务状况综合分析有什么特点?

(11) 什么是杜邦分析体系? 它有什么特点?

(12) 简述综合评分法的原理与步骤。

2. 练习题

1) 单项选择题

(1) 流动比率是指(　　)与流动负债之比。

　　A. 资产　　　　　　　B. 流动资产　　　　　　C. 非流动资产　　　　　D. 存货

(2) 速动比率与流动比率指标计算公式中的不同点在于（　　　）。

　　A. 货币资金　　　　B. 应收账款　　　　　C. 存货　　　　　　D. 固定资产

(3) 营业周期是指应收账款周转天数与（　　　）之和。

　　A. 流动资产周转天数　　　　　　　　B. 存货周转天数

　　C. 非流动资产周转天数　　　　　　　D. 固定资产周转天数

(4) 用以衡量企业清算时债权人利益受保障程度的指标是（　　　）。

　　A. 资产负债率　　B. 产权比率　　　　C. 权益乘数　　　　D. 利息保障倍数

(5) 用以衡量企业财务结构是否稳定的指标是（　　　）。

　　A. 资产负债率　　B. 产权比率　　　　C. 有形净值债务率　　D. 利息保障倍数

(6) 有形净值债务率指标计算公式中,有形净值是指所有者权益扣除（　　　）。

　　A. 存货　　　　　B. 应收账款　　　　C. 固定资产　　　　D. 无形资产

(7) 利息保障倍数是指（　　　）与利息费用之比。

　　A. 利润总额　　　B. 净利润　　　　　C. 息税前利润　　　D. 营业利润

(8) 用以衡量非流动资产营运能力的指标有（　　　）。

　　A. 应收账款周转率　　　　　　　　　B. 存货周转率

　　C. 营业周期　　　　　　　　　　　　D. 固定资产周转率

(9) 反映资产经营盈利能力的指标有（　　　）。

　　A. 净资产收益率　B. 市盈率　　　　　C. 营业净利率　　　D. 每股净资产

(10) 反映商品经营盈利能力的指标有（　　　）。

　　A. 净资产收益率　B. 市盈率　　　　　C. 营业净利率　　　D. 每股净资产

(11) 常用于评价上市公司盈利能力的指标有（　　　）。

　　A. 净资产收益率　B. 每股收益　　　　C. 营业净利率　　　D. 每股净资产

(12) 从理论上讲,能够提供股票最低价值的指标是（　　　）。

　　A. 市盈率　　　　B. 每股收益　　　　C. 市净率　　　　　D. 每股净资产

(13) 能够反映投资者对上市公司股票评价高低的指标是（　　　）。

　　A. 市盈率　　　　B. 每股收益　　　　C. 市净率　　　　　D. 每股净资产

(14) 杜邦分析体系以（　　　）为核心,揭示企业获利能力及其前因后果。

　　A. 总资产报酬率　B. 每股收益　　　　C. 权益净利率　　　D. 营业净利率

(15) 下列不属于财务状况综合评价方法的有（　　　）。

　　A. 杜邦分析法　　B. 沃尔评分法　　　C. 综合评分法　　　D. 趋势分析法

2) 多项选择题

(1) 下列属于财务分析主体的有（　　　）。

　　A. 投资者　　　　B. 债权人　　　　　C. 经营者　　　　　D. 政府部门

(2) 财务分析的方法有（　　　）。

　　A. 比较分析法　　B. 比率分析法　　　C. 趋势分析法　　　D. 因素分析法

(3) 计算流动比率和速动比率都要用到的指标是（　　　）。

　　A. 流动资产　　　B. 流动负债　　　　C. 存货　　　　　　D. 速动资产

(4) 用以衡量企业清算时债权人利益受保障程度的指标有（　　　）。

　　A. 资产负债率　　B. 产权比率　　　　C. 有形净值债务率　　D. 利息保障倍数

(5) 影响企业短期偿债能力的其他因素有（　　）。

    A. 银行贷款指标　　　　　　　　　　B. 即将变现的长期资产

    C. 偿债能力的声誉　　　　　　　　　D. 或有负债

(6) 影响企业长期偿债能力的因素有（　　）。

    A. 非流动负债规模　　　　　　　　　B. 非流动资产规模

    C. 盈利能力　　　　　　　　　　　　D. 经营现金流量

(7) 用以衡量流动资产营运能力的指标有（　　）。

    A. 应收账款周转率　　　　　　　　　B. 存货周转率

    C. 固定资产周转率　　　　　　　　　D. 营业周期

(8) 用以衡量非流动资产营运能力的指标有（　　）。

    A. 非流动资产周转率　　　　　　　　B. 存货周转率

    C. 营业周期　　　　　　　　　　　　D. 固定资产周转率

(9) 用以反映资产经营盈利能力的指标有（　　）。

    A. 净资产收益率　　B. 总资产报酬率　　C. 营业毛利率　　　　D. 营业净利率

(10) 用以反映商品经营盈利能力的指标有（　　）。

    A. 净资产收益率　　B. 总资产报酬率　　C. 营业毛利率　　　　D. 营业净利率

3) 判断题

(1) 企业投资者进行财务分析重点关注的是企业的偿债能力。　　　　　　　　（　　）

(2) 企业债权人进行财务分析重点关注的是企业的盈利能力。　　　　　　　　（　　）

(3) 财务分析依据的资料主要是财务报告。　　　　　　　　　　　　　　　　（　　）

(4) 财务分析的方法主要是比率分析法。　　　　　　　　　　　　　　　　　（　　）

(5) 企业营运资金越多越好。　　　　　　　　　　　　　　　　　　　　　　（　　）

(6) 流动比率和速动比率合理的指标值都是 2。　　　　　　　　　　　　　　（　　）

(7) 资产负债率指标对债权人来说越低越好。　　　　　　　　　　　　　　　（　　）

(8) 从股东的角度来看,资产负债率越高越好。　　　　　　　　　　　　　　（　　）

(9) 权益乘数越大,企业财务风险越高。　　　　　　　　　　　　　　　　　（　　）

(10) 有形净值债务率更谨慎保守地反映了债权人利益受保障的程度。　　　　（　　）

(11) 一般而言,营业周期短说明企业应收账款和存货管理水平较高。　　　　（　　）

(12) 权益净利率是综合性最强的一个财务指标。　　　　　　　　　　　　　（　　）

(13) 权益净利率受营业净利率、资产周转率和权益乘数的影响。　　　　　　（　　）

(14) 每股收益是净利润扣除优先股股息后的余额与发行在外的普通股总股数之比。

　　　　　　　　　　　　　　　　　　　　　　　　　　　　　　　　　　（　　）

(15) 市盈率越高,说明投资者对该公司的发展前景越看好。　　　　　　　　（　　）

4) 业务题

习题一

【资料】某公司流动资产由速动资产和存货构成,年初存货为 145 万元,年初应收账款为 125 万元,年末流动比率为 3,年末速动比率为 1.5,存货周转率为 4 次,年末流动资产余额为 270 万元。一年按 360 天计算。

【要求】

（1）计算该公司年末流动负债总额；

（2）计算该公司年末存货总额和年平均存货总额；

（3）计算该公司本年营业成本；

（4）假定本年赊销净额为960万元，应收账款以外的其他速动资产不计，计算该公司应收账款周转期。

习题二

【资料】某企业2018年有关财务资料如下：年末流动比率为2.5，年末速动比率为1.2（不考虑预付账款、一年内到期的非流动资产等），存货周转率为5次。年末资产总额为180万元（年初为140万元），年末流动负债为14万元，年末长期负债为42万元（负债只包括流动负债和长期负债两项），年初存货成本为15万元。2018年营业收入为198万元，管理费用为9万元，利息费用为10万元。所得税税率为25%。

【要求】

（1）计算2018年该企业资产负债率；

（2）计算2018年该企业总资产周转率；

（3）计算2018年该企业年末存货与营业成本；

（4）计算2018年该企业净资产收益率。

习题三

【资料】某企业2018年赊销收入净额为2 000万元，营业成本为1 600万元；年初、年末应收账款余额分别为200万元和400万元；年初、年末存货余额分别为200万元和600万元；年末速动比率为1.2，年末现金比率（现金/流动负债）为0.7。假定该企业流动资产由速动资产和存货组成，速动资产由应收账款和现金类资产组成，一年按360天计算。

【要求】

（1）计算2018年该企业应收账款周转天数；

（2）计算2018年该企业存货周转天数；

（3）计算2018年年末该企业流动负债余额和速动资产余额；

（4）计算2018年年末该企业流动比率。

习题四

【资料】某企业2018年年末简化的资产负债表如下表9-2所示。

表9-2　某企业2018年简化的资产负债表　　　　　　　　　　　万元

资　　产	金　　额	负债及所有者权益	金　　额
流动资产	600	流动负债	360
长期股权投资	500	长期借款	850
固定资产	1 800	实收资本	800
无形资产	400	盈余公积	1 290
总　　计	3 300	总　　计	3 300

假设表中的金额为平均数。该企业当年营业收入为6 000万元，净利润为450万元。

【要求】

计算2018年该企业营业净利率、总资产周转率、权益乘数和净资产收益率。

附表 1　复利终值系数表

$$(1+i)^n = (F/P, i, n)$$

n	1%	2%	3%	4%	5%	6%	7%	8%	9%	10%	11%	12%	13%	14%	15%
1	1.01	1.02	1.03	1.04	1.05	1.06	1.07	1.08	1.09	1.1	1.11	1.12	1.13	1.14	1.15
2	1.020 1	1.040 4	1.060 9	1.081 6	1.102 5	1.123 6	1.144 9	1.166 4	1.188 1	1.21	1.232 1	1.254 4	1.276 9	1.299 6	1.322 5
3	1.030 3	1.061 2	1.092 7	1.124 9	1.157 6	1.191	1.225	1.259 7	1.295	1.331	1.367 6	1.404 9	1.442 9	1.481 5	1.520 9
4	1.040 6	1.082 4	1.125 5	1.169 9	1.215 5	1.262 5	1.310 8	1.360 5	1.411 6	1.464 1	1.518 1	1.573 5	1.630 5	1.689	1.749
5	1.051	1.104 1	1.159 3	1.216 7	1.276 3	1.338 2	1.402 6	1.469 3	1.538 6	1.610 5	1.685 1	1.762 3	1.842 4	1.925 4	2.011 4
6	1.061 5	1.126 2	1.194 1	1.265 3	1.340 1	1.418 5	1.500 7	1.586 9	1.677 1	1.771 6	1.870 4	1.973 8	2.082	2.195	2.313 1
7	1.072 1	1.148 7	1.229 9	1.315 9	1.407 1	1.503 6	1.605 8	1.713 8	1.828	1.948 7	2.076 2	2.210 7	2.352 6	2.502 3	2.66
8	1.082 9	1.171 7	1.266 8	1.368 6	1.477 5	1.593 8	1.718 2	1.850 9	1.992 6	2.143 6	2.304 5	2.476	2.658 4	2.852 6	3.059
9	1.093 7	1.195 1	1.304 8	1.423 3	1.551 3	1.689 5	1.838 5	1.999	2.171 9	2.357 9	2.558	2.773 1	3.004	3.251 9	3.517 9
10	1.104 6	1.219	1.343 9	1.480 2	1.628 9	1.790 8	1.967 2	2.158 9	2.367 4	2.593 7	2.839 4	3.105 8	3.394 6	3.707 2	4.045 6
11	1.115 7	1.243 4	1.384 2	1.539 5	1.710 3	1.898 3	2.104 9	2.331 6	2.580 4	2.853 1	3.151 8	3.478 4	3.835 9	4.226 2	4.652 4
12	1.126 8	1.268 2	1.425 8	1.601	1.795 9	2.012 2	2.252 2	2.518 2	2.812 7	3.138 4	3.498 5	3.896	4.334 5	4.817 9	5.350 3
13	1.138 1	1.293 6	1.468 5	1.665 1	1.885 6	2.132 9	2.409 8	2.719 6	3.065 8	3.452 3	3.883 3	4.363 5	4.898	5.492 4	6.152 8
14	1.149 5	1.319 5	1.512 6	1.731 7	1.979 9	2.260 9	2.578 5	2.937 2	3.341 7	3.797 5	4.310 4	4.887 1	5.534 8	6.261 3	7.075 7
15	1.161	1.345	1.558	1.800 9	2.078 9	2.396 6	2.759	3.172 2	3.642 5	4.177 2	4.784 6	5.473 6	6.254 3	7.137 9	8.137 1
16	1.172 6	1.372 8	1.604 7	1.873	2.182 9	2.540 4	2.952 2	3.425 9	3.970 3	4.595	5.310 9	6.130 4	7.067 3	8.137 2	9.357 6
17	1.184 3	1.400 2	1.652 8	1.947 9	2.292	2.692 8	3.158 8	3.7	4.327 6	5.054 5	5.895 1	6.866	7.986 1	9.276 5	10.761 3
18	1.196 1	1.428 2	1.702 4	2.025 8	2.406 6	2.854 3	3.379 9	3.996	4.717 1	5.559 9	6.543 6	7.69	9.024 3	10.575 2	12.375 5
19	1.208 1	1.456 8	1.753 5	2.106 8	2.527	3.025 6	3.616 5	4.315 7	5.141 7	6.115 9	7.263 3	8.612 8	10.197 4	12.055 7	14.231 8
20	1.220 2	1.485 9	1.806 1	2.191 1	2.653 3	3.207 1	3.869 7	4.661	5.604 4	6.727 5	8.062 3	9.646 3	11.523 1	13.743 5	16.366 5
21	1.232 4	1.515 7	1.860 3	2.278 8	2.786	3.399 6	4.140 6	5.033 8	6.108 8	7.400 2	8.949 2	10.803 8	13.021 1	15.667 6	18.821 5
22	1.244 7	1.546	1.916 1	2.369 9	2.925 3	3.603 5	4.430 4	5.436 5	6.658 6	8.140 3	9.933 6	12.100 3	14.713 8	17.861	21.644 7
23	1.257 2	1.576 9	1.973 6	2.464 7	3.071 5	3.819 7	4.740 5	5.871 5	7.257 9	8.954 3	11.026 3	13.552 3	16.626 6	20.361 6	24.891 5
24	1.269 7	1.608 4	2.032 8	2.563 3	3.225 1	4.048 9	5.072 4	6.341 2	7.911 1	9.849 7	12.239 1	15.178 6	18.788 1	23.212 2	28.625 2
25	1.282 4	1.640 6	2.093 8	2.665 8	3.386 4	4.291 9	5.427 4	6.848 5	8.623	10.834 7	13.585 5	17.000 1	21.230 5	26.461 9	32.919
26	1.295 3	1.673 4	2.156 6	2.772 5	3.555 7	4.549 4	5.807 4	7.396 4	9.399 2	11.918	15.079 9	19.040 1	23.990 5	30.166 6	37.856 8
27	1.308 2	1.706 9	2.221 3	2.883 4	3.733 5	4.822 3	6.213 9	7.988 1	10.245 1	13.11	16.738 7	21.324 9	27.109 3	34.389 9	43.535 3
28	1.321 3	1.741	2.287 9	2.998 7	3.920 1	5.111 7	6.648 8	8.627 1	11.167 1	14.421	18.579 9	23.883 9	30.633 5	39.204 5	50.065 6
29	1.334 5	1.775 8	2.356 6	3.118 7	4.116 1	5.418 4	7.114 3	9.317 3	12.172 2	15.863 1	20.623 7	26.749 9	34.615 8	44.693 1	57.575 5
30	1.347 8	1.811 4	2.427 3	3.243 4	4.321 9	5.743 5	7.612 3	10.062 7	13.267 7	17.449 4	22.892 3	29.959 9	39.115 9	50.950 2	66.211 8

（续表）

n	16%	17%	18%	19%	20%	21%	22%	23%	24%	25%	26%	27%	28%	29%	30%
1	1.16	1.17	1.18	1.19	1.2	1.21	1.22	1.23	1.24	1.25	1.26	1.27	1.28	1.29	1.3
2	1.345 6	1.368 9	1.392 4	1.416 1	1.44	1.464 1	1.488 4	1.512 9	1.537 6	1.562 5	1.587 6	1.612 9	1.638 4	1.664 1	1.69
3	1.560 9	1.601 6	1.643	1.685 2	1.728	1.771 6	1.815 8	1.860 9	1.906 6	1.953 1	2.000 4	2.048 4	2.097 2	2.146 7	2.197
4	1.810 6	1.873 9	1.938 8	2.005 3	2.073 6	2.143 6	2.215 3	2.288 9	2.364 2	2.441 4	2.520 5	2.601 4	2.684 4	2.769 2	2.856 1
5	2.100 3	2.192 4	2.287 8	2.386 4	2.488 3	2.593 7	2.702 7	2.815 3	2.931 6	3.051 8	3.175	3.303 8	3.436	3.572 3	3.712 9
6	2.436 4	2.565 2	2.699 6	2.839 8	2.986	3.138 4	3.297	3.462 8	3.635 2	3.814 7	4.001 5	4.195 9	4.398	4.608 3	4.826 8
7	2.826 2	3.001 2	3.185 5	3.379 3	3.583 2	3.797 5	4.022 7	4.259 3	4.507 7	4.768 4	5.041 9	5.328 8	5.629 5	5.944 7	6.274 9
8	3.278 4	3.511 5	3.758 9	4.021 4	4.299 8	4.595	4.907 7	5.238 9	5.589 5	5.960 5	6.352 8	6.767 5	7.205 8	7.668 6	8.157 3
9	3.803	4.108 4	4.435 5	4.785 4	5.159 8	5.559 9	5.987 4	6.443 9	6.931	7.450 6	8.004 5	8.594 8	9.223 4	9.892 5	10.604 5
10	4.411 4	4.806 8	5.233 8	5.694 7	6.191 7	6.727 5	7.304 6	7.925 9	8.594 4	9.313 2	10.085 7	10.915 3	11.805 9	12.761 4	13.785 8
11	5.117 3	5.624	6.175 9	6.776 7	7.430 1	8.140 3	8.911 7	9.748 9	10.657 1	11.641 5	12.708	13.862 5	15.111 6	16.462 2	17.921 6
12	5.936	6.580 1	7.287 6	8.064 2	8.916 1	9.849 7	10.872 2	11.991 2	13.214 8	14.551 9	16.012	17.605 3	19.342 8	21.236 2	23.298 1
13	6.885 8	7.698 7	8.599 4	9.596 4	10.699 3	11.918 2	13.264 1	14.749 1	16.386 3	18.189 9	20.175 2	22.358 8	24.758 8	27.394 7	30.287 5
14	7.987 5	9.007 5	10.147 2	11.419 8	12.839 4	14.421	16.182 2	18.141 4	20.319 1	22.737 4	25.420 7	28.395 7	31.691 3	35.339 1	39.373 8
15	9.265 5	10.538 7	11.973 7	13.589 5	15.407	17.449 4	19.742 3	22.314	25.195 6	28.421 7	32.030 1	36.062 5	40.564 8	45.587 5	51.185 9
16	10.748	12.330 3	14.129	16.171 5	18.488 4	21.113 8	24.085 6	27.446 2	31.242 6	35.527 1	40.357 9	45.799 4	51.923	58.807 9	66.541 7
17	12.467 7	14.426 1	16.672 2	19.244 1	22.186 1	25.547 7	29.384 4	33.758 8	38.740 8	44.408 9	50.851	58.165 2	66.461 4	75.862 1	86.504 2
18	14.462 5	16.879	19.673 3	22.900 5	26.623 3	30.912 7	35.849	41.523 3	48.038 6	55.511 2	64.072 2	73.869 8	85.070 6	97.862 2	112.455 4
19	16.776 5	19.748 4	23.214 4	27.251 6	31.948	37.404 3	43.735 8	51.073 7	59.567 9	69.388 9	80.731	93.814 9	108.890 4	126.242 2	146.192
20	19.460 8	23.105 6	27.393	32.429 4	38.337 6	45.259 3	53.357 6	62.820 6	73.864 1	86.736 2	101.721 1	119.144 6	139.379 7	162.852 4	190.049 6
21	22.574 5	27.033 6	32.323 8	38.591	46.005 1	54.763 7	65.096 3	77.269 4	91.591 5	108.420 2	128.168 5	151.313 7	178.406	210.079 6	247.064 5
22	26.186 4	31.629 3	38.142 1	45.923 3	55.206 1	66.264 1	79.417 5	95.041 3	113.573 5	135.525 3	161.492 4	192.168 3	228.359 6	271.002 7	321.183 9
23	30.376 2	37.006 2	45.007 6	54.648 7	66.247 4	80.179 5	96.889 4	116.900 8	140.831 2	169.406 6	203.480 6	244.053 8	292.300 3	349.593 5	417.539 1
24	35.236 4	43.297 3	53.109	65.032	79.496 8	97.017 2	118.205	143.788	174.630 6	211.758 2	256.385 3	309.948 3	374.144 4	450.975 6	542.800 8
25	40.874 2	50.657 8	62.668 6	77.388 1	95.396 2	117.390 9	144.210 1	176.859 3	216.542	264.697 8	323.045 4	393.634 4	478.904 9	581.758 5	705.641
26	47.414 1	59.269 7	73.949	92.091 8	114.475 5	142.042 9	175.936 4	217.536 9	268.512 1	330.872 2	407.037 3	499.915 7	612.998 2	750.468 5	917.333 3
27	55.000 4	69.345 5	87.259 8	109.589 3	137.370 6	171.871 9	214.642 4	267.570 4	332.955	413.590 3	512.867	634.892 9	784.637 7	968.104 4	1 192.533
28	63.800 4	81.134 2	102.966 6	130.411 2	164.844 7	207.965 1	261.863 7	329.111 5	412.864 2	516.987 9	646.212 4	806.314 1	1 004.336	1 248.855	1 550.293
29	74.008 5	94.927 1	121.500 5	155.189 3	197.813 6	251.637 9	319.473 7	404.807 2	511.951 6	646.234 9	814.227 6	1 024.019 1	1 285.55	1 611.023	2 015.381
30	85.849 9	111.064 7	143.370 6	184.675 3	237.376 3	304.481 6	389.757 9	497.912 9	634.819 9	807.793 6	1 025.9 7	1 300.504	1 645.505	2 078.219	2 619.996

附表2 复利现值系数表

$$(1+i)^{-n}=(P/F,i,n)$$

n	1%	2%	3%	4%	5%	6%	7%	8%	9%	10%	11%	12%	13%	14%	15%
1	0.990 1	0.980 4	0.970 9	0.961 5	0.952 4	0.943 4	0.934 6	0.925 9	0.917 4	0.909 1	0.900 9	0.892 9	0.885	0.877 2	0.869 6
2	0.980 3	0.961 2	0.942 6	0.924 6	0.907	0.89	0.873 4	0.857 3	0.841 7	0.826 4	0.811 6	0.797 2	0.783 1	0.769 5	0.756 1
3	0.970 6	0.942 3	0.915 1	0.889	0.863 8	0.839 6	0.816 3	0.793 8	0.772 2	0.751 3	0.731 2	0.711 8	0.693 1	0.675	0.657 5
4	0.961	0.923 8	0.888 5	0.854 8	0.822 7	0.792 1	0.762 9	0.735	0.708 4	0.683	0.658 7	0.635 5	0.613 3	0.592 1	0.571 8
5	0.951 5	0.905 7	0.862 6	0.821 9	0.783 5	0.747 3	0.713	0.680 6	0.649 9	0.620 9	0.593 5	0.567 4	0.542 8	0.519 4	0.497 2
6	0.942	0.888	0.837 5	0.790 3	0.746 2	0.705	0.666 3	0.630 2	0.596 3	0.564 5	0.534 6	0.506 6	0.480 3	0.455 6	0.432 3
7	0.932 7	0.870 6	0.813 1	0.759 9	0.710 7	0.665 1	0.622 7	0.583 5	0.547	0.513 2	0.481 7	0.452 3	0.425 1	0.399 6	0.375 9
8	0.923 5	0.853 5	0.789 4	0.730 7	0.676 8	0.627 4	0.582	0.540 3	0.501 9	0.466 5	0.433 9	0.403 9	0.376 2	0.350 6	0.326 9
9	0.914 3	0.836 8	0.766 4	0.702 6	0.644 6	0.591 9	0.543 9	0.500 2	0.460 4	0.424 1	0.390 9	0.360 6	0.332 9	0.307 5	0.284 3
10	0.905 3	0.820 3	0.744 1	0.675 6	0.613 9	0.558 4	0.508 3	0.463 2	0.422 4	0.385 5	0.352 2	0.322	0.294 6	0.269 7	0.247 2
11	0.896 3	0.804 3	0.722 4	0.649 6	0.584 7	0.526 8	0.475 1	0.428 9	0.387 5	0.350 5	0.317 3	0.287 5	0.260 7	0.236 6	0.214 9
12	0.887 4	0.788 5	0.701 4	0.624 6	0.556 8	0.497	0.444	0.397 1	0.355 5	0.318 6	0.285 8	0.256 7	0.230 7	0.207 6	0.186 9
13	0.878 7	0.773	0.681	0.600 6	0.530 3	0.468 8	0.415	0.367 7	0.326 2	0.289 7	0.257 5	0.229 2	0.204 2	0.182 1	0.162 5
14	0.87	0.757 9	0.661 1	0.577 5	0.505 1	0.442 3	0.387 8	0.340 5	0.299 2	0.263 3	0.232	0.204 6	0.180 7	0.159 7	0.141 3
15	0.861 3	0.743	0.641 9	0.555 3	0.481	0.417 3	0.362 4	0.315 2	0.274 5	0.239 4	0.209	0.182 7	0.159 9	0.140 1	0.122 9
16	0.852 8	0.728 4	0.623 2	0.533 9	0.458 1	0.393 6	0.338 7	0.291 9	0.251 9	0.217 6	0.188 3	0.163 1	0.141 5	0.122 9	0.106 9
17	0.844 4	0.714 2	0.605	0.513 4	0.436 3	0.371 4	0.316 6	0.270 3	0.231 1	0.197 8	0.169 6	0.145 6	0.125 2	0.107 8	0.092 9
18	0.836	0.700 2	0.587 4	0.493 6	0.415 5	0.350 3	0.295 9	0.250 2	0.212	0.179 9	0.152 8	0.13	0.110 8	0.094 6	0.080 8
19	0.827 7	0.686 4	0.570 3	0.474 6	0.395 7	0.330 5	0.276 5	0.231 7	0.194 5	0.163 5	0.137	0.116 1	0.098 1	0.082 9	0.070
20	0.819 5	0.673	0.553 7	0.456 4	0.376 9	0.311 8	0.258 4	0.214 5	0.178 4	0.148 6	0.124	0.103 7	0.086 8	0.072 8	0.061 1
21	0.811 4	0.659 8	0.537 5	0.438 8	0.358 9	0.294 2	0.241 5	0.198 7	0.163 7	0.135 1	0.111 7	0.092 6	0.076 8	0.063 8	0.053 1
22	0.803 4	0.646 8	0.521 9	0.422	0.341 8	0.277 5	0.225 7	0.183 9	0.150 2	0.122 8	0.100 7	0.082 6	0.068	0.056	0.046 2
23	0.795 4	0.634 2	0.506 7	0.405 7	0.325 6	0.261 8	0.210 9	0.170 3	0.137 8	0.111 7	0.090 7	0.073 8	0.060	0.049 1	0.040 2
24	0.787 6	0.621 7	0.491 9	0.390 1	0.310 1	0.247	0.197 1	0.157 7	0.126 4	0.101 5	0.081 7	0.065 9	0.053 2	0.043 1	0.034 9
25	0.779 8	0.609 5	0.477 6	0.375 1	0.295 3	0.233	0.184 2	0.146	0.116	0.092 3	0.073 6	0.058 8	0.047	0.037 8	0.030 4
26	0.772	0.597	0.463 7	0.360 7	0.281 2	0.219 8	0.172 2	0.135 2	0.106 4	0.083 9	0.066 3	0.052 5	0.041 7	0.033 1	0.026 4
27	0.764 4	0.585 9	0.450 2	0.346 8	0.267	0.207 4	0.160 9	0.125 2	0.097 6	0.076 3	0.059 7	0.046 9	0.036 9	0.029 1	0.023
28	0.756 8	0.574 4	0.437 1	0.333 5	0.255 1	0.195 6	0.150 4	0.115 9	0.089 5	0.069 3	0.053 8	0.041 9	0.032 6	0.025 5	0.02
29	0.749 3	0.563 1	0.424 3	0.320 7	0.242 9	0.184 6	0.140 6	0.107 3	0.082 2	0.063	0.048 5	0.037	0.028 9	0.022 4	0.017 4
30	0.741 9	0.552 1	0.412	0.308 3	0.231 4	0.174 1	0.131 4	0.099 4	0.075 4	0.057 3	0.043 7	0.033 4	0.025 6	0.019 6	0.015 1

（续表）

n	16%	17%	18%	19%	20%	21%	22%	23%	24%	25%	26%	27%	28%	29%	30%
1	0.862 1	0.854 7	0.847 5	0.840 3	0.833 3	0.826 4	0.819 7	0.813	0.806 5	0.8	0.793 7	0.787 4	0.781 3	0.775 2	0.769 2
2	0.743 2	0.730 5	0.718 2	0.706 2	0.694 4	0.683	0.671 9	0.661	0.650 4	0.64	0.629 9	0.62	0.610 4	0.600 9	0.591 7
3	0.640 7	0.624 4	0.608 6	0.593 4	0.578 7	0.564 5	0.550 7	0.537 4	0.524 5	0.512	0.499 9	0.488 2	0.476 8	0.465 8	0.455 2
4	0.552 3	0.533 7	0.515 8	0.498 7	0.482 3	0.466 5	0.451 4	0.436 9	0.423	0.409 6	0.396 8	0.384 4	0.372 5	0.361 1	0.350 1
5	0.476 1	0.456 1	0.437 1	0.419	0.401 9	0.385 5	0.37	0.355 2	0.341 1	0.327 7	0.314 9	0.302 7	0.291	0.279 9	0.269 3
6	0.410 4	0.389 8	0.370 4	0.352 1	0.334 9	0.318 6	0.303 3	0.288 8	0.275 1	0.262 1	0.249 9	0.238 3	0.227 4	0.217	0.207 2
7	0.353 8	0.333 2	0.313 9	0.295 9	0.279 1	0.263 3	0.248 6	0.234 8	0.221 8	0.209 7	0.198 3	0.187 7	0.177 6	0.168 2	0.159 4
8	0.305	0.284 8	0.266	0.248 7	0.232 6	0.217 6	0.203 8	0.190 9	0.178 9	0.167 8	0.157 4	0.147 8	0.138 8	0.130 4	0.122 6
9	0.263	0.243 4	0.225 5	0.209	0.193 8	0.179 9	0.167	0.155 2	0.144 3	0.134 2	0.124 9	0.116 4	0.108 4	0.101 1	0.094 3
10	0.226 7	0.208	0.191 1	0.175 6	0.161 5	0.148 6	0.136 9	0.126 2	0.116 4	0.107	0.099 2	0.091 6	0.084 7	0.078 4	0.072 5
11	0.195 4	0.177 8	0.161 9	0.147 6	0.134 6	0.122 8	0.112 2	0.102 6	0.093 8	0.085	0.078 7	0.072 1	0.066 2	0.060 7	0.055 8
12	0.168 5	0.152	0.137 2	0.124	0.112 2	0.101 5	0.092	0.083 4	0.075 7	0.068 7	0.062 5	0.056 8	0.051 7	0.047 1	0.042 9
13	0.145 2	0.129 9	0.116 3	0.104 2	0.093 5	0.083 9	0.075 4	0.067 8	0.061	0.055	0.049 6	0.044 7	0.040 4	0.036 5	0.033
14	0.125 2	0.111	0.098 5	0.087 6	0.077 9	0.069 3	0.061 8	0.055 1	0.049 2	0.044	0.039 3	0.035	0.031 6	0.028 3	0.025 4
15	0.107 9	0.094 9	0.083 5	0.073 6	0.064 9	0.057 3	0.050 7	0.044 8	0.039 7	0.035 2	0.031 2	0.027 7	0.024 7	0.021 9	0.019 5
16	0.093	0.081 1	0.070 8	0.061 8	0.054 1	0.047 4	0.041 5	0.036 4	0.032	0.028 1	0.024 8	0.021 8	0.019 3	0.017	0.015
17	0.080 2	0.069 3	0.06	0.052	0.045 1	0.039 1	0.034	0.029 6	0.025 8	0.022 5	0.019 7	0.017	0.015	0.013 2	0.011 6
18	0.069 1	0.059 2	0.050 8	0.043 7	0.037 6	0.032 3	0.027 9	0.024 1	0.020 8	0.018	0.015 6	0.013 5	0.011 8	0.010 2	0.008 9
19	0.059 6	0.050 6	0.043 1	0.036 7	0.031 3	0.026 7	0.022 9	0.019 6	0.016 8	0.014 4	0.012 4	0.010 7	0.009 2	0.007 9	0.006 8
20	0.051 4	0.043 3	0.036 5	0.030 8	0.026 1	0.022 1	0.018 7	0.015 9	0.013 5	0.011 5	0.009 8	0.008 4	0.007 2	0.006 1	0.005 3
21	0.044 3	0.037	0.030 9	0.025 9	0.021 7	0.018 3	0.015 4	0.012 9	0.010 9	0.009 2	0.007 8	0.006 6	0.005 6	0.004 8	0.004
22	0.038 2	0.031 6	0.026 2	0.021 8	0.018 1	0.015 1	0.012 6	0.010 5	0.008 8	0.007 4	0.006 2	0.005 2	0.004 4	0.003 7	0.003 1
23	0.032 9	0.027	0.022 2	0.018 3	0.015 1	0.012 5	0.010 3	0.008 6	0.007 1	0.005 9	0.004 9	0.004 1	0.003 4	0.002 9	0.002 4
24	0.028 4	0.023 1	0.018 8	0.015 4	0.012 6	0.010 3	0.008 5	0.007	0.005 7	0.004 7	0.003 9	0.003 2	0.002 7	0.002 2	0.001 8
25	0.024 5	0.019 7	0.016	0.012 9	0.010 5	0.008 5	0.006 9	0.005 7	0.004 6	0.003 8	0.003 1	0.002 5	0.002 1	0.001 7	0.001 4
26	0.021 1	0.016 9	0.013 5	0.010 9	0.008 7	0.007	0.005 7	0.004 6	0.003 7	0.003	0.002 5	0.002	0.001 6	0.001 3	0.001 1
27	0.018 2	0.014 4	0.011 5	0.009 1	0.007 3	0.005 8	0.004 7	0.003 7	0.003	0.002 4	0.001 9	0.001 6	0.001 3	0.001	0.000 8
28	0.015 7	0.012 3	0.009 7	0.007 7	0.006 1	0.004 8	0.003 8	0.003	0.002 4	0.001 9	0.001 5	0.001 2	0.001	0.000 8	0.000 6
29	0.013 5	0.010 5	0.008 2	0.006 4	0.005 1	0.004	0.003 1	0.002 5	0.002	0.001 5	0.001 2	0.001	0.000 8	0.000 6	0.000 5
30	0.011 6	0.009	0.007	0.005 4	0.004 2	0.003 3	0.002 6	0.002	0.001 6	0.001 2	0.001	0.000 8	0.000 6	0.000 5	0.000 4

附表3 年金终值系数表

$$\frac{(1+i)^n-1}{i}=(F/A,i,n)$$

n	1%	2%	3%	4%	5%	6%	7%	8%	9%	10%	11%	12%	13%	14%	15%
1	1	1	1	1	1	1	1	1	1	1	1	1	1	1	1
2	2.01	2.02	2.03	2.04	2.05	2.06	2.07	2.08	2.09	2.1	2.11	2.12	2.13	2.14	2.15
3	3.030 1	3.060 4	3.090 9	3.121 6	3.152 5	3.183 6	3.214 9	3.246 4	3.278 1	3.31	3.342 1	3.374 4	3.406 9	3.439 6	3.472 5
4	4.060 4	4.121 6	4.183 6	4.246 5	4.310 1	4.374 6	4.439 9	4.506 1	4.573 1	4.641	4.709 7	4.779 3	4.849 8	4.921 1	4.993 4
5	5.101	5.204	5.309 1	5.416 3	5.525 6	5.637 1	5.750 7	5.866 6	5.984 7	6.105 1	6.227 8	6.352 8	6.480 3	6.610 1	6.742 4
6	6.152	6.308 1	6.468 4	6.633	6.801 9	6.975 3	7.153 3	7.335 9	7.523 3	7.715 6	7.912 9	8.115 2	8.322 7	8.535 5	8.753 7
7	7.213 5	7.434 3	7.662 5	7.898 3	8.142	8.393 8	8.654	8.922 8	9.200 4	9.487 2	9.783 3	10.08 9	10.404 7	10.730 5	11.066 8
8	8.285 7	8.583	8.892 3	9.214 2	9.549 1	9.897 5	10.259 8	10.636 6	11.028 5	11.435 9	11.859 4	12.299 7	12.757 3	13.232 8	13.726 8
9	9.368 5	9.754 6	10.159 1	10.582 8	11.026 6	11.491 3	11.978	12.487 6	13.021	13.579 5	14.164	14.775 7	15.415 7	16.085 3	16.785 8
10	10.462 2	10.949 7	11.463 9	12.006 1	12.577 9	13.180 8	13.816 4	14.486 6	15.192 9	15.937 4	16.722	17.548 7	18.419 7	19.337 3	20.303 7
11	11.566 8	12.168 7	12.807 8	13.486 4	14.206 8	14.971 6	15.783 6	16.645 5	17.560 3	18.531 2	19.561 4	20.654 6	21.814 3	23.044 5	24.349 3
12	12.682 5	13.412 1	14.192	15.025 8	15.917	16.869 9	17.888 5	18.977	20.140 7	21.384 3	22.713 2	24.133 1	25.650 2	27.270 7	29.001 7
13	13.809 3	14.680 3	15.617 8	16.626 8	17.713	18.882 1	20.140 6	21.495 3	22.953 4	24.522 7	26.211 6	28.029 1	29.984 7	32.088 7	34.351 9
14	14.947 4	15.973 9	17.086 3	18.291 9	19.598 6	21.015 1	22.550 5	24.214 9	26.019 2	27.975	30.094 9	32.392 6	34.882 7	37.581 1	40.504 7
15	16.096 9	17.293 4	18.598 9	20.023 6	21.578 6	23.276	25.129	27.152 1	29.360 9	31.772 5	34.405 4	37.279 7	40.417 5	43.842 4	47.580 4
16	17.257 9	18.639 3	20.156 9	21.824 5	23.657 5	25.672 5	27.888 1	30.324 3	33.003 4	35.949 7	39.189 9	42.753 3	46.671 7	50.980 4	55.717 5
17	18.430 4	20.012 1	21.761 6	23.697 5	25.840 4	28.212 9	30.840 2	33.750 2	36.973 7	40.544 7	44.500 8	48.883 7	53.739 1	59.117 6	65.075 1
18	19.614 7	21.412 3	23.414 4	25.645 4	28.132 4	30.905 7	33.999	37.450 2	41.301 3	45.599 2	50.395 9	55.749 7	61.725 1	68.394 1	75.836 4
19	20.810 9	22.840 6	25.116 9	27.671 2	30.539	33.76	37.37 9	41.446 3	46.018 5	51.159 1	56.939 5	63.439 7	70.749 4	78.969 2	88.211 8
20	22.019	24.297 4	26.870 4	29.778 1	33.066	36.785 6	40.995 5	45.762	51.160 1	57.275	64.202 8	72.052 4	80.946 8	91.024 9	102.443 6
21	23.239 2	25.783 3	28.676 5	31.969 2	35.719 3	39.992 7	44.865 2	50.422 9	56.764 5	64.002 5	72.265 1	81.698 7	92.469 9	104.768 4	118.810 1
22	24.471 6	27.299	30.536 8	34.248	38.505 2	43.392 3	49.005 7	55.456 8	62.873 3	71.402 7	81.214 3	92.502 6	105.491	120.436	137.631 6
23	25.716 3	28.845	32.452 9	36.617 9	41.430 5	46.995 8	53.436 1	60.893 3	69.531 9	79.543	91.147 9	104.602 9	120.204 8	138.297	159.276 4
24	26.973 5	30.421 9	34.426 5	39.082 6	44.502	50.815 6	58.176 7	66.764 8	76.789 8	88.497 3	102.174 2	118.155 2	136.831 5	158.658 6	184.167 8
25	28.243 2	32.030 3	36.459 3	41.645 9	47.727 1	54.864 5	63.249	73.105 9	84.700 9	98.347 1	114.413 3	133.333 9	155.619 6	181.870 8	212.793
26	29.525 6	33.670 9	38.553	44.311 7	51.113 5	59.156 4	68.676 5	79.954 4	93.324	109.181 8	127.998 8	150.333 9	176.850 1	208.332 7	245.712
27	30.820 9	35.344 3	40.709 6	47.084 2	54.669 1	63.705 8	74.483 8	87.350 8	102.723 1	121.099 9	143.078 6	169.374	200.840 6	238.499 3	283.568 8
28	32.129 1	37.051 2	42.930 9	49.967 6	58.402 6	68.528 1	80.697 7	95.338 8	112.968 2	134.209 9	159.817 3	190.698 9	227.949 9	272.889 2	327.104 1
29	33.450 4	38.792 2	45.218 9	52.966 3	62.322 7	73.639 8	87.346 5	103.965 9	124.135 4	148.630 9	178.397 2	214.582 5	258.583 4	312.093 7	377.169 7
30	34.784 9	40.568 1	47.575 4	56.084 9	66.438 8	79.058 1	94.460 8	113.283 2	136.307 5	164.494 1	199.020 9	241.332 6	293.199 2	356.786 5	434.745 1

（续表）

n	16%	17%	18%	19%	20%	21%	22%	23%	24%	25%	26%	27%	28%	29%	30%
1	1	1	1	1	1	1	1	1	1	1	1	1	1	1	1
2	2.16	2.17	2.18	2.19	2.2	2.21	2.22	2.23	2.24	2.25	2.26	2.27	2.28	2.29	2.3
3	3.505 6	3.538 9	3.572 4	3.606 1	3.64	3.674 1	3.708 4	3.742 9	3.777 6	3.812 5	3.847 6	3.882 7	3.918 4	3.954 1	3.99
4	5.066 5	5.140 5	5.215 4	5.291 3	5.368	5.445 7	5.524 2	5.603 8	5.684 2	5.765 6	5.848	5.931 3	6.015 6	6.100 8	6.187
5	6.877 1	7.014 4	7.154 2	7.296 6	7.441 6	7.589 2	7.739 6	7.892 6	8.048 4	8.207	8.368 4	8.532 7	8.699 9	8.87	9.043 1
6	8.977 5	9.206 8	9.442	9.683	9.929 9	10.183	10.442 3	10.707 9	10.980 1	11.258 8	11.544 2	11.836 6	12.135 9	12.442 3	12.756
7	11.413 9	11.772	12.141 5	12.522 7	12.915 9	13.321 4	13.739 6	14.170 8	14.615 3	15.073	15.545 8	16.032 4	16.533 9	17.050 6	17.582 8
8	14.240 1	14.773 3	15.327	15.902	16.499 1	17.118 9	17.762 3	18.43	19.122 9	19.841 9	20.587 6	21.361 2	22.163 4	22.995 3	23.857 7
9	17.518 5	18.284 7	19.085 9	19.923 4	20.798 9	21.713 9	22.67	23.669	24.712 5	25.802 3	26.940 4	28.128 7	29.369 2	30.663 9	32.015
10	21.321 5	22.393 1	23.521 3	24.708 9	25.958 7	27.273 8	28.657 4	30.112 8	31.643 4	33.252 9	34.944 9	36.723 5	38.592 6	40.556 4	42.619 5
11	25.732 9	27.199 9	28.755 1	30.403 5	32.150 4	34.001 3	35.962	38.038 8	40.237 9	42.566 1	45.030 6	47.638 8	50.398 5	53.317 8	56.405 3
12	30.850 2	32.823 9	34.931 1	37.180 2	39.580 5	42.141 6	44.873 7	47.787 7	50.895	54.207 7	57.738 6	61.501 3	65.51	69.78	74.327
13	36.786 2	39.404	42.218 7	45.244 5	48.496 6	51.991 3	55.745 9	59.778 8	64.109 7	68.759 6	73.750 6	79.106 6	84.852 9	91.016 1	97.625
14	43.672	47.102 7	50.818	54.840 9	59.195 9	63.909 5	69.01	74.528	80.496 1	86.949 5	93.925 8	101.465 4	109.611 7	118.410 8	127.912 5
15	51.659 5	56.110 1	60.965 3	66.260 7	72.035 1	78.330 5	85.192 2	92.669 4	100.815	109.686 8	119.346 5	129.861	141.302 9	153.75	167.286 3
16	60.925	66.648 8	72.939	79.850 2	87.442 1	95.779 9	104.934 5	114.983 4	126.010 8	138.108 5	151.376 6	165.923 6	181.867	199.337 4	218.472 2
17	71.673	78.979 2	87.068	96.021 8	105.930 6	116.893 7	129.020	142.429 5	157.253 4	173.635 7	191.734 5	211.723	233.790 7	258.145 3	285.013 9
18	84.140 7	93.405 6	103.740 3	115.265 9	128.116 7	142.441 3	158.404 5	176.188 3	195.994 2	218.044 6	242.585 5	269.888 2	300.252 1	334.007 4	371.518
19	98.603 2	110.284 5	123.413 5	138.166 4	154.74	173.354	194.253 5	217.711 9	244.032 8	273.555 8	306.657 7	343.758	385.322 7	431.869 6	483.973 4
20	115.379 7	130.032 9	146.628	165.418	186.688	210.758 4	237.989 3	268.785 3	303.600 6	342.944 7	387.388 7	437.572 6	494.213 1	558.111 8	630.165 5
21	134.840 5	153.138 5	174.021	197.847 4	225.025 6	256.017 6	291.346 9	331.605 9	377.464 8	429.680 9	489.109 8	556.717 3	633.592 7	720.964 2	820.215 1
22	157.415	180.172 1	206.344 8	236.438 5	271.030 7	310.781 3	356.443 2	408.875 3	469.056 3	538.101 1	617.278 3	708.030 9	811.998 7	931.043 8	1 067.28
23	183.601 4	211.801 3	244.486 8	282.361 8	326.236 9	377.045 4	435.860 7	503.916 6	582.629 8	673.626 4	778.770 7	900.199 3	1 040.35 8	1 202.04 7	1 388.46 4
24	213.977 6	248.807 6	289.494 5	337.010 5	392.484 2	457.224 9	532.750	620.817 4	723.461	843.032 9	982.251 1	1 144.253	1 332.659	1 551.64	1 806.003
25	249.21 4	292.104 9	342.603 5	402.042 5	471.981 1	554.242 2	650.955	764.605 4	898.091 6	1 054.79 1	1 238.63 6	1 454.20 1	1 706.80 3	2 002.61 6	2 348.80 3
26	290.088 3	342.762 7	405.272 1	479.430 6	567.377 3	671.633	795.165 3	941.464 7	1 114.634	1 319.489	1 561.68 2	1 847.836	2 185.708	2 584.374	3 054.444
27	337.502 4	402.032 3	479.221	571.522 4	681.852 8	813.675	971.101 6	1 159.00 2	1 383.146	1 650.361	1 968.719	2 347.752	2 798.706	3 334.843	3 971.778
28	392.502 8	471.377 8	566.480 9	681.111 6	819.223 3	985.547 9	1 185.744	1 426.572	1 716.101	2 063.952	2 481.586	2 982.644	3 583.344	4 302.947	5 164.311
29	456.303 2	552.512 1	669.447 5	811.522 8	984.068	1 193.513	1 447.608	1 755.684	2 128.965	2 580.939	3 127.798	3 788.958	4 587.68	5 551.802	6 714.604
30	530.311 7	647.439 1	790.948	966.712 2	1 181.882	1 445.151	1 767.081	2 160.491	2 640.916	3 227.174	3 942.026	4 812.977	5 873.231	7 162.824	8 729.986

附表 4　年金现值系数表

$$\frac{1-(1+i)^{-n}}{i}=(P/A,i,n)$$

n	1%	2%	3%	4%	5%	6%	7%	8%	9%	10%	11%	12%	13%	14%	15%
1	0.990 1	0.980 4	0.970 9	0.961 5	0.952 4	0.943 4	0.934 6	0.925 9	0.917 4	0.909 1	0.900 9	0.892 9	0.885	0.877 2	0.869 6
2	1.970 4	1.941 6	1.913 5	1.886 1	1.859 4	1.833 4	1.808	1.783 3	1.759 1	1.735 5	1.712 5	1.690 1	1.668 1	1.646 7	1.625 7
3	2.941	2.883 9	2.828 6	2.775 1	2.723 2	2.673	2.624 3	2.577 1	2.531 3	2.486 9	2.443 7	2.401 8	2.361 2	2.321 6	2.283 2
4	3.902	3.807 7	3.717 1	3.629 9	3.546	3.465 1	3.387 2	3.312 1	3.239 7	3.169 9	3.102 4	3.037 3	2.974 5	2.913 7	2.855
5	4.853 4	4.713 5	4.579 7	4.451 8	4.329 5	4.212 4	4.100 2	3.992 7	3.889 7	3.790 8	3.695 9	3.604 8	3.517 2	3.433 1	3.352 2
6	5.795 5	5.601 4	5.417 2	5.242 1	5.075 7	4.917 3	4.766 5	4.622 9	4.485 9	4.355 3	4.230 5	4.111 4	3.997 5	3.888 7	3.784 5
7	6.728 2	6.472	6.230 3	6.002 1	5.786 4	5.582 4	5.389 3	5.206 4	5.033	4.868 4	4.712 2	4.563 8	4.422 6	4.288 3	4.160 4
8	7.651 7	7.325 5	7.019 7	6.732 7	6.463 2	6.209 8	5.971 3	5.746 6	5.534 8	5.334 9	5.146 1	4.967	4.798 8	4.638 9	4.487 3
9	8.566	8.162 2	7.786 1	7.435 3	7.107 8	6.801 7	6.515 2	6.246 9	5.995 2	5.759	5.537	5.328 2	5.131 7	4.946 4	4.771 6
10	9.471 3	8.982 6	8.530 2	8.110 9	7.721 7	7.360 1	7.023 6	6.710 1	6.417 7	6.144 6	5.889 2	5.650	5.426 2	5.216 1	5.018 8
11	10.367 6	9.786 8	9.252 6	8.760 5	8.306 4	7.886 9	7.498 7	7.139	6.805 2	6.495 1	6.206 5	5.937 7	5.686 9	5.452 7	5.233 7
12	11.255 1	10.575 3	9.954	9.385 1	8.863 3	8.383 8	7.942 7	7.536 1	7.160 7	6.813 7	6.492 4	6.194 4	5.917 6	5.660 3	5.420 6
13	12.133 7	11.348 4	10.635	9.985 6	9.393 6	8.852 7	8.357 7	7.903 8	7.486 9	7.103 4	6.749 9	6.423 5	6.121 8	5.842 4	5.583 1
14	13.003 7	12.106 2	11.296 1	10.563 1	9.898 6	9.295	8.745 5	8.244 2	7.786 2	7.366 7	6.981 9	6.628 2	6.302 5	6.002 1	5.724 5
15	13.865 1	12.849 3	11.937 9	11.118 4	10.379 7	9.712 2	9.107 9	8.559 5	8.060 7	7.606 1	7.190 9	6.810 9	6.462 4	6.142 2	5.847 4
16	14.717 9	13.577 7	12.561 1	11.652 3	10.837 8	10.105 9	9.446 6	8.851 4	8.312 6	7.823 7	7.379 2	6.974	6.603 9	6.265 1	5.954 2
17	15.562 3	14.291 9	13.166 1	12.165 7	11.274 1	10.477 3	9.763 2	9.121 6	8.543 6	8.021 6	7.548 8	7.119 6	6.729 1	6.372 9	6.047 2
18	16.398 3	14.992	13.753 5	12.659 3	11.689 6	10.827 6	10.059 1	9.371 9	8.755 6	8.201 4	7.701 6	7.249 7	6.839 9	6.467 4	6.128
19	17.226	15.678 5	14.323 8	13.133 9	12.085 3	11.158 1	10.335 6	9.603 6	8.950 1	8.364 9	7.839 3	7.365 8	6.938	6.550 4	6.198 2
20	18.045 6	16.351 4	14.877 5	13.590 3	12.462 2	11.469 9	10.594	9.818 1	9.128 5	8.513 6	7.963 3	7.469 4	7.024 8	6.623 1	6.259 3
21	18.857	17.011 2	15.415	14.029 2	12.821 2	11.764 1	10.835 5	10.016 8	9.292 2	8.648 7	8.075 1	7.562	7.101 6	6.687	6.312 5
22	19.660 4	17.658	15.936 9	14.451 1	13.163	12.041 6	11.061 2	10.200 7	9.442 4	8.771 5	8.175 7	7.644 6	7.169 5	6.742 9	6.358 7
23	20.455 8	18.292 2	16.443 6	14.856 8	13.488 6	12.303 4	11.272 2	10.371 1	9.580 2	8.883 2	8.266 4	7.718 4	7.229 7	6.792 1	6.398 8
24	21.243 4	18.913 9	16.935 5	15.247	13.798 6	12.550 4	11.469 3	10.528 8	9.706 6	8.984 7	8.348 1	7.784 3	7.282 9	6.835 1	6.433 8
25	22.023 2	19.523 5	17.413 1	15.622 1	14.093 9	12.783 4	11.653 6	10.674 8	9.822 6	9.077	8.421 7	7.843 1	7.33	6.872 9	6.464 1
26	22.795 2	20.121	17.876 8	15.982 8	14.375 2	13.003 2	11.825 8	10.81	9.929	9.160 9	8.488 1	7.895 7	7.371 7	6.906 1	6.490 6
27	23.559 6	20.706 9	18.327	16.329 6	14.643	13.210 5	11.986 7	10.935 2	10.026 6	9.237 2	8.547 8	7.942 6	7.408 6	6.935 2	6.513 5
28	24.316 4	21.281 3	18.764 1	16.663 1	14.898 1	13.406 2	12.137 1	11.051 1	10.116 1	9.306 6	8.601 6	7.984 4	7.441 2	6.960 7	6.533 5
29	25.065 8	21.844 4	19.188 5	16.983 7	15.141 1	13.590 7	12.277 7	11.158 4	10.198 3	9.369 6	8.650 1	8.021 8	7.470 1	6.983	6.550 9
30	25.807 7	22.396 5	19.600 4	17.292	15.372 5	13.764 8	12.409	11.257 8	10.273 7	9.426 9	8.693 8	8.055 2	7.495 7	7.002 7	6.566

（续表）

n	16%	17%	18%	19%	20%	21%	22%	23%	24%	25%	26%	27%	28%	29%	30%
1	0.8621	0.8547	0.8475	0.8403	0.8333	0.8264	0.8197	0.813	0.8065	0.8	0.7937	0.7874	0.7813	0.7752	0.7692
2	1.6052	1.5852	1.5656	1.5465	1.5278	1.5095	1.4915	1.474	1.4568	1.44	1.4235	1.4074	1.3916	1.3761	1.3609
3	2.2459	2.2096	2.1743	2.1399	2.1065	2.0739	2.0422	2.0114	1.9813	1.952	1.9234	1.8956	1.8684	1.842	1.8161
4	2.7982	2.7432	2.6901	2.6386	2.5887	2.5404	2.4936	2.4483	2.4043	2.3616	2.3202	2.28	2.241	2.2031	2.1662
5	3.2743	3.1993	3.1272	3.0576	2.9906	2.926	2.8636	2.8035	2.7454	2.6893	2.6351	2.5827	2.532	2.483	2.4356
6	3.6847	3.5892	3.4976	3.4098	3.3255	3.2446	3.1669	3.0923	3.0205	2.9514	2.885	2.821	2.7594	2.7	2.6427
7	4.0386	3.9224	3.8115	3.7057	3.6046	3.5079	3.4155	3.327	3.2423	3.1611	3.0833	3.0087	2.937	2.8682	2.8021
8	4.3436	4.2072	4.0776	3.9544	3.8372	3.7256	3.6193	3.5179	3.4212	3.3289	3.2407	3.1564	3.0758	2.9986	2.9247
9	4.6065	4.4506	4.303	4.1633	4.031	3.9054	3.7863	3.6731	3.5655	3.4631	3.3657	3.2725	3.1842	3.0997	3.019
10	4.8332	4.6586	4.4941	4.3389	4.1925	4.0541	3.9232	3.7993	3.6819	3.5705	3.4648	3.3644	3.2689	3.1781	3.0915
11	5.0286	4.8364	4.656	4.4865	4.3271	4.1769	4.0354	3.9018	3.7757	3.6564	3.5435	3.4365	3.3351	3.2388	3.1473
12	5.1971	4.9884	4.7932	4.6105	4.4392	4.2784	4.1274	3.9852	3.8514	3.7251	3.6059	3.4933	3.3868	3.2859	3.1903
13	5.3423	5.1183	4.9095	4.7147	4.5327	4.3624	4.2028	4.053	3.9124	3.7801	3.6555	3.5381	3.4272	3.3224	3.2233
14	5.4675	5.2293	5.0081	4.8023	4.6106	4.4317	4.2646	4.1082	3.9616	3.8241	3.6949	3.5733	3.4587	3.3507	3.2487
15	5.5755	5.3241	5.0916	4.8759	4.6755	4.489	4.3152	4.153	4.0013	3.8593	3.7261	3.601	3.4834	3.3726	3.2682
16	5.6685	5.4053	5.1624	4.9377	4.7296	4.5364	4.3567	4.1894	4.0333	3.8874	3.7509	3.6228	3.5026	3.3896	3.2832
17	5.7487	5.4746	5.2223	4.9897	4.7746	4.5755	4.3908	4.219	4.0591	3.9099	3.7705	3.64	3.5177	3.4028	3.2948
18	5.8178	5.5339	5.2732	5.0333	4.8122	4.6079	4.4187	4.2431	4.0799	3.9279	3.7861	3.6536	3.5294	3.413	3.3037
19	5.8775	5.5845	5.3162	5.07	4.8435	4.6346	4.4415	4.2627	4.0967	3.9424	3.7985	3.6642	3.5386	3.421	3.3105
20	5.9288	5.6278	5.3527	5.1009	4.8696	4.6567	4.4603	4.2786	4.1103	3.9539	3.8083	3.6726	3.5458	3.4271	3.3158
21	5.9731	5.6648	5.3837	5.1268	4.8913	4.675	4.4756	4.2916	4.1212	3.9631	3.8161	3.6792	3.5514	3.4319	3.3198
22	6.0113	5.6964	5.4099	5.1486	4.9094	4.69	4.4882	4.3021	4.13	3.9705	3.8223	3.6844	3.5558	3.4356	3.323
23	6.0442	5.7234	5.4321	5.1668	4.9245	4.7025	4.4985	4.3106	4.1371	3.9764	3.8273	3.6885	3.5592	3.4384	3.3254
24	6.0726	5.7465	5.4509	5.1822	4.9371	4.7128	4.507	4.3176	4.1428	3.9811	3.8312	3.6918	3.5619	3.4406	3.3272
25	6.0971	5.7662	5.4669	5.1951	4.9476	4.7213	4.5139	4.3232	4.1474	3.9849	3.8342	3.6943	3.564	3.4423	3.3286
26	6.1182	5.7831	5.4804	5.206	4.9563	4.7284	4.5196	4.3278	4.1511	3.9879	3.8367	3.6963	3.5656	3.4437	3.3297
27	6.1364	5.7975	5.4919	5.2151	4.9636	4.7342	4.5243	4.3316	4.1542	3.9903	3.8387	3.6979	3.5669	3.4447	3.3305
28	6.152	5.8099	5.5016	5.2228	4.9697	4.739	4.5281	4.3346	4.1566	3.9923	3.8402	3.6991	3.5679	3.4455	3.3312
29	6.1656	5.8204	5.5098	5.2292	4.9747	4.743	4.5312	4.3371	4.1585	3.9938	3.8414	3.7001	3.5687	3.4461	3.3317
30	6.1772	5.8294	5.5168	5.2347	4.9789	4.7463	4.5338	4.3391	4.1601	3.995	3.8424	3.7009	3.5693	3.4466	3.3321

参考文献

1. [美]杰费·马杜拉. 国际财务管理[M]. 杨淑娥、张俊瑞主译. 大连：东北财经大学出版社，2006.

2. 荆新，王化成. 财务管理学[M]. 北京：中国人民大学出版社，2018.

3. 王明虎. 财务管理原理[M]. 北京：机械工业出版社，2017.

4. 财政部会计资格评价中心. 财务管理[M]. 北京：中国财政经济出版社，2019.

5. 李忠宝. 财务管理概论[M]. 大连：东北财经大学出版社，2018.

6. 陈小林. 财务管理[M]. 大连：东北财经大学出版社，2018.

7. 黄东坡，杨会能，张晓亮. 财务管理学[M]. 北京：清华大学出版社，2012.

8. 李金兰，柏春红，姚丽琼，崔璇. 财务管理[M]. 北京：北京大学出版社，2012.

9. 贾玉革. 金融理论与实务[M]. 北京：中国财政经济出版社，2013.

10. 中国注册会计师协会. 财务成本管理[M]. 北京：中国财政经济出版社，2018.

11. 池国华. 财务分析[M]. 北京：中国人民大学出版社，2015.

12. (美)赫尔弗特. 财务分析技术——价值创造指南[M]. 北京：人民邮电出版社，2010.

13. 袁天荣. 财务分析[M]. 北京：中国财政经济出版社，2018.

14. 孙茂竹，支晓强，戴璐. 管理会计学[M]. 北京：中国人民大学出版社，2018.

15. (美)雷 H. 加里森，埃里克 W. 诺琳. 管理会计[M]. 北京：机械工业出版社，2018.

16. (美)查尔斯·T. 亨格瑞. 管理会计[M]. 北京：北京大学出版社，2011.

17. 弗雷德里克·S. 米什金，斯坦利·G. 埃金斯. 金融市场与金融机构[M]. 北京：中国人民大学出版社，2017.

18. 孔爱国. 金融市场与金融机构基础[M]. 北京：机械工业出版社，2010.

19. 张孝君. 金融理论与实务[M]. 北京：中国人民大学出版社，2018.

20. 陆静. 金融风险管理[M]. 北京：中国人民大学出版社，2019.

21. 王化成. 财务管理[M]. 北京：中国人民大学出版社，2017.

22. 徐俊芳. 企业并购重组中财务管理问题分析[J]. 经营管理者，2014(06).

23. 陈有志，丁黎青，徐世腾. 上市公司跨国并购财务风险及影响因素研究[J]. 管理现代化，2016(06).

24. 潘飞，陈世敏，文东华，王悦. 中国企业管理会计研究框架[J]. 会计研究，2010(10).

25. 王旭. 企业生命周期、债权人动态治理与代理成本[J]. 重庆大学学报（社会科学版），2013(05).

26. 宋顺林，唐斯圆. 投资者情绪、承销商行为与 IPO 定价——基于网下机构询价数据的实证分析[J]. 会计研究，2016(02)

27. 财政部，税务总局.《财政部税务总局关于实施小微企业普惠性税收减免政策的通知财税(2019)13 号》,2019 年 1 月 17 日.

28. 国家税务总局.《国家税务总局关于小规模纳税人免征增值税政策有关征管问题的公告国家税务总局公告 2019 年第 4 号》,2019 年 1 月 19 日.

29. Brigham F eugene and Louis C. Gapenskj, *Financial Management*: *Theory And Pracitice* [M]. *The United States of America*: *Christopher P*. Klein, 1997.

30. James C van horne, John M. Wachowicz Jr. *Fundamentals of Financial Management*[M].影印版.北京:清华大学出版社,2001.

内容简介

　　财务管理按内容可以分为基本原理、常用业务和特殊业务。本书第1—3章属基本原理部分,包括总论、财务管理的价值观念、财务预算等,力求把基础知识讲解清楚;第4—7章属常用业务部分,包括筹资管理、投资管理、营运资金管理、利润分配管理等,力求将常用业务讲深讲透;第8—9章属特殊业务部分,包括财务控制、财务分析等,只是概要介绍相关内容。本书编写基于财务管理理论结构和专业实践特色,密切关注财务管理领域最新动态,力争做到实用性与前瞻性相统一、定性分析与定量分析相结合,着重培养学生的专业判断能力、分析能力和解决问题的能力。同时,本书在编写和修订过程中,重视本门课程内容的前后联系以及本门课程与其他课程之间的内在联系,更好地帮助学生系统地掌握财务管理专业知识,努力避免局部知识之间相互隔离、彼此割裂的状况。

　　本书既可作为高等学校经济、管理类专业学生学习财务管理的教材,也可作为财务会计人员和经济管理人员在职培训用书,还可供财务管理工作者阅读参阅。

图书在版编目(CIP)数据

财务管理 / 姚江红,张荣斌主编. -- 南京 : 南京
大学出版社,2019.6
　ISBN 978 - 7 - 305 - 22138 - 5

　Ⅰ. ①财… Ⅱ. ①姚… ②张… Ⅲ. ①财务管理
Ⅳ. ①F275

　中国版本图书馆 CIP 数据核字(2019)第 084893 号

出版发行　南京大学出版社
社　　址　南京市汉口路 22 号　　　　邮　编　210093
出 版 人　金鑫荣

书　　名 财务管理
主　　编　姚江红　张荣斌
责任编辑　尤　佳　　　　　　　　编辑热线　025 - 83592315

照　　排　南京南琳图文制作有限公司
印　　刷　南京玉河印刷厂
开　　本　787×1092　1/16　印张 19.5　字数 473 千
版　　次　2019 年 6 月第 1 版　2019 年 6 月第 1 次印刷
ISBN 978 - 7 - 305 - 22138 - 5
定　　价　48.00 元

网址:http://www.njupco.com
官方微博:http://weibo.com/njupco
官方微信号:njupress
销售咨询热线:(025) 83594756

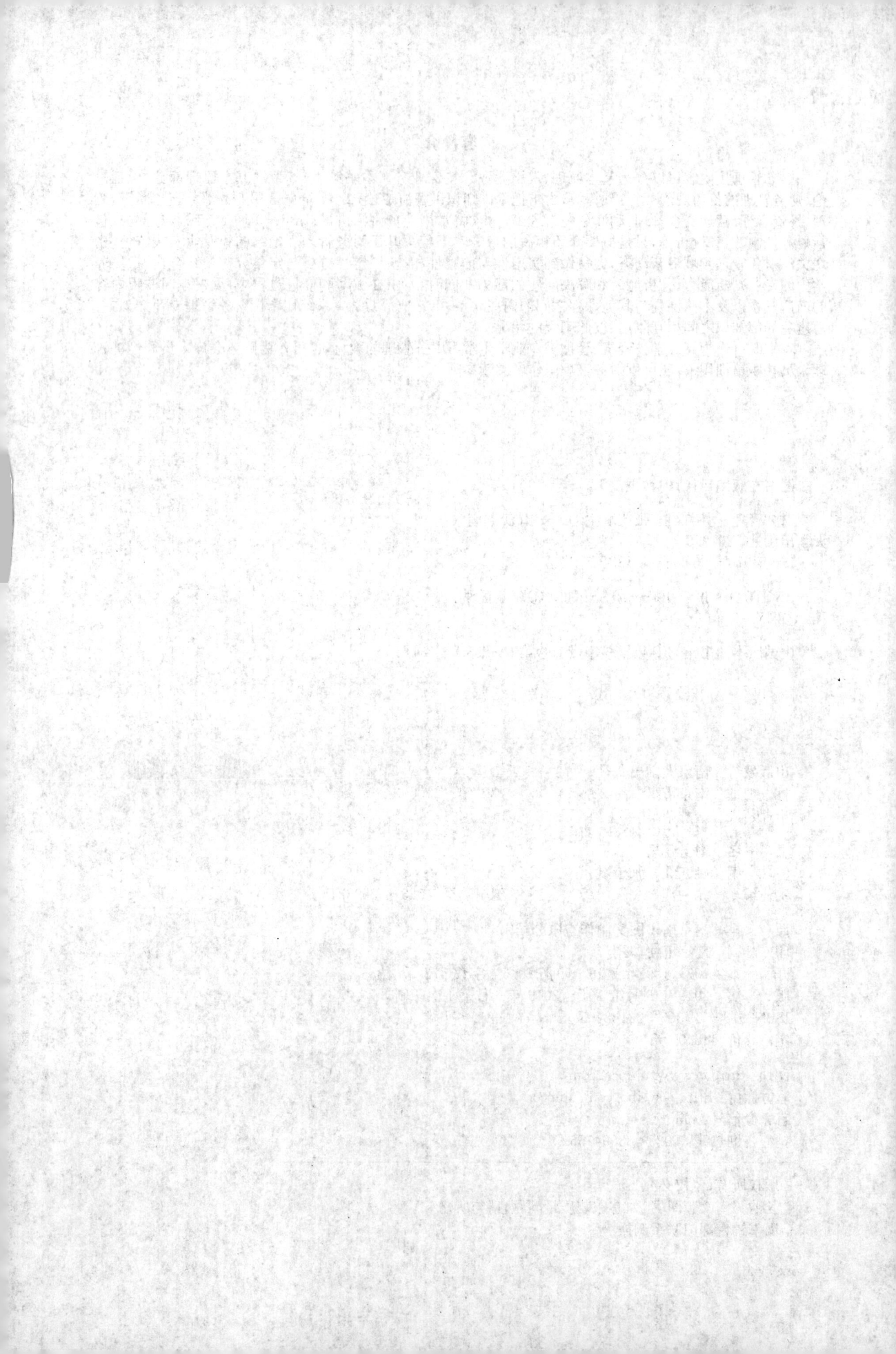